"十三五"江苏省高等学校重点教材
（编号：2019-2-064）

高等院校公共管理系列教材

智慧政府与治理创新
电子政务实验实训教程

金晶 左昌盛 后小仙 徐林海/主编

北京大学出版社

图书在版编目（CIP）数据

智慧政府与治理创新：电子政务实验实训教程/金晶等主编. --北京：北京大学出版社，2024.3
高等院校公共管理系列教材
ISBN 978-7-301-34944-1

Ⅰ. ①智… Ⅱ. ①金… Ⅲ. ①电子政务—实验—高等学校—教材 Ⅳ. ①D035-39

中国国家版本馆CIP数据核字（2024）第062734号

书　　　名	智慧政府与治理创新：电子政务实验实训教程
	ZHIHUI ZHENGFU YU ZHILI CHUANGXIN：
	DIANZI ZHENGWU SHIYAN SHIXUN JIAOCHENG
著作责任者	金　晶　等主编
责任编辑	朱梅全
标准书号	ISBN 978-7-301-34944-1
出版发行	北京大学出版社
地　　　址	北京市海淀区成府路205号　100871
网　　　址	http：//www.pup.cn　　新浪微博：@北京大学出版社
电子邮箱	zpup@pup.cn
电　　　话	邮购部 010-62752015　发行部 010-62750672　编辑部 021-62071998
印　刷　者	河北文福旺印刷有限公司
经　销　者	新华书店
	787毫米×1092毫米　16开本　33.25印张　579千字
	2024年3月第1版　2024年3月第1次印刷
定　　　价	98.00元

未经许可，不得以任何方式复制或抄袭本书之部分或全部内容。
版权所有，侵权必究
举报电话：010-62752024　电子邮箱：fd@pup.cn
图书如有印装质量问题，请与出版部联系，电话：010-62756370

前　言

2022年6月，《国务院关于加强数字政府建设的指导意见》正式发布。文件的出台是深入贯彻习近平总书记关于网络强国的重要思想，推进国家治理体系和治理能力现代化的重要举措，为下一阶段我国电子政务建设指明了方向。电子政务是公共部门运用信息技术使公共事务数字化、信息化，并通过网络管理公共事务和提供公共服务的一种新型管理模式。智慧政府是电子政务发展的高级阶段，对政府管理理念、服务范式、行政业务流程等诸多方面的改革都有着极大的推动作用。

智慧政府与治理创新是一个新兴的学科交叉领域，理论基础涉及信息科学、公共管理学、政治学、新闻传播学等学科背景。日趋复杂的经济与社会发展环境给世界各国或地区的政府治理带来了新挑战，智慧政府推动了政府治理模式转型和治理能力现代化的发展。智慧政府建设是一项系统工程，贯穿于政治、经济、社会、文化、生态文明建设各方面。我国坚持党总揽全局、协调各方的领导核心作用，以前瞻性思考、全局性谋划、系统性布局、协同性推进的思路与方法统筹制度、组织、人员、技术和数据等各种资源，协调一致地开展智慧政府建设的各项工作。目前在科学化的政策制定、全程化的权力监督、网络化的协同治理、预防性的危机管理、精准化的公共服务等领域都已开始推进智慧政府治理创新实践探索。

自20世纪70年代末起，从办公自动化开始，到"三金工程""政府上网工程"的启动，再到"智慧政府"理念的提出，直至"加快数字化发展、建设数字中国"明确写入《中华人民共和国国民经济和社会发展第十四个五年规划和2035年远景目标纲要》，中国的电子政务实践从无到有，智慧政府建设取得显著的成绩。具体表现在：一是在党的领导下逐步健全科学规范的数字政府建设制度规则体系，推进政府职能转变，为国家治理体系和治理能力现代化提供有力支撑；二是在党的领导下推进数字化改革，融合新一代信息技术，丰富治理手段，进一步推动政府治理模式的变革，构建纵向贯通、横向协调、执行有力的智慧治理体系；三是在党的领导下提升干部的智慧治理能力，形成多层次、全方位的智慧治理能力提升架构，在技能、知识方面提高基本数字技术素养,在政务、决策、服务等方面提高公共部门数字化、智慧化转型的执行能力,在管理、效率方面优化数字化环境与创新发展的领导力等,创造加快推进智慧政府转型的人力资源环境。与之相伴随的是高校关于"智慧政府与治理创新"的研究与教学也逐步发展起来,但目前仍然存在教学滞后于实践发展步伐的情况。

如果说我国的智慧政府在发展过程中不同程度地出现过"重效率、轻效能,重建设、轻运营,重硬件、轻软件,重投入、轻产出,重自身、轻关联,重管理、轻服务"等现象,那么关于智慧政府(电子政务)导论性质的教材还存在着"重理论阐述、轻实验模拟"的情况。目前已出版的智慧政府类的教材或是侧重电子政务理论介绍,或是侧重信息技术原理介绍,还没有成体系的智慧政府类实验实训教材。本书既有基本理论的导论性介绍,又注重培养学生实验模拟智慧政府实务的基本技能,要求学生熟练掌握基础实验的方法步骤,在教师指导下较熟练地完成各项实验,灵活运用于案例分析,并能理解业务流程设计和数据处理,完成实验报告。本书可作为公共管理专业本科与 MPA 教材,也可以作为公务员在职培训的参考书。

本书作者既有教学一线的青年教师,也有理论深厚的教授博导,还有相关教学软件公司的研发专家。本书由金晶、左昌盛、后小仙、徐林海等参与编写。特别感谢南京奥派信息产业股份公司的董苗苗和焦莎莎,她们对本书的贡献不可或缺。同时,感谢本书责任编辑朱梅全的督促,为本书的顺利完成提供了有力支持。在本书编写过程中,作者参阅了大量文献,借鉴了许多学者的研究成果,在此一并致谢!本书是高校与软件公司践行产教融合的结晶,也是南京审计大学智慧政府与公共治理实验教学中心建设的阶段性成果,同时也是 2021 年省级一流本科课程"新时代精准扶贫政策审计虚拟仿真实验"、2022 年省级产教融合型一流课程"智慧政府与治理创新(电子政务)"的配套教材。

由于时间和水平所限,并且作为智慧政府(电子政务)实验实训类教材的初次探索,本书可能存在不当甚至错误之处,恳请学界同仁和广大读者批评指正。考虑到教材的篇幅和难度,一些内容未细致展开,如在政务数据挖掘与电子政务智能决策、政务数据可视化、开放政府数据平台等方面的内容未充分涉及,希望在本书再版时得以完善。

教材编写组

2023 年 9 月 1 日

于南京审计大学敏达楼

目录 Contents

第1章 导论 001
- 1.1 从电子政务到智慧政府 004
- 1.2 电子政务的产生与智慧政府的发展 017

第2章 智慧政府与公共治理 033
- 2.1 电子政务发展的动因 035
- 2.2 公共治理的革命 045
- 2.3 公共治理大数据分析实验 058

第3章 智慧政府建设的流程再造 099
- 3.1 政府流程再造 101
- 3.2 智慧政府审批流程再造模拟实验 111

第4章 智慧政府办公信息系统 157
- 4.1 政府办公信息系统的建设历程 159
- 4.2 智慧政府办公信息系统模拟实验 163

第5章 智慧政府与互联网+ 221
- 5.1 "互联网+政务服务"的窗口——政府网站 224
- 5.2 智慧政府网站设计模拟实验 231

第6章 智慧政府与网络舆情治理 253
- 6.1 网络舆情 255
- 6.2 网络舆情研判应对模拟实验 263
- 6.3 政务微博与政务微信 292

6.4	政务微博与政务微信模拟实验	301

第 7 章　智慧政府与公共危机治理　　353
　　7.1　公共危机治理　　356
　　7.2　公共危机应急决策沙盘　　369

第 8 章　智慧政府与公共部门绩效评估　　395
　　8.1　公共部门绩效评估的发展　　397
　　8.2　公共部门绩效评估模拟实验　　409

第 9 章　智慧政府与审计监督治理　　435
　　9.1　审计监督与国家治理现代化　　437
　　9.2　新时代精准扶贫政策审计虚拟仿真实验　　446

第 10 章　智慧政府与数字城市治理　　473
　　10.1　数字城市治理　　475
　　10.2　智慧政府赋能数字城市治理　　482
　　10.3　数字城市治理模拟实验　　495

参考文献　　513

后　记　　516

第 1 章

导论

> 以互联网为代表的信息技术日新月异,引领了社会生产新变革,创造了人类生活新空间,拓展了国家治理新领域,极大提高了人类认识世界、改造世界的能力。
>
> "十三五"时期,中国将大力实施网络强国战略、国家大数据战略、"互联网+"行动计划,发展积极向上的网络文化,拓展网络经济空间,促进互联网和经济社会融合发展。我们的目标,就是要让互联网发展成果惠及13亿多中国人民,更好造福各国人民。
>
> 中国正在实施"互联网+"行动计划,推进"数字中国"建设,发展分享经济,支持基于互联网的各类创新,提高发展质量和效益。
>
> ——习近平2015年12月16日在第二届世界互联网大会开幕式上的讲话

当今世界，信息技术创新日新月异，数字化、网络化、智能化深入发展，在推动经济社会发展、促进国家治理体系和治理能力现代化、满足人民日益增长的美好生活需要方面发挥着越来越重要的作用。

党的十九大描绘了决胜全面建成小康社会、开启全面建设社会主义现代化国家新征程、实现中华民族伟大复兴的宏伟蓝图，对建设网络强国、数字中国、智慧社会作出战略部署。加快数字中国建设，就是要适应我国发展新的历史方位，全面贯彻新发展理念，以信息化培育新动能，用新动能推动新发展，以新发展创造新辉煌。

——习近平2018年4月22日致首届数字中国建设峰会的贺信

当前,新一轮科技和产业革命深入发展,世界主要国家都把数字化作为优先发展的战略方向。智慧政府与治理创新越来越成为世界主要国家发展的重要引擎和有力支撑。联合国经济和社会事务部自2001年开始,每两年联合发布一次《联合国电子政务调查报告》,旨在评估联合国各会员国的电子政务发展水平。《联合国电子政务调查报告》是全球最具权威性的电子政务领域调查评估报告,其电子政务发展指数(EGDI)由在线服务指数、电信基础设施指数和人力资本指数构成。综观《联合国电子政务调查报告》中各国电子政务各项指数的变化,能有效感知世界各国电子政务的发展成效。观察《联合国电子政务调查报告》历年报告主题的变迁,能够明确感知到这二十多年来电子政务发展的趋势,并且能够把握推动智慧政府未来可持续发展的主要趋势。

表1-1 历年《联合国电子政务调查报告》的主题

年份	主题
2022	数字政府的未来
2020	数字政府助力可持续发展十年行动
2018	发展电子政务,支持向可持续和弹性社会转型
2016	电子政务促进可持续发展
2014	电子政务成就我们希望的未来
2012	面向公众的电子政务
2010	在金融和经济危机时期扩充电子政务
2008	从电子政务到整体治理
2005	从电子政务到电子包容
2004	迈向机遇
2003	世界公共部门报告:处于十字路口的电子政务
2001	电子政务标杆管理:全球视角

资料来源:UN E-Government Survey 2022, https://desapublications.un.org/publications/un-e-government-survey-2022, visited on 2023-04-17。

各国都在积极鼓励创新,利用信息通信技术来提供高效服务,提高公共决策过程中的公众参与度。其中一个最重要趋势就是推行以公众为中心的发展理念,注重为公众提供定制化、个性化、便捷化的服务,这种服务模式的创新正在改变公共部门的运行方式。信息时代要求政府能够更加灵活有效地面对市场与社会,提供更高质量的公共服务,运用网络信息技术的力量来推动公共管理改革。公共管理从传统政务向电子政务直至智慧政府的转变是时代发展的必然。智慧政府是电子政务发展的高级阶段,也是公共管理学科的重要研究方向,智慧政府对公共管理理论与实践的方方面面都有着深远的影响。实践证明,打造数字治理时代智慧政府的重要性已加倍凸显,智慧政府建设对于网络时代推进国家治理体系和治理能力现代化而言已经是至关重要的一环。政府等公共治理主体应建立数字治理思维,积极与市场、社会展开合作,致力于形成多元主体合作治理的局面,以较小成本降低政府、市场、社会和民众之间的信息不对称,提高治理需求和供给之间的匹配度。

1.1 从电子政务到智慧政府

"智慧政府"是继办公自动化、"数字政府"之后电子政务发展的一个更高阶段,在世界上也是电子政务发展的方向。它的核心内涵是利用物联网、云计算、移动互联网、人工智能、数据挖掘、知识管理等技术,强调以用户创新、大众创新、开放创新、共同创新为特征,提高政府办公、监管、服务、决策的智能化水平,形成高效、便民的新型政府。[①] 同时,利用新一代信息技术、大数据和人工智能技术,促进政府管理和公共服务在线上线下融合,实现智能办公、智能监管、智能服务和智能决策。这个目标比传统的电子政务更智能、更精准、更主动。

政府的四大职能是经济调节、市场监管、社会管理和公共服务。智慧政府就是要实现上述职能的数字化、网络化、智能化、精细化和社会化。与传统电子政务相比,智慧政府具有透彻感知、快速反应、主动服务、科学决策、以人为本等特征。

2018年,上海市政府结合建设卓越全球城市的要求,率先提出了"一网通办"和"智慧政府"建设的总目标。上海在《全面推进"一网通办"加快建设智慧政府工作方案》中明确,2018年建成上海政务"一网通办"总门户。对面向群众和企业的所有线上线下服务事项,逐步做到一网受理、只跑一次、一次办成,逐步实现协同服务、一网通办、全市通办。[②] 上海在建设"智慧城市"的目标上有很好的基础,

---

① 参见金江军:《智慧政府:电子政务发展的新阶段》,载《信息化建设》2011年第11期。
② 参见沈则瑾:《上海:建设"智慧政府" 实现"一网通办"》,载《经济日报》2018年4月24日第10版。

如先进的互联网基础设施和人工智能大数据领域的技术积累。同时,上海作为一个特大城市拥有量大面广的基础数据库,包括各个部门已经运用得比较好的一些信息系统。这些积累能够有效地支撑智慧政府建设。智慧政府建设是各级政府贯彻落实党中央、国务院的要求,推动"互联网+政务服务"改革提升的内在需求,同时也是优化营商环境,实现政府治理能力现代化的重要抓手。

1.1.1 智慧政府与电子政务

随着物联网、云计算、移动互联网等信息技术的飞速发展,电子政务发展到智慧政府阶段。智慧政府不仅强调新一代信息技术的应用,也强调以用户创新、大众创新、开放创新、共同创新为特征。

电子政务旨在拉近公民、企业和政府之间的关系,提供更便捷有效且适应人们需求的公共服务,提高决策参与度,促进公共部门高效化、负责化、透明化发展。尽管电子政务已经在全球得到了蓬勃发展,但人们对于电子政务的定义、内涵并没有完全取得共识。

1. 对电子政务的理解

电子政务是一个多学科交叉且在不断发展的事物。从不同的学科视角出发,会对电子政务产生不同的理解和认识。同时,电子政务的本质和内涵也会随着各国政府的改革与创新而不断发展。因此,关于"电子政务",很多国际组织和学者都有自己的定义。在电子政务概念提出的早期,人们普遍把电子政务看成是计算机技术在政府管理领域的一种应用,侧重描述电子政务在不同发展阶段的技术特征。然而,仅从技术的角度来认识电子政务是不够的。因为这种理解只关注到工具、手段,却忽视了内容。这容易导致在实际工作中出现对技术上先进性的盲目追求,却无视管理自身的发展规律。经过一段时期的发展,人们普遍形成一种共识:电子政务不能够仅停留于技术层面,将其狭隘地理解为仅仅是用信息技术去替代原先的人工劳动。电子政务是现代行政改革的重要组成部分,应把电子政务放在行政改革的大背景下理解,即电子是手段,政务是目的。电子政务的重心在"政务"而非"电子"。因此,电子政务的建设应从业务处理的实际与工作的需要出发,利用网络信息技术改善政务处理,提高公共服务的水平和管理效能,实现公共管理创新。

自电子政务产生以来,关于电子政务的定义有很多,包括国际商业机器公司(IBM)、高德纳咨询公司(Gartner)以及世界银行在内的数量众多的国内外知名企业和权威科研、咨询机构等均从不同的视角对电子政务的内涵和外延进行了界定。

联合国经济和社会事务部将电子政务定义为,政府通过信息通信技术手段的密集性和战略性应用于公共管理的方式,旨在提高效率、增强政府的透明度、改善财政约束、改进公共政策的质量和决策的科学性,建立良好的政府之间、政府与社会之间以及政府与公民之间的关系,提高公共服务的质量,赢得广泛的社会参与度。①

世界银行则认为电子政务主要关注的是政府机构使用信息技术(比如万维网、互联网和移动计算),赋予政府部门以独特的能力,转变其与公民、企业以及政府部门之间的关系。这些技术可以服务于不同的目的:向公民提供更加有效的政府服务、改进政府与企业和产业界的关系,以及增加政府管理效能等。因此而产生的收益可以减少腐败、提供透明度、促进政府服务更加便利化、增加政府收益或减少政府运行成本。②

本书认为,电子政务是指公共管理部门应用现代信息通信技术,将管理和服务的各项具体业务通过网络技术进行集成,在互联网上实现组织结构和工作流程的优化重组,超越时间、空间与部门之间的分隔限制,全方位地向社会提供优质、规范、透明的管理和服务。具体从以下四个方面对电子政务的内涵作全面的理解:

(1)电子政务的主体是政府机关。广义上的电子政务既涉及政府机关行使行政职能,也涉及立法、司法机关以及其他一些公共组织管理活动的开展和事务的处理。本书对电子政务主体的定位是广义的公共部门。

(2)电子政务的对象范畴是动态发展的。正如行政管理学向公共管理学演进的过程中,研究对象从政府自身人财物的管理向政府与企业、非营利组织以及公民多元互动的转变,电子政务的研究对象也从政府内部的办公自动化发展到涵盖政府机关内外的管理与服务工作。电子政务要求在提高政府机关内部管理绩效的基础上,借助高新技术和网络平台,全方位、高效地开展政府机关自身、机关之间以及面向政府机关与其他社会组织、公众的管理与服务工作。

(3)电子政务的内涵是动态发展的。"数字政府""智慧政府""智慧城市"

---

① See UN E-Government Survey 2022, https://desapublications.un.org/publications/un-e-government-survey-2022, visited on 2023-04-17.
② 参见〔美〕道格拉斯·霍姆斯:《电子政务》,詹俊峰、李怀璋、曹济译,机械工业出版社2003年版,第12页。

"智慧政务"等概念术语都产生于国家和社会现代化转型的大背景之下,都可以视为电子政务发展的衍生物。它们都反映了不同时期政府工作重心的转变,体现了政府职能定位、核心目标、技术基础、价值理念等方面的发展与进步。

(4) 电子政务的重点是"政务"而非"电子"。电子政务的重点是"政务",是管理,是服务。从根本上说,电子政务是对政府管理方式的改革,也是改变行政流程的改革。

2. 电子政务相关概念的辨析

与电子政务有着直接或间接关系的一些概念很容易让人们混淆,也容易使人们对电子政务产生混沌认知。因此,必须对与电子政务相关的一些概念加以辨析,以帮助读者加深对电子政务的理解。

(1) 办公自动化

从本质上来看,电子政务并不是对办公自动化(OA)的否定和替代,而是与其紧密相关的。我们可以把电子政务看作办公自动化系统在范围和功能上的对外延伸,是面向全社会的政府办公自动化。两者的区别主要体现在应用定位、应用主体、系统用户方面的不同。与行政学研究对象的发展相对应,行政管理学早期主要关注政府自身的管理,发展到公共管理学关注的是政府、企业、公民的多元互动,办公自动化关注内部网,发展到电子政务则关注外部网直至公众网。

(2) 电子政府

"电子政府"是与现有的有形政府相对应的一种全新的政府结构形态,是对行政管理与服务的业务流程以及政府组织结构充分的重组与调整,是跨越时间、地点、部门边界的全天候政府服务体系。概括而言,电子政府是电子政务建设的目标,电子政务建设是实现电子政府的手段和途径。在某些语境下,电子政务和电子政府可以不作严格区分。

(3) 政府上网

"政府上网"是电子政务建设的一个组成部分,但不是全部内涵。从电子政务的发展阶段来看,"政府上网"基本上处于初级阶段,业务内容只有简单的单向信息发布,缺乏互动性,没有强调政府行政管理业务流程与政府组织机构的改造与重组,其效果并不是很理想。不过,"政府上网"却为以后的电子政务发展奠定了技术和舆论基础。

(4) 智慧城市①

"智慧城市"是运用信息通信技术手段感测、分析、整合城市运行核心系统的各项关键信息,从而对包括民生、环保、公共安全、城市服务、工商业活动在内的各种需求作出智能响应。它的实质是利用先进的信息技术,实现城市智慧式管理和运行,进而为城市中的人创造更美好的生活,促进城市的和谐、可持续成长。电子政务是"智慧城市"的重要内容。为适应信息社会发展的需要,政府对业务流程及政府组织机构进行了必要的重组和改造。

(5) 数字政府②

"数字政府"是一种全新的政府治理模式。数字政府的传递内容、传递方向、传递形式不同于以往形式的政府:其内容以信息为主;其传递方向突破了以往多层次的、单向度的传递方式,因此表现出"扁平化"的特点;其传递形式并非单向的上传或下达,而是双向互动的交流。数字政府特别强调以通信网络、数据中心等数字基础设施为依托,以物联网、5G、大数据、区块链、人工智能等数字技术为支撑,以政务数据的治理、共享为驱动,以数据安全、信息安全为保障,旨在提升政府公共服务、社会治理、经济调节等履职能力,通过一系列政务应用服务实现公共服务便民化、社会治理精准化、经济决策科学化。数字政府是数字时代政府治理的新形态,它以数字技术创新推动政府治理变革,在优化公共服务过程中实现自身价值。

数字政府和智慧政府是政府的不同发展层次,后者对数字政府提出了更高的新要求,更加注重政府的智慧化、人性化部分,二者不存在本质上的差异。一般而言,数字政府的内涵与外延更大,电子政务、智能政府、智慧政府是数字政府建设过程中的不同时段。

(6) 智慧政府③

"智慧政府"充分利用物联网、云计算、大数据分析、移动互联网等新一代信息技术,以用户创新、大众创新、开放创新、共同创新为特征,强调作为平台的政府架构,并以此为基础实现政府、市场、社会多方协同的公共价值塑造,实现政府管理与公共服务的精细化、智能化、社会化,实现政府和公民的双向互动。政府是一个城市的"大脑",建设"智慧城市"的首要任务是建设"智慧政府"。

---

① 参见巫细波、杨再高:《智慧城市理念与未来城市发展》,载《城市发展研究》2010年第11期。
② 参见刘淑春:《数字政府战略意蕴、技术构架与路径设计》,载《中国行政管理》2018年第9期。
③ 参见于跃、王庆华:《从智能政府到智慧政府:价值与追求》,载《上海行政学院学报》2019年第2期。

综上所述,上述相关概念既存在着交叉互通,又存在着一定的区别。以电子政务发展的时间序列为主轴可将上述相关概念联系起来,在电子政务的发展过程中既有量变也有质变。具体来说,在时代背景上从互联网的发展到整个社会的数字化转型,在政策语境上从电子政府到服务型政府、国家治理现代化,在技术基础上由互联网、办公自动化发展到大数据、区块链、人工智能等新兴科技,在顶层设计上由流程驱动向业务驱动转变,在信息流动上从单向到双向、多向发展,在应用场景上由单一的政府治理向政务服务、智能决策、社会治理延伸。

1.1.2 电子政务的发展沿革

电子政务建设是运用计算机、网络和通信等现代信息技术,提供随时随地和无所不在的信息获取,推动政府组织结构和工作流程的优化重组,超越时间、空间和部门分隔的限制,打造有特色的精简、高效、廉洁、公平的政府运作模式,以便全方位地向社会提供优质、规范、透明、符合国际水准的管理与服务。

1. 电子政务发展的主要阶段

电子政务的应用与发展经历了从单机到联网、从分散到集成、从办公自动化到政务信息化的发展过程。具体而言,经历了从各部门根据不同需求,各自为政的分散式建设发展到跨部门、跨领域、跨业务系统的集成整合,再发展到以数据中心形式实现的数据交换共享过程,直到基于大数据实现国家治理现代化的智慧政府。

从电子政务的复杂程度、功能度以及成熟度等维度来分析电子政务的发展过程,大体可以划分为四个阶段:第一,起步阶段——政府内部管理办公自动化的实现。第二,初级阶段——单向沟通阶段,即政府仅通过网络发布与政府有关的公共服务的静态信息,政府向公众提供某种形式的服务,包括网站上下载表格等数据。第三,中级阶段——双向的互动阶段,即政府和公众可以在网上实现双向互动。公众既可以下载表格,也可以上传表格,反馈信息和意见。第四,高级阶段——智慧政府阶段,社会信息化基本完成与智慧城市实现。在高级阶段,政府与公众实现了全面的互动,实现了数字治理和公共服务的电子化,改变了政府的运作方式,进行了政府组织结构重组和业务流程再造。

2014年,国家发展改革委、工业和信息化部、科学技术部、公安部、财政部、国土资源部、住房和城乡建设部、交通运输部等多部委为贯彻落实《国家新型城镇化规划(2014—2020年)》印发了《关于促进智慧城市健康发展的指导意见》(发改高技〔2014〕1770号)。智慧政府是智慧城市建设的核心部分,依据该文件的指导思

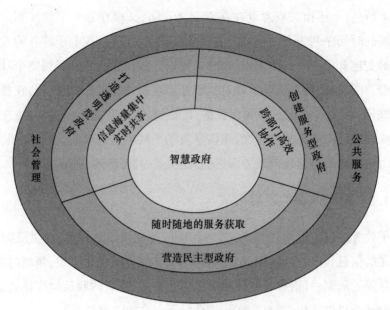

图 1-1　电子政务建设目标示意图

想,智慧政府的建设目标至少包括以下三个方面:

(1) 信息海量集中、实时共享:以城市级数据中心或云服务中心建设为载体,集中存储海量的城市级基础信息资源,同时实现以政府为主体的信息资源获取和共享,包括通过物联网络的信息采集,实现同信息资源交换共享平台的信息交换和存储。

(2) 跨部门高效协作:以信息技术提高联合审批能力和行政效能监察水平,实现一批跨部门、跨领域的政务业务协同应用系统,支撑政府一站式审批、行政监察、综合执法、应急管理、公共安全管理、工业经济分析、宏观决策等业务,实现政务协同,提高行政效率。

(3) 随时随地的服务获取:以电子政务外网平台建设为核心,实现市民、企业和公务员对政府服务的随时随地获取。

2. 电子政务系统的构建

电子政务整体架构分为基础设施层、网络传输层、信息资源层、应用支撑层、应用层和渠道层六大层次,同时包含管理体系和安全体系两大保障(见图1-2)。

(1) 基础设施层是电子政务总体架构的基础,是信息资源获取、存储和处理的承载设备。电子政务基础设施层的先进性在于,除了传统的硬件设备外,传感设备、移动终端和云计算中心等体现新一代信息技术处理方式的硬件设备将发挥

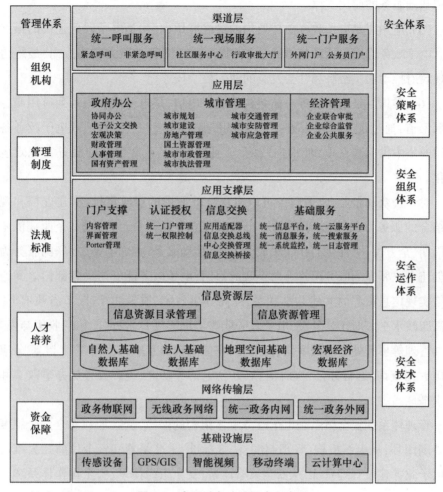

图 1-2 电子政务建设重点示意图

越来越重要的作用。

(2) 网络传输层是电子政务总体架构的信息通道,承担着信息资源传输的重要任务,电子政务包括以政务物联网、无线政务网络、统一政务内网和统一政务外网为一体的、无所不在的高速传输光纤网络。

(3) 信息资源层是电子政务总体架构的核心,是智能型信息化应用的实质,要实现电子政务,必须实现以自然人基础数据库、法人基础数据库、地理空间基础数据库和宏观经济数据库四大基础数据库为代表的政府信息资源的虚拟化集中存储、共享交换和按需应用。

(4) 应用支撑层是电子政务总体架构发挥作用的支撑平台,在政府信息资源整合的基础上,以云计算技术为核心手段,实现面向门户支撑、认证授权、信息交换和基础服务的应用支撑。

（5）应用层是电子政务总体架构的最终应用内容，是电子政务建设的最终目标。电子政务应用包括政府办公、城市管理和经济管理三大应用方向，最终协助实现政府推动国民经济和社会发展的两大核心任务。

（6）渠道层是电子政务总体架构的统一出口，是电子政务一系列应用服务的获取渠道，通过统一呼叫服务、统一现场服务和统一门户服务实现电子政务各项应用的集中供应和获取，使面向政府、事业单位、企业和公众的服务实现效应最大化。

对于公众和企业，电子政务可以实现高效便民的行政审批，构建虚拟和现实相结合的服务方式，为办事的每一个市民建立专属网页，为公众和企业提供全生命周期、全方位、个性化的在线集成服务，以移动服务、推送服务、物联网服务为支撑创建全国领先的服务模式。对于政府部门，电子政务能够协助各部门之间通过网络实现信息资源的共建共享联系，提高办事效率、质量和标准，节省政府开支，提高廉政水平。对于公务员，电子政务能够协助实现日常办公、信息收集与发布、公共管理等事务处理的数字化、网络化，在信息资源互联共享的基础上，充分应用基础数据查询、远程办公、实时消息、办公电话等功能，提升公务员办事效率和办事水平。

管理体系和安全体系是电子政务总体架构的保障，从管理和安全两个维度实现外围闭环，从组织机构、管理制度、法规标准、人才培养和资金保障几大维度完善电子政务建设管理系统，从安全策略体系、安全组织体系、安全运作体系和安全技术体系四大方面入手提升电子政务建设安全水准，以保证电子政务架构的落地和应用。

1.1.3 智慧政府的主要模式

智慧政府的主要模式仍然沿袭早期电子政务的划分模式，其中最基本的划分就是根据其服务对象的不同，分为政府内部的电子政务和政府对社会的电子政务。政府内部的电子政务又可以进一步划分为政府部门之间的电子政务和政府对公务员的电子政务。政府对社会的电子政务可以继续划分为政府与公众之间的电子政务、政府与企业间的电子政务。总体来说，如图1-3所示，电子政务基本上可以分为四种模式：政府对政府的电子政务、政府对企业的电子政务、政府对公众的电子政务、政府对公共部门工作人员的电子政务。

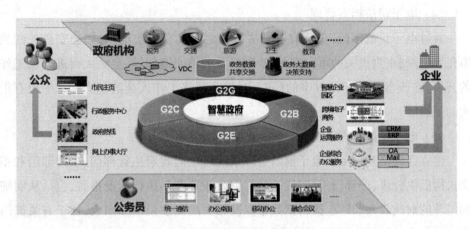

图 1-3 智慧政府的主要模式

1. 政府对政府的电子政务

"G to G"（G2G）电子政务是政府（Government）与政府（Government）之间的电子政务的简称，它是指政府内部、政府上下级之间、不同地区和不同职能部门之间实现的电子政务活动。它的首要目标是促进中央政府和地方政府围绕社会公众的需求进行更好的协同工作。G to G 电子政务作为政府间电子政务的应用，对打破传统条件下部门与部门之间的障碍，促进政府之间的沟通与合作，构筑起新型的、基于网络的政府间的合作关系有着重要的意义。

（1）政府内部网络办公系统

可分为领导决策服务子系统、内部网站子系统、内部财务管理子系统等，通过不同子系统的综合应用，使得传统的政府内部管理实现向电子政务条件下的政府管理转型。

（2）电子公文处理

电子公文系统借助网络技术的应用，使传统政府间的报告、请示、批复、公告、通知、通报等在保证信息安全的前提下，通过数字化的方式在不同的政府部门间实现瞬时传递，大大提高了公文处理的效率，彻底改变了传统的、司空见惯的公文"长途旅行"现象，使政府公文处理的效率有根本性的提高。

（3）政策、法规电子化传递

利用互联网等电子化方式传递不同政府部门的各项法律、法规、规章、行政命令和政策规范，具有十分明显的速度和管理成本优势，对保障政府政策、法规传递的及时性、有效性和针对性都有重要的意义。

(4) 电子司法档案管理

通过电子化的手段,在政府与司法机关之间共享司法信息,如公安机关的刑事犯罪记录、审判机关的审判案例、检察机关的检察案例等,会大大促进司法工作的开展,在改善司法工作效率的同时,对提高司法工作人员的能力和水平也有很大的促进。

(5) 电子财政管理系统

建立在网络基础上的电子财政管理系统可以向政府主管部门、审计部门和相关机构提供分级、分部门、分时段的政府财政预算及其执行情况报告,包括从明细到汇总的财政收入、开支、拨付款数据以及相关的文字说明和图表,便于有关部门及时掌握和监控财政状况,使政府财政管理工作跃上一个新台阶。

(6) 纵向业务管理系统

纵向业务管理系统主要适合于一些垂直管理的政府机构,如税务、海关等系统通过组建本系统的内部网络,形成纵向型的业务管理系统,以实现统一决策、信息实时共享,有效提高系统的决策水平和反应速度。这类业务系统在我国基本以"金字工程"的形式得以推广实施,已取得比较理想的成效。

(7) 横向业务管理系统

横向业务管理系统利用网络在政府不同部门及不同地区政府部门之间进行横向协调,以实现政府的有效管理,目的是使原分散在不同部门、不同地区的决策信息做到有机集成,为不同决策者所共享,减少部门间、地区间的相互扯皮现象,提高决策准确性和作业效率。

(8) 数字化城市管理

数字化城市管理是把涉及城市管理的各个方面都通过数字化的方式来实现。主要的应用有:对城市供水、供电、供气、供暖等城市要害部门实行网络化控制与监管;对城市交通、公安、消防、环保等部门实行网络统一化调度与监管,提高管理的效率与水平;对各种突发事件和灾难实施网络一体化管理与跟踪,提高城市的应变能力;对城市社区实行数字化的管理,提高城市社区管理的质量和水平。

2. 政府对企业的电子政务

"G to B"(G2B)电子政务是政府(Government)与企业(Business)之间的电子政务的简称,是指政府与企业之间通过互联网建立起一种数字化的业务联系,以建立一种新型的政府与企业的关系。政府可以通过电子化的方式为企业提供诸如企业营业执照办理、工商管理、纳税等整个企业生命周期的服务。此外还可以通过电子化的政府采购实施透明采购。

(1) 通过网络平台提供信息

政府可以为企业提供有关经济和市场变化的信息，使得任何企业，尤其是中小企业可以低成本地获取信息，从而增强竞争力。

(2) 电子化的市场监管

一个有效运行的市场离不开公共部门对企业的有效监管。电子化的市场监管可以使得企业在网上申请、受理、审核、发放营业执照，办理许可证，以及申请进行环境评估等变得更为便捷。

(3) 电子化的政府采购

电子化的政府采购对提高政府采购效率和透明度，树立公开、公平、公正的形象具有重要作用。通过对采购各个环节的公开监控，可以减少投诉的可能。

3. 政府对公众的电子政务

"G to C"(G2C)电子政务是政府(Government)与公众(Citizen)之间的电子政务的简称，是指政府部门向公众提供一站式、在线获得政府信息和服务的电子政务模式。它使得政府提供的信息和服务不再以政府部门为中心，而转变为以公众的需求为中心。电子政务可能为公众提供的数字化公共服务包括但不限于：

(1) 公共信息的检索

政府拥有大量的信息资源，如各种政策法规、统计数据、开放的档案、公民个人信息验证等。这些资源在法律允许的条件下应当向社会公众公开。这在方便公众的同时也降低了政府提供信息的成本。

(2) 电子社会保障与社会福利

通过网络建立起覆盖本地区乃至全国的社会保障网络，使公众能通过网络及时、全面地了解自己的养老、失业、工伤、医疗等社会保险账户的明细情况，政府也能通过网络把各种社会福利，比如困难家庭补助、烈军属抚恤和社会捐助等，运用电子资料交换、磁卡、智能卡等技术，直接支付给补助对象或受益人。

(3) 电子民主参与

让公民通过网络发表对政府有关部门和相关工作的看法，参与相关政策、法规的制定，而且还可直接向政府有关部门的领导发送电子邮件，对某一具体问题提出意见和建议。

（4）电子教育、培训服务

出资建立全国性的教育平台，资助相应的教学科研机构、图书馆接入互联网和政府教育平台；出资开发高水平的教育资源向社会开放；资助边远、贫困地区信息技术的应用，逐步消除落后地区与发达地区之间业已存在的"数字鸿沟"等。

4. 政府对公共部门工作人员的电子政务

"G to E"（G2E）电子政务是政府（Government）与公共部门工作人员（即政府雇员，Employee）之间的电子政务的简称，是指政府部门与公共部门工作人员之间建立起一种新型的、网络化的业务联系，以形成高效的行政办公和员工管理体系，旨在提高政府工作效率和公务员管理水平。

（1）公共部门工作人员日常电子化管理

公共部门利用电子化手段实现对工作人员的日常管理，从而降低管理成本，提高管理效率。如利用网络进行日常考勤、出差审批、差旅费异地报销等，既可以为公共部门工作人员带来很多便利，又可以节省领导的时间和精力，还可以有效降低行政成本。

（2）政府电子化人力资源管理

主要的应用形式有电子化的招聘、电子化的绩效管理、电子化的薪酬设计、政府内部电子化的人才流动信息发布、电子化的沟通等，它的发展将使传统的、以纸面档案管理为中心的人力资源管理模式产生一场新的革命，对提高政府人力资源管理的效率和水平，降低人力资源管理成本有很大的贡献。

（3）公共部门工作人员电子化绩效考评

利用信息通信技术构筑绩效考评系统，既可以对绩效考评的各项指标进行量化考核，又可以通过网络实现远程考评，另外还可实现员工之间的横向比较以及本人不同时期的纵向比较，使得考评方式更加科学、公平与公正。电子化的绩效考评系统可按照设定的任务目标、工作标准和完成情况对公共部门工作人员的业绩进行科学的测量和公正的评估，以达到良好的激励与约束的效果（见图1-4）。

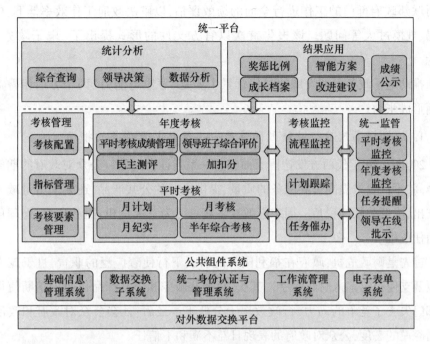

图 1-4 公共部门工作人员绩效考评系统流程图

1.2 电子政务的产生与智慧政府的发展

1980 年,美国著名未来学家阿尔文·托夫勒(Alvin Toffler)在《第三次浪潮》中指出,基于科技发展的角度,人类社会经历了三次革命,前两次社会革命分别是农业革命和工业革命,而当前的人类社会正在经历信息革命。[①] 信息革命在全球范围内引发了信息化。电子政务作为信息化建设的重要内容,是网络技术应用和发展的产物,适应了网络经济、公共管理变革、管理民主化和提升公共部门服务绩效的发展要求,具有不可逆转和循序渐进发展的特征。

1.2.1 电子政务产生的背景

1993 年,美国克林顿政府建立了"国家绩效评估委员会",并发布了《从繁文缛节到结果导向:创造一个工作更好、花费更少的政府》。该报告的宗旨是提出应

---

① 参见[美]阿尔文·托夫勒:《第三次浪潮》,黄明坚译,中信出版社 2006 年版。

当对联邦政府部门的工作进行全面的绩效评估,以解决政府工作效率低下、成本高昂、规模过大等问题。该报告首次以官方文件的形式提出了"电子政务"的概念。

推动电子政务迅速发展的时代背景主要是"意愿与能力"两个方面相得益彰从而形成张力。

1. 迫切提高政府行政绩效的意愿——借助电子政务的推动

20世纪70年代西方发达国家面临着一系列社会问题。公众对政府的期望越来越高,不仅要求提高公共服务的质量、提供更好的公共产品,还要求尽量减少财政支出、降低公众的税负。周志忍教授将其总结为三大危机:财政危机、管理危机和信任危机。

首先是财政危机,政府在福利国家的名义下行使着广泛的职责,过于庞大的财政开支使自己陷入财政赤字。其次,对公共服务和公共产品供给的垄断使得公共部门失去了竞争的动力,行政效率十分低下。最后,社会公众对政府和政治表现出冷漠的态度,公众对政府的表现日益不满和不信任。

基于上述原因,西方国家对通过行政改革提高行政效率的意愿非常强烈。改革主要采用工商企业管理理论和方法,引入市场竞争机制,以提高公共管理水平与公共服务质量。

我国自20世纪70年代末以来的改革开放浪潮中,提高行政效率也是其重要诉求之一。1999年,国家启动"政府上网工程";2001年3月,第九届全国人民代表大会第四次会议批准的《中华人民共和国国民经济和社会发展第十个五年计划纲要》在第六章明确提出"加速发展信息产业,大力推进信息化",此后,信息化规划成为五年规划体系的重要组成部分。党的十六大把电子政务改革作为行政管理体制改革的重要内容,提出深化行政管理体制改革,进一步转变政府职能,改进管理方式,推行电子政务,提高行政效率,降低行政成本,形成行为规范、运转协调、公正透明、廉洁高效的行政管理体制。2001年12月,国家信息化领导小组第一次会议明确了推进国家信息化必须遵循的方针,提出"政府先行,带动信息化发展"的重要决策。我国电子政务正是在这种信息化大背景和国家战略安排下产生和发展的。进入新时期以来,我国对提高政府行政绩效的呼唤愈发强烈。党的十八届三中全会将全面深化改革的总目标设定为"完善和发展中国特色社会主义制度,推进国家治理体系和治理能力现代化",而大力发展电子政务,推动数字治理正是践行这一总目标的重要组成部分。

2. 技术发展适应了行政改革的意愿——信息化的普及与互联网应用

信息技术成为电子政务强劲的"助推器"和强有力的技术支撑。在信息技术席卷全球，网络彻底改变人们的工作方式、生活方式的今天，实施电子政务不仅是必然趋势，而且具备了实施的可行性。

随着网络的发展和互联网技术的广泛应用，互联网日益成为人们日常生活的一部分，并且对公共管理方式产生了深刻影响。为了适应互联网发展的需要，公共部门必须重新定位其职能和改变其运作方式，改进公共管理手段和公共服务提供方式。另外，随着网络技术的发展，大量政务信息的实时共享和双向交流在技术上成为可能，促使传统政务方式发生根本性的改变。

随着电子商务的迅猛发展，顾客通过电子商务获取商品的便捷性与低交易成本，为公共部门改进公共服务、提高公共服务水平提供了借鉴，也产生了巨大的压力。电子政务在吸收电子商务门户网站、客户关系管理、ERP流程重塑等技术的基础上进一步发展，使得公共管理更为透明和公众至上，同时运用网络信息技术促进组织结构重组、业务流程优化和服务绩效提升。

大数据时代的到来、数据挖掘技术的成熟，使得数据驱动的社会治理成为一种新型治理模式。对数据的收集和分析已经成为公共管理实践的基本要求，包括根据数据分析的结果制定公共政策和法规，将公共管理从事后处罚转向事前预防。

正是改革意愿与技术能力的相辅相成、互相促进，使得电子政务应用向纵深发展。

1.2.2 全球电子政务发展概述

根据《2022联合国电子政务调查报告》，全球电子政务整体发展水平不断提升。从全球范围来看，世界各国电子政务发展持续推进，越来越多的国家正在大力推进数字政府战略，以数据为中心，强化电子参与，整合线上和线下渠道，提升以人为本的数字政务服务能力。数据显示，全球电子政务发展平均指数（EGDI）高水平组的国家总数达到73个。在各区域层面来看，EGDI高水平组的73个国家中有24个在美洲，22个在亚洲，16个在非洲，8个在欧洲，3个在大洋洲。[①]

---

① 参见《2022联合国电子政务调查报告》，https://desapublications.un.org/sites/default/files/publications/2023-01/UN%20E-Government%20Survey%202022%20-%20Chinese%20Web%20Version.pdf，2023年10月20日访问。

1. 全球电子政务发展的特点

虽然每个国家面临的具体社会环境、政治环境和经济环境有所不同,在建设电子政务方面所采取的具体措施、具体策略也有所不同,但全球各个国家在建设和发展电子政务过程中却表现出了许多共同特征,都有基本相同的战略目标:蕴含了共同的基本理念;注重营造电子政务建设和应用的环境;注重电子政务建设与行政改革的有机结合;注重全面负责电子政务建设的组织机构的建立;以改善政府的社会服务作为电子政务的核心价值;遵循循序渐进、分步实施的建设规律。

从目前的情况来看,全球电子政务建设与应用呈现出以下共同特点:

(1) 智慧政府转型快速推进

智慧政府作为数字化转型的"重中之重",受到国内外普遍重视。世界各国政府正在利用数字技术创新政府运作方式,并不断转变信息公开、政府决策和公共服务的方式,积极了解公众需求,解决公众关注的热点问题。许多国家已经进行了机构改革,以更好地支持数字政府转型。《2020 联合国电子政务调查报告》显示,在 193 个联合国会员国中,有 145 个国家设有首席信息官或类似职位。新的组织结构的挑战需要改变各级政府的组织文化,发掘公共部门、社会组织及个人的能力。智慧政府转型需要有整体方法推进,包括推进数据治理、促进有效的公共通信、建设信息通信技术基础设施以及增强新技术应用能力,建立符合信息化发展需求的制度和机制,制定数字化发展战略,形成监督和评估机制。

(2) 在线服务成为各国发展重点

从全球范围来看,各国都在积极改善电子政务,在线提供各种公共服务,大力提高在线服务水平成为各国普遍共识。很多国家开始关注通过电子政务建设整体政府,解决协同治理问题,并将其作为应对各种复杂挑战的关键。在构建整体政府中,强调基础资源层面的集约化建设与利用、管理层面的统筹规划与高效协同、服务层面的"一体化"无缝整合成为各国的普遍做法。总体来看,全球在线政务服务已由以政府网站提供信息服务的单向服务阶段开始迈向实现跨部门、跨层级的系统整合集成,提供一体化网上政务服务的整体服务阶段。

(3) 政府快速响应能力不断提升

在 2020 年新冠感染疫情期间,各国政府通过其国家门户网站、移动应用程序和社交媒体平台公开信息,快速响应公众需求。各国政府在报告和分享与疫情有关的信息时展现了很高的透明度。很多国家的政府开通了专门的防疫网站和开发了相应的应用程序,在信息和资源更新方面表现出极大的灵活性。拥有强大功能电子政务系统的国家能够向公众、地方政府和医疗工作者提供明确的最新信息,同时还能与社会平台开展合作,减少错误信息的传播。通过信息共享和在线服务的提供,数字技术使各国政府能根据实时数据及其分析迅速作出决策,提高地方政府的协调能力,并向最需要的人提供服务。

(4) 电子参与持续推广

参与是治理的一个关键层面,也是可持续发展的支柱之一。根据政府门户网站向公众提供信息、协商和决策有关的内容,通过调查可对电子参与进行评估。电子参与调查评估是在线服务内容的一部分,并通过电子参与指数(EPI)对各国的电子参与情况进行单独排名。中国政府在政务公开、政民互动方面做了大量工作,通过政府平台和社会平台了解人民群众需求,公众积极参与公共政策征求意见。2020年,中国的电子参与指数为0.964,排名第9。随着电子参与平台在更多国家推广,出现了一种多功能参与平台的发展趋势。

(5) 数据治理框架不断完善

随着政府数据应用的不断深化,面临的风险和挑战也不断增加,政府治理的范式也在发生转变,政府开展了利用数据治理框架和以数据为中心的电子政务战略,以创新的方式产生公共价值。截至2020年,在接受调查的联合国会员国中,59%的国家制定了开放政府数据政策,62%的国家制定了元数据或数据字典,57%的国家接受公众对新数据的请求,52%的国家提供使用开放政府数据的指导。随着处理复杂数据集的技术能力不断提高,这些数据集可以为决策者提供更好的洞察力和预见性,并使电子服务更高效、更可靠、更包容,尤其是在实现复杂的可持续发展目标方面,数据将发挥更大作用。随着政府数据的急剧增加,以及人们对其巨大潜力及随之而来的挑战和风险的认识不断提高,对有效数据治理的需求变得更加迫切。各国政府必须采取整体政府的方法,在国家数据战略、强有力的数据领导和数据生态系统的支持下,发展总体数据治理框架。

2. 主要发达国家的电子政务实践

(1) 美国[①]

美国是电子政务的倡导者,也是电子政务实施得非常成功的国家,其电子政务发起于政务改革,着眼于政府再造。

1992—2000年,克林顿政府把电子政务发展作为提升国家绩效的表现、施政

---

① 以下内容参见张居正、王凤科、张思洁:《美国电子政务发展对我国的启示》,载《河南科技大学学报(社会科学版)》2021年第6期。

改革的重要内容之一。在此期间发布了《政府信息技术服务的前景》，强调政府快速回应民众与社会的需求；开展"走近美国"计划，目标在 21 世纪初，实现政府服务完全电子化；建设联邦第一政府网站，提高政府反馈能力，减少中间环节。

2001—2008 年，小布什政府继续扩大电子政务财政投入。这一时期美国电子政务的主要发展目标是对政府门户网站进行整改，完成从仅可以在网络上浏览信息变成可以在网上办事的巨大转变，很大程度上提高了美国民众的政务参与度。秉持这一理念，小布什政府在 2003 年制定了更加细化的以"为公民服务"为主题的电子政务发展战略，其主要内容包括：① 提高公民与联邦政府的互动率；② 改善政府部门的办公效率，节约成本；③ 提高政府对公民的反馈及时性。

2009—2016 年，奥巴马政府发布《开放政府指令》，要求转变政府信息发布文化，保证联邦政府的数据以更加好用的格式发布，从而使其能够被更加广泛地使用。推行"美国数字政府服务"（United States Digital Service）和 Data.gov 计划，旨在通过对大数据的应用优化和信息集成处理技术的发展来提高美国政府门户网站政务信息的透明度和即时性。2012 年，美国白宫发布数字政府战略，强调以信息和公民为中心，大力发展信息共享平台并加强隐私保护。该战略的目的是使美国可以更好地适应新的全球信息发展趋势，刺激数字行业的创新从而提高公共服务的质量。

2017 年，特朗普政府宣布成立美国科技委员会（American Technology Council），目的是帮助美国政府数字化转型顺利过渡。特朗普政府强调美国电子政务的转型目标包括：① 进一步提高电子设备的普及率和可利用率，使美国公民在任何时间、地点都能够使用美国优质的公共服务；② 加快美国政府的数字化转型，进一步提高美国政府应用先进科学技术管理公共财产的能力；③ 强调对科学技术的创新和对创新工具的收购。

拜登政府从"管理"（management）、"交付"（delivery）和"参与"（engagement）这三个方面推动电子政务数字政府的发展。① 管理（或电子行政），包括政府内部流程和系统的数字化。例如，数字数据库以数字格式存储数据，方便引用参考和进行数据分析；数据存储解决方案，让数据得到安全的存储和保护；管理信息系统（MIS），用于决策以及信息的协调、控制、分析和可视化；电子采购系统，使政府与商品/服务供应商之间能够更加有效、透明地进行信息交换和交易。② 交付（或电子服务交付），包括政府服务提供方式的数字化。例如，政府门户网站及移动应用程序，提供获取信息和服务的渠道，并使利益相关方能够在线上完成行政手续的办理;数字支付,助力政府提升公共财政管理水平,提高政府机构支付的效率和透明度;数字身份识别(ID)系统,为个人提供安全的身份证明手段和唯一的ID号码,方便政府系统之间的数据交换。③参与(或电子参与),包括数字渠道和平台,利益相关方可以通过这些渠道和平台与政府机构展开合作并对其施加影响。例如,政府支持的孵化中心,让私营部门参与相关工具和系统的建设,从而满足政府的具体需求;开放数据门户,允许相关方在创新、服务和问责方面使用政府数据;公众科学倡议,即公众自愿参与科学进程,以帮助解决现实世界中的问题。

美国电子政务的飞速发展正是得益于意愿与能力的双擎驱动。主观上,美国政府希望通过电子化提高政府的透明度、效率以及效能,并制定了较完善的政策法规。客观上,美国信息化程度本身比较高,网络基础设施较为完善,社会应用程度也已得到深化和普及。

美国代表性政府网站有:白宫网站(https://www.whitehouse.gov/),内容既包括正式严肃的最新新闻、最新联邦热点事件、联邦统计数据,又包括较为轻松的总统、副总统的各自家庭介绍等;美国联邦政府网站(https://www.usa.gov/),它是按主题而不是按部门组织进行分类,旨在加速政府对公民需求的反馈,提供公众更多的参与民主政治的机会,减少工作环节,改进政府的工作流程,创建一个高效率、高技术的政府。

(2) 英国

在发展电子政务方面,英国政府深刻地认识到这是促进政府改革与发展的重要推动力,必须作为一项战略任务来实施。英国陆续发布了《政府现代化白皮书》《21世纪政府电子服务》《电子政务协同框架》等政策规划。英国电子政务涉及的主要内容有:电子传输服务;政府流程改革;公共服务的整体实现方式;电子公众信息系统。

英国在建设电子政务进程中的一个显著特点是大力推动社会信息化,加强信息技术教育和基础设施建设,明确提出"2005年使每个英国家庭都能上网"。英国政府在2011年发布了《英国政府政务云战略》,通过利用云计算的新技术使信息技术资源变得更加灵活高效。这为公共管理和公共服务带来了低成本、可持续发展的跨越式变化。

英国代表性政府网站如英国政府网站(https://www.gov.uk/),组织整理了1000多个政府机构网站的信息,帮助用户便捷地寻找所需网站,获取就业、理财、旅行、生活等方面的政府信息与服务，为公众提供有关英国政府机构的各种信息。它的目的在于为公众提供简单的政府信息查询和易于使用的服务入口，为政府部门提供在互联网上发布信息的途径。①

（3）日本

日本发展电子政务有着坚实的基础，在所有亚洲国家和地区中，日本互联网普及率居前列。与此同时，人均收入高、国际化程度高，以及一流的电话服务系统，决定了日本在推行电子政务方面有着得天独厚的优势。日本政府在2000年制定的《IT国家基本战略》中，提出了"e-Japan"的构想，计划在5年之内成为世界最先进的IT国家之一。为了加速政府信息化、电子化的进程，2000年3月，日本政府启动了"电子政务工程"。②

日本的电子政务工程主要有五个方面的基础建设：① 政府机关内部互联网以及情报信息化的基础作业；② 综合行政网络的相互连接；③ 申请、发出手续的在线化；④ 地区情报信息基础作业；⑤ 居民户口管理网络系统的建设。

日本代表性政府网站如日本首国相官邸网站（https://www.kantei.go.jp/）。

（4）韩国

在发展电子政务方面，韩国走在了亚洲国家或地区的前列。在联合国2003年公布的全球电子政务成熟度排名中，韩国位居全球第13位，在亚洲国家中仅次于新加坡（第12位）。韩国代表性政府网站是韩国政府网站（https://www.korea.net），它以"Everything you need to know about Korea, you can find on Korea.net"为理念，在韩国国内外产生了广泛的影响，曾被联合国评为全球十大政府门户网站范例之一。韩国的电子政务是由中央政府主导推进的，由科学技术情报通信部全盘负责。从1978年起，韩国政府的信息化水平飞速发展，电子政务对提高政府行政效率、促进全社会信息化发展起到了很大的推动作用。2006年，韩国推出"U-Korea"总体政策规划，韩国下一步的电子政务建设的战略目标是将韩国政府建设成为全球最好的为公众服务的数字化政府。③

（5）新加坡

20世纪90年代中后期，新加坡政府信息化的主要任务是加强政府和公众的联系，提高政府工作效率，更加负责地为公众服务。新加坡政府在2000年启动了

---

① 参见曾长秋、薄明华：《国外电子政务的发展动态》，载《湖南行政学院学报》2002年第3期。
② 参见甘峰、俞素美：《日美政府信息公开比较与中国"入世"后的课题》，载《东北亚论坛》2002年第2期。
③ 参见兰科研究中心：《世界电子政务发展趋势预测》，载《信息化建设》2008年第4期。

"面向21世纪的信息通信技术计划"(ICT21 Masterplan)。该计划的标志是将新加坡政府的服务通过一个先进的政府信息基础设施来实现,使每个新加坡人通过一个网络窗口就可以得到全部的政府服务。

新加坡代表性政府网站有:① 新加坡政府网站(https://www.gov.sg),它提供信息发布、政府服务链接,可提供数百种在线服务。② 新加坡电子公民中心网站(http://www.ecitizen.gov.sg),它是新加坡政府综合服务网站,将公民的一生按照不同阶段划分为不同的主题,如同人生驿站。目前该网站功能已经合并到智能国家和数字政府办公室网站(https://www.smartnation.gov.sg),明确提出"智能国家计划是我们前进的方向。技术将如此无缝地集成在一起,以至于它将改变我们工作、生活和娱乐的方式"。

1.2.3 智慧政府的发展

电子政务是一个持续不断的建设、运行、维护和更新相统一的动态过程,是一个运用技术手段调整政府组织结构、再造行政业务流程,不断探索和发展的实践过程。综合考察各国电子政务的发展状况和趋势可以发现,虽然各国在电子政务建设的具体做法上有许多差异,但都表现出一些共同的趋势。

1. 电子政务发展的最新阶段

(1) 打造"泛在网络",建设智慧政府

"泛在网络"(Ubiquitous Network)即广泛存在的网络,是一种集通信技术、信息技术、射频识别技术等多种新技术而形成的,能够实现人与人、人与机器、人与物甚至物与物之间直接沟通的网络架构。它以无所不在、无所不包为基本特征,实现在任何时间、任何地点都能顺畅地通信为目标。随着经济发展和社会信息化水平的日益提高,构建"泛在网络社会",建设智慧政府,已经成为一些发达国家追求的目标。[1]

随着互联网日益渗透到经济社会的各个领域,发展电子政务已成为世界新一轮公共管理改革的重要内容。发展电子政务实质上是改造传统工业社会形态下的政府组织模式与工作方式,使之能够适应虚拟的、全球的、以知识为基础的数字经济,同时也适应社会的根本转变。在过去十年里,互联网、社交媒体的快速发展以及通信技术生态系统中硬件软件的复杂化和趋同化给世界带来巨大的变化,公

---

[1] 参见顾平安:《发达国家电子政务发展趋势》,载《学习时报》2015年12月28日第5版。

众越来越希望能更容易地获取公开信息和政府服务。今后政府提供公共服务将由电子服务转向泛在服务，即由基于互联网分散的服务渠道转变为借助多种便携终端提供服务，由为公众提供标准化的简单服务转变为公众提供个性化的智能服务，逐步消除"数字鸿沟"，完整地体现"泛在网络"的意义。

(2) 应用电子政务全面推动政府创新

随着电子政务建设和应用的不断深化，电子政务对政府创新的作用和重要性进一步增强。事实上，电子政务与政府创新已经构成互为促进的关系。目前电子政务发展的推动力已经主要不是靠技术，而是政府创新。一方面，政府创新需要电子政务作支撑；另一方面，电子政务的发展也需要通过政府的不断创新来推动。电子政务推动政府创新，也为政府创新提供了动力来源。促进政府创新日益成为各国电子政务建设亟待解决的问题之一。

政府创新主要表现在：由纸质文件向电子化文件过渡；由基于部门的制度向基于服务流程的制度过渡；由各部门分散管理向一体化、网络化管理过渡。通过电子政务建设可以提高政府在人力资源、业务流程、业务一致性、物理设施、信息技术、知识和信息管理、政府可靠性等方面的管理水平，从而实现政府创新。政府通过创新，可以更快地实现职能转变，提高工作效率，打破传统的时间、空间和部门之间的分隔制约，使各级政府的各项工作更加严密，服务更加便捷，从而把政府建设成廉洁、勤政、务实、高效的政府。

(3) 进一步加快促进民主建设

随着电子政务建设的深入，公众对政府的期望不仅仅停留在对政府办理程序和服务信息的了解，还希望能够借助现代通信技术更多地与政府进行互动，在获得服务的同时表达自己的意见及观点。因此，随着电子政务建设的推进，逐渐将民主建设纳入电子政务建设与应用中，成为电子政务发展的普遍趋势。近些年，越来越多的国家和组织开始在电子政务建设中增加民意调查，利用在线方式让民众更多地参政议政，如开设在线论坛、开通专门的民意征询网站、针对具体规划发出征询稿等，民众可以参与讨论的话题涉及国家大政方针的制定、地方政府的效率、具体政策的出台、领导力等方面。

(4) 更加重视信息、业务、服务等各种资源的整合

强化信息、业务、服务的整合，是实现业务协同、建立随需应变的政府、提供网络化电子服务的前提。一是服务项目、行政业务的整合。二是服务渠道的整合，包括对单一渠道本身的整合，以及多种渠道之间实现交互连接与整合。通过整

合,使电子政务能够根据用户的需求将部门、业务、信息和服务集成整合起来,然后通过多种渠道无缝地提供给用户。三是公共部门服务和私人部门服务的整合,实现公共管理体制和公共服务提供的模式创新。①

(5) 开放政府数据,建设透明政府

从全球范围来看,建立政府统一的数据门户,集中开放可机读、可加工的数据集、应用程序等资源,是各国通行做法。2009 年美国创建了世界上首个国家级的政府数据开放平台 data.gov,拉开了全球政府数据开放平台建设的序幕。在美国建成政府数据开放平台之后的短短几年时间里,英国、加拿大、澳大利亚等国也建成了专门的政府数据开放平台。截至 2015 年 5 月,美国 data.gov 已开放约 13 万个数据集,涉及安全、研发、农业、能源、海洋等 20 个领域,提供约 900 个各类应用程序接口(API);英国政府数据开放平台 data.gov.uk 有 1338 个开放机构和组织参与发布数据,开放共计 24582 个数据集和 373 个应用,涉及健康、交通、教育等领域。② 根据《2020 联合国电子政务调查报告》,全球已有 153 个国家建成了政府数据开放平台,比 2014 年的 46 个和 2016 年的 106 个有了显著增长。

发达国家作为全球开放数据的主要参与者,在政府数据开放的范围和程度、安全和形式、开放许可证和质量管理、开放技术和实施方法等领域作出了许多有益的探索。未来的政府数据开放将以建设透明政府为宗旨,按照顶层设计的要求统筹规划,逐步开放有价值的数据集。按照客观性、实用性、及时性、完整性、可处理、无歧视、非专有等要求和质量管理流程,全面提高政府数据质量;按照免费使用的要求,通过示范和典型案例引导数据开放和开发利用。

在开放数据的同时,各国也更加注重数据安全、隐私保护和保密,完善了相关法律制度。随着电子政务公共服务前台和政府后台建设发展到一定高度,服务前台交互功能进一步提升,服务后台也逐步实现了各个部门的业务整合,电子政务的交互性、复杂性进一步增强。因此,信息安全问题就突出地表现为如何加大对公众个人信息的保护力度和如何加强对实现互联互通的政府部门业务进行安全保护。

2. 中国智慧政府的发展实践

党的十八大以来,党中央、国务院从推进国家治理体系和治理能力现代化全

---

① 参见蔡立辉:《解读当前电子政务发展新形势》,载《信息化建设》2008 年第 11 期。
② 参见陈朝兵、张田:《2011—2020 年国内外政府数据开放平台建设研究述评》,载《图书情报知识》2022 年第 1 期。

局出发,围绕实施网络强国战略、数字中国建设、"互联网+"行动等作出了一系列重大部署。2022年4月19日,在中央全面深化改革委员会第二十五次会议上,习近平总书记指出,要全面贯彻网络强国战略,把数字技术广泛应用于政府管理服务,推动政府数字化、智能化运行,为推进国家治理体系和治理能力现代化提供有力支撑。[①] 智慧政府建设是引领驱动数字经济和数字社会建设发展,营造良好数字生态,加快数字化发展的必然要求,是建设网络强国、数字中国的基础性和先导性工程。

我国电子政府建设主要有以下特点:

(1) 党中央、国务院高度重视信息化建设与电子政务发展

党的十八大以来,以习近平同志为核心的党中央高度重视网络安全和信息化工作,强调要以信息化推进国家治理体系和治理能力现代化,统筹发展电子政务,构建一体化在线服务平台。党的十九届四中全会提出,创新行政管理和服务方式,加快推进全国一体化政务服务平台建设。党的十九届四中全会从推进国家治理体系和治理能力现代化的战略高度,把推进全国一体化政务服务平台建设作为完善国家行政体制、创新行政管理和服务方式的关键举措。当前,新一代信息技术的创新应用将贯穿到各个领域制度体系建设和治理现代化的全过程,在坚持和完善中国特色社会主义制度、推进国家治理体系和治理能力现代化进程中,信息化是国家治理体系和治理能力现代化的基本要求和重要标志,推进国家信息化建设,发展电子政务是国家治理能力现代化的重要支撑和保障。

"智慧政府"是数字中国建设的核心组成部分。多年来,习近平总书记深入谋划数字中国建设全局,有力指引数字中国建设实践:在上海考察时,提出要抓好"政务服务一网通办";在浙江考察时,强调从信息化到智能化再到智慧化,是建设智慧城市的必由之路。在2015年第二届世界互联网大会开幕式上,习近平总书记首次提出"数字中国"这一概念——"中国正在实施'互联网+'行动计划,推进'数字中国'建设"[②]。此后,习近平总书记多次为数字中国建设把舵定向、擘画未来。2017年10月,习近平总书记在党的十九大报告中明确提出建设网络强国、数字中国、智慧社会,"数字中国"被写入党和国家纲领性文件。

---

① 参见《习近平主持召开中央全面深化改革委员会第二十五次会议》,https://www.gov.cn/xinwen/2022-04/19/content_5686128.htm,2023年10月12日访问。
② 《习近平在第二届世界互联网大会开幕式上的讲话》,http://www.xinhuanet.com/politics/2015-12/16/c_1117481089.htm,2023年10月12日访问。

(2) 智慧政府建设逐步加快

智慧政府作为数字政府的核心，是数字中国建设体系的有机组成部分，作为新时期电子政务发展的更高级目标，是发展数字经济和建设数字社会的基础性和先导性工程，更是创造营商环境新优势的重要抓手和重要引擎。目前，全国绝大多数省级地方政府已出台并公开数字政府规划计划，指导数字政府建设。多个地区成立数字政府建设领导小组，明确政务数据统筹管理机构协调推进数字政府建设工作。各地区、各部门高度重视并探索推动数字政府改革，将其作为引领数字化时代政府改革与治理能力建设的着力点和突破口，推动政府治理从低效到高效、从被动到主动、从粗放到精准的转变，取得了积极成效。

(3) 网上政务服务能力和水平持续提升

2019年11月，国家政务服务平台整体上线试运行，联通32个地区和46个国务院部门，标志着以国家政务服务平台为总枢纽的全国一体化政务服务平台初步建成。一体化政务服务平台作为创新行政管理和服务的新方式、新渠道、新载体，充分发挥了跨地区、跨部门、跨层级业务办理上的支撑和保障作用，推动了更多政务服务事项从"线下跑"转向"网上办"，全方位提升了网上政务服务能力和水平。各地区将政务服务平台建设作为区域发展"软环境"的重要标杆，优化办事流程、创新服务方式、简化办理程序，以网上服务打造便企利民贴心服务的新名片，政务服务平台品牌的辨识度、知晓度、美誉度全面提升，一体化平台已经成为企业和群众办事的主要渠道。

(4) 简审批优服务成为优化营商环境的重要内容

面对复杂的国内外经济发展环境，不少地区从群众反映强烈的办事"环节多、跑动多、收费多、材料多"问题着手，化繁为简，通过制度创新，尤其是政府管理与政务服务方面的创新，将"减时间、减环节、减材料、减跑动"作为优化政务服务的重要目标，不断提升政务服务的效率和水平，进一步优化营商环境，在国际竞争的新形势下构建新的制度优势。在省级行政许可事项中，平均承诺时限大幅压缩，大多数事项实现网上受理和"最多跑一次"。电子社保卡、跨省异地就医备案、住房公积金异地转移接续等一系列高频服务事项基本实现"全程网办"。

(5) 政务信息资源开发利用深入推进

政务信息资源共享取得突破性进展，政务信息整合共享工作基本实现"网络通、数据通"的阶段性目标。2020年9月，中国互联网络信息中心发布第46次《中国互联网络发展状况统计报告》。报告称，全国一体化数据共享交换平台建成，一体化的数据共享响应机制日趋完善,国家一体化电子证照共享服务系统梳理了各地区、各部门证照类型897种,已汇聚861种,占比96%,证照目录总量达31.5亿条,为电子证照"一个证照、全国互认"提供了数据基础支撑。公共信息资源开放有效展开,全国多个地区建立了公共信息资源开放平台,开放数据的规模大幅度拓展。①

(6)移动端驱动引领作用进一步加强

随着智能手机的迅速普及,移动政务服务应用正成为移动互联网时代政务服务的新渠道。在"微技术"的迅猛发展下,各地区纷纷将移动政务服务作为提升服务水平和效能的重要载体,围绕业务量大、受众面广、群众使用率高的服务事项,积极推进覆盖范围广、应用频率高的政务服务事项向移动端延伸,推动实现更多政务服务事项"掌上办""指尖办""跨省通办"。"北京通""随申办""浙里办""粤省事""渝快办"等一大批地方政务服务App优化线上办事体验,赢得人民群众的好感和信赖。

党的十八大以来,以习近平同志为核心的党中央高度重视政府数字化、智能化转型,作出一系列重大部署。我国电子政务的服务水平、服务技术与服务覆盖范围都有了显著提升。《2022联合国电子政务调查报告》显示,在193个联合国会员国中,我国电子政务排名从2012年的第78位上升到2022年的第43位,成为全球增幅最高的国家之一。②

2019年10月,党的十九届四中全会首次提出推进数字政府建设,明确要创新行政管理和服务方式,加快推进全国一体化政务服务平台建设,健全强有力的行政执行系统,提高政府执行力和公信力。

2021年3月,加快智慧政府发展被写入《中华人民共和国国民经济和社会发展第十四个五年规划和2035年远景目标纲要》。其中,第五篇的主题是"加快数字化发展 建设数字中国",该篇下辖四章内容,分别是第十五章"打造数字经济新优势"、第十六章"加快数字社会建设步伐"、第十七章"提高数字政府建设水平"、第十八章"营造良好数字生态",数字政府、数字经济、数字社会和数字生态相互融合促进,共同构成全面数字化发展蓝图。

---

① 参见《第46次中国互联网络发展状况统计报告》,https://www.cnnic.cn/6/86/88/index.html,2023年4月17日访问。

② 参见《2022联合国电子政务调查报告》,https://desapublications.un.org/sites/default/files/publications/2023-01/UN%20E-Government%20Survey%202022%20-%20Chinese%20Web%20Version.pdf,2023年10月20日访问。

2021年12月印发的《"十四五"推进国家政务信息化规划》提出,到2025年,政务信息化建设总体迈入以数据赋能、协同治理、智慧决策、优质服务为主要特征的融慧治理新阶段。

3. 中国智慧政府未来发展的重点

2023年2月,中共中央、国务院印发《数字中国建设整体布局规划》,数字中国建设有了里程碑意义的顶层设计和整体谋划。

作为党的二十大后我国信息化领域的首个全面规划,文件着眼党和国家事业发展全局,首次提出新时代数字中国建设的整体布局,将建设数字中国上升到"是数字时代推进中国式现代化的重要引擎,是构筑国家竞争新优势的有力支撑"的战略高度。

这是以信息化数字化驱动中国式现代化的中国方案,是以推进数字中国建设抢占未来发展制高点的重大战略举措。在这份规划中,数字中国建设的时间表、路线图、任务书一一明确:按照"夯实基础、赋能全局、强化能力、优化环境"的战略路径,立足数字中国建设"2522"的整体框架,加强整体布局、整体推进,全面提升数字中国建设的整体性、系统性、协同性。①

智慧政府建设必须紧紧围绕经济社会发展的迫切需要,着力强化改革思维,注重顶层设计、系统工程和基层探索的有机结合、技术创新和制度创新的双轮驱动,以数字化改革助力政府职能转变,以智慧政府改革建设为引领,推动政府、经济、社会全方面与数字化深度融合。一是提升政府治理能力,将数字技术广泛应用于政府管理服务,全面推进政府治理流程优化、模式创新和履职能力提升。二是优化政府治理体系,以数字化改革促进制度创新。坚持以优化政府职责体系引领政府数字化转型,以数字政府建设支撑加快转变政府职能,推进体制机制改革与数字技术应用深度融合。三是健全统筹协调机制,推动各类行政权力事项网上运行、动态管理,助力优化营商环境,精准服务行业和企业、城镇和乡村的发展需求,促进数字经济发展和数字社会建设,引领经济社会高质量发展。

(1) 转变工作理念,贯彻以人民为中心的电子政务发展思路

电子政务发展要突出以人民需求为导向,方便人民及时了解政府信息,简化办事流程,畅通政务服务渠道,提升办事效率,为人民群众提供高效便捷的服务。通过搭建政民互动平台,让互联网成为了解群众、贴近群众、为群众排忧解难的新

---

① 参见《东风万里绘宏图——习近平总书记指引数字中国建设述评》,载《中国网信》2023年第3期。

途径,成为倾听民意、汇聚民智的新渠道。

(2) 创新服务模式,提升基于互联网的在线公共服务水平

从解决人民群众最关心、最直接、最现实的利益问题入手,进一步转变政府职能,创新公共服务提供方式和建设模式,全方位增加在线公共服务的供给。通过简政放权、放管结合、优化服务,激发各部门创新提供在线公共服务的热情。加大信息化扶贫力度,消除"数字鸿沟",推进公共服务均等化。尤其是广大农村和边远贫困地区,急需创新信息化基础设施共建共享模式,扩大服务内容和服务范围,使人民的需求能够得到及时满足。广泛调动社会资源,统筹多方力量,构建政产学研联盟,提高基于互联网的政务服务共建能力和共享水平,打造一体化政务服务平台,降低人民的信息获取成本,切实提升在线公共服务质量和水平。

(3) 开放数据资源,推动大数据助力国家治理能力现代化

大数据应用有助于提高政府决策水平,有助于政府提供精准化的、切实满足人民需求的政务服务。我们要把握大数据发展的有利时机,推进基于大数据和一体化平台的电子政务整合力度,理顺区域、领域、部门间的数据关系,促进统一信息数据的规范化,逐步实现业务协同和实时数据信息交换,一举破除"信息孤岛",促进政府信息资源开发利用,提高政府服务能力。切实运用大数据提高政府效能,助力国家治理体系和治理能力现代化。

(4) 完善保障措施,建设安全可靠的政务服务保障体系

"互联网+"时代为我们提供了数据高效传输和运用的便捷性,同时也对数据安全管理提出了挑战。随着各行各业与互联网融合的日益加深,越来越多的行业将业务重点由线下转移到线上来,政务服务涉及的部门都逐渐建立起了大数据分析系统,如此庞大的数据流转在网络上,如何保障它们的安全,就成了首要问题。因此,在推进"互联网+"政务服务过程中要高度重视信息安全问题:要明晰公私合作提供公共服务的数据利用边界,探索并制定数据资源产权归属、保护以及数据采集、存储、加工、传递、检索、授权应用等方面的法律法规;加强对公共数据服务和产品的监管,保障全社会数据安全。

第 2 章

智慧政府与公共治理

> 要全面贯彻网络强国战略,把数字技术广泛应用于政府管理服务,推动政府数字化、智能化运行,为推进国家治理体系和治理能力现代化提供有力支撑。
>
> ——习近平2022年4月19日在中央全面深化改革委员会第二十五次会议上的讲话
>
> 要建立健全大数据辅助科学决策和社会治理的机制,推进政府管理和社会治理模式创新,实现政府决策科学化、社会治理精准化、公共服务高效化。要以推行电子政务、建设智慧城市等为抓手,以数据集中和共享为途径,推动技术融合、业务融合、数据融合,打通信息壁垒,形成覆盖全国、统筹利用、统一接入的数据共享大平台,构建全国信息资源共享体系,实现跨层级、跨地域、跨系统、跨部门、跨业务的协同管理和服务。要充分利用大数据平台,综合分析风险因素,提高对风险因素的感知、预测、防范能力。

要加强政企合作、多方参与,加快公共服务领域数据集中和共享,推进同企业积累的社会数据进行平台对接,形成社会治理强大合力。要加强互联网内容建设,建立网络综合治理体系,营造清朗的网络空间。

——习近平2017年12月8日在十九届中央政治局第二次集体学习时的讲话

公共组织行为的成功必然是基于"意愿与能力"相得益彰的双擎驱动：意愿是公共组织努力想要达成的目标，并在组织内部达成共识；能力是公共组织确保目标实现的技术手段。只有意愿但没有能力的公共组织行为会造成"空谈误国"的结果，而只有能力但没有意愿的公共组织行为则很可能会造成高效率、低绩效或者"南辕北辙"的行政表现。20世纪70年代末以来，全球电子政务的迅猛发展主要得益于公共组织意愿与能力的完美结合：一方面是"政务"改革意愿的推动，从新公共管理改革的启动到国家治理能力现代化目标的提出；另一方面是"电子"信息技术能力的支持，从传统的信息通信技术（计算机技术、网络技术、电子信息技术等）发展到现代智能技术（云计算、大数据、物联网、社交媒体等），新兴技术的不断出现为公共管理改革推波助澜。

正因为如此，电子政务发展要从整个国家公共管理的发展全局来理解。电子政务要和国家战略结合，从全局中找到方向，要抓住国家治理体系和治理能力现代化的关键问题。电子政务的发展需要从顶层设计、治理体系和治理能力的角度梳理。这就意味着必须在公共管理改革的大环境中思考电子政务发展的动因与未来。

2.1 电子政务发展的动因

现代信息技术为公共部门的管理和服务提供了新的技术路径，有利于实现新的管理理念和管理方法。在电子政务大力发展的背后，是信息技术的发展和公共部门在新时代所力图作出的改变。多年来，人们已普遍认可"电子"是技术手段，"政务"是核心，所以要注重电子和政务的结合。但是到了今天，仅仅结合已经远远不够，需要真正做到技术和政务之间的深度融合，为国家治理体系和治理能力现代化的发展提供根本支撑。新公共管理运动的兴起和电子治理的发展为解决政府管理问题提供了新的视角，给公共管理的发展注入了新的活力，极大地推动了政府管理技能与方法的发展，导致在线服务、协同办公等公共管理方法在实践中的产生和广泛运用。从一定意义上说，电子政务是政府管理发展到以新公共管理为理论基础阶段的改革必由之路，是信息时代的政府再造。电子政务的发展要与国家治理体系和治理能力现代化挂钩,为国家治理体系和治理能力现代化做出切实可度量的贡献。

2.1.1 政府改革意愿的推动

信息社会要求人们在更高层次上面对新的生活和环境,同时不断改变思想和行为,要求政治生活及社会意识形态与之相适应。当占主导地位的经济形态已经从制造业转变为知识经济的时候,建立在工业社会基础上的科层制已经不能适应新形势和新条件了。20世纪70年代末以来,为迎接全球化、信息化、国际竞争加剧的挑战以及摆脱财政危机、管理危机和信任危机,各国或地区相继掀起了政府改革的热潮。在危机模式推动下,政府改革的意愿显得尤为强烈。

1. 新公共管理改革

新公共管理改革是采用企业管理理论、方法和技术,引入市场竞争机制,强调顾客导向,以提高公共管理水平和公共服务质量。这场改革常常被人们描述为一场政府追求"3E"(economy、efficiency、effectiveness,即经济、效率和效能)目标的管理改革运动。

(1) 新公共管理改革的起源

新公共管理在20世纪80年代兴起于英国、美国、澳大利亚和新西兰,并逐步扩展到西方各国乃至全世界。正如著名公共管理学者胡德(C. Hood)所说,新公共管理并不是由英国单独发展起来的,而是20世纪后期公共管理领域中出现的一种显著的国际化趋势。[①] 可以说,这一政府改革浪潮席卷了西方乃至全世界。而代表这一股潮流、全面推动行政改革的既有君主立宪制国家,又有民主共和制国家;既有单一制国家,又有联邦制国家。在政府制度上,既有内阁制政府,又有总统制政府;在市场体制上,既有自由型市场经济,又有政府导向型经济;高举改革旗帜的,既有右翼政党,又有左翼政党。

(2) 新公共管理改革的内容

新公共管理是由企业管理途径(又称"B途径")衍生出的公共管理理念。所谓企业管理途径,就是为取得绩效而强调企业管理的理论、方法和技术在公共部门中的运用,它重视汲取私营部门管理的新经验(如授权式参与、顾客导向、绩效标准、质量管理等)。它有不同的名称,如公共管理主义(或管理主义)、企业型政

---

① 参见王云骏:《当代西方政府改革视野中的非政府组织》,载《世界经济与政治论坛》2004年第4期。

府、后官僚体制模式、市场导向的公共行政等。新公共管理既是解决西方社会现实问题的产物,也是公共管理响应信息时代要求的产物,它体现了国家与社会、政府与市场关系的新格局,反映了政府职能定位发生根本转变的趋势。

经济合作与发展组织(OECD)在关于发达国家政府改革的研究报告中,对新公共管理的主要内涵作了总结归纳。OECD强调政府在社会公共事务管理中的角色应该重新定位,政府应该通过"再造"来实现以下转变:由"划桨"政府向"掌舵"政府转变,由权力政府向责任政府转变,由审批政府向服务政府转变,由指挥政府向协调政府转变,由无限政府向有限政府转变。根据OECD的描述,新公共管理具有以下特征:从效率、效能及服务质量的观点来看,新公共管理注重"结果";高度集权的层级制组织结构被分权管理的大环境所取代;资源的分配及提供服务的对象更接近原定目标,并向顾客及其他利益团体提供回馈的空间;以多种不同的方式弹性监督政策法规,产生更具成本效益的政策结果;强调"效率"是政府提供服务的重点;加强政府内部核心领导人员的策略能力,即在面对外部环境冲击时,能以最小的成本,主动、有弹性地作出响应。

新公共管理的核心思想是:把私营部门的管理手段和市场激励结构引入公共部门和公共服务,其目标不只是在公共行政内部做技术上的专业化努力,也不只是对公共部门进行改革,而主要是让公共部门从根本上改变政府与社会的关系,最终以新的公共管理模式取代传统的官僚制模式。[①] 新公共管理的核心内容主要包括以下几个方面:

其一,引入私营部门成功的管理手段和竞争机制。与传统公共行政排斥私营部门的管理方式不同,新公共管理强调政府广泛采用私营部门成功的管理手段,如成本—效率分析、全面质量管理、目标管理等,同时引入竞争机制,取消公共服务供给的垄断性,采用政府业务合同出租、竞争性招标等方式。政府应根据服务内容和性质的不同,采取相应的供给方式。与传统公共行政热衷于扩展政府干预、扩大公共部门规模不同,新公共管理主张对某些公共部门实行私有化,让更多的私营部门参与公共服务的供给,即通过扩大对私营市场的利用面,替代政府公共部门。

其二,以顾客为导向。新公共管理改变了传统公共行政模式下政府与社会之间的关系,重新对政府职能及其与社会的关系进行定位。政府不再是高高在上、

---

① 参见薛澜、彭宗超、张强:《公共管理与中国发展——公共管理学科发展的回顾与前瞻》,载《管理世界》2002年第2期。

自我服务的官僚机构,政府公务人员应该是负有责任的"公共企业经理和管理人员",市政管理者应将自己定位为企业主或者 CEO。社会公众是向政府提供税收的纳税人和享受政府服务的"顾客"或"客户",政府服务应以顾客为导向,增强对社会公众需要的响应力。

其三,注重结果与产出。传统公共行政强调公共机构必须按照一系列正式规则和一整套固定程序工作,投入人力、财力、物力,容易导致公共机构僵化、反应慢、效率低。新公共管理则转而注重工作结果和产出,即明确规定公共机构应达到的工作目标,对其最终工作结果予以测量,并对达到甚至超额完成预期目标的机构及其人员实行奖励。①

其四,改善公共部门的工作。在传统的科层制组织结构中,权力集中,上级发号施令,下级依令而行。第一线人员往往缺乏自行处置的权力,难以适应快速多变的外部环境。新公共管理则主张通过授权来改进公共部门的工作。

2. 国家治理能力现代化

在威尔逊的政治行政二分法和韦伯的科层制基础上建立起来的传统公共行政体制使部门条块分割、协调不畅、缺乏内部合作等。新公共管理的发展虽然强调效率和市场导向,但依然侧重单个部门的收益分析,缺乏部门之间和整个部门整体导向的分析。新公共管理改革丰富了公共管理的工具和方法,拓宽了公共行政的视野,但在实践中却暴露出了较大的局限性,治理理论的兴起正是对市场机制和国家机制的纠正和反思。另外,国家职能和政府角色受到了来自实践中多维度的、动态性的挑战,如全球化进程加快、社会需求增加并日益多样化、网络信息技术发展、社会多元化和复杂化等。全球化使国际非政府组织、跨国公司等实体以各种形式参与社会治理并渗透至公共行政体系当中,打破了政府对社会事务管理的垄断,从政治、经济、社会等多个方面倒逼政府改革。政府作为社会治理和公共服务唯一提供者的角色发生了变化,对公共事务的治理由单中心机制向多中心机制转变。

(1) 治理理论

"治理"一词的真正流行是在 20 世纪 90 年代的西方学术界,特别是在经济学、政治学和管理学领域。联合国全球治理委员会在 1995 年发布的《我们的全球伙伴关系》(Our Global Neighborhood)报告中指出:"治理是各种公共和私营性的

---

① 参见王满船:《西方行政改革的、新公共管理模式评析》,载《中国行政管理》1999 年第 5 期。

个人以及机构管理其共同事务的许多方法之总和","旨在调节相互冲突的或不同的利益并推动合作性行动的一个持续性过程"。治理既包括"有权强制人们服从的正式制度和规制,也包括各种人们表示赞同或认为符合自身利益的非正式制度安排"。

从社会治理的历史变迁过程来看,人类社会经历了从统治到管理再到治理的发展历程,在这三个不同发展阶段,不同社会主体在公共事务管理中的相互关系、地位作用、职责权限和运行方式是不同的。统治型社会管理模式以"权威—依附—遵从"为特征,管理型社会管理模式以"契约—控制—服从"为特征,治理型社会管理模式则以"服务—信任—合作"为典型特征。① 在现代社会三种主要的治理机制中,国家、市场和社会治理机制构成了合作治理的基本框架,三者相互支撑、相互制衡并弥补彼此缺陷,为整个社会提供秩序来源。其中,国家治理机制是公共领域治理的核心;社会治理机制能否有效运作取决于政府、市场、社会和公民等多元主体各自所拥有资源的整合程度,当市场失灵时需要政府管理,当政府失灵时需要社会救助和公民参与,而当社会失灵时又需要政府监管。这充分表明只有发挥各种组织和制度安排的独特优势,才能有效回应不断变化的社会需求和层出不穷的社会问题。

治理理论主张多元主体参与、放权和分权以及多中心治理,强调政府、市场与社会的合作共治,削弱了政府中心论的影响,挑战了传统以政府为中心的统治模式,打破了政府对公共事务管理的垄断地位,通过将公共权力分权于市场与社会、下放到地方政府,使政府组织、企业、社会组织和公民个人都成为社会治理的主体。治理理论不仅确立了分权、多中心和多元共治的理念,而且为公共事务管理提供了更多的治理工具和可供选择的治理方式。俞可平教授指出,统治与治理主要有五个方面的区别:其一,权威主体不同,统治的主体是单一的,就是政府或其他国家公共权力,而治理的主体则是多元的,除了政府外,还包括企业组织、社会组织和居民自治组织等;其二,权威的性质不同,统治是强制性的,而治理可以是强制的,但更多是协商的;其三,权威的来源不同,统治的来源就是强制性的国家法律,而治理的来源除了法律外,还包括各种非国家强制的契约;其四,权力运行的向度不同,统治的权力运行是自上而下的,而治理的权力可以是自上而下的,但更多是平行的;其五,两者作用所及的范围不同,统治所及的范围以政府权力所及

---

① 参见孔繁斌:《公共性的再生产:多中心治理的合作机制建构》,江苏人民出版社2012年版,第61页。

领域为边界,而治理所及的范围则以公共领域为边界,后者比前者要宽广得多。①

(2) 国家治理体系和治理能力现代化

与治理比较起来,国家治理概念的外延更加准确、具体。首先,国家治理以公共事务为基本对象,在公共领域实施活动,与公司治理、大学治理等有区别;其次,国家治理最终都以国家为本位,而治理的范围,从全球治理到乡村或社区治理,可大可小;最后,国家治理是以公共权力的运行为主轴,政府是公共权力的唯一行使者,政府必然要发挥主导作用。综合而言,国家治理是指国家政权的所有者或者说主权的拥有者、国家政权的职业管理阶层,以及利益相关者等多元的行动者,在国家的范围内对社会公共事务进行合作管理,其目的就是增进公共利益、维护公共秩序,它是国家的最高权威通过行政、立法和司法机关以及国家和地方之间的分权,对社会实施控制和管理的过程,是执行一定的政治理念,始终围绕着特定秩序,对公共事务进行调控、引导和支配,保持良性和可持续发展的善治状态和过程。② 国家治理的内容包括塑造共同价值体系、强化国家权威、提升国家治理执行力、促进经济持续发展、完善社会保障体系、增强国家与社会互动。

党的十八届三中全会通过的《中共中央关于全面深化改革若干重大问题的决定》提出:"全面深化改革的总目标是完善和发展中国特色社会主义制度,推进国家治理体系和治理能力现代化。"国家治理体系包括规范行政行为、市场行为和社会行为的一系列制度和程序,政府治理、市场治理和社会治理是现代国家治理体系中三个最重要的次级体系。推进国家治理体系和治理能力现代化,是中国特色社会主义现代化建设和政治发展的必然要求,也是对我国在现代化进程新的发展阶段所面临的各种严峻挑战的主动回应。

国家治理体系现代化是社会政治经济现代化的必然要求,它本身也是政治现代化的重要表征。衡量一个国家的治理体系是否现代化,至少有五个标准。其一是公共权力运行的制度化和规范化,它要求政府治理、市场治理和社会治理有完善的制度安排和规范的公共秩序。其二是民主化,即公共治理和制度安排都必须保障主权在民或人民当家作主,所有公共政策要从根本上体现人民的意志和人民的主体地位。其三是法治,即宪法和法律成为公共治理的最高权威,在法律面前人人平等,不允许任何组织和个人有超越法律的权力。其四是效率,即国家治理

---

① 参见俞可平:《中国的治理改革(1978—2018)》,载《武汉大学学报(哲学社会科学版)》2018 年第 3 期。

② 参见方涛:《改革进行时:理论、方法与实践》,载《理论视野》2014 年第 4 期。

体系应当有效维护社会稳定和社会秩序,有利于提高行政效率和经济效益。其五是协调,现代国家治理体系是一个有机的制度系统,从中央到地方各个层级,从政府治理到社会治理,各种制度安排作为一个统一的整体相互协调,密不可分。①

2.1.2 智慧信息技术能力的支持

信息技术是指完成信息的收集、识别、提取、变换、存储、传递、处理、检索、检测、分析和利用等功能的技术汇总。我国古代有"结绳记事"这样利用物质材料记录信息的例子,结绳可以看作一种最简单的信息工具。到了近代,人们发现电信号可以用来传递信息,电子技术开始发展起来。电子计算机的发明带来了信息革命,为公共部门提供了前所未有的进行大规模复杂运算的能力。现代信息技术为公共部门的管理和服务提供了新的技术路径,有利于实现新的管理理念和管理方法。

信息的技术表现形式、传播方式及应用载体的变化,反映了人类信息活动从低级向高级形态演进,是人类社会进步的重要驱动力,也是制度变革的诱因。重大通用技术的创新和扩散,会形成与之相适应的经济范式,进而对公共管理产生影响。信息技术的变革,改变了人类的生产生活方式,并深刻影响到公共管理方式的变迁和演进。②

1. 电子信息技术应用的发展

电子政务是电子信息技术应用于公共行政的表现和结果,根据其应用特征,大致可以分为数字化、网络化和交互化的"互联网+"三个阶段。

(1) 单一部门的数字化阶段

即"电子数据处理"(Electronic Data Processing, EDP)阶段。这一阶段主要表现为部门内部的业务处理。应用电子信息技术的主要目标是提高具体业务的工作效率。这些具体的工作一般具有数据量大、工序重复性强、操作方法相对简单等特点。

(2) 跨部门的网络化阶段

在这一阶段,电子政务建设向纵深发展,一些政府部门开始意识到仅靠单部门应用系统,难以实现有效监管。一些数据密集、有实时监管要求,并具有日常作业系统特征的部门,如海关、税务、外汇管理等经济监管部门开始实现了部分领域

---

① 参见俞可平:《推进国家治理体系和治理能力现代化》,载《前线》2014年第1期。
② 参见张望、张毅:《基于信息技术推动下的电子政务创新》,载《中国行政管理》2016年第9期。

的信息共享和业务协同,监管效率得到显著提升,并在有效打击进口骗汇、出口骗税等非法行为中发挥了巨大作用。与此同时,互联网的作用开始显现,越来越多的政府服务从办事大厅被移植到政府网站上,公民开始通过网络获取服务,公共服务也从传统意义上的单向推送开始转向政民双向互动。我国自 1999 年启动"政府上网工程",以政府网站为治理工具的代表。根据中国互联网络信息中心第 38 次《中国互联网络发展状况统计报告》的数据,截至 2016 年 6 月以"gov.cn"为域名后缀的中国各级政府网站数量达到 55290 个,[1]拥有网站门户已成为中国政府管理中的新常态。

在上述两个阶段,政府是按照企业管理的原则与价值取向对公共组织进行管理,试图通过科学化、技术化的管理来实现政府目标,效率中心、技术至上、价值中立是其核心内容。这两个阶段的实践重点在于改进政府内部效率,电子政务在提高行政效能和改善公共服务中的作用得以释放,推动政府组织结构从科层制向扁平化发展,而信息技术应用则成为建立以顾客为中心的服务模式,打造竞争性政府的有力工具,但其核心仍是解决公共管理的效率问题。显而易见,新公共管理并没有实现对传统公共行政的范式转换,两者都是围绕如何更有效地"提供公共服务"而设计各种方案(每一种方案都有自己针对的问题),都是属于一种基于对"人"的忽视而构建的"技术型"范式。信息技术、网络技术向公共行政领域扩散和渗透,为新公共管理理论的实践提供了技术支撑,也凸显了新公共管理理论的工具理性。

(3)"互联网+"的交互化阶段

互联网特别是移动互联网的广泛应用,突破了时间和空间的限制。各类政务服务的移动客户端应用大量出现,一些具有强大社交功能或交易功能的互联网平台或应用也加入其中,如微信、蚂蚁金服等。强大的用户黏性使公共服务的投递方式产生了根本性变化,公众也从被动接受服务转向主动参与。越来越多的公众不仅通过网络获取服务,同时获得了更多参与管理创新、获取个性化服务和参与民主决策的机会。在这一阶段,政府权力结构由控制走向分权,决策方式由垂直单向走向多元交互,更多地体现出对公平、民主以及公民权益的关注。

与前一阶段聚焦于政府网站不同,这一阶段各种新技术应用争相亮相。第一,政务微博带来更加直接和频繁的政府与社会的互动,用信息"众筹"方式改善

---

[1] 资料来源:https://www.cnnic.net/NMediaFile/old_attach/P020160803367337470363.pdf,2023 年 10 月 25 日访问。

了传统模式中的信息缺陷,开创了共同治理的新模式。第二,政务微信和移动政务 App 充分利用移动互联网的泛在化特点,可以将政务推送到公众"手"边。第三,正在形成的整个社会的数据化与公共决策的智能化日益融为一体,基于互联网的大数据可以为公共政策议程提供新的问题来源,也为政策制定、政策执行和政策评价提供新的方法。第四,智慧城市试图综合大数据、物联网、云计算和移动互联网等为城市提供智能化的基础设施和智慧化的管理模式。第五,与透明政府、开放政府和政府信息资源管理等一脉相承的"开放政府数据"运动在全球兴起,这为社会分享政府数据提供了新的思路,致力于降低社会数据生产中的重复成本,促进经济和社会创新性发展。①

当然,对上述电子信息技术在公共管理领域应用的阶段划分不是泾渭分明的离散状态,正如信息技术从计算机、现代通信走向互联网全面普及,这三个阶段之间不是替代而是融合、迭代、创新的关系一样,今天"互联网+政务服务"的美妙前景,也是以政府部门已经形成的强大应用基础为前提的。

2. 电子信息技术对公共管理的价值

近半个世纪以来公共管理理论与实践的变迁,与当代最具创新活力的通用技术(General Purpose Technology, GPT)——信息技术进步所引发的经济社会变革需求密切相关。当前,以互联网为代表的新一代信息技术已经成为引领时代变革的力量,推动公共服务模式和政府治理理念发生重大变化。基于网络的一体化服务、信息开放共享的协同治理、效率和公平并重的多方参与、多元互动的民主科学决策等无疑将成为电子政务创新的主要方向。②

(1) 降低公共管理成本

任何管理活动都需要资源的投入,包括人财物、时间、空间等。信息技术在降低资源耗用方面具有重要作用。一方面,现代信息技术实现了对数据和信息运算能力的飞跃,从而能够大幅节省原先被投入到数据分析和处理中的成本;另一方面,信息的物质载体发生了革命性的替换,比特流不仅可以存储在超小的空间中,而且可以实现人类自身无法企及的超速传播。原先广泛用于承载和传播信息的物质载体,比如纸张等,以及传播信息所需要的时间被极大地节省下来。

---

① 参见黄璜:《互联网+、国家治理与公共政策》,载《电子政务》2015年第7期。
② 参见张望、张毅:《基于信息技术推动下的电子政务创新》,载《中国行政管理》2016年第9期。

(2) 提高公共管理水平

第一,实现了管理的科学化。通过信息技术可以获得和管理大规模数据,使用科学的分析方法,从而为管理决策提供支持。第二,实现了管理的标准化。详尽的管理内容和标准化的管理流程,被固化在信息系统之中,并以统一的风格为公众提供服务。用户只需要按照系统所提供的信息以及所规定的步骤完成业务即可。这样一方面可以减少用户在业务办理时,因为信息不对称而导致的交易成本,另一方面也可以规范办事过程,实现按章办事、依法行政。第三,实现管理的精准化。对细节的把握决定了管理的成败,然而对细节的管理往往因信息不对称而功败垂成。深入到每个角落的信息网络可以有效避免公共管理过程中的道德风险和逆向选择。

(3) 促进公共管理改革

信息技术被广泛用于公共管理活动之中,进一步推动着公共管理的改革。第一,促进政府职能转变。信息技术为政府从管制型向服务型的转变提供了重要技术基础。服务型政府会面临更多的不确定性,同时也需要更加多元化的手段。例如,社会信用对于市场经济的健康发展具有重要意义,公共管理部门可以利用自身的优势建立社会信用评估系统,将社会信用作为一种公共物品提供给社会,进而对社会经济活动提供支持。目前,我国金融部门已利用现代信息技术,建立企业征信系统和个人征信系统,它们与其他行业领域的信用记录进行整合,从而构成全面的社会信用体系。

第二,提高行政监管的有效性。信息技术有助于实现公共管理活动的标准化,从而使得行政过程中的自由裁量权得到有效的监控。工作透明度也将进一步增强。利用信息技术可使原先分散在工作人员或者各个部门的信息集中起来储存。这不仅可以提高信息流转和利用的效率,而且使得不同部门、不同成员之间的信息不对称被打破。这样尽管公务人员的自由裁量权因实践需要被扩大,但内嵌在软件中的规则微妙却又清晰地界定了每项独立任务的不同方面。

第三,降低了政治活动中公众的"理性的冷漠"(rational ignorance)。信息技术降低了信息交流的成本,这首先有助于提高社会公众参政议政的意愿,从而加强对公共部门的监督,促进政府官员与社会公众的直接沟通。通过互联网,政府可以向社会公众宣传并解释公共政策,公众也可以直接或间接地向政府表达意愿、诉求或提供相关工作的建议。在民主实践中,信息技术还被引入选举投票计票和监票过程中,从而提高了选举工作的效率。

2.2 公共治理的革命

互联网革命发端于技术领域,发展于经济领域,如今已经渗透到经济社会的各个角落,潜移默化地改变着人们的生活、生产方式,同时也给政府治理方式带来了新的挑战、启示和机遇。围绕电子政务发展现状和趋势、电子政务协调发展、政府管理创新、网上政务服务等方面,探索符合"互联网+政务服务"时代要求的电子政务发展路径,有助于推动政府治理能力现代化。2015年以来,我国电子政务在积极做好顶层设计和战略谋划的同时,围绕加强党的执政能力建设和法治政府、创新政府、廉洁政府和服务型政府总体布局,坚持创新管理,强化服务,着力提高党和政府信息化效能为目标,大力促进大数据发展,加快建设数字强国,推行政务公开,推广电子政务和网上办事。在瞬息万变的信息时代背景下,电子政务已不仅仅是提升政府工作效率的技术工具,更是成为公共治理革命的重要组成部分和工作抓手。

2.2.1 智慧政府治理

电子信息技术的融合与发展改变了人们的工作方式、生活方式和学习方式,并在此基础上深刻影响着人的思维方式和创新活动。电子信息技术不仅仅是一场技术的变革,更是一场社会变革,与社会息息相关的是政府公共治理和公共服务的变革。在智能时代,智能技术为政府治理现代化提供了技术工具。当前科技发展日新月异,大数据、云计算、物联网等新技术已经开始在商业领域得到了很好的应用,如果能跟政府治理相结合必能产生出耀眼的火花。智慧政府治理有助于构建智慧型政府,提升政府行政效率;智慧政府治理有助于增强政府责任性和服务性,提高公众对政府的信任;智慧政府治理有助于公众参与政府决策,提高决策质量。总之,智慧政府治理是智能时代新的治理模式,是与当前社会环境相协调适应的。

1. 智慧政府治理的内涵

联合国教科文组织(UNESCO)认为智慧政府治理是公共部门利用信息通信技术,以信息和服务提供为目标,鼓励公民参与决策制定过程,力图使政府更具责任性、更加透明、更加高效。纽约州立大学奥伯尼分校政府技术研究中心的莎伦·S. 道斯(Sharon S. Dawes)将智慧政府治理定义为运用信息通信技术来支撑公共服务、政府管理、民主程序,并改善公民、公民社会、私有部门与国家之间的关系。他还用五个具有内在关联性的目标来进一步阐释,即为智慧政府治理提供合法性基础的法规和政策、进一步提升公共服务、政府运作的高效化、电子参与以及行政和体制改革。虽然智慧政府治理的内涵目前还没有统一的表述,但是基本上都包含以下几个要素:需要信息通信技术的支持,要改善政府与公民、政府部门之间的关系,要赋予公民信息获取、参与决策等方面的权利,以及要使政府更具责任、更加透明和高效。[①]

2. 智慧政府治理的特征

智慧政府治理的最终目标是建立一个更具责任性、更值得信赖以及更加开放、透明、高效的政府。它主要具有以下特征:

(1) 智慧性

智慧性的体现主要表现在三个方面:一是政治系统内部的政治管理智慧,如政府通过内部自我改革的方式来减少腐败、提高效能从而担当公共责任、赢得公众信任,这有利于以后政府管理工作的开展;二是集合公民集体智慧,智慧政府治理把公民个体纳入其中,充分发挥其创造性作用;三是智能技术提供的自动化和智能化,其典型代表就是智慧系统,它集合人工智能、数据挖掘、机器学习等技术来模仿和学习人的思考和思维方式,增强自主能力。

(2) 参与性

治理强调公私合作,正式与非正式参与都是参与性的体现。公众参与对于事物发展具有重要的作用,很多政府部门也注意到了这一点,在政府网站或政务应用设计时充分考虑提供用户参与渠道。例如,北京市城管部门将公众纳入城管执法与监管的行列,发布"我爱北京"市民城管通手机应用供市民下载使用,市民可以通过该应用举报和反馈意见,利用市民力量加强城管监督。

(3) 协同性

现代社会事务纷繁复杂,做好工作的基础技能就是协调和统筹的能力。智慧政府治理中协同的对象有:政府内部横向部门、纵向部门、不同的任务组,公共部门与私人部门等。协同是为了整合政府内部力量、集合政府外部力量来共同提供更加优质高效的服务,提高政府决策的效率和效能。

---

① 参见 Sharon S. Dawes:《电子治理的演进及持续挑战》,郑磊、纪昌秀译,载《电子政务》2009 年第 10 期。

（4）责任性

只有一个负责任的政府，才能赢得公众的信任和信赖。智慧政府治理具有责任性，必须对公众负责。此外，不能忽视的是责任性不仅指政府，公众和私人部门也必须具有责任性，强调公民参与的义务性，参与过程必须对自己的决策和行为负责。

3. 智慧政府治理的内容

智慧政府是政府信息化即电子政务的"高级形态"，具有即时感知、高效运行、科学决策、主动服务、智能监管、开放协同和韧性兼容的特征。国家行政学院教授汪玉凯认为，智慧政府就是基于公共属性所构建的智能化政府。智慧政府要通过智能化治理、智慧化服务打造公平、正义、廉洁有为的现代化政府。这个定义包括四层含义：第一，从智慧政府的属性来看，体现六个"公共"：代表公共利益、行使公共权力、管理公共事务、提供公共服务、维护公共秩序以及承担公共责任。第二，从智慧政府的本质来看，智慧政府体现了"五位一体"的政务治理系统：感知、融合、共享、协同、智能。第三，这个内涵有两个"提高"：对个人来说，是提高便捷感、安全感、获得感、公正感和幸福感；对政府来说，是提高公共政策能力、社会治理能力、民生服务能力、自身约束能力和促进经济增长。第四，从智慧政府的建设路径来看，通过现代信息网络技术的应用，特别是大数据、云计算、移动互联网、物联网以及区块链技术，打造新的网络政府形态，最终建成智慧政府、整体政府、开放政府、协同政府。①

随着智慧政府建设的持续推进，政府部门也可以不断自我加压，通过改善服务倒逼政务质量，从而推动内部协同、数据共享，形成有机整体。智慧政府治理就是要创造一个跨组织边界、协同、一体化的无缝隙政府，这样的政府主要包括以下三个部分：

（1）政府内部的协调和整合

以智慧信息系统为主要表现形式，将政府在纵向上进行层级的整合，在信息通信技术的协助下减少管理层次，扩大管理幅度，推动组织层级的扁平化，减少信息传播过程经历节点数量，避免信息失真；在横向业务处理上，智慧政务系统将成为主要的业务处理工具，在政务流程优化和改造的基础上，借助智慧政务系统进行业务协同，将能够并联进行的政务程序进行并联改造。政府内部横向和纵向的

---

① 参见曹飞、吴颀：《上海从电子政务到建设卓越智慧政府》，载《解放日报》2018年2月26日第1版。

协调和整合的目标是提升跨越组织边界的协调和处理能力,跨组织边界并不意味着消除行政程序和规则,而是降低合作、沟通的成本。

要实现政府内部跨组织边界的无缝隙协调与整合就要从信息、权利、能力和报酬四个方面着手。保证内部信息的充分且自由流通,同时又要与外部组织进行沟通;合理分权,赋予内部成员自主决策权;提升内部成员使用信息和技术的能力,同时培育外部客户相应的能力;运用激励手段加速整合进程,实现互利共赢。

(2) 政府外部的赋权与合作创新

智慧政府治理不是单纯地要求政府部门进行撤销、合并,而是以公私合作、整合社会资本为核心,强调合作、协调、共享和信任。要实现公私合作就要对公民社会赋权。信息就是权力和权威,推进开放政府建设,通过公开政府信息和数据向公民赋权,这样公民才能更好地进行公民参与。开放政府和信息公开是公民参与的前提,它们保证了公民的公共事务知情权。政府拥有的很多数据具有较高的利用价值,开放政府数据一方面有利于非政府部门利用这些数据完善政府服务,创造更多的价值;另一方面也能使公众更好地了解政府。

公民参与是公民试图影响公共政策和公共生活的一切活动。公民参与方式可以分为两种:正式的公民参与和非正式的公民参与。正式的公民参与主要是指利益相关者通过正式的工作程序参与政府决策制定进而对政府决策产生影响的活动过程;非正式的公民参与是指公众通过微博、微信等社交媒体向政府提出问题、反馈意见和建议,或者通过共同关注公共事件、公共问题,引发网络舆论,进而影响政府决策。

(3) 智能技术提供工具性支持

智能技术的泛在性、虚拟化、交互性和智能化为智慧政府治理注入了新的活力,促进政府事务处理的智能化和自动化,主要表现在以下几个方面:第一,为常规业务处理的自动化实现创造条件,根据用户偏好和使用习惯为用户提供个性化决策和定制化服务。第二,对政务活动进行智能化决策或辅助政府决策,提高政府决策质量和水平。第三,网络和智能技术为政府通过网络和社交媒体等平台收集民意、集中民智提供了便利条件。第四,智能技术为虚拟一体化创造条件。现实中由于各个政府部门实际地理位置的分散性,有些需要合作实现的职能处理起来会略显烦琐,智能技术通过搭建虚拟的政务办公平台,可经由统一界面提供一站式服务。第五,智能技术提供的智能管理系统能够实现数据快速交换和共享,促进组织间关系。

智能技术使组织的控制和协调变得更加容易和便捷,而且更加便利的交互和协调也将有助于提升公众对政府的信任水平,促进责任政府建设。智慧政府治理是未来公共服务供给的一种新方式,它能提高公共服务效率,促进政府移动办公,推动公共服务持续创新、不断改进。

2.2.2 大数据时代的国家治理

在大数据时代,无论是互联网金融、在线教育还是智慧城市,其核心都是数据化,人类将通过越来越普及的电子记录手段构建一个和物理世界相对应的数据世界。因此,深入推动大数据国家治理的建设与应用,已成为当前推动政府治理能力现代化的内在需求和必然选择。①

1. 大数据的特征

从现代意义上来说,大数据可以说是计算机与互联网相结合的产物,前者实现了数据的数字化,后者实现了数据的网络化,两者结合赋予了大数据新的含义。大数据是融合物理世界、信息空间和人类社会三元世界的纽带,因为物理世界通过互联网、物联网等技术有了在信息空间中的大数据反应,而人类社会则借助人机界面、脑机界面、移动互联等手段在信息空间中产生自己的大数据映像。大数据从本质上是依赖数字化手段获取可自动记录、存储、分析的结构化、半结构化和无结构化数据。这是区别于以往有限的、不可扩充的结构化数据而言的,不仅仅是强调数据的海量性特征,还注重数据的复杂性、快速专业化分析处理以及数据的网络化等特性。概括而言,大数据主要有以下特征:

(1) 数据容量大、类型多样化

互联网的广泛应用使得在短时间内获取大量数据变得更加便利,而且获取数据样本逐渐逼近原始的总体数据样本。正如维克托·迈尔-舍恩伯格(Viktor Mayer-Schönberger)等所言:"大数据不是随机样本,而是全体数据;不是精确性,而是混杂性;不是因果关系,而是相关关系。"②这意味着大数据可以不断扩充数据的容量,任何数据一旦形成就可以被记录、存储,避免了传统数据搜集过程中的数据类型简单、数据量有限和数据维度低等一系列弊端。大数据概念不仅意味着数据容量井喷式地增加,同时数据类型也呈几何式增长。伴随着互联网媒体应用的不断

---

① 参见高奇琦、陈建林:《大数据公共治理:思维、构成与操作化》,载《人文杂志》2016年第6期。
② 参见〔英〕维克托·迈尔-舍恩伯格、肯尼思·库克耶:《大数据时代:生活、工作与思维的大变革》,盛杨燕、周涛译,浙江人民出版社2013年版,第10页。

出现,诸如微博、微信等各种平台上产生了海量的图片、声音、视频等非结构化数据,这使得数据类型更加多样化。

(2) 数据挖掘实时性、存取速度快

这是大数据区别于传统数据的重要特性之一。传播技术的发展与普及使得数据呈现爆炸式的增长,这就要求数据存储与数据处理的速度也要相应地提升。大数据的产生有着明显的流动性与时效性特征,大都以数据流的形式存在,多数情况下必须要在极短的时间内响应并形成结果,否则数据效用就会过时,其价值也会大打折扣。除此之外,大数据的数据流量在每个时段的分布也并非是均衡、平稳的,有可能会在某个时段数据流量激增和涌现出来。这些都要求必须实时储存数据,实时处理数据。

(3) 数据具有容错性,应用价值高

数据就是价值,但是孤立分散的、碎片化的数据是没有价值的。大数据能够保存全体数据,呈现出数据原貌与全部信息细节。从这个意义上讲,大数据具有容错性。也就是说,在巨大数据样本中如果出现一小部分非真实或是错误的数据,不会对整个数据分析产生较大的影响和分析偏差。同时,数据量越大,其隐含的信息量也就越大,对其挖掘可能得到的有效价值也就越大。

另外,大数据除了以上容量大、类型多样、处理迅速和应用价值高等特性外,还具有动态性、相互交错性等复杂的特征。

2. 大数据时代国家治理的理念

国家治理是一项系统、宏大的工程,需要海量的数据作为科学决策与有效治理的参考依据。这不仅要求治理主体提升公共数据信息挖掘和存储能力,同时还要具备快速甚至是实时分析和预测信息的处理能力。大数据技术的特性和优势完全契合了国家治理的要求,不但节省了国家治理成本,而且提高了反应效率和决策质量。可以说,大数据公共治理将成为新的治理形态与操作选择。"开放、分享、平等、协作"是互联网的精神,相应地,大数据时代国家治理的理念也要适应碎片化和高度流动的网络社会。

(1) 服务性思维

"用户至上"是互联网思维的核心,这种思维在公共治理过程中也同样适用。在市场行为中,消费者是商家的用户,而对于政府而言,它的用户就是人民群众以及社会经济中的各种市场主体。以往,在公共治理过程中存在服务意识淡薄、服务平台供给不足、设计不够完善、服务内容与群众需求无法有效匹配,以及缺乏用户体验与反馈等问题。而在大数据时代,服务性思维是各治理主体必须具备的首要思维,如此才能满足社会公众日益增长的期望。服务性思维主要包括两方面内涵:一是服务意识的加强,树立互联网思维,遵循用户至上的理念。在互联网时代,体验经济和分享经济已经成为主流。政府及其他相关主体也要学习电商普及的用户体验和用户需求理念,以服务为重点,寓管理于服务中。二是服务手段的提高。政府通过大数据技术和应用可以整合社会各方资源,依托互联网、物联网以及宽带移动通信来实现高效多元的治理,进而实现公共治理的智慧化。在大数据时代,政府只有革新服务形式、优化服务流程、提高服务手段,才能改变以往"办事难"的问题,提高公众满意度,真正实现便民利民。

(2) 时效性思维

在大数据时代,时效性思维也是大数据公共治理必须具备的重要思维。时效性思维主要包含三个方面的内涵:

首先,政府及其他相关主体对于公众诉求的回应须具备时效性思维。由于互联网的运行不受时间和空间的限制,民众可能在任何时间、任何地点表达自身的利益诉求以及对政府的不满。如若政府部门未及时加以解决或作出有效回应,事件一旦经过互联网公共舆论的快速讨论、传播与放大,就极有可能演变为非常规性事件,进而影响政府的公信力和满意度。在互联网时代,全方位的信息流与公民参与机制成为公共治理过程中政府与公众互动的桥梁,政府的回应也必须更加及时、明确。因此,政府必须突破公共治理的边界性思维,要针对公众诉求和不满作出即时甚至是瞬时的回应。

其次,大数据时代政府及其他相关主体要逐步适应公众快速变化的服务需求和热点,顺应公众需求的时效性特征。政府手上掌握大量的数据资源,经过筛选与处理之后,通过分析多元异构数据之间的相关性并将其最大化地转化为政府科学决策的有效信息。在大数据时代,个体需求是社会生产、国家服务所关注的核心,而大数据能实现对公众需求的精确感知。政府及其他相关主体利用大数据技术以用户的实时数据为基础分析公众的需求和情绪变动,能够准确分析出个人、组织与社群之间的相关性,以此为依据制定出"量身定制"的政策,从而实现公共治理的精细化与精准化。

最后,在移动互联网时代,政府应急管理能力的重要性更加凸显,而运用大数据技术就可以使这一困难迎刃而解。如前所述,速度快是大数据的主要特征之一。应急管理的难度就在于要在极短的时间内和信息不完全的情况下作出快速而又正确的决策。大数据技术可以使政府及其他相关主体在短时间内快速掌握各种数据变量和不确定性因素，最大程度地缩短反应时间，同时还可以实现提前预警。

(3) 共享性思维

所谓共享，就是要依靠云计算和大数据理念，以互联网技术为平台，整合网上现有相关数据信息，实现政府监管与服务信息的互联互通、数据共享。当前，我国一些地区在信息化和数据开放建设过程中存在"信息孤岛""信息盲区"现象，各系统之间缺乏统一的规划和标准，彼此之间无法互联互通。随着大数据技术的迅猛发展和支撑，"信息孤岛"现象将大幅消减，信息资源共享也成为可能。另外，互联网与大数据导致政府各部门之间、政府与公众的边界更加模糊，使得公共治理模式也要进行极大改变。与工业时代以部门为中心、各部门独立办事的传统行政模式不同，大数据公共治理使得部门间的信息得以互联互通、数据共享。"协同治理"成为大数据时代公共治理的新模式之一，政府业务协同管理也将成为可能。①

(4) 开放性思维

开放性思维不同于共享性思维，共享性思维强调的是公共治理内部各主体之间的互联共享，而开放性思维则更侧重于向社会层面开放。互联网的开放是与生俱来的，那么，以互联网为平台的大数据自然也应该是开放的。所谓开放，就是指一些引导社会经济发展的数据，不涉及国家机密的，应该向公众开放，以方便大家使用。以往，政府在决策过程中由于数据掌握不全面或存在偏差，无法了解公众的真实意愿与诉求，这在客观上为政府科学决策带来了诸多困难。然而，在大数据时代，政府依靠互联网与大数据分析，能够做到充分、全面地掌握各种真实信息，以此提高政府决策的质量。从另一个角度来讲，数据与信息的开放将政府的各种政务行为置于阳光下运行，这不仅会倒逼政府数据发布的真实性和规范性，还会增加政府决策的透明度和科学性。

3. 大数据时代国家治理的内容

当前，信息技术与经济社会的交汇融合引发了数据迅猛增长，数据已成为国家基础性战略资源。坚持创新驱动发展，加快大数据部署，深化大数据应用，已成为稳增长、促改革、调结构、惠民生和推动政府治理能力现代化的内在需要和必然选择。建设数字中国、发展数字经济是推进中国式现代化的重要引擎，而数据则

---

① 参见高奇琦、陈建林:《大数据公共治理：思维、构成与操作化》，载《人文杂志》2016年第6期。

是数字经济时代的基础性资源和关键生产要素。我国不少省份和城市已相继设立大数据管理机构，但因缺乏国家层面的统一部署，跨部门、跨行业、跨系统、跨区域统筹协调困难，制约了我国数据产业管理及应用领域的健康发展。

据统计，2022年我国数据产量高达8.1ZB，居全球第二位。国家发展和改革委员会价格监测中心主任曾发文指出，据初步测算，全国企业数据要素支出规模约为3.3万亿元。我国在国际上率先将数据列为生产要素，与土地、技术、劳动力、资本并列，海量的数据要素要想更好地发挥生产力作用，就需要破除数据产业在资产权属、流通交易以及安全隐私等方面存在的诸多障碍，这些都离不开国家数据局职能的发挥。国家数据局的职能定位和作用的发挥，有利于打通数据链路，解决我国数据管理领域多头管理、交叉分散等问题，开创我国构建数据基础制度、统筹数据资源整合共享和开发利用、推进数字中国建设的全新局面。①

依托大数据手段来减轻公共治理和公共服务的现实压力，"让数据多跑路，让群众少跑腿"，"零次上门"办理和"电商式服务"等服务理念已经逐步成为主流共识，将成为未来大数据公共治理发展的方向。具体来说，大数据时代国家治理应注重以下方面：

(1) 建设统一集中的政府云服务平台，促进业务协同和信息共享

当前，大数据建设存在的弊端主要是部门之间的业务协同无法达成，信息共享尚未实现。一些城市信息化建设各自为政，政府网站、OA、财务管理软件等信息系统自行建设，独立运行和维护。虽然许多城市的政府部门都建有自己的机房，但是计算机闲置和重复建设现象普遍，政府数据碎片化严重，在线办公大都流于形式。因此，国家进一步加快建设基于云计算的政府数据中心，建设统一集中的政府云平台，不仅切合我国当下的大数据发展战略，还能从根本上解决"信息孤岛"问题。统一集中的政府云平台应该是一个具备"一站式服务"的智慧平台，能够覆盖政府所有的权力事项和服务的全部内容，所有与此相关的事项都能够在平台上办理。但是，这个政府云平台不是所有功能的简单叠加与拼凑，它的关键在于业务的协同、资源的聚合和数据的共享。在大数据时代，政府云平台是一个依靠互联网、大数据和云计算等技术建成的信息资源共享交换平台，并在此基础上实现公共治理和公共服务的电子化。同时，在大数据公共治理建设的过程中，政

---

① 参见刘园园：《提高数据要素治理效能 提升数据资源价值创造力》，载《科技日报》2023年10月30日第2版。

府云平台要通过数据集中促进信息公开,最终实现信息共享。

(2) 发展移动电子政务,实现掌上公共服务

自 1969 年兴起以来,互联网大致经历了阿帕网、TCP/TP 交换协议、万维网和移动互联网四个阶段。智能手机、平板电脑等移动互联网终端成为当下公众第一"触网入口",这不仅改变了公众信息获取与传播的途径,扩大了公众社会交往的范围,同时还拓宽了公共治理的内容与方式。由于手机微博与微信的广泛应用,移动互联网进入了"双微互动时代"。基于此,公共治理的模式也必须随之改变。相较于传统的电子政务,移动电子政务的优势不仅表现在服务的快捷高效、实时互联互动,还在很大程度上丰富了政府服务形式,拓展了政府服务的深度与广度。移动性、便捷性、实时性是其最主要的特征,这同时也带来了政府与公众之间的互动交流方式的变革,甚至在政务微信等渠道中还可能出现一对一的互动沟通和治理方式,拉近了政府与公众的距离。

一方面,移动电子政务有效提升了政府公职人员的治理能力与服务能力。在政府传统办公模式中,公职人员办公很大程度上受到时间和空间的限制,而且形式单一。在大数据时代,公职人员可以利用手机或者平板电脑随时随地进行现场办公,这不仅突破了时空的限制,还能够满足回应公众诉求时效性的要求。另一方面,移动电子政务拓宽了公众获取政务信息的途径,提高了公众主动获取政府信息和政治参与的意识。在大数据时代,政府可以通过开发各种应用,将相关公共治理与公共服务事项及时发布到移动平台,供企业和个人查询、下载、使用。同时,公众也可通过移动智能终端及时查询、获取政府信息和电子化的服务。较之以往自上而下的文件和命令形式,这种全新的政民互动方式有着明显的优越性,不仅体现在发布内容的表现形式和传播速度上,还在受众的覆盖面和社会影响力上占有优势。

(3) 加快推动政府"数据开放运动",实现数据共享

当前,我国在政务信息化建设过程中积累了海量的数据资源,数据的分散化和碎片化使得这些信息资源失去了增值利用和深度应用的价值。因此,为了重新激活数据价值,数据开放应该成为公共治理过程中的一项基本职责。与美国、英国等网络发达国家相比,我国政府的数据开放建设差距较大。作为国家的公共信息资源,大数据应该被提升到国家战略高度。当前,国家正从顶层设计统筹规划,制订公共信息资源开放方案,加速数据开放。由国家统计局主持的"国家数据网"

于2013年9月上线,数据涵盖社会经济的方方面面,既包括国家统计局生产的数据,也包括各有关部委的数据,还与主要国际机构数据库网址实现了集成对接。2015年9月,国务院印发《促进大数据发展行动纲要》,指出:2018年年底前建成国家政府数据统一开放平台;2020年年底前逐步实现信用、交通、医疗等民生保障服务相关领域的政府数据集向社会开放。2023年,国家数据局成立,首要任务是建立数据基础制度,构建数字经济时代的规则体系,找到数据合规可信与数据价值实现之间的平衡点。

质量、共享开放和安全是数据开放的三大关键词。质量是前提,高质量的数据流通才有价值,劣质的数据甚至可能诱发错误的决策,造成治理失误。从共享开放角度来说,数据供给不充分是突出问题。由于公共数据分类分级授权使用规范及管理标准仍未完善,精细化管理缺失,相当一部分可开放利用的数据资源仍处于"休眠"状态;企业则存在为保持自身竞争力"不愿"共享、担心商业数据泄露而"不敢"共享,以及数据标准不同而"不能"共享的问题;个人数据入市流通难度大导致大量个人数据沦为"化石"。清华大学人工智能国际治理研究院副院长梁正在《跨境数据流动中的信息安全问题探究》一文中指出,数据安全事件会对个人隐私、经济发展、政治稳定和国家利益造成不同程度的损害。在数字全球化的背景下,数据大规模地跨境流动,可能导致境外主体不按授权使用、出境数据不受控制流转、遭受网络攻击或黑客入侵乃至间谍刺探情报等安全风险。当前,跨境数据流动的全球安全治理并未形成体系,只是由单边、双边、多边框架和贸易规则拼凑而成。[①]

在大数据时代背景下,构建大数据公共治理是大势所趋,而数据公开、信息互联则是关键所在。数据开放的意义在于它能够使凝固的数据重新创造价值,并带动相关大数据产业的优化与升级,最终为转变政府职能助力。当然,数据开放不仅仅是传统政务公开的升级版,开放内容自然也不应该只局限于政府的政策文件、工作动态、通知公告等一些基础性内容,而是要开放政府部门掌握的数据资源。

---

① 参见梁正:《跨境数据流动中的信息安全问题探究》,载《人民论坛》2023年第17期。

4. 大数据在公共治理中的应用实例

实例一 南京理工大学"暖心饭卡"依托大数据实现"精准扶贫"①

2016年,南京理工大学教育发展基金会策划发起并组织实施"暖心饭卡"项目,借鉴先进的大数据技术、校友师生的微公益行为与精准资助贫困生有机融合,以此体现扶贫助困工作的科学性、针对性和实效性。

教育发展基金会率先出资100万元作为种子基金启动项目,后续运行主要依靠广大校友师生的爱心捐赠,由此实现稳步发展、良性循环。截至2023年10月31日,5658人次一共向饭卡捐赠了5782613.63元,单笔金额最高为100万元。捐赠次数最多的一位尤姓校友,从2017年7月起坚持捐赠,起初是隔几天一捐,后来几乎每天一捐,截至目前已累计捐赠1800余次,累计捐赠10万余元。

据教育发展基金会介绍,"暖心饭卡"项目利用大数据技术,实现数据的有效筛选,同时发挥辅导员职能,实现资助对象的精准识别,无须申请,悄悄将暖心送给学生。根据现行物价情况及数据筛选情况,资助标准目前调整为每月在食堂就餐次数不低于60次,每月平均消费不高于750元,受助学生平均每月食堂消费金额与资助限额之间的差额即为每月资助金额。从2018年起,项目资助人数从每年资助学生约300人,逐步扩容到每年资助学生约600人。

实例二 迎接税务大数据的时代②

在这个事事皆数据的时代,大数据已悄然占领了电子商务、O2O、物流配送等各大行业。利用大数据进行发展不仅有利于提高数据利用效率,而且有利于创新运营模式。而在税务领域,大数据时代的降临意味着什么,能带来什么,这值得我们仔细探索。

- **营改增:实现"数目字管理"的前提**

清华大学博士后研究员鲁钰锋认为,数目字管理这种情况将有所改变,这种改变也意味着税务大数据的时代真的到来了。

---

① 参见《冲上热搜!南理工暖心更走心!》,载"南京理工大学"微信公众号2023年11月4日,https://mp.weixin.qq.com/s/4n5DIPEHF14BmAmfwdFfyg。

② 参见《迎接税务大数据的时代》,载上海财经大学"公共政策与治理研究院"微信公众号2016年10月30日,https://mp.weixin.qq.com/s/Wuu7tdc_aT94GI36GD1Epg。

2016年5月1日起,营业税改征增值税改革方案落实。营改增后的第一步是开好票,要纳入每个行业;第二步是报好税,就是发票这一块有税务问题;第三步是分析好,它赋予了整个经济或者是社会管理层更深的含义。数目字管理中很重要的一点是,社会资源是可以量化的,且可以作理性的定量分配,这就涉及是否有能力采集数据。"营业税改增值税以后,基本上所有行业都纳入到增值税行业,这意味着可以采集到国民经济每一根毛细血管的数据。"

"在这一点上,美国等西方国家都很羡慕我们。西方国家在税收管理时只能管到资金流,通过资金进行判断。现在我们不仅可以通过资金进行判断,还可以通过信息、产品和价值做大量分析。"鲁钰锋说。

- **大数据的价值:具备跨数据源视角**

鲁钰锋指出,营改增实行后,所有行业都可以开具增值税普通发票和专用发票,因此,数据已经非常全了,然而开票之外的事情就需要借助大数据。

例如,此前某个产业发生一起欺诈案,其中有一位关键人物,他注册了多家公司,且每家公司都正常开票,从增值税普通发票或专用发票上分析没有任何瑕疵,然后据此去骗贷。但是,经查证,每家公司对外标榜的都是同一个产品,甚至连产品都没有。

"针对这家公司,涉及税务虚开;放射到社会,涉及存在金融风险。"鲁钰锋指出,这些问题不能从增值税专用发票的链条上分析出来,而需要通过分析仓单数据、运输费用数据和资金数据等其他数据才能发现。

- **税务大数据应用状况**

"国家税务总局金税三期建设完以后,肯定会有全国统一的数据平台和大数据平台,这些数据更多是跨省、跨税种、跨业务的场景。将来各省将有自己的数据分析平台和大数据平台,解决自身的一些业务应用问题。"鲁钰锋说。

鲁钰锋认为,将来,税务大数据不一定是完全大而统一的大数据平台,很可能是分层式的,并保证数据的一致性和可访问。目前,"金税三期"也是按这种方式规划的。

- **税务的价值要反哺社会**

"大数据要构建价值双通道或价值双网络。"鲁钰锋认为这一点很重要。将来,税务部门将拥有核心数据,也可能和政府部门、企业、个人或第三方平台等,共同围绕税务大数据创造价值,这才是比较理想的税务大数据生态体系。

现在,一些小微企业因为信贷风险很难获取银行贷款。推广"银税互动"平台后,银行可以综合多方面的数据,包括税后数据、工商数据和民政数据等,就能知道企业的信用状况。因此,"银税互动"给银行贷款带来了极大的方便。

鲁钰锋认为,国家推动"银税互动"的最终目的是"让税务部门以大数据的方式服务地方经济和小微企业"。

- **大数据将替代传统BI?**

鲁钰锋强调,大数据不能替代以前的"商业智能"(Business Intelligence, BI)。原因在于:数据分为大数据和小数据,传统BI的小数据是放在关系型数据库中,而大数据更多的是关注大量、快速、异构的数据。两者之间不可替代,小数据关注的是因果关系,大数据关注的是关联关系。在不同的场景下,它们会产生更大的价值,不存在替换的关系。由此可见,小数据不必往大数据搬家,大数据也不能以小数据的方式实现,最好的方式是整合。

鲁钰锋指出,大数据应用的场景是以业务价值作为导向。首先,要知道数据的业务价值在哪里;其次,要根据价值设计具体的业务场景;再次,根据场景组织数据源。由此可见,大数据和传统BI的最大区别在于,大数据不是由数据资源而是由业务价值驱动。因此,"大数据不一定要追求大而全,有时还要考虑小而美"。

2.3 公共治理大数据分析实验

【本节演示的教学软件采用B/S架构,软件程序安装在服务器端,学生端打开浏览器访问即可使用软件,软件访问地址与免费试用账号申请可发送至207455@nau.edu.cn】

公共治理大数据分析平台是适用于公共管理专业研究型实验教学的开放、创新应用的实验教学平台。该平台围绕政府公共治理过程中需要解决的实际问题,通过方法模型,引导学生以数据思维方式去获取数据、处理数据、分析数据、运用数据,培养学生用大数据解决公共管理实际问题的四种能力,即用数据说话、用数据管理、用数据决策、用数据创新,打造创新应用型管理决策人才。

公共治理大数据分析平台立足于公共管理对大数据思维和技术的实际需求,

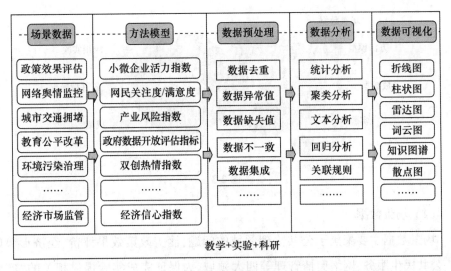

图 2-1 平台框架

通过搭建实验教学平台,训练学生运用数据思维解决政府在公共治理领域如城市交通、环境污染、政府舆情、政策评估、医疗改革、营商环境等领域遇到的问题,通过需求分析—数据获取—数据预处理—数据分析—数据可视化—撰写研究报告等实验环节,提升学生的数据分析能力和科学研究能力。

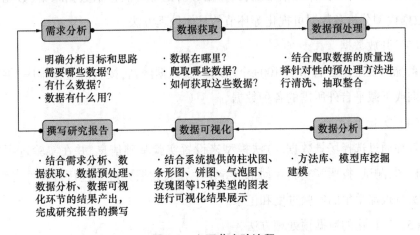

图 2-2 六环节实验流程

公共治理大数据分析平台主要面向教师和学生提供场景数据、方法模型、开放数据等与实验相配套的基础资料,降低师生借助大数据技术进行学科教学、实验及科研的门槛。

图 2-3

（1）场景数据

场景数据主要聚焦于公共治理领域的问题，涵盖政策效果评价、经济形势研判、公共民生服务、网络舆情管理等四大领域，为保证完成实验提供相关的"实验数据"及"数据思维训练引导"。

（2）方法模型

方法模型即与大数据+公共治理相关主题研究的方法集合。每个方法都包括两个部分：分析框架（模型）和大数据分析处理方法。分析框架包括解决什么问题，提供分析指标和具体评估维度；大数据分析处理方法包括数据采集、数据预处理、数据模型分析及数据可视化等环节的具体处理方法。

（3）开放数据

系统内置全国各省市区 100+个政府开放数据网站，按省份进行排序，供实验者查询或下载平台外所需的各种数据。

（4）实验

教师通过选择场景数据、方法模型来设置实验基础信息，并在实验过程中设置流程图、测试、投票等实验互动来引导学生在大数据分析中进行过程性思维，同时可实时跟踪学生的实验进度和记录。

（5）工具化的数据预处理方法

师生不需要懂代码处理机制，选择相应的方法就可以实现数据预处理。

第 2 章 智慧政府与公共治理

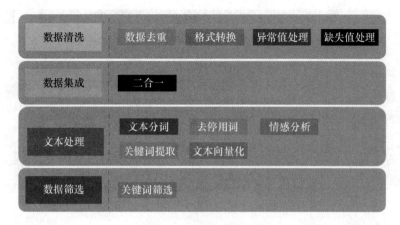

图 2-4

2.3.1 公共治理大数据分析实验准备

实验准备主要包括建立实验班级、维护与管理基础数据信息(场景数据、方法模型及开放数据等)。

1. 班级

点击"班级管理"创建班级。

图 2-5

(1) 班级管理

点击"添加班级"创建班级。

图 2-6

输入班级名称,完成班级创建。

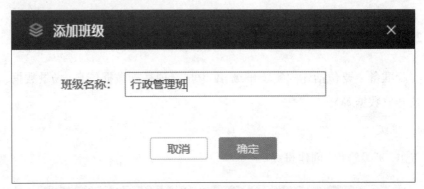

图 2-7

(2)学生管理

开放数据支持批量导入、手动添加两种添加方式。

方式1:点击"导入",下载模板,可批量上传学生信息。

图 2-8

方式2：点击"添加"，可手动添加学生信息。

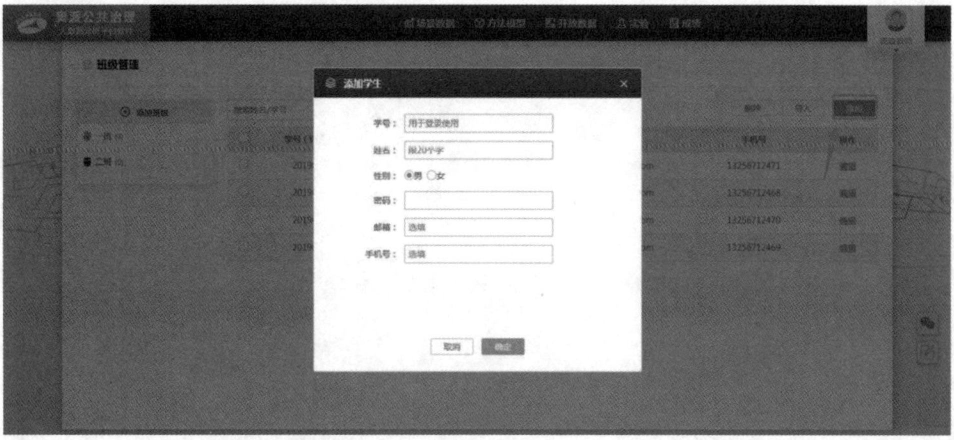

图 2-9

2. 场景数据

（1）编辑场景数据

进入场景数据环节，点击"⚙"可进入场景数据编辑页面进行编辑。

图 2-10

（2）查看场景数据

点击"查看"选择进入需求场景、数据资源或数据思维训练页面。

点击资料名称即可查看相关信息。

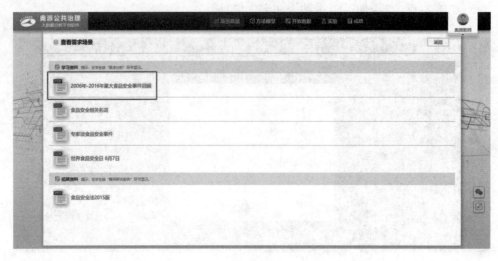

图 2-11

3. 方法模型

方法模型包括 K-Means 聚类分析、词频统计方法、情感分析统计、时间序列分析、初创企业活力指数。每种方法模型都包含方法阐述、公式、数据分析过程以及操作教程四个部分的介绍。

图 2-12

以 K-Means 聚类分析为例:

图 2-13

教师可点击操作指导教程文件进行学习。

4. 开放数据

软件提供了如国家数据、国家综合地球观测数据共享平台、国家地球系统科学数据中心等 104 个平台中心的开放数据,以支撑学生获取更多的政府开放数据。

图 2-14

教师还可以手动添加开放数据。根据要求添加省份、图片、名称及数据链接即可。

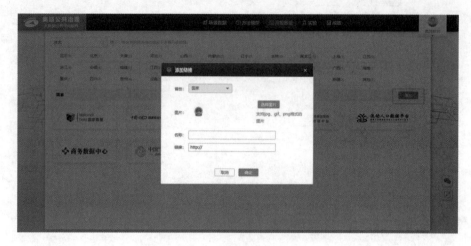

图 2-15

5. 添加实验

在"实验"页面，点击"添加"创建实验。填写实验名称，选择实验班级、实验分数权重分配、场景数据及方法模型后，点击"保存"即成功创建实验。

这里选择的场景是"食品安全问题大数据研究分析"，选择的方法模型为 K-Means 聚类分析+词频统计方法。

图 2-16

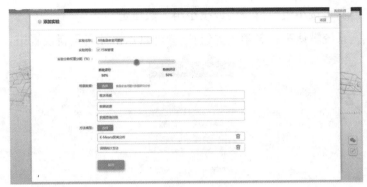

图 2-17

在实验开始前,点击" ✎ "可对实验基础信息设置进行更改。

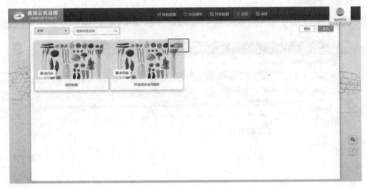

图 2-18

6. 实验管理

(1) 分组

实验开始前需先将成员分组。点击"分组"进行设置。

点击"实验图标"进入实验管理界面,分组后即可开始实验。

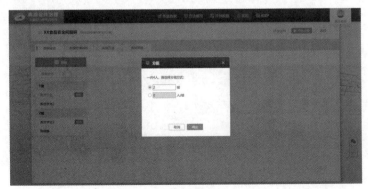

图 2-19

分组规则:可按小组数目设定或按小组人数设定。

分组后,系统默认第一名学生为组长,教师可点击姓名重新设置组长。

图 2-20

(2) 数据思维训练

点击实验各流程,可以查看设置好的数据思维训练详情及学生的数据结果。

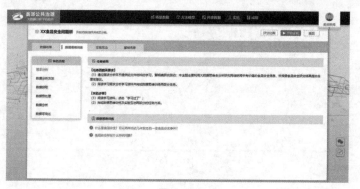

图 2-21

(3) 实验互动

点击"实验互动",设置实验互动试题。可设置流程图、思考题、投票等试题类型来引导学生在大数据分析中进行过程性思维。

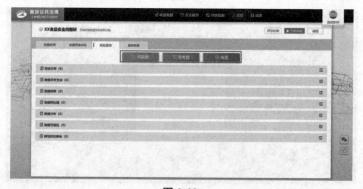

图 2-22

流程图:引导学生运用流程图进行思维逻辑梳理及分析。

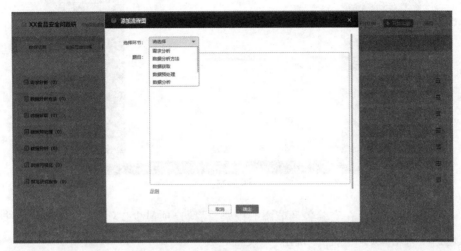

图 2-23

学生可以参照示例中的样例设计流程图。

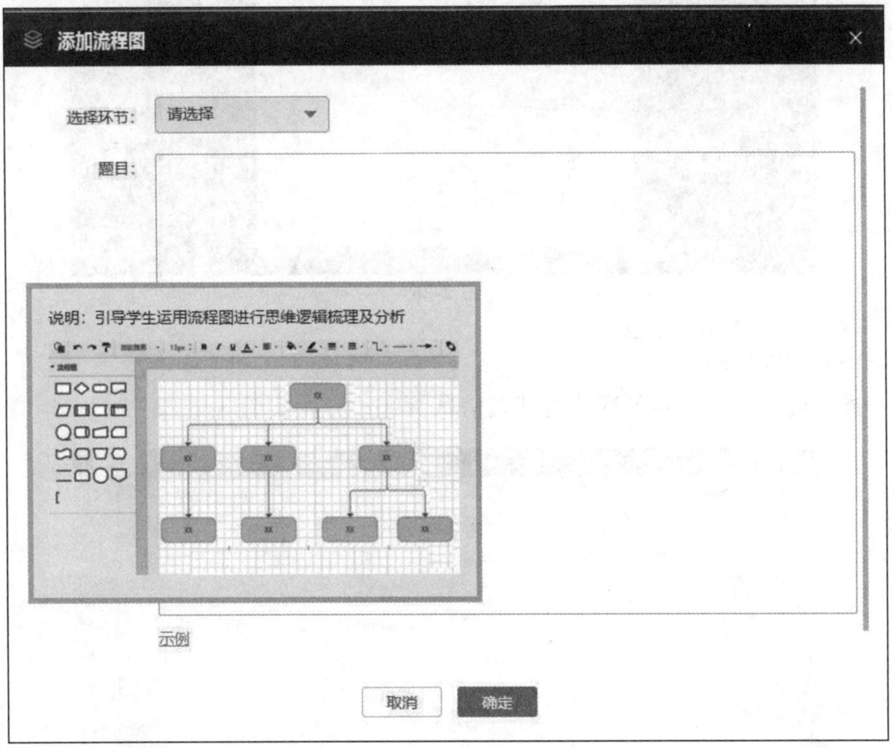

图 2-24

思考题:在实验各环节添加思考题,促进学生思考。

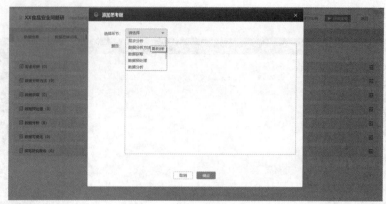

图 2-25

投票：可以选择在实验各环节添加投票，投票选项最少 2 项，最多 7 项，可根据试题选项来增减选项，点击"确定"即设置完成。

图 2-26

（4）基础信息

查看设置好的实验各环节的基础信息，点击"开始实验"。

图 2-27

2.3.2 公共治理大数据分析实验实训

点击"进入实验"即可进入实验流程。

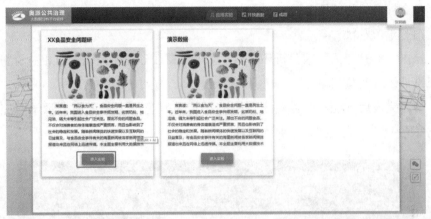

图 2-28

查看实验概述及每个实验环节的要求,并按照流程进入实验。

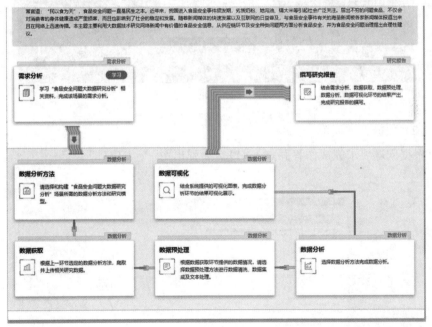

图 2-29

1. 需求分析

近些年来食品安全问题在我国比较突出,接连不断发生的恶性食品安全事故造成消费者对国内食品安全信任度逐渐降低。食品安全是社会公共安全的重要组成部分,不仅直接关系到人民群众的生命安全和身心健康,商家道德缺失还会造成社会信任危机,同时也制约着该类食品以至于整个食品行业的发展,严重影响了整个社会的和谐稳定。

(1) 学习资料

点击"学习"进入需求分析环节。学生可根据任务说明完成学习相关资料、数据思维训练及实验互动。

学习完成后,点击"学习过了"按钮,图标由橙色变为灰色便表示学习完成。点击"下一步"完成数据思维训练题目。

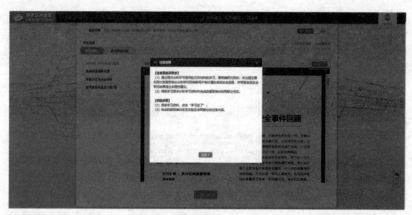

图 2-30

(2) 数据思维训练

根据问题要求完成作答并点击"提交",弹出"提交成功"即可。

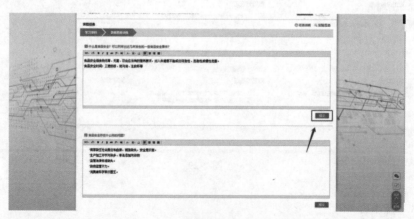

图 2-31

本环节引导学生结合学习资料内容明确以下问题：
- 什么是食品安全？可以列举出近几年发生的一些食品安全事件
- 食品安全存在什么样的问题？
- 我们如何获取食品安全问题信息？

完成数据思维训练后，点击"下一环节"进入数据分析方法环节。

2. 数据分析方法

数据分析是指用适当的统计分析方法对收集来的大量数据进行分析，将它们加以汇总和理解并消化，以求最大化地开发数据的功能，发挥数据的作用。数据分析是为了提取有用信息和形成结论而对数据加以详细研究和概括总结的过程。通过需求分析环节确定的研究目的，明确本实验的研究分析路径及数据分析方法。

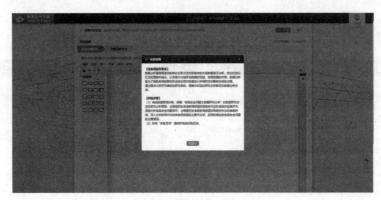

图 2-32

★问题引导：如何借助网络食品安全信息去研究食品安全问题？请明确研究方法及思路。

本场景主要是通过解读网络食品新闻数据去分析食品安全问题的供应环节和食品种类以便深度分析食品安全问题。

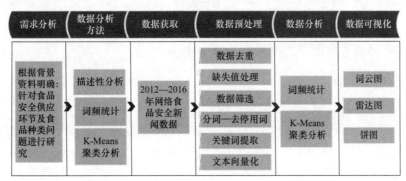

图 2-33

具体研究方法与思路可通过流程图插件完成思路的绘制。

确定数据分析方法后,点击"下一环节"进入数据获取环节。

3. 数据获取

(1) 数据思维训练

★问题引导:从哪里获取关于食品安全信息方面的数据?

参考答案:国家市场监督管理总局(https://www.samr.gov.cn/)、全国认证认可信息公共服务平台(http://cx.cnca.cn/CertECloud/index/index/page)、国家企业信用信息公示系统(https://www.gsxt.gov.cn/index.html)等。通过这些网站,您可以获取关于食品安全的法律法规、政策文件、监管措施、抽检结果等官方信息和数据。

图 2-34

(2) 数据获取

点击"上传数据"即可上传本地文件。

图 2-35

4. 数据预处理—数据分析—数据可视化

具体分析目标：

目标1：食品安全数据文本分析—词频统计分析，分析思路如下：

图 2-36

目标2：食品供应环节安全分析，分析思路如下：

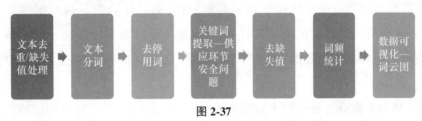

图 2-37

目标3：食品种类安全分析，分为食品种类安全分析和"饮料"+"超标"物质分析。其中，食品种类安全分析思路如下：

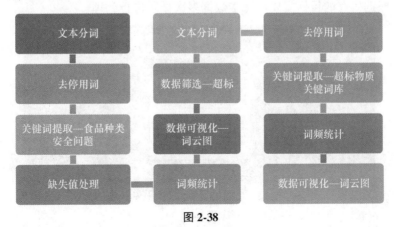

图 2-38

"饮料"+"超标"物质分析思路如下：

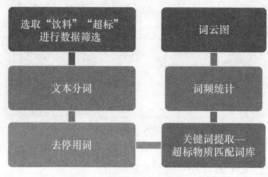

图 2-39

以上三个目标的分析流程均涉及数据预处理、数据分析、数据可视化等环节的操作。下面具体介绍每个目标的操作步骤：

1）食品安全数据文本分析+词频统计分析

——数据预处理

系统提供的样本数据是不完整或者缺失的,如果直接拿来进行数据挖掘分析,不但会在处理过程中耗费大量的有效时间,而且还会使分析挖掘效果差强人意。数据预处理就是在建立模型、提取信息之前对数据所作的一系列整理清洗,使原来粗糙的"脏数据"变得平滑、规范,从而让后续分析挖掘过程高效、准确。

• 通过观察分析每个样本数据存在的问题（数据质量）,选择相应的数据预处理方法进行清洗,避免存在数据缺失以及异常值、重复数据等现象
• 了解数据预处理方法处理的数据类型及思想内涵
• 根据研究的目标需要对样本数据多次循环进行处理

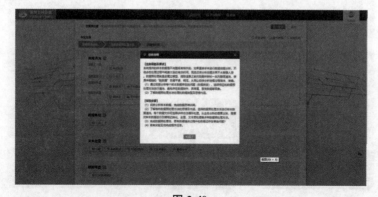

图 2-40

(1) 数据思维训练

★问题引导:需要对数据作哪些处理?

观察系统提供的数据样本,针对"内容",进行文本去重/缺失值处理、文本分词、去停用词等数据清洗处理。

图 2-41

(2) 数据预处理方法

依次按照以下方法对样本数据中的"内容"进行数据预处理操作。

图 2-42

具体处理过程操作如下:

(a) 依次选择数据预处理方法:数据缺失值—删除法、数据重复—去重法、文本分词、去停用词

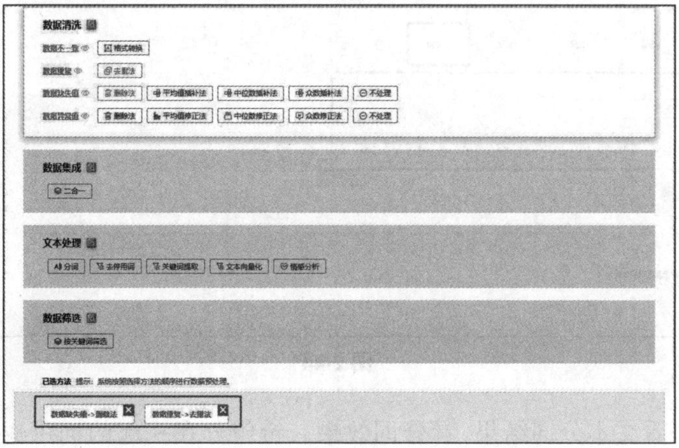

图 2-42

(b) 数据预处理

• 数据缺失值—删除法、数据重复—去重法:选择所要处理的数据指标——"内容"

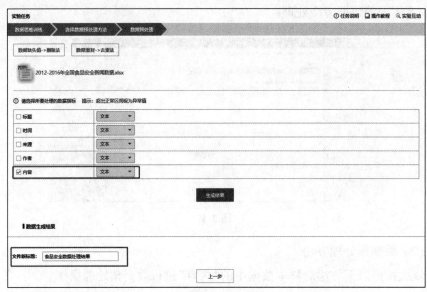

图 2-43

• 文本分词处理:选择所要处理的数据指标——"内容"

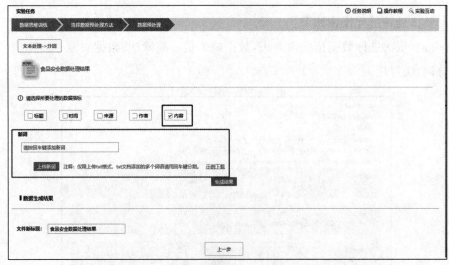

图 2-44

备注:查看文本分词结果,看分词效果。希望分在一起的词可通过添加新词或上传新词的方式来进行完善。去停用词功能同文本分词。

- 去停用词:选择所要处理的数据指标——"文本分词结果"

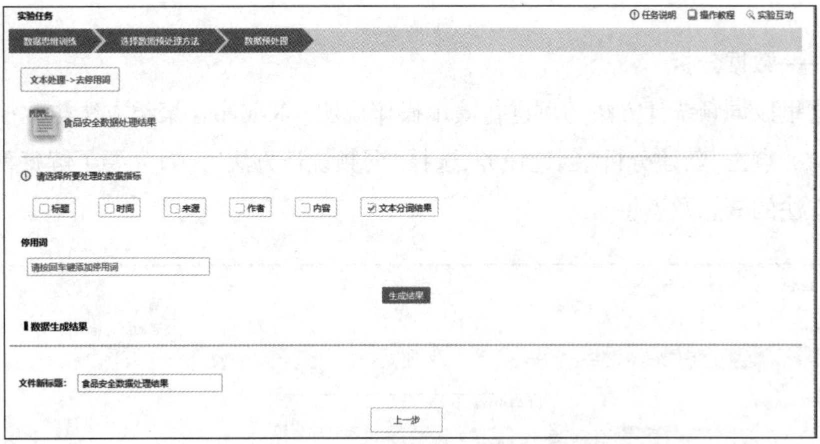

图 2-45

点击"生成结果",进行数据预处理的后台运算。

(c)查看数据预处理结果

点击数据预处理列表页的数据链接,打开查看具体处理结果。

图 2-46

处理结果如图 2-47:

图 2-47

确认分词的效果是否达到我们想要的效果,下一步需进行数据分析——词频统计。

——数据分析

这里以词频统计方法为例进行演示操作说明。K-Menas 聚类方法与此相同。

(1)点击"新建分析"创建任务,选择"词频统计方法"。首先要了解每种数据分析方法的概念及思想。

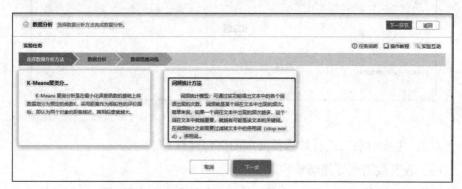

图 2-48

(2)选择要处理的数据及数据指标"去停用词结果",点击"生成结果"进行后台数据分析运算。

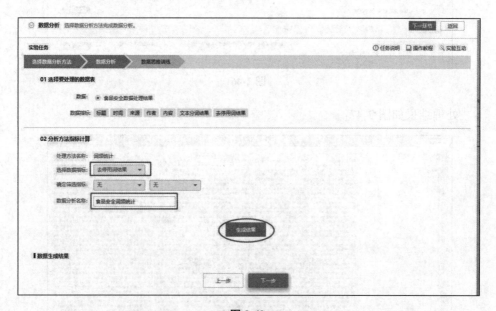

图 2-49

(3) 查看数据结果。下载实验分析结果并对其进行处理,对 Excel 表中的词频进行降序排序,选出排名前 50 的高频词进行可视化展示。

图 2-50

点击"下一环节"进入"数据可视化"环节。

——数据可视化

(1) 数据思维训练

★问题引导:请根据数据分析环节产出的分析结果数据生成合适的图表类型。

参考答案:词云图。

图 2-51

(2) 数据可视化

点击"在线图表"进入可视化界面。

图 2-52

选择合适的可视化图表。操作流程:① 下载模板,根据模板样式将需要可视化的数据进行粘贴并保存;② 选择编辑好的数据文件进行添加即可生成可视化图表;③ 对图表进行更名。

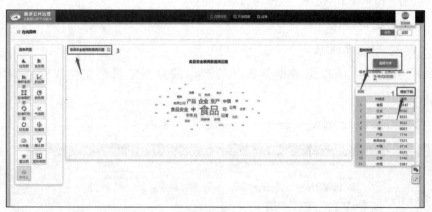

图 2-53

点击图中关键词,可获得相关词频数据。

图 2-54

通过词云图可以看出，高频词是"食品""企业""食品安全""产品""生产"。虽然这些词很好地展示了我们想要分析的是关于食品产品的相关信息，但是最关键的食品产品的安全信息却被淹没了。我们更希望得到的是"监督""销售""超标"这类反映食品可能在食品供应环节出现问题的关键信息，但是在词云图里这些词基本没有。分析原因，很可能是在分词的时候被拆分了。这些需要我们在下一步工作中完善。

★问题引导：根据文本分词—去停用词—词频统计—词频可视化后，引导学生思考以下问题：① 如何快速、直观地找出和食品安全相关的高频关键词？② 如何过滤掉绝大部分低频词汇文本信息？

参考答案：① 分词：对文本进行分词处理，将连续的文本分解成有意义的词汇单元。

去停用词：去除停用词（如"的""和""是"等没有实际意义的词），这些词在文本中频繁出现，但对分析没有帮助。

词频统计：统计剩余词汇出现的频率，可以使用 Python 的 collections.Counter、R 语言的 table 函数，或者专业的文本分析软件。

词频可视化：使用图表可视化展示词频，如制作词云，在词云中，字体大小与词频成正比，这样高频关键词会更为突出。可以使用 Python 的 wordcloud 库或本软件在线词云生成工具来生成词云图。

② 定阈值：确定一个词频阈值，只保留出现次数超过这个阈值的词汇。这个阈值可以根据具体文本的长短和分析需求来设定。

使用过滤器：在词频统计的基础上，过滤掉低于阈值的词汇。这可以通过编程实现，如在 Python 中使用列表推导式来选择高频词汇。

文本重构：使用过滤后的词汇重构文本或仅对这些词汇进行进一步的分析，以排除低频词汇的干扰。

要想优化分词结果，可直接提取新闻中的主要食品安全关键词。主要包括两个主题：食品供应环节安全问题和食品种类安全问题。

★问题引导：如何实现食品供应环节和食品种类安全问题两方面的关键词提取？

参考答案：先构建两个主题的关键词提取的词库，然后通过"文本分词→去停用词→关键词提取"等文本预处理来优化分词效果（关键词提取包括食品供应环节安全问题词库+食品种类安全问题词库，分别做两次）。

2）食品供应环节安全分析

——数据预处理

（1）数据思维训练

★问题引导：需要对数据作哪些处理？

参考答案：观察系统提供的数据样本，针对"内容"，存在文本去重/缺失值处理、文本分词、去停用词、关键词提取等数据清洗处理。

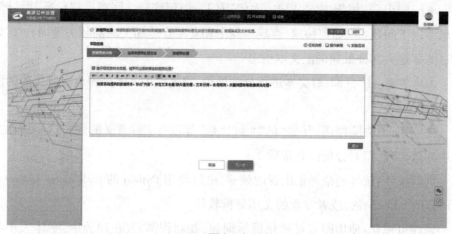

图 2-55

（2）数据预处理方法

依次按照以下方法对样本数据中的"内容"进行数据预处理操作。

图 2-56

具体处理过程操作如下：

（a）依次选择数据预处理方法：数据重复—去重法、数据缺失值—删除法、文本分词、去停用词、关键词提取。

（b）数据预处理

● 数据重复—去重法、数据缺失值—删除法：选择所要处理的数据指标——"内容"

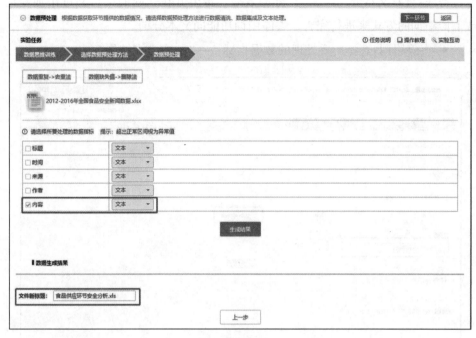

图 2-57

- 文本分词处理:选择所要处理的数据指标——"内容"

图 2-58

备注:查看文本分词结果,看分词效果。希望分在一起的词可通过添加新词或上传新词的方式来进行完善。去停用词功能同文本分词。

- 去停用词:选择所要处理的数据指标——"文本分词结果"

图 2-59

- 关键词提取:选择关键词提取库——"供应环节安全问题词库"

图 2-60

点击"生成结果",进行数据预处理的后台运算。

(c) 查看数据预处理结果

点击数据预处理列表页的数据链接,打开查看具体处理结果。

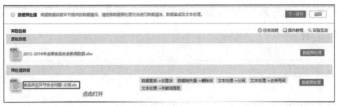

图 2-61

处理结果如图 2-62：

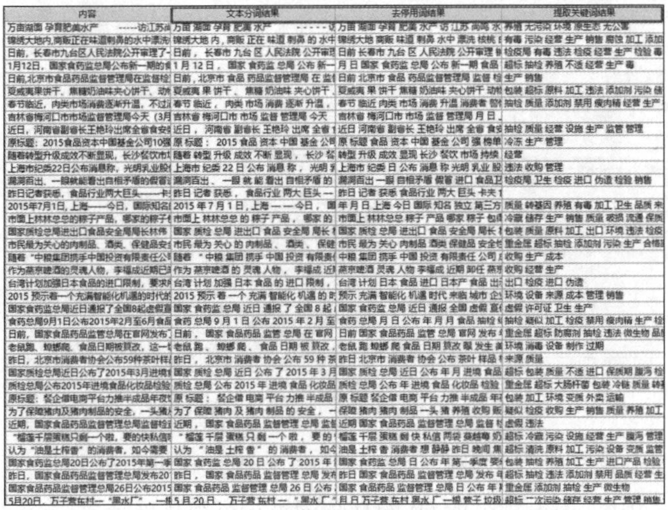

图 2-62

确认数据处理是否达到我们想要的效果，下一步需进行数据分析—词频统计。

——**数据分析**

这里以词频统计方法为例进行演示操作说明。K-Menas 聚类方法与此相同。

（1）点击"新建分析"创建任务，选择"词频统计方法"。首先要了解每种数据分析方法的概念及思想。

图 2-63

（2）选择要处理的数据及数据指标"提取关键词结果"，点击"生成结果"进行后台数据分析运算。

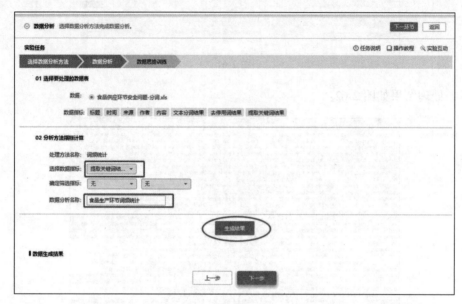

图 2-64

（3）查看数据结果。下载将实验分析结果并对其进行处理，对 Excel 表中的词频进行降序排序，选出排名前 50 的高频词进行可视化展示。

图 2-65

点击"下一环节"进入"数据可视化"环节。

——数据可视化

（1）数据思维训练

★问题引导：请根据数据分析环节产出的分析结果选择合适的图表类型。

参考答案：词云图。

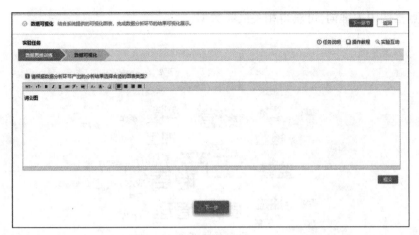

图 2-66

(2) 数据可视化

点击"在线图表"进入可视化界面。

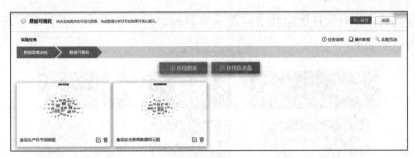

图 2-67

选择合适的可视化图表。操作流程：① 下载模板，根据模板样式将需要可视化的数据进行粘贴并保存；② 选择编辑好的数据文件进行添加即可生成可视化图表；③ 对图表进行更名。

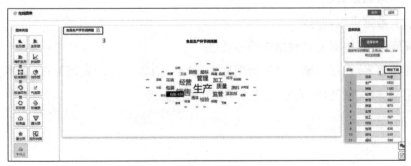

图 2-68

点击图中关键词,可获得相关词频数据。

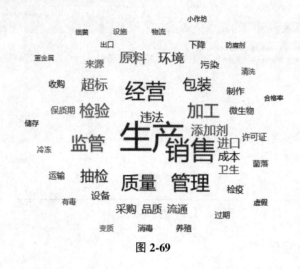

图 2-69

3) 食品种类安全分析

这里具体针对饮料供应环节问题分析目标进行具体操作。饮料供应环节问题分析思路如下:

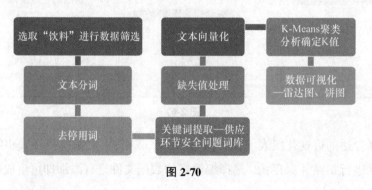

图 2-70

——数据预处理

(1) 数据思维训练

★问题引导:需要对数据作哪些处理?

参考答案:观察系统提供的数据样本,针对"内容",进行数据筛选、文本分词、去停用词、缺失值处理、关键词提取等数据清洗处理。

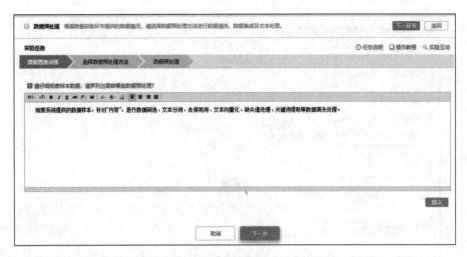

图 2-71

(2) 数据预处理方法

依次按照以下方法对含"饮料"关键词的样本数据中的数据指标"内容"进行数据预处理操作。

图 2-72

具体处理过程操作如下：

(a) 依次选择数据预处理方法：数据筛选、文本分词、去停用词、缺失值处理、关键词提取、文本向量化

(b) 数据预处理

- 数据筛选"饮料"：选择所要处理的数据指标——"内容",将含有"饮料"这个词的数据筛选出来

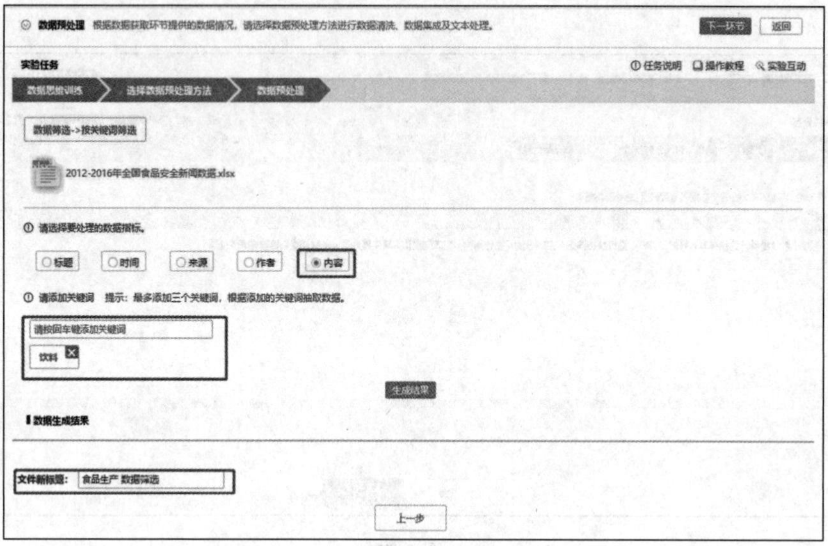

图 2-73

- 文本分词处理:选择所要处理的数据指标——"内容"

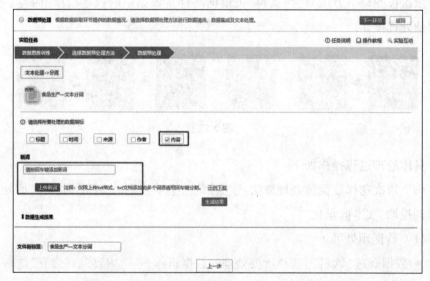

图 2-74

备注:查看文本分词结果,看分词效果。希望分在一起的词可通过添加新词或上传新词的方式来进行完善。去停用词功能同文本分词。

- 去停用词:选择所要处理的数据指标——"文本分词结果"

图 2-75

- 关键词提取：选择关键词——"供应环节安全问题词库"

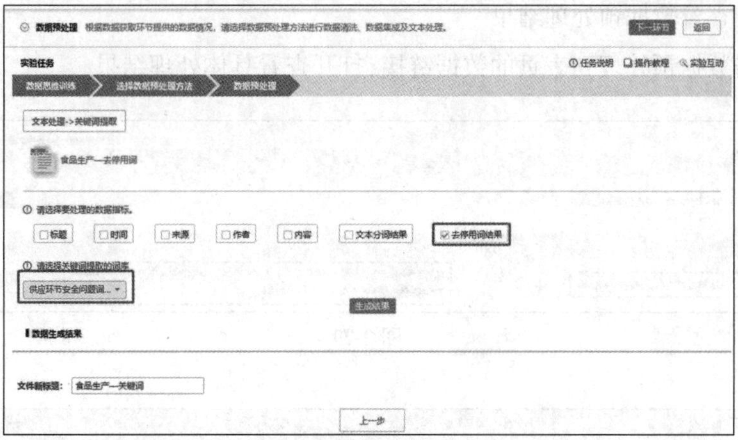

图 2-76

- 数据缺失值—删除法：选择所要处理的数据指标——"提取关键词结果"

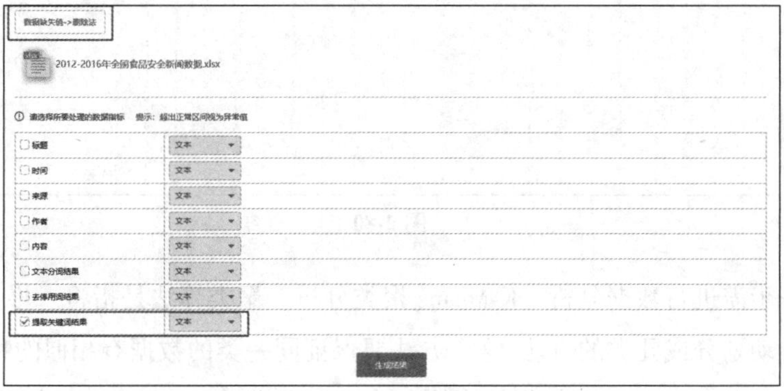

图 2-77

- 文本向量化:选择所要处理的数据指标——"提取关键词结果"

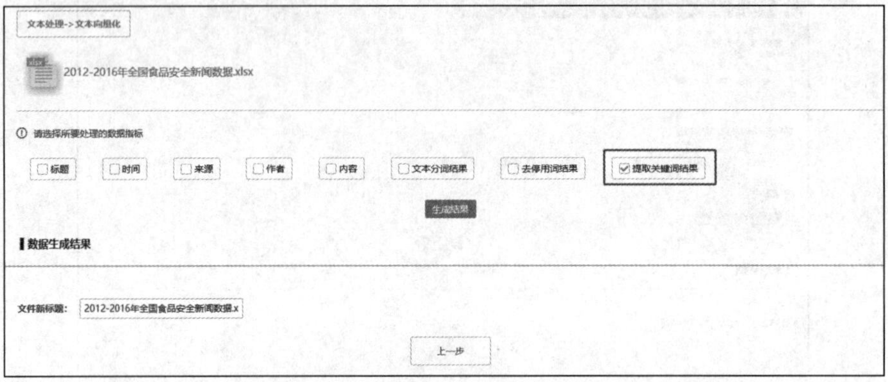

图 2-78

点击"生成结果",进行数据预处理的后台运算。

(c) 查看数据预处理结果

点击数据预处理列表页的数据链接,打开查看具体处理结果。

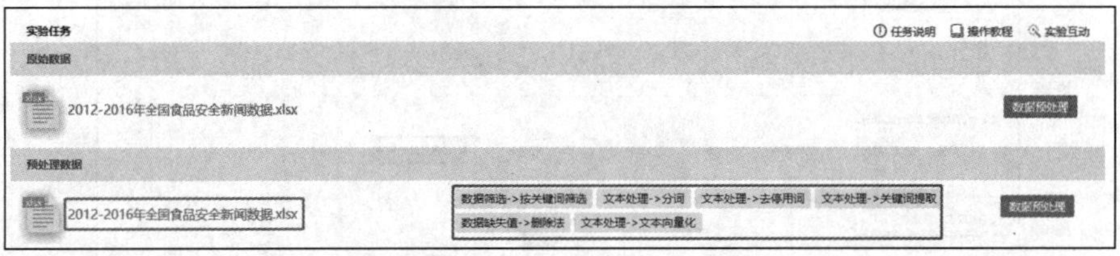

图 2-79

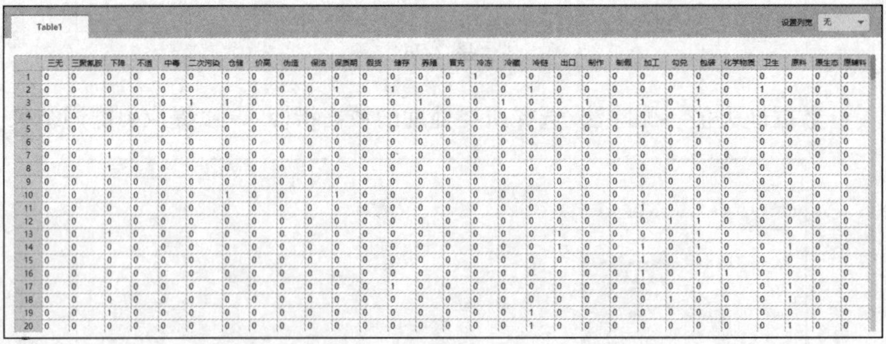

图 2-80

下一步需进行数据分析—K-Means 聚类分析。聚类算法是指将一堆没有标签的数据自动划分成几类的方法,这个方法要保证同一类的数据有相似的特征。

相关概念:① K 值:要得到的簇的个数。② 聚类中心:每个簇的均值向量,即向量各维取平均即可。③ 距离量度:常用欧几里得距离和余弦相似度(先标准化)。

备注:主要调参的参数是 K 值。

——数据分析

这里以 K-Menas 聚类方法为例,进行演示操作说明。

(1) 点击"新建分析"创建任务,选择"K-Means 聚类分析方法"。首先要了解每种数据分析方法的概念及思想。

图 2-81

(2) 选择要处理的数据及数据指标"文本向量化结果",点击"生成结果"进行后台数据分析运算。

步骤:① 选择文本向量化结果的数据文本;② 聚类簇数 K 值范围:2—8,并点击确定(可多次);③ 确定聚类簇数 K 值(图 2-82 中的拐点)。

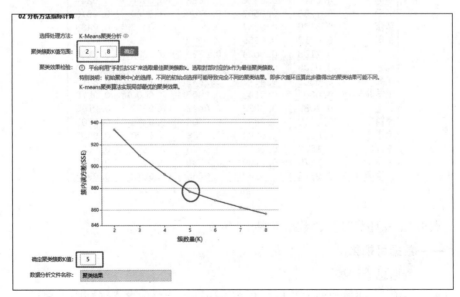

图 2-82

（3）查看数据结果。下载实验分析结果并对其进行处理。

图 2-83

聚类结果查看：可以看出聚类类别为 5。

A	B	C	D	E	F
聚类类别	簇1	簇2	簇3	簇4	簇5
三无	0.0000	0.0071	0.0088	0.0000	0.0000
三聚氰胺	0.0625	0.0284	(0.0000)	0.0139	(0.0000)
下降	0.1563	0.1064	0.2301	0.0556	0.0244
不适	0.0625	0.0355	0.0354	0.0417	0.0244
中毒	0.0625	0.0142	0.0265	0.0417	0.1707
二次污染	0.0313	0.0000	0.0000	0.0139	0.0000
仓储	0.0937	0.0071	0.0088	0.0139	0.0000
价高	0.0000	0.0000	0.0088	0.0000	0.0244
伪造	0.0625	0.0284	0.0177	0.0000	0.0244
保洁	0.0000	0.0071	0.0088	0.0000	0.0000
保质期	0.2188	0.1348	0.0973	0.0417	0.1951
假货	0.0000	0.0355	0.0000	0.0000	0.0000
储存	0.1875	0.0355	0.0265	0.0278	0.0244
养殖	0.0937	0.0142	0.0088	0.0694	(0.0000)
冒充	0.0313	0.0284	(0.0000)	(0.0000)	0.0244
冷冻	0.1563	0.0355	0.0265	0.1667	0.1463
冷藏	0.1250	0.0496	0.0265	0.0139	(0.0000)
冷链	0.0313	0.0426	0.0088	0.0000	0.0244
出口	0.1250	0.0567	0.0708	(0.0000)	0.0976
制作	0.3125	0.0567	0.0442	0.0417	0.0488
制假	0.0313	0.0355	(0.0000)	0.0000	0.0000
加工	0.7188	0.2624	0.0796	0.1389	0.2195
勾兑	0.0000	0.0284	0.0177	(0.0000)	0.0000
包装	0.6563	0.4113	0.2832	0.1250	0.3415
化学物质	0.0000	0.0142	(0.0000)	(0.0000)	0.0976
卫生	0.4688	0.0922	0.0442	0.0972	0.2195
原料	0.5938	0.2837	0.0708	0.0556	0.1707
原生态	0.0313	0.0000	0.0088	0.0000	0.0000
原辅料	0.1563	0.0071	0.0000	0.0556	0.0000
变质	0.1875	0.0709	0.0531	0.0139	0.0732
合格率	0.0313	0.0142	0.0265	0.0972	0.0976

图 2-84

点击"下一环节"进入"数据可视化"环节。

——数据可视化

（1）数据思维训练

★问题引导：请根据数据分析环节产出的分析结果选择合适的图表类型。

参考答案：雷达图。

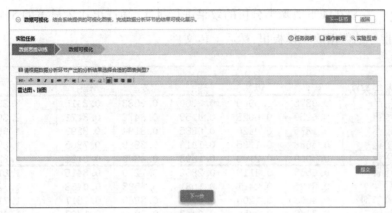

图 2-85

(2) 数据可视化

点击"在线图表"进入可视化界面。

图 2-86

选择合适的可视化图表。操作流程:①下载模板,根据模板样式将需要可视化的数据进行粘贴并保存;②选择编辑好的数据文件进行添加即可生成可视化图表;③对图表进行更名。

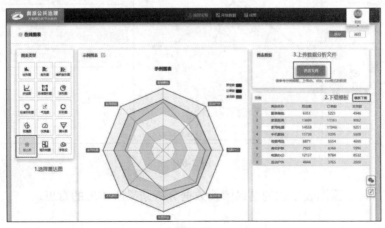

图 2-87

第一,需要在线下对聚类分析的效果进行排序,筛选出比较显著的 5 个指标,将 5 个指标的数据放在模板里,然后上传文件。

	A	B	C	D	E	F	G
1	聚类类别	簇1	簇2	簇3	簇4	簇5	
2	生产	0.9375	1.0000	(0.0000)	0.9583	0.3415	3.2373
3	销售	0.6250	0.6028	0.4159	0.3472	0.3171	2.3081
4	超标	0.1875	0.0426	0.0885	0.8194	0.8293	1.9673
5	检验	0.4688	0.1135	0.1416	0.3889	0.7805	1.8932
6	质量	0.5000	0.2199	0.1593	0.4306	0.5122	1.8219
7	包装	0.6563	0.4113	0.2832	0.1250	0.3415	1.8172
8	经营	0.8125	0.2411	0.1681	0.4583	0.0488	1.7289
9	添加剂	0.4063	0.1206	0.0708	0.3889	0.7317	1.7182
10	抽检	0.3438	0.0355	0.0442	0.9028	0.1707	1.4970
11	管理	0.6875	0.3121	0.2212	0.1389	0.1220	1.4816
12	监管	0.6875	0.2411	0.0619	0.2361	0.2439	1.4706
13	加工	0.7188	0.2624	0.0796	0.1389	0.2195	1.4192
14	进口	0.1563	0.1064	0.1681	0.0694	0.9024	1.4027
15	原料	0.5938	0.2837	0.0708	0.0556	0.1707	1.1745
16	微生物	0.1250	0.0993	0.0265	0.2778	0.6098	1.1384
17	菌落	0.1250	0.0071	0.0088	0.4861	0.3659	0.9929
18	环境	0.2500	0.2837	0.1770	0.1111	0.1463	0.9681
19	品质	0.2188	0.1348	0.0442	0.1389	0.4146	0.9513
20	污染	0.2188	0.0922	0.0354	0.1250	0.4634	0.9348
21	卫生	0.4688	0.0922	0.0442	0.0972	0.2195	0.9219
22	检疫	0.1250	0.0284	0.0177	0.0278	0.7073	0.9062
23	流通	0.5625	0.1277	0.0442	0.0972	0.0000	0.8316
24	来源	0.2188	0.1206	0.0973	0.0417	0.3415	0.8198

图 2-88

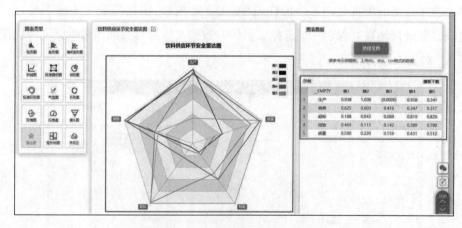

图 2-89

第二,可根据图表生成的结果解读数据分析结果所体现的意思。

第 3 章

智慧政府建设的流程再造

深化机构和行政体制改革。统筹考虑各类机构设置,科学配置党政部门及内设机构权力、明确职责。统筹使用各类编制资源,形成科学合理的管理体制,完善国家机构组织法。转变政府职能,深化简政放权,创新监管方式,增强政府公信力和执行力,建设人民满意的服务型政府。赋予省级及以下政府更多自主权。在省市县对职能相近的党政机关探索合并设立或合署办公。深化事业单位改革,强化公益属性,推进政事分开、事企分开、管办分离。

——习近平 2017 年 10 月 18 日在中国共产党第十九次全国代表大会上的报告

实践充分证明,中国共产党能够带领人民进行伟大的社会革命,也能够进行伟大的自我革命。我们要永葆蓬勃朝气,永远做人民公仆、时代先锋、民族脊梁。全面从严治党永远在路上,不能有任何喘口气、歇歇脚的念头。我们将继续清除一切侵蚀党的健康肌体的病毒,大力营造风清气正的政治生态,以全党的强大正能量在全社会凝聚起推动中国发展进步的磅礴力量。

——习近平2017年10月25日在十九届中共中央政治局常委同中外记者见面时的讲话

党的十九大对深化"放管服"改革提出了新的要求:"转变政府职能,深化简政放权,创新监管方式,增强政府公信力和执行力,建设人民满意的服务型政府。"现代信息化时代所带来的决策科学化不仅使政府治理的方式和手段更加符合客观事实,而且更加智能,更能让政府服务质量符合公众需求。政府流程再造是在对政府部门的发展目标、治理模式、行为准则等的整体再造基础上,对政府业务流程的重新思考和重新设计。政府流程再造以现代信息技术为工具,突破政府部门职能与层级的界限,对传统集权化的管理模式施行流程再造,实现政府工作流程向动态、集成的方向转变,向现代智慧政府的方向发展。智慧政府的建设,有利于政府提高公共决策的科学性,顺应现代信息时代的发展;有利于增强政府的透明度,赢得广泛的社会参与度,构建政府与公民之间的和谐关系。①

智慧政府与政府流程再造之间存在着密切的联系,政府流程变革是政府管理创新和发展智慧政府的核心任务。智慧政府是运用网络信息技术对再造后的公共管理模式、业务流程和服务方式的固化,实现以整体的而不是各自为政的方式进行管理和提供公共服务。政府流程变革的成功实施最终将导致职能化、层级化的传统组织形态向流程化、扁平化的电子政务组织形态转变。

3.1 政府流程再造

近年来,经济全球化的进一步发展、信息技术的迅速应用以及人的素质的大幅度提高,使得各国政府部门面临崭新而又严峻的挑战,工业时代形成的那种强调职能分工、层级节制的金字塔形组织模式所存在的问题,如官僚主义、机构臃肿、人浮于事、效率低下、呆板僵化等,越来越制约着社会的发展。人们对现实状况普遍表示不满,指出政府的高成本运作、致力于官僚满意和需要的价值取向、不思进取、囿于照章办事的僵化模式与现代化进程中的社会需求格格不入,认为运用企业运作机制和企业家的精神理念来改革政府具有十分重要的意义。

基于这一理念的考虑,一些旨在提高管理绩效的企业管理工具渐渐引起了公

---

① 参见吴磊:《需求锚定、结构赋能与平台耦合:数字政府建设的实践逻辑》,吉林大学2022年博士论文,第12页。

共管理者的注意,其中就包括美国学者迈克尔·哈默(Michael Hammer)与詹姆斯·钱皮(James Champy)所倡导的"业务流程再造"(Business Process Reengineering,BPR)。它的基本内涵是充分利用信息技术,注重信息技术和人的有机结合,重新设计业务流程。利用信息技术协调分散与集中的矛盾,将串行工作流程改造为并行工作流程,尽可能实现信息的一次处理与共享使用。建立面向流程的扁平化组织结构,压缩管理层级,缩短高层管理者与员工、顾客的距离,更好地获取意见和需求,及时调整经营决策,改变"职能导向"下层次过多、效率较低的弊端。运营机制以流程为主,以顾客为导向,突出全局最优,而不是局部最优。人员按流程安排,不是按职能安排,实施团队式管理。沟通突出水平方向,而不是垂直方向。①

政府流程再造在引入现代企业业务流程再造理念和方法的基础上,以"公众需求"为核心,对政府部门原有组织机构、服务流程进行全面、彻底的重组,形成政府组织内部决策、执行、监督的有机联系和互动,以适应政府部门外部环境的变化,谋求组织绩效的显著提高,使公共产品或服务更能取得社会公众的认可和满意。②

3.1.1 政府流程的审视

"流程"广泛存在于人类的生产、生活当中,是一种相当普遍的活动,可以说人类所有的改造自然的活动都可以划分成流程的组合。一般来说,流程是指完成一项任务、一个事件或一项活动的全过程,这一全过程由一系列工作环节组成,相互之间有先后的顺序,有一定的指向。流程组成的各个方面都是相互配套、相互关联、相互制约的一个有机整体。

1. 政府流程的含义

政府流程是指政府在实施管理的过程中,为达成特定目标所经历的、体现工作规律的稳定的活动步骤的集合。政府流程的设计和实施,首先可以保证行政行为的规范和效率,为政府管理提供明确的解决思路和操作规范。政府流程的设计实际上就是公共管理的经验总结,可以为可能重复出现的活动预先给出相应的发展模式,发展成为一套程序化的解决办法,遇到重复出现的情况,就按既定的程序和步骤行动。由此,通过建立和健全相应的政府流程,可以让日常的公共管理活动有基本的程序可循,从而避免重复劳动以及公共资源的不必要浪费,提高管理

---

① 参见〔美〕迈克尔·哈默、詹姆斯·钱皮:《企业再造:企业革命的宣言书》,王珊珊等译,上海译文出版社2007年版。
② 参见姜晓萍:《政府流程再造的基础理论与现实意义》,载《中国行政管理》2006年第5期。

效能。

再者,政府流程的设计和实施,可以最大限度地限制政府公务人员个人私利对公共利益的蚕食及其在公共管理中自由裁量权的滥用。随着社会经济的发展,公共权力向各个领域不断渗透,公共管理者个人的因素如权力的欲望、裙带关系、官僚主义作风等容易诱使公共权力发生异化。政府流程一经确定并被规范化就可以同时为公共管理者和公民所享有。一方面,公共管理者或者公共组织在履行职责、提供服务时,必须遵循相关的流程规定,否则就必须为之承担一定的行政责任甚至是法律责任;另一方面,公民有权要求公共管理者或公共组织按政府流程提供服务,借助政府流程监督公共管理者的行为。①

2. 政府流程的分类

依据不同的标准,政府流程可以被划分为若干种类。

(1) 依照法定效用划分,政府流程可分为强制性流程与选择性流程两种。强制性流程是在实施工作行为时不可以自主选择的流程,必须不折不扣地执行,不得增减改易,违者将构成违法,有关行为将被视为无效并予以制裁。选择性流程即任意性流程,是在实施工作行为时具有一定选择余地的流程。政府机关可根据实际情况选择是否实施,在何范围内实施。一旦确定实施,有关工作人员必须执行。

(2) 依照工作行为性质划分,政府流程可分为立法性流程、执法性流程、司法性流程三种。立法性流程是政府机关针对法规、规章和其他规范性文件的制定而建立和实施的流程;执法性流程是政府机关针对法律法规、规章和其他规范性文件的执行而建立和实施的流程;司法性流程是政府机关针对特定司法权的行使而建立和实施的流程。

(3) 依照精细程度划分,政府流程可分为一般流程、作业流程、动作流程三种。一般流程是针对工作活动过程的环节构成制定的流程,其主要特点是相对概括,用以规范有关的关系、位置、次序等;作业流程是针对工作活动过程中的各项操作制定的流程,除一般流程规范的内容外,还涉及具体步骤、手续、方法等;动作流程是针对工作活动中工作人员的有关动作制定的流程,这种流程最为精细,甚至细致到操作者手、脚、眼的每一种变化,它主要适用于体力劳动占较大比重的工作过程。

---

① 参见叶勇:《政府流程:主题意蕴、现实检视与优化策略》,载《中国行政管理学会 2011 年年会暨"加强行政管理研究,推动政府体制改革"研讨会论文集》,2011 年 11 月。

（4）依照各步骤运行的路线形式划分，政府流程可分为串联型流程、并联型流程、复合型流程三种。串联型流程又称"连续型流程"，是步骤间依时间顺序直线递进的流程；并联型流程又称"平行型流程"，是可同时完成若干个步骤的流程；复合型流程又称"平行连续型流程"，是一部分步骤依时序递进而另一部分步骤同时完成的流程。

3. 流程管理模式

传统政府普遍采用职能管理模式，它的基本特征是：以职能为建立组织的依据；主要以职能目标为管理目标；组织主要按职能实行纵向和横向的分解，从而划分出不同层级和各个不同层级的职能部门，各个层级的组织和部门实际分割了整个组织的职能；以控制、协调为主要职能形式，实行层级节制，管理体系基本上是层级节制的控制命令体系；信息沟通以逐级传递为主。

职能管理模式权力完整、指挥灵便，易于统筹兼顾；分级治事，分层负责，有利于发挥各层级的积极性。但职能管理模式也存在着明显的弊端，即对整个组织职能的分割，使管理职能的整体性受到损害，各个职能部门的职能行为往往缺少完整有机的联系，职能部门之间经常出现职能重叠、管理空白。为了从根本上解决传统政府在职能管理模式下的种种弊病，现代政府管理者借助流程管理的思想，重视职能型组织向流程型组织的转变。概括而言，流程管理模式与职能管理模式相比，主要具有以下特点：

（1）组织结构优化

流程管理模式突出流程的作用，强调以流程为导向设置机构，而不再是单纯按照职能设置机构，组织结构层次大幅度减少，由金字塔样式逐渐转变为扁平化的网络型。这种组织结构可以通过简化管理层次、减少内耗、降低成本、消除多余的交叉重复过程而获得管理的优质和高效，特别有利于避免人为切断流程、割裂事物发展内在联系而造成的种种弊端。

（2）注重过程效率

流程包含对时间的规定性，因此在对每一个事件、过程的分解和控制过程中，时间是流程管理模式关注的重要对象。它非常注重全面提高时间的利用效率。

（3）注重过程控制

在职能管理模式下，管理者主要关注的是结果，由于结果能令自己的上级满意，因此管理者主要是对结果进行控制，而忽视了创造和决定结果的过程的决定性作用。最终的效果可想而知，只控制结果而不管过程，往往无法取得好的结果。

在流程管理模式下,管理者把被颠倒了的关系再颠倒过来,强调通过对过程的控制实现对结果的追求,这需要管理者把主要力量放在过程能力建设方面,以过程能力保障过程切实能够创造出优化的结果。

(4) 突出管理的服务本质

流程管理强调从结果入手,倒推其过程,管理者所关注的重点就是产生这个结果的过程,这就意味着管理的重心必须转变到为自己的"顾客"(也就是公众)服务上来。在实施管理时,再也不能仅仅考虑方便内部管理人员,而必须处处事事为外部顾客着想,争取使他们获得更加便利的服务。

3.1.2 政府流程再造的实施

政府流程再造的实施是以公众的需要作为政府组织的目标导向,把握好"放权、精简、集成、共享"的要求,经过从职能管理转向流程管理后,政府组织成员对组织的整体认识得到了增强。在组织结构上,放弃了强调层级式的金字塔形的组织结构,追求组织结构的扁平化,减少中间层次,组织的部分决策权下放,使组织沟通更为灵活快捷。

1. 政府流程再造的内涵

政府流程再造的基本内涵就是:以公众为出发点、以流程为中心、以"服务链"为纽带、以扁平化组织模式为目标来塑造政府流程。

(1) 以公众为出发点

政府流程再造是由政府内外部环境变化共同作用的结果,但它的直接驱动力是政府为了更快更好地满足公众不断变化的需求。政府流程再造强调以目标公众为出发点,彻底改变传统政府以自我为中心的管理理念与方式,重视公众和利益相关者。政府流程再造最重要的就是为政府构建一个"把公众需求放在中心地位"的有效流程体系,要求政府的项目、服务或产品的提供坚持顾客导向,流程设计要以方便公众获取服务为出发点,站在顾客的立场上来审视各种业务流程,以满足顾客需要为中心来设计政府业务流程和组织结构,用优质的服务来提升政府的竞争力。每个公务人员的工作质量由他所服务的"目标公众"作出评价,而不是由"领导"来考核和评定,这样才有利于以公众为导向,提供更加优质、便利、高效的服务,有利于明确责任,增强监督机制。政府流程再造的根本目的在于塑造一个具有公共服务精神的政府,政府要给予公众更多的选择权利并聆听其意见,让公众参与公共行政决策和公共事务管理,实现政府和公众之间良好的交流和互动,同时促进公共服务机关之间的联系。这一根本性的转变是政府流程再造的本质特性所在。

(2) 以流程为中心

政府流程再造就是把隐藏在各个部门后面的流程放到了管理工作的前台,一切工作都要以"流程"为中心,而不以一个专业职能部门为中心进行,注重整体流程优化的系统性。具体而言,传统的以职能为中心的观念把业务流程人为地割裂开来,使业务流程消失在具有不同职能的部门和人员之中,导致多头指挥,影响作业效率,使公众无所适从,缺乏整体观念和有效的整合,产生了许多不创造价值的活动。以流程为中心,就是要排除对流程运行不利的障碍,克服瓶颈制约环节,整合破碎的流程,合并多余的部门及重叠的流程和活动,强调政府各部门之间业务、信息、服务的整合和协同办公。政府流程再造强调流程中每一个环节上的活动尽可能实现最大化增值,尽可能减少无效的或不增值的活动,并以整体流程全局最优(而不是局部最优)为目标来设计和优化流程中的各项活动,消除本位主义和利益分散主义。另外,政府流程再造要求将决策点定位于政府流程执行的地方,这就要求业务处理流程上的公务人员具备一定的素质,并强调将职能性的层级结构转化为跨功能性的工作团队,充分发挥个人和团队相结合的作用,通过个人主动性、积极性以及创造性的发挥与团队成员的高度合作,保证政府业务流程高效、有序、顺畅地工作。

(3) 以"服务链"为纽带

政府流程再造是把政府内部的上下级和部门之间的业务关系由原来的单纯行政机制转变成平等的相互服务关系,政府内部的每个部门和公务人员既是服务的提供者又是服务的接受者,但公众是他们共同服务的最终客户。把公众的每一次服务请求当成是公众向政府下的一次"订单",把每次政府提供服务的过程看成是一次执行"订单"的过程。最后,把"外部订单"转变成政府相关服务部门或公务人员一系列的"内部订单",从而形成以"订单"为中心,上下级和部门之间相互咬合,自行调节运行的"服务链"。在网络空间,作为服务链上的一个节点,每个部门或公务人员实际是在收到订单后的规定时间内提供一个响应数据(如对一个问题的答复、一个审批的结果)。基于服务链的政府流程再造,采用了面向"数据响应"的思想设计新的流程,变"权力导向"为"数据导向"。另外,根据数据响应时间的统计结果可以准确地考核部门和公务人员的服务绩效,为监控政府流程再造的实施效果奠定了基础。

(4) 以"扁平化"组织模式为目标

政府流程再造的对象虽然是工作流程,不是组织结构,但必然伴随着组织结构的变革,保持原有陈旧的组织结构而进行流程再造不可能达到预期的效果。政府流程再造以流程为主导的"扁平化"组织体制替代传统的"金字塔"的科层制组织结构。在顾客社会中,政府流程再造应构建一种能够提供便捷服务、灵活回应顾客需求、具有动态适应性的政府组织结构。这种以流程为中心的组织结构注重行政服务与事务处理的通畅性与无阻碍,强调线式流程,改善垂直领导,扩大管理幅度,减少管理的层级。弹性化的行政组织注重结构的高度分化和决策权、控制权的下放,同时促使政府人员跨越功能界限,将专业职能部门转变为综合职能组合。政府组织结构成为一个开放的系统,能够有效回应外在环境的变动与要求,经过输入、输出和反馈的过程维持自组织的平衡,便于内外部的信息沟通,同时能够灵活运用权变的观点迅速地解决公共问题,应对公共危机,从而大幅度提高行政效能。[1]

2. 政府流程再造的指导原则

政府流程再造是一项复杂系统的工程,涉及方方面面,必须遵循正确的指导原则,才能顺利进行。政府流程再造过程中所要遵的基本原则主要有[2]:

(1) 选择关键流程进行再造

政府流程再造的宗旨是政府组织整体流程最优化。但是,要实现政府组织整体流程最优,并不是要求流程中的每个环节都是最优的。一方面,根据木桶"短板效应",组织流程的整体效益主要取决于效益最低的环节。流程再造涉及的范围越大,所投入的成本越高,反而越会降低流程再造的可行性。另一方面,一次性再造所有的流程会破坏组织的稳定性,由于政府组织的特殊性,涉及的环节越多,政府组织所面临的风险越高,当改革的风险超出组织应有的承受能力时,反而会招致更多的阻力。因此,有必要根据组织的职能选择那些可能获得阶段性成果的流程或是那些对政府的未来发展规划有重大影响的核心流程作为再造的对象,使组织成员尽早看到再造的成果,稳定人心、分步骤、有秩序、循序渐进地实施政府流程再造。

(2) 对原有的政府流程进行清除、简化、整合、自动化

"清除"指清除原有流程中的无效流程。无效的环节是那些对满足公众需求没有贡献的活动,比如活动的等待、不必要的文牍及信息传递、重复的活动、反复

---

[1] 参见叶勇:《政府流程再造的概念约定》,载《福州大学学报(哲学社会科学版)》2009年第2期。
[2] 参见柳青:《组织整合视域下的地方政府规模研究》,武汉大学2009年博士论文。

的审核等。"简化"指在尽可能清除无效的政府流程环节或因素后,对剩下的活动进一步简化,做到流程环节简练,流程走向准确,流程内容完整。"整合"指对重复、相近甚至相关的流程进行整合,使整个流程更加顺畅。有些流程原本属于一个职能范围内,由于组织机构设置中职能重复、权力划分等原因使得在其他的职能部门内出现类似的工作流程,这就使得整个流程紊乱不堪,必须理顺政府流程,使各个行政职能部门各司其职,整个政府流程既相互联系又各具内在逻辑。"自动化"即运用电子数据交换、管理信息系统、决策支持系统等政府电子化、自动化方式,采用规范化的自动化措施来加强大部分政府业务处理过程,构建互联互通、资源共享的网络化专项业务工作平台,各部门在统一的平台上按确定的程序实施一体化管理,从而精简政务处理步骤,提高政府流程的运作效率、效果和效益。

(3) 简化中间管理层,扩大授权,追求效果

现代信息技术使操作执行层与决策层直接沟通,中间层存在的价值和必要性不断被弱化。在同一个业务过程或业务流程中的不同的公务人员可以在不同地点分享和处理信息,完成各自不同的职责。业务活动的控制和协调可以在更接近于实际活动的层次上完成,决策信息也可以方便地进行横向传递,而无须通过纵向管理层逐级传递。政府流程再造鼓励充分授予管理者权限,充分发挥每个人在流程中的作用。再造后的流程要求最大限度地发挥每个人的工作潜能与责任心,同时加大事后监督的力度,由政府公务人员承担相应的管理责任,从而使政府组织更加精干与高效。

(4) 流程步骤尽可能并联排序

再造后的流程步骤不应是人为的线形序列,而是按流程的自然先后次序排列。在传统政府流程中,有很多人为的硬性的直线顺序,例如,按传统做法,第一个步骤未完成前,下一个步骤就不能开始,但是实际上这并非总是必要的。负责第一步的工作人员收集的信息对第二、第三个步骤也许并无作用,也许它们合起来对第四、第五个步骤才有贡献。按照流程的自然顺序,不同的步骤可以同时进行,各个工序之间随时可以交流,及时更新共享数据,及时发现和处理问题,减少整个流程的实际运行时间,这样就可以大大提高工作的速度。

(5) 建立数据交换中心,实现信息资源共享

在传统业务处理流程中,相同的信息往往在不同的部门都要进行收集、存储、加工和管理,这其中存在着很多重复性的劳动。通过建立数据交换中心,消除不必要的数据重复输入,避免信息格式的重排和转换,可以减少信息的获取成本。

具体可通过政府流程再造确定每个流程应该采集的信息,并通过信息系统的应用实现信息在整个流程中的共享使用。

3. 智慧政府与政府流程再造的关系

根据理查德·赫克斯(Richard Heeks)的观点,电子政务能够支持公共部门的改革,而公共部门的改革能够影响电子政务系统建设与管理。因此可以说,智慧政府与政府流程再造之间具有互相促进的张力。

(1) 智慧政府为政府流程再造提供了推动力和技术支持

业务流程再造的一个显著特征就是信息技术的应用。智慧政府是政府充分应用信息技术进行改革和创新的重要管理方式。智慧政府促进政府流程再造主要表现在,首先是缩小流程的规模。流程的规模取决于业务内容,代表了流程的复杂程度,也就是流程包含的活动步骤的多少。有些流程仅由一个或几个非常简单的环节组成,而有的则可能包含许多复杂的、相互关联的环节。由于信息技术的使用,原来需要经历多个环节的流程可以大大缩减,甚至缩短成一个环节。

其次,扩大流程的范围。流程的范围指流程穿越的职能部门或专业岗位的数量。智慧政府促进了政府部门间的信息共享、政务协同和工作流整合,削弱了部门之间严格划分的职能界限,使更多的部门和岗位能够在同一条连贯的流程链条上开展工作,使分工协作更加默契、更有效率。

最后,降低流程的中介度。流程的中介度反映了组成流程的各活动的序列化程度,中介度高的流程有许多顺序化的活动步骤,中介度低的流程中的活动没有固定的次序,可以直接作用于最后结果。智慧政府使流程中不同活动的并列进行成为可能,在组成活动不变的情况下,表现为流程中输入和输出的活动减少,活动的序列化程度降低,中介度降低。[①]

(2) 政府流程再造是发展智慧政府的内在要求

对于智慧政府而言,电子技术是手段,政务革新是根本。实现智慧政府不是简单地把现有的政府流程照搬到互联网上,更不是利用信息技术适应和维护落后的流程。传统的政府流程的前提和假设,以及运行中存在的种种弊端显然严重阻碍了智慧政府的发展,必须依据智慧政府的建设理念,对其进行彻底的、根本性的再造,才能体现智慧政府效益,最终实现"无缝政府""一站式服务"的目标。

智慧政府建设和应用的起源就是在新公共管理运动中成长和发展起来的,要

[①] 参见何振、魏琼:《电子政务视野中政府行政流程再造分析》,载《电子政务》2005年第22期。

想充分发挥智慧政府的作用,就必须重视智慧政府与政府流程再造的有机结合,注重业务流程优化、组织结构重组,注重解决和消除与智慧政府建设发展不相适应的公共管理体制性障碍。如果没有政府流程再造作为基础,智慧政府建设及其功能的发挥将是徒有其表。

4. 智慧政府通过政府流程再造实现的目标

电子政务的发展一直以来都是与政府机构改革相辅相成,当发展到智慧政府阶段,更加迫切要求优化政府服务流程,以此提升政府决策效率、增强政府透明度和参与度。智慧政府通过政府流程再造,重点旨在实现以下几个目标:

(1) 提高效率:通过自动化和数字化流程,减少冗余步骤,加快政府服务的响应速度。

(2) 增强透明度:公开政府数据和决策过程,让公民能够更容易地获取信息,提高政府的透明度。

(3) 优化决策:利用数据分析和人工智能技术,为政府决策提供更准确的信息和预测,从而提高决策质量。

(4) 提升服务质量:通过个性化服务和智能推荐,提供更符合公民需求的高质量服务。

(5) 促进公民参与:通过电子政务平台,鼓励公民参与政策讨论和反馈,增强政府与公民之间的互动。

(6) 降低成本:通过流程自动化和优化,减少人力和物力成本,提高政府资源的使用效率。

现阶段,政府流程再造的最成熟应用场景是以企业和群众高效办成"一件事"为目标,集成"一件事"所涉及的政务服务事项,围绕申请条件、申报方式、受理模式、审核程序、发证方式、管理架构等进行整体性再造、实施一体化办理。具体表现包括:再造申请条件,实施"一次告知"再造申报方式,实施"一表申请";再造受理模式,实施"一口受理"再造审核程序,实施"一网办理";再造发证方式,实施"统一发证"再造管理架构,实施"一体管理"。

近年来,我国多地加大力度促使营商环境进一步优化,以营商"软"环境,构筑经济发展"硬"支撑。例如,为简化个体工商户注册流程,减少开办时间,建设银行协助河北省市场监督管理局和河北省政务办共同建设了"个体工商户全程电子化系统",将企业设立登记、公章刻制、发票领用、参保登记等7个环节都搬到"网上",实现网上全流程办理,开办时间大幅缩短到1天,实现了设立登记、公章刻制、社保用工、住房公积金企业缴存登记等企业开办关联事项"一次办理、一日办结",企业开办一日办结率达99%,网上开办率超80%。①

另外,政府流程再造优化群众办事流程,可以解决群众办事难、办事慢、多头跑、来回跑等痛点,更好地为百姓美好生活服务。例如,河北省政务办、公安厅、人社厅、退役军人厅共同打造"退役军人一件事",为退役军人事务部量身打造退役报到管理平台。②又如,构建"高、精、尖"的政务服务和公共资源数据呈现体系,打造集成化、一体化、智慧化的政务大厅指挥调度平台,福州市行政(市民)服务中心管委会融合政务服务大数据、公共组资源大数据、视频安防三大主题内容,创新建设了"马上就办·政务智脑"平台,实现全市政务服务和公共资源交易服务全貌的"一屏通览、全域监测"。③

3.2 智慧政府审批流程再造模拟实验

【本节演示的教学软件采用 B/S 架构,软件程序安装在服务器端,学生端打开浏览器访问即可使用软件,软件访问地址与免费试用账号申请可发送至 207455@nau.edu.cn】

简政放权是深化政府改革、加快转变政府职能的关键之举,是深化改革的总开关,是从管理深处、权力源头规范权力运行的治本之策。2015 年,中共中央办公厅、国务院办公厅印发《关于推行地方各级政府工作部门权力清单制度的指导意见》,要求地方各级政府以清单形式公布每项职权的名称、类型、依据、行使主体、流程图和监督方式,省级政府在 2015 年年底前基本完成权力清单公布工作。权力清单制度的全面实施,既能从源头上简化政务流程、减少寻租机会,也能在实践中加强社会监督、促进良性互动,从而斩断审批过程中的种种利益链条,提升办事效能,真正做到法无授权不可为、法定职责必须为。

随着各类基础信息库的建立及"十二金"基础业务系统的推广和完善,许多发达地区智慧政府建设已达到较高水平。如何利用现有的网络、系统资源有效提高政府服务效率,改变原有政务流程的缺陷是当今各级政府迫切需要解决的问题之

---

① 参见张莫、柯振嘉:《建行智慧政务赋能数字政府改革》,载《经济参考报》2023 年 9 月 25 日第 4 版。
② 同上。
③ 参见《智慧政务:数字政府,有速度,更有温度》,https://easyv.cloud/c/article/1173.html,2023 年 10 月 25 日访问。

一,智慧政府行政并联审批则是智慧政府与政府流程再造之间互相促进的集中体现。

1. 行政业务的梳理

行政并联审批首先要对行政业务与服务事项进行梳理。行政并联审批运用现代信息技术,推进行政权力的规范运行、网络监察,实现行政权力运行数据电子化、流程标准化、信息公开化,监督实时化,提高行政效能,优化政务环境,为构建服务型政府、法治政府和廉洁政府提供技术支持和保障。在进行梳理的过程中,一定要同步梳理每项流程各个环节流入、处理、流出的数据,并把数据按照基础数据、主题数据、业务数据进行分类,并按照数据的逻辑关系进行关联。梳理的结果将被编制成行政权力与服务事项目录。该目录是一个系统化、结构化的文档或数据库,详细记录了政府的行政权力和服务事项。目录通常包含以下内容:行政权力清单、服务事项目录及具体内容、政策法规依据、权力运行图、节点功能描述、表格记录、监督和评估机制、优化和改进建议、技术支持信息等。目录是智慧政府建设的基础性工作之一,它有助于规范政府行为,提高透明度,优化服务流程,提升政府效能,同时也是政府内部管理和外部监督的重要依据。通过电子化、网络化的目录系统,公民和企业可以更方便地了解政府服务信息,进行在线办事,提高办事效率。

2. 低保审批的实例

这里以低保审批事务为例说明行政并联审批的必要性。低保救助管理主要包括:低保补助、廉价住房、残疾人补助、家庭特殊情况补助等。由于实践中反映申请者的收入信息不完整、不准确,存在着骗保、漏保、关系保、人情保、骗取廉租住房等问题,因此,需要充分利用相关系统的业务信息、结果信息(包括公安、社保、房产、税务、网格员、公积金管理等系统的信息),以整合、共享和业务协同为基础,建设完善、准确的社会救助服务网络,实现低保、廉租住房、社会救助的智慧化管理,对救助对象进行动态管理,做到不漏掉应该救助的每一个人或家庭,不错发一个社会救助。通常社会救助服务的基本过程包括资格认定、综合经济指标核对、对象动态调整等,社会救助中的低保业务会涉及民政、社保、残联、工会等多个单位,而且由于人口的流动,救助对象资格认定成为审批的关键。这需要查询相关系统的业务信息和数据,需要多个部门协同完成对这些信息的核对。低保属于民政部门的业务范围,要向公众说明低保的性质、救助对象、申请条件、救助方式与额度、办理方式以及相应的办理流程等。低保审批流程涉及多个部门(包括社区街道服务中心、公安、房管、工商、税务、银行、社保、民政等),从数据交换的角度来看,需要数据交换系统的支持,按照统一的交换体系标准,建立元数据库、数据资源目录、交换目录,然后实现各个部门之间的数据交换。从业务协同角度来看,需要这些部门的协同办理,分别核对低保申请中的相关信息,并将核对处理结果汇集到民政,以协助该业务的办理。

3.2.1 智慧政府审批流程再造模拟实验准备

随着智慧政府建设的深入推进,多部门审批业务横向整合,实现网上并联审批已经成为当前行政审批智慧政府应用的趋势。网上并联审批是指用户直接在网上窗口提交申请和相关的基本信息资料,由主受理单位负责向各个相关的审批部门提交子申请,各前置审批单位在本业务审批流程内对各自的子申请进行审批,主受理单位汇集这些审批结果后再完成最后的审批工作。主受理单位的工作包括通知前置审批、协调处理和自身的审批工作,其基本要求是共商受理,抄告相关,并联审批,限时完成。

通过网上并联审批,申请人只需"一站式"提交申请资料,相关部门就可共同受理、审批,并且审批结果互相通知,资源共享;申请人可以通过移动电话短信息、电子邮件、政务微信、自助终端(App)等多种手段查询审批进度。根据需要,各部门可以调整审批流程达到流程优化的目的。开放式系统提供与各级业务部门现有系统的接口、与上级主管部门系统的接口,网上并联审批系统还可提供统计数据,支持绩效评估和报表自动生成。

对于企业和公众而言,可以通过一个平台获得全面准确的办事要求,免去了他们多次提交资料的麻烦。同时由于公开事务处理时间、过程及结果,企业和公众不必多次往返于政府各个办事部门之间。对于政府职能部门而言,通过政府网上并联审批系统一方面可以规范政府职能部门的各项工作流程,提高办事效能及服务质量,增加政府行政的透明度;另一方面可以积累相关数据,为政府职能部门绩效考核体系提供确实而有效的评估依据。

1. 实验流程图

点击"创建实验小组"。

图 3-1

创建实验小组,选择岗位角色(创建实验小组的即为组长)。

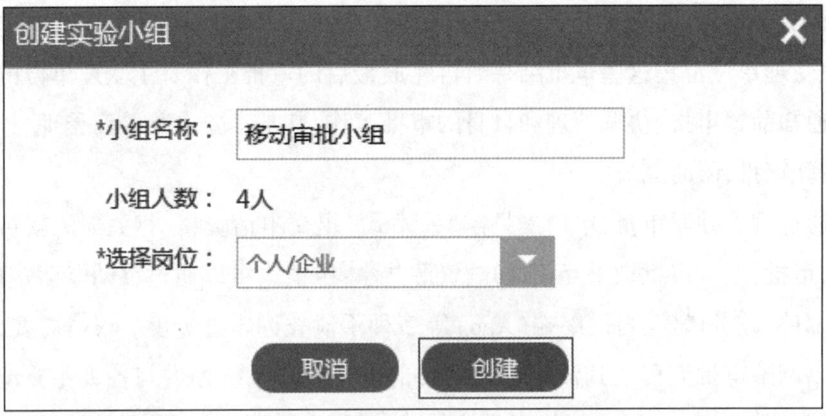

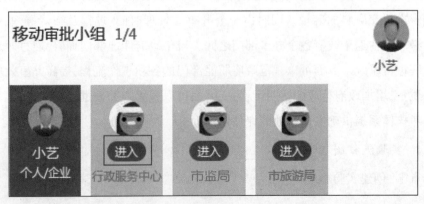

图 3-2

其余组员进入实验后,选择相应的角色,并点击角色名称上的"进入"。

图 3-3

如果小组成员少于岗位数量,则组长可点击"自动配置剩余岗位",分配其余岗位。

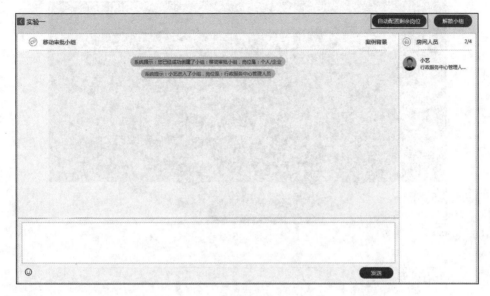

图 3-4

岗位分配完成后,小组成员可查看案例背景。在对话框中各成员可以即时交流。点击"开始实验",正式进入实验。

了解并联审批事项办理的流程:行政服务中心一站式受理→抄告主办部门和协办部门联合办理→材料审核/现场勘查→审核建议汇总→审批收费发证。

2. 实验目的

让学生了解多部门行政审批的概念及办事流程定义、发布和管理。

(1) 定义并联审批事项;

(2) 发布并联审批事项;

(3) 联系主办单位和协办单位共同办理并联审批;

(4) 维护并联审批事项。

3. 实验情景

查看实验案例,点击下方的"进入实验"。

116 | 智慧政府与治理创新：电子政务实验实训教程

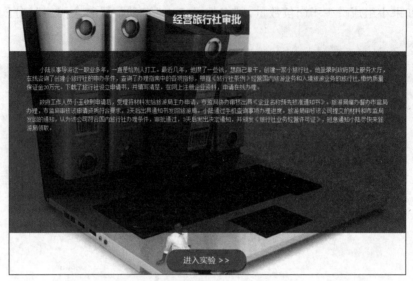

图 3-5

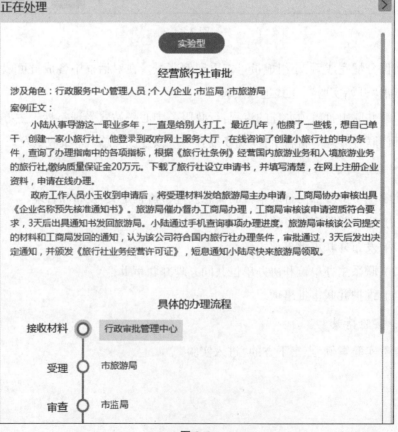

图 3-6

3.2.2 智慧政府审批流程再造模拟实验实训

1. 行政服务大厅构建(行政服务中心管理人员)

(1) 了解行政审批中心部门设置

选择"部门管理",查看部门列表。

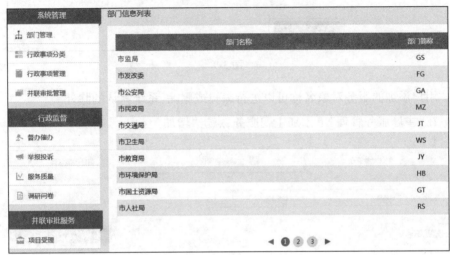

图 3-7

(2) 行政事项分类管理设置

选择"行政事项分类",其中分为服务对象管理、主题服务管理与事项类型管理三个板块。

在"服务对象管理"下添加服务对象,点击"增加"。

图 3-8

编辑服务对象名称,选择所属分类,点击"确定"。

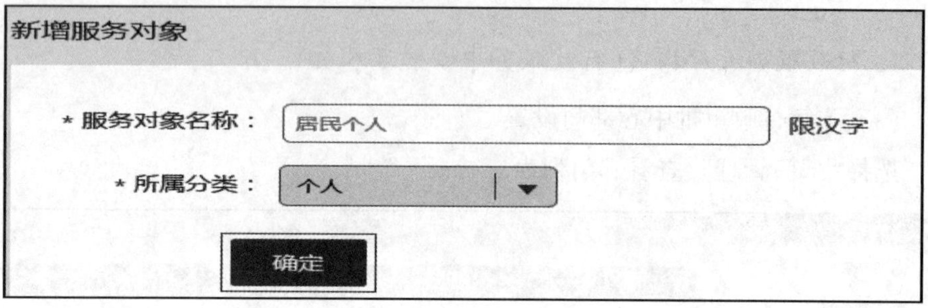

图 3-9

用户添加的服务对象名称可以进行编辑或删除,系统默认的除外。

在"主题服务管理"下添加主题服务,点击"增加"。

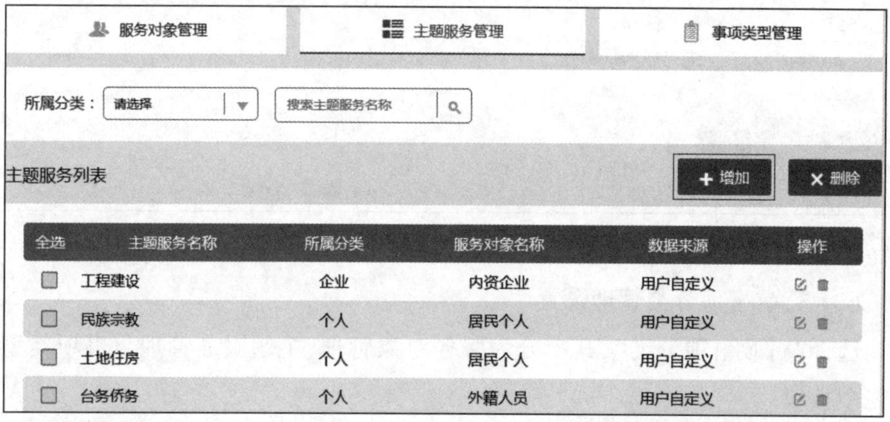

图 3-10

编辑主题服务信息,点击"确定"。

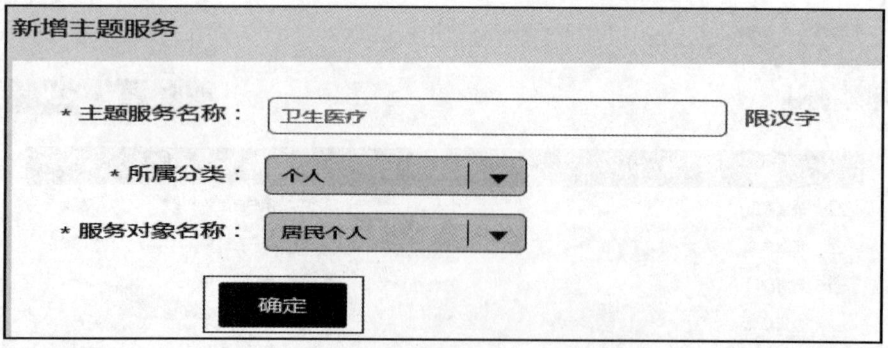

图 3-11

添加的主题服务信息可以进行编辑或者删除，系统默认的除外。

在"事项类型管理"下添加事项类型，点击"增加"。

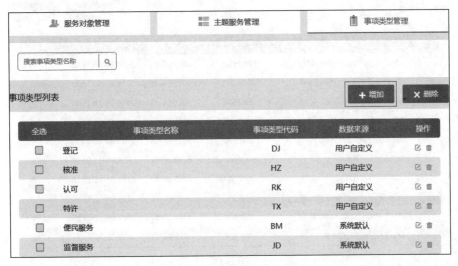

图 3-12

编辑行政事项类别信息，点击"确定"。

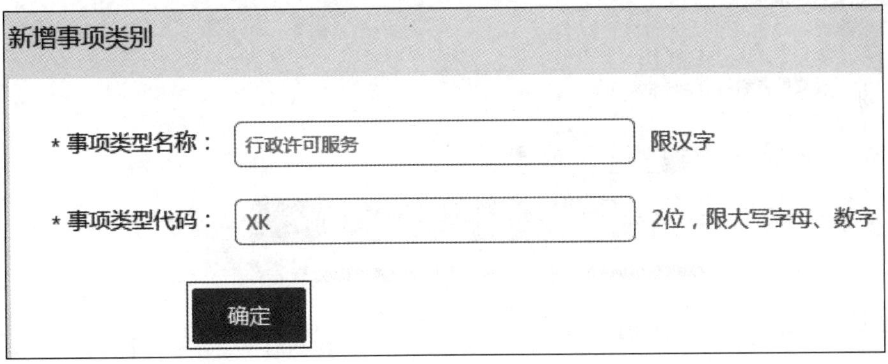

图 3-13

添加的行政事项类型信息可以进行编辑或删除，系统默认的除外。

（3）文件资料上传、维护与管理

选择"文件库"，管理人员可根据发布部门或文件名称搜索需要的文件，还可进行文件资料的上传、维护与管理，点击"增加"。

图 3-14

添加文件信息,上传文件,设置生效日期,点击"确定"。

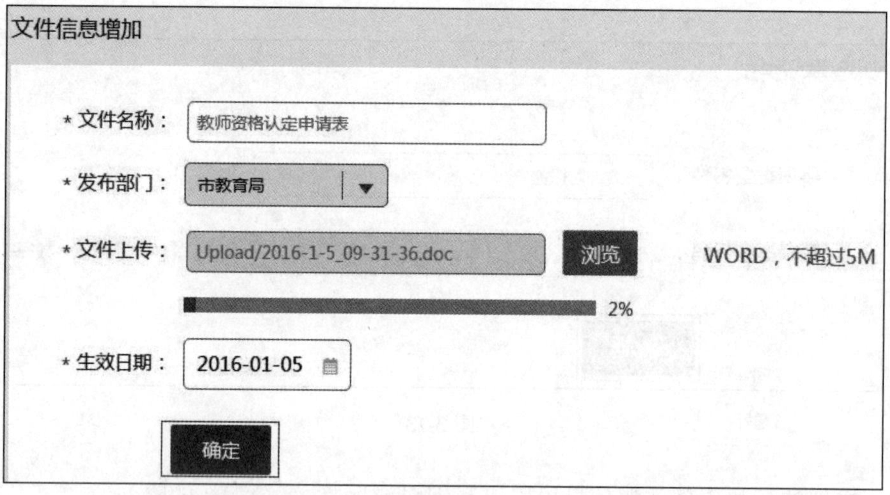

图 3-15

添加的文件可以进行编辑或删除,系统默认的除外。

2. 政务信息公开平台构建

(1) 政务新闻信息维护与管理(行政服务中心管理人员)

在"行政审批管理中心"中选择"网站管理",可以对政务新闻、大厅概况、咨询信息以及政策法规进行管理。

选择"政务新闻",点击"增加"。

图 3-16

编辑新闻标题、来源、内容,上传新闻图片,点击"确定"。

图 3-17

新闻添加完毕后,可以进行编辑或者删除。添加的新闻还需将其发布,勾选要发布的新闻,点击"发布"。发布之后依旧可以编辑或删除。

图 3-18

根据发布状态、发布日期或是新闻标题,可以搜索到目标新闻。

图 3-19

(2)大厅概况信息维护及管理

选择"大厅概况",编辑概况内容,点击"确定"。点击"预览",可以预先查看大厅概况在网站前台的显示效果。

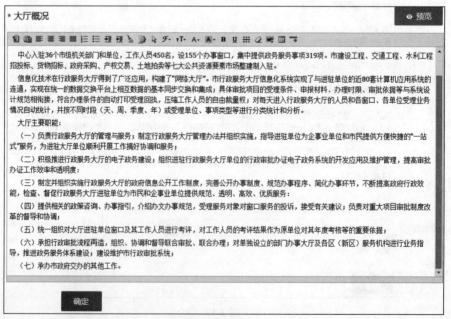

图 3-20

(3) 咨询信息维护与管理

个人/企业进入行政服务大厅,可以进行举报或是投诉。点击网站导航栏的“咨询投诉”。选择“在线咨询”,编辑“我要咨询”的相关内容,点击“提交”。

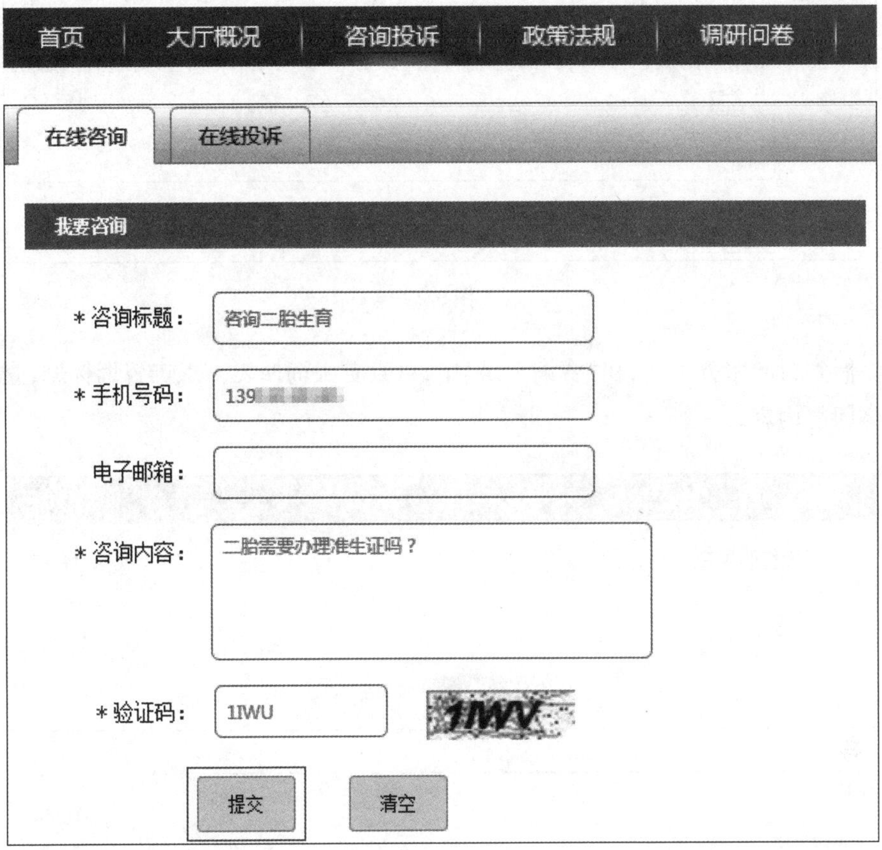

图 3-21

用户提出咨询后,由行政服务中心管理员进行回复。在“网站管理”下的“咨询信息”中,查看咨询信息列表,点击咨询后的进行处理。

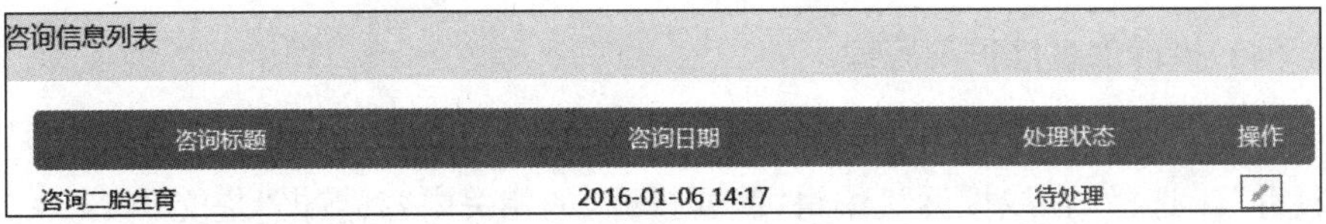

咨询信息列表

咨询标题	咨询日期	处理状态	操作
咨询二胎生育	2016-01-06 14:17	待处理	

图 3-22

查看用户的咨询,进行回复,点击“确定”。

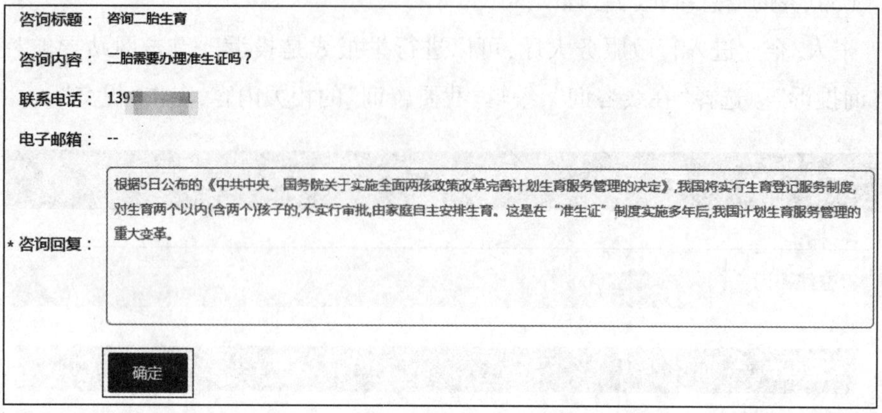

图 3-23

回到行政服务大厅,在"咨询记录"中,可查看咨询回复。点击咨询标题,查看具体回复内容。

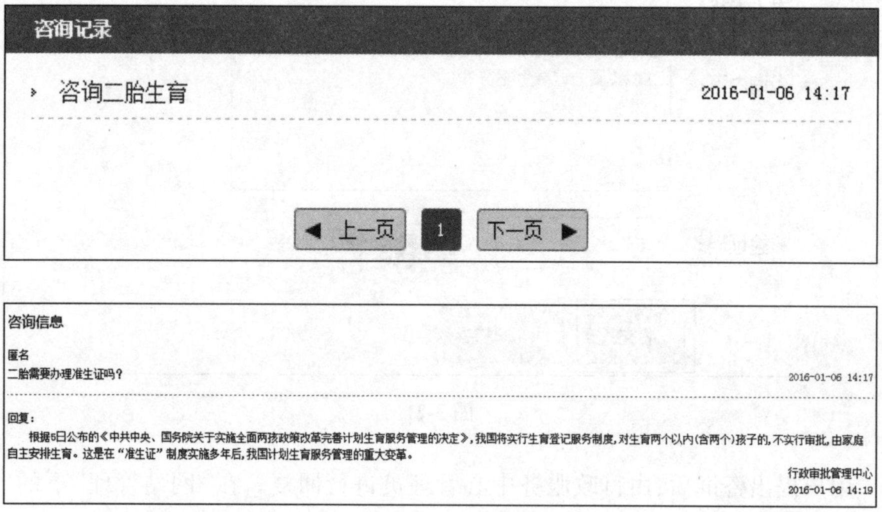

图 3-24

(4) 投诉信息维护与管理

个人/企业进入行政服务大厅,可以进行举报或投诉。点击网站导航栏的"咨询投诉"。选择"在线投诉",编辑"我要投诉"的相关内容,点击"提交"。

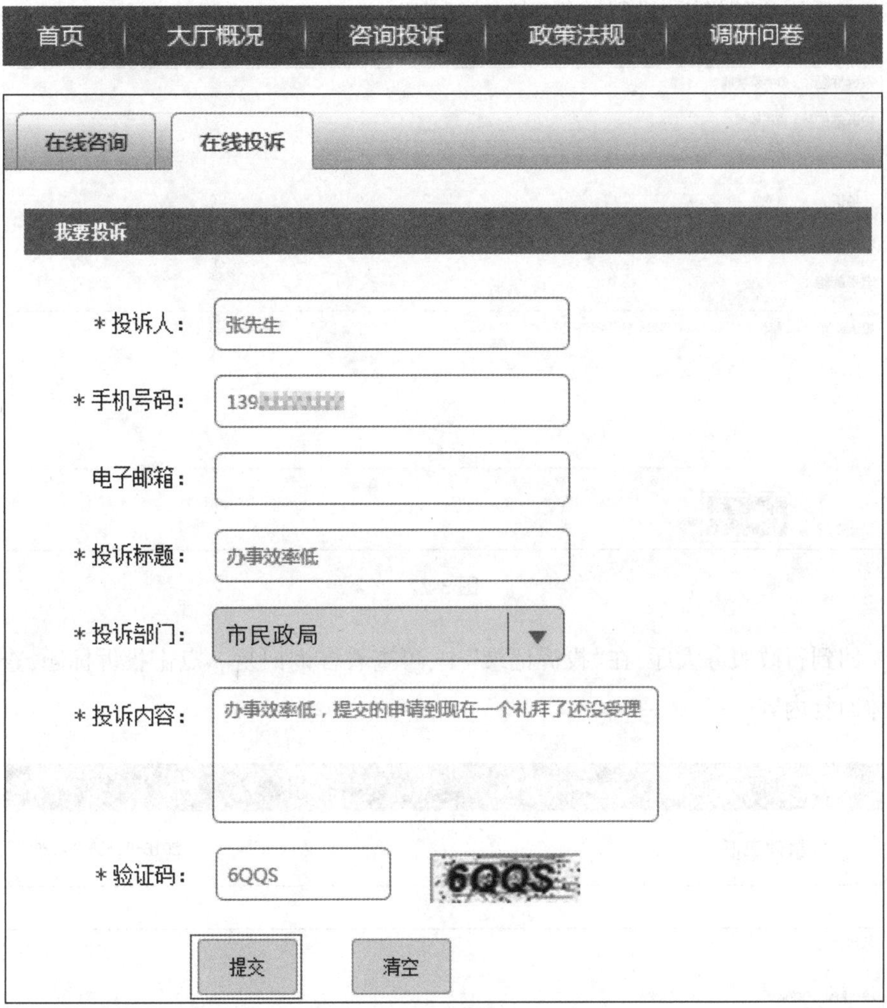

图 3-25

用户提出咨询后,由相关部门进行回复。在"信息管理"下的"投诉信息"中,查看投诉信息列表,点击投诉后的 ✎ 进行处理。

图 3-26

查看用户的投诉,进行回复,点击"确定"。

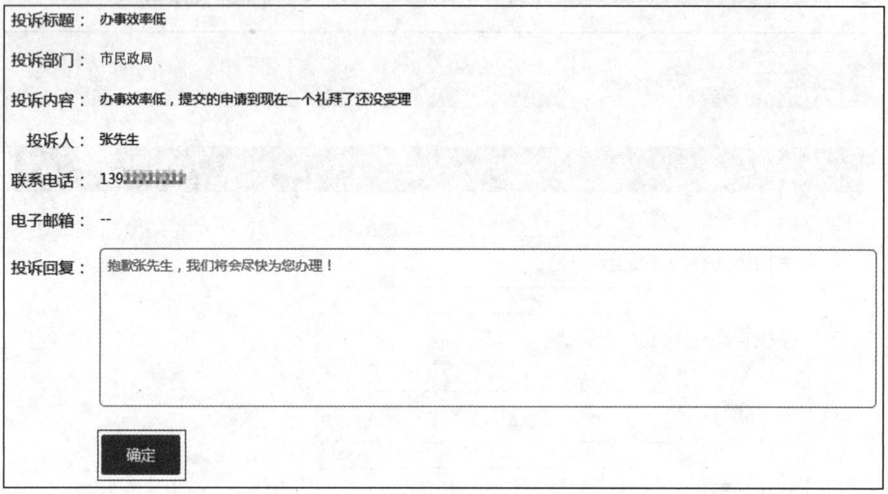

图 3-27

回到行政服务大厅,在"投诉记录"中,可查看咨询回复。点击投诉标题,查看具体回复内容。

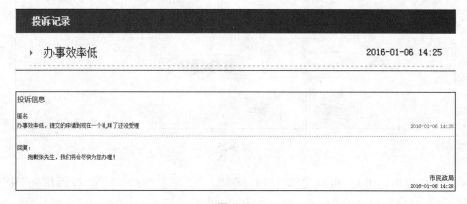

图 3-28

(5) 政策法规信息维护与管理

选择"政策法规",管理人员可根据发布状态、发布日期或政策法规标题,查询到目标政策法规,还可新增政策法规文件,点击"增加"。

图 3-29

编辑政策法规信息,点击"确定"。

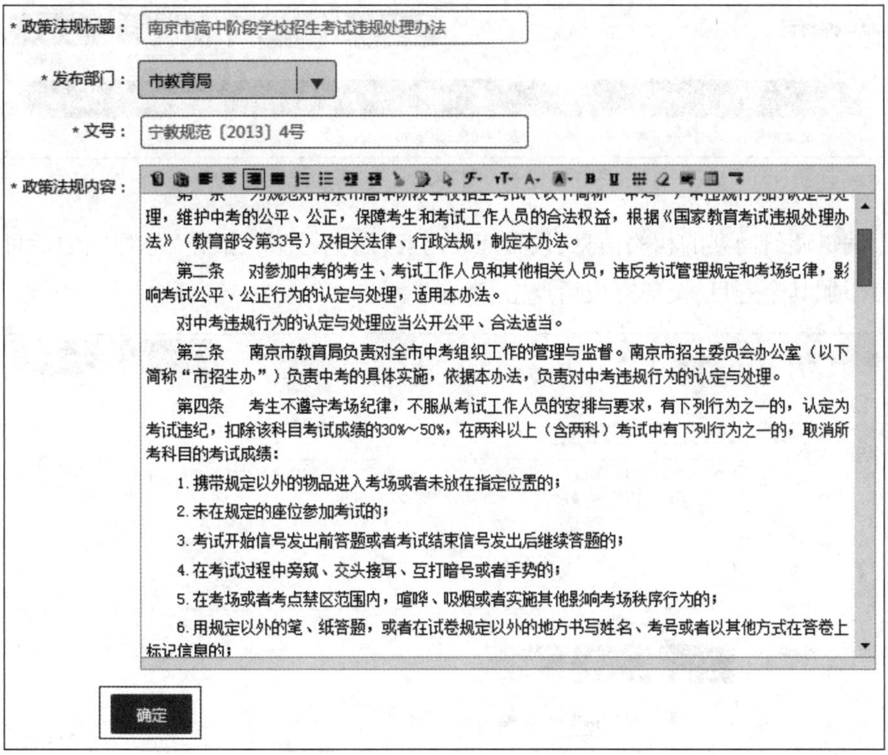

图 3-30

政策法规添加完毕后,可以进行编辑或者删除。添加的政策法规还需将其发布,勾选要发布的政策法规,点击"发布"。发布之后,依旧可以继续编辑或删除。

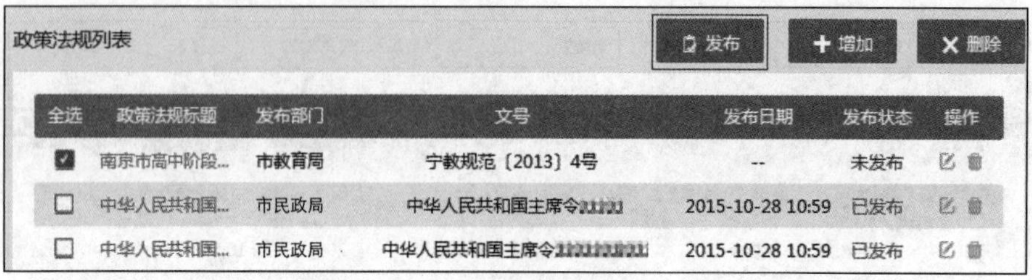

图 3-31

（6）调研问卷

选择"行政监督"下的"调研问卷"，点击"增加"。

图 3-32

编辑调研问卷的相关信息，设置问卷内容（可选题型），点击"添加"，之后可以继续添加其余题目，全部完成后点击"确定"。

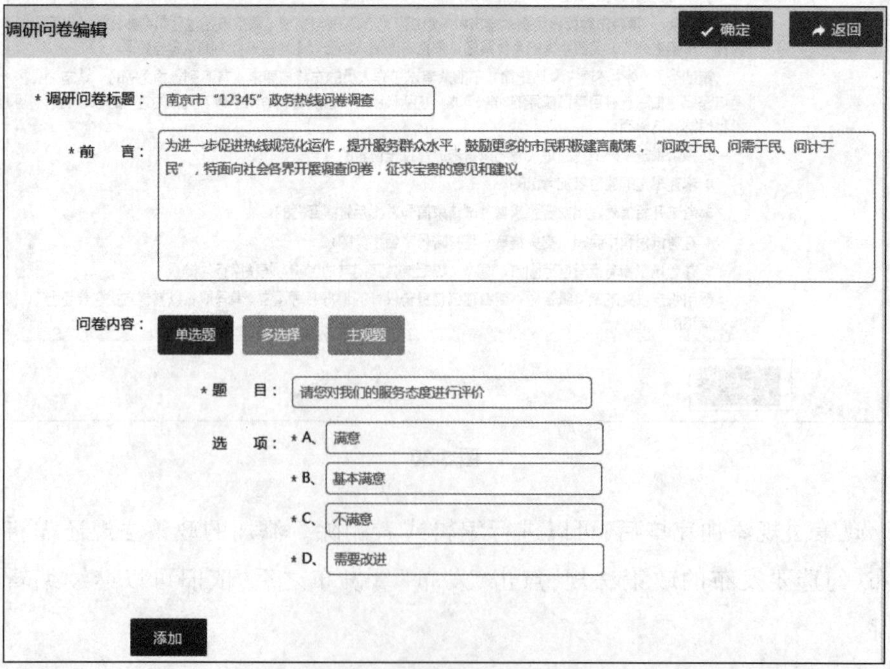

图 3-33

添加的调研问卷可以进行编辑或删除,点击"发布"可以发布问卷。已发布的问卷,依旧可以进行编辑或删除。

图 3-34

3. 窗口与网上单一部门行政事项申请与审批(行政部门/行政服务中心管理人员/个人、企业)

(1) 添加行政事项并进行发布

这里的行政部门以市监局为例。进入"市监局",选择"行政事项管理",点击"增加"。

图 3-35

编辑行政事项的基本信息,点击"确定"。

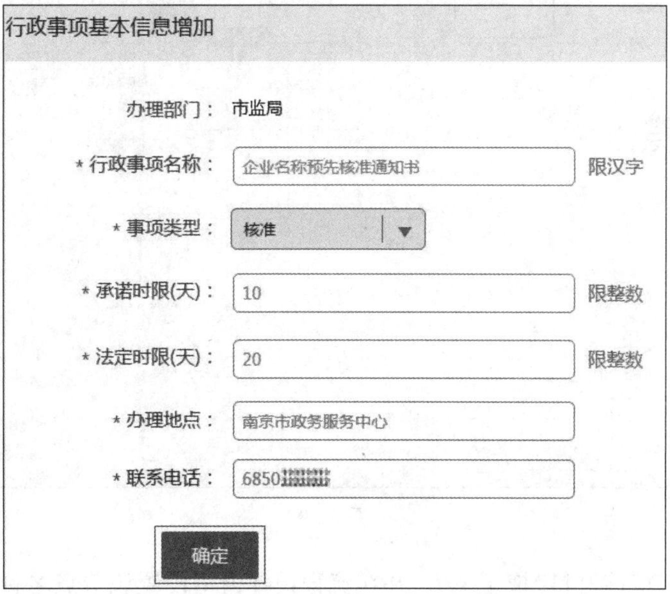

图 3-36

在添加的行政事项后,点击 ✎ 进行定义。

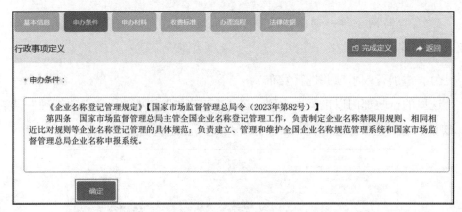

图 3-37

编辑该行政事项的申办条件、申办材料、收费标准、办理流程和法律依据。

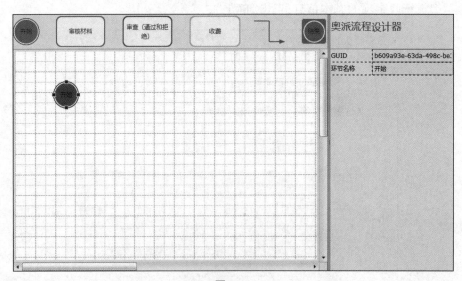

图 3-38

首先,流程必须从开始节点开始,将开始节点拖至下方。

图 3-39

继续将"审核材料"拖至下方,并在流程设计器中设置该节点名称、办理部门、办理时限,选择申办需要的材料与打印证件。按照实际办理流程,继续设计。

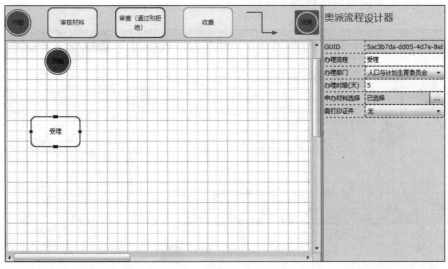

图 3-40

将"审查(通过和拒绝)"拖至下方,并在流程设计器中设置该节点信息。按照实际办理流程,继续设计。

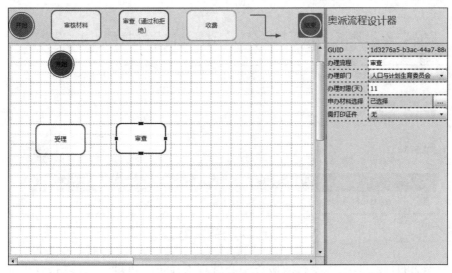

图 3-41

流程设定完毕后,必须从结束节点结束,将结束节点拖至下方。接着将连接线按顺序拖至下方,衔接各流程。最后,依次点击"保存""流程定义"与"完成定义"。

注：点击"保存"，保存的是所画流程图；点击"流程定义"，完成流程的设计；点击"完成定义"，完成对该行政事项的定义。

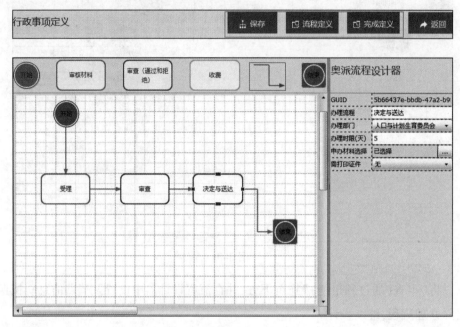

图 3-42

完成定义后，选择"行政事项提交"，勾选新增的行政事项，点击"提交"。

图 3-43

提交的行政事项，需要行政服务中心管理人员进行审批。选择"行政事项管理"，点击事项后的 📋 进行发布。

图 3-44

选择主题服务名称,点击"确定",即该事项发布成功。

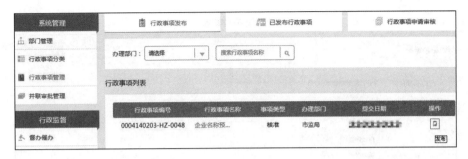

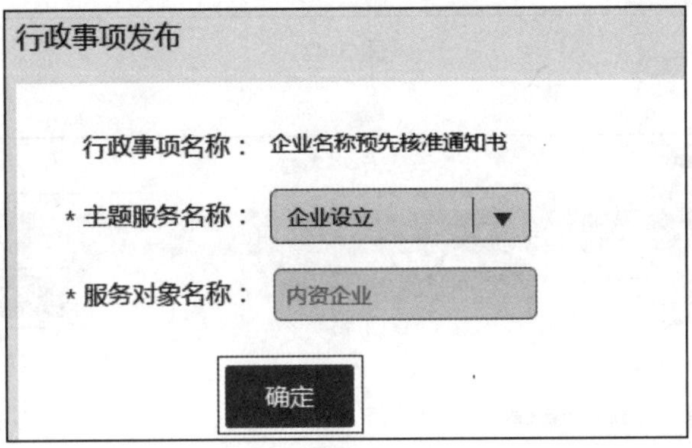

图 3-45

如果行政部门欲修改或删除该行政事项,可以提出修改申请。进入市监局,在"行政事项管理"中,选择"行政事项维护",点击事项后的 ▶ 进行申请。

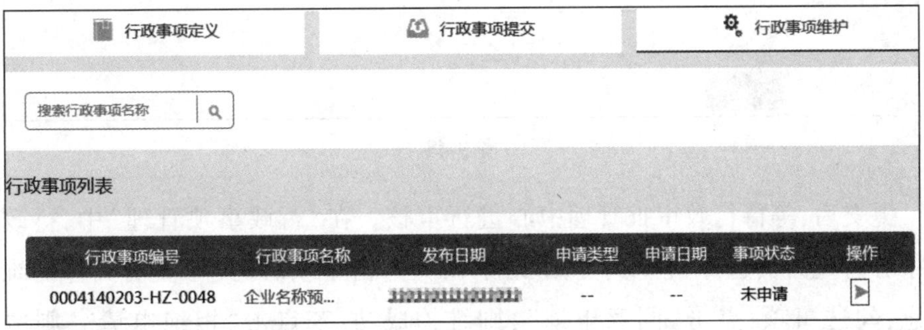

图 3-46

选择修改类别,填写修改原因,点击"确定"。

申请后,进行修改或删除的操作。如修改,则需确定修改内容并提交。

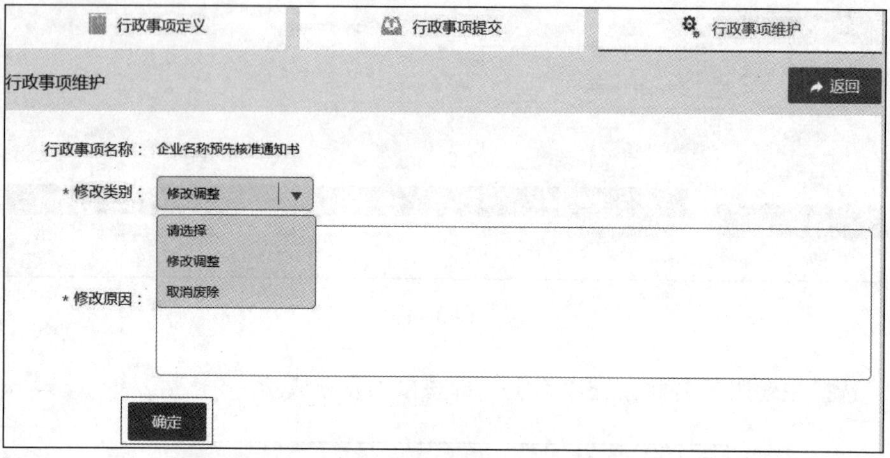

图 3-47

图 3-48

提交后,等待行政审批管理中心进行审核。在"行政事项管理"中,行政服务中心管理人员选择"行政事项申请审核",点击事项后的 ■ 查看具体的维护信息;勾选事项,点击"同意申请",则维护成功;若点击"拒绝申请",则驳回申请。

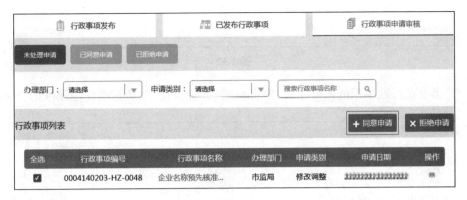

图 3-49

维护后的行政事项,需要重新发布。选择"行政事项发布",点击事项后的 📋 。

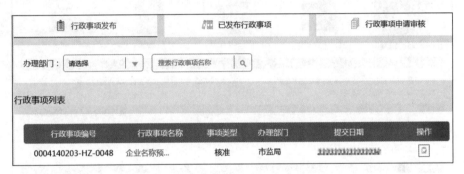

图 3-50

(2) 申请企业名称预先核准

用户欲在网上注册企业,切换个人/企业角色。在"在线受理"下,选择"企业—企业设立"。

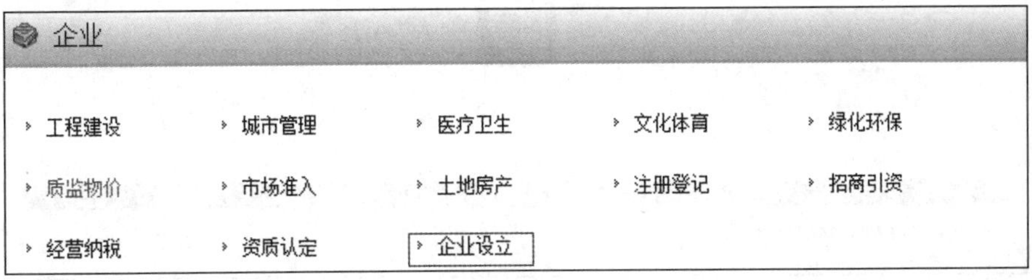

图 3-51

查看"企业名称预先核准"的办事指南。

图 3-52

了解该行政事项的申办条件、申办材料、办理流程、收费标准与法律依据。

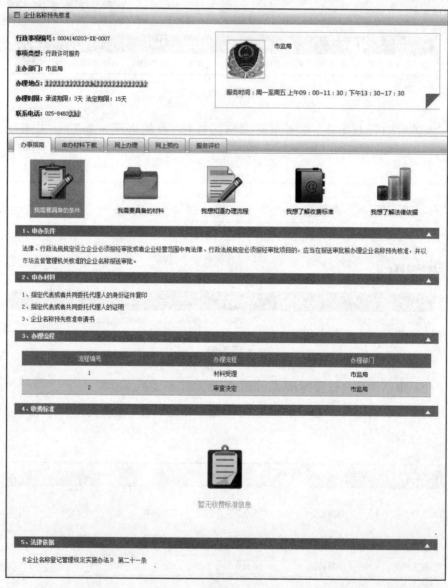

图 3-53

选择"申办材料下载",准备所有需要的材料,下载并填写指定代表或者共同委托代理人的证明、企业名称预先核准申请书。

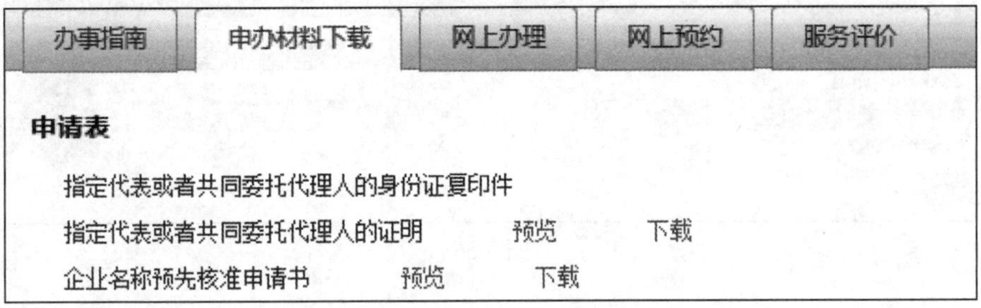

图 3-54

选择“网上办理”，填写申请信息，点击“保存”。

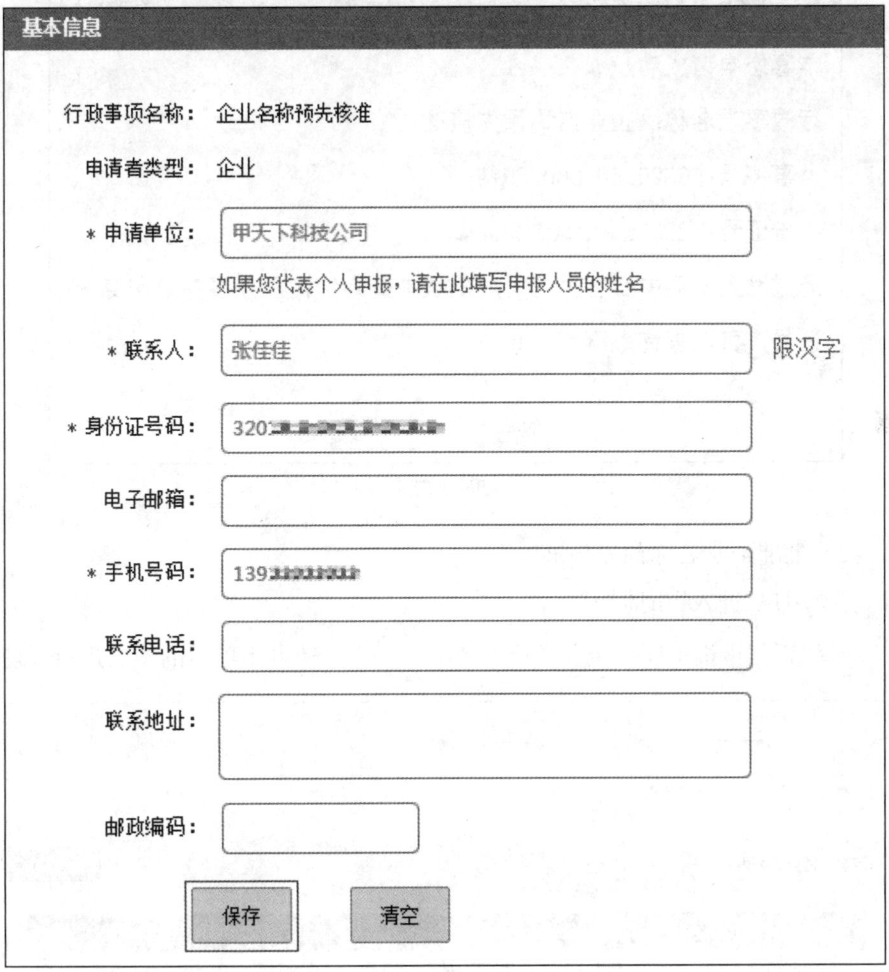

图 3-55

点击相应材料后的"上传",提交申办材料,全部上传后,点击"提交"。

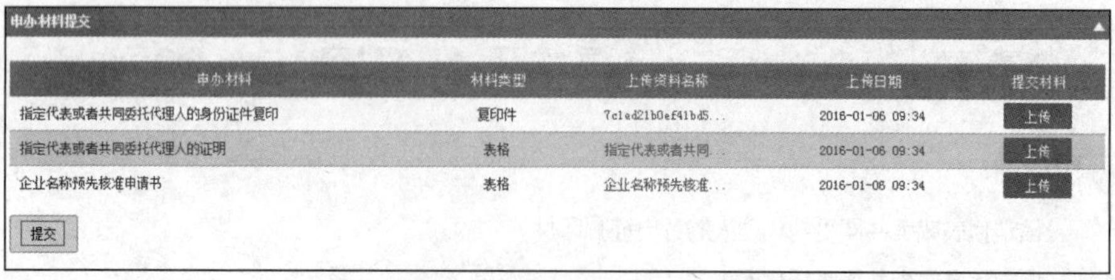

图 3-56

申请成功后,系统会给出办事序号,可以将其打印出来,方便之后查询办事状态。

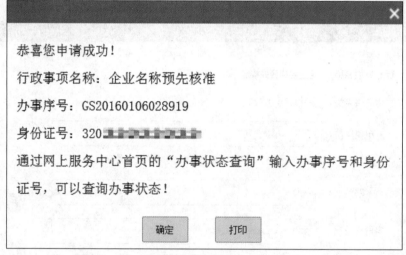

图 3-57

(3) 批准企业名称预先核准

切换用户,进入"市监局"。

选择"部门审批事项—企业事项—待办件",点击待办事项后的 ✎ ,进行处理。

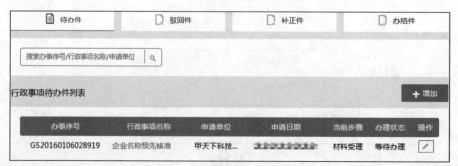

图 3-58

根据该事项的办理流程,逐步办理。

查看申请信息,点击申办材料名称,下载材料进行查阅,符合要求的选择"合格",全部合格后,点击"审核通过"。

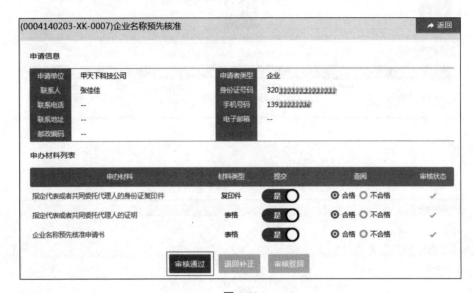

图 3-59

(4) 办理状态查询

申请人进入网上办事大厅,在"办事查询"中输入办事序号和身份证号,点击"查询"。

图 3-60

查看申请信息与审批结果。

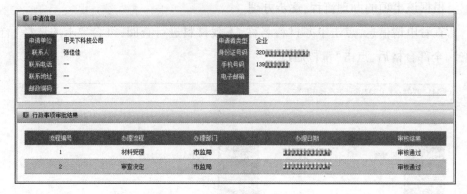

图 3-61

完成后,填写调研问卷,对服务质量进行评价。

图 3-62

点击"确定"后,进入该行政事项详情页面,可以查看对该行政事项的评价结果。

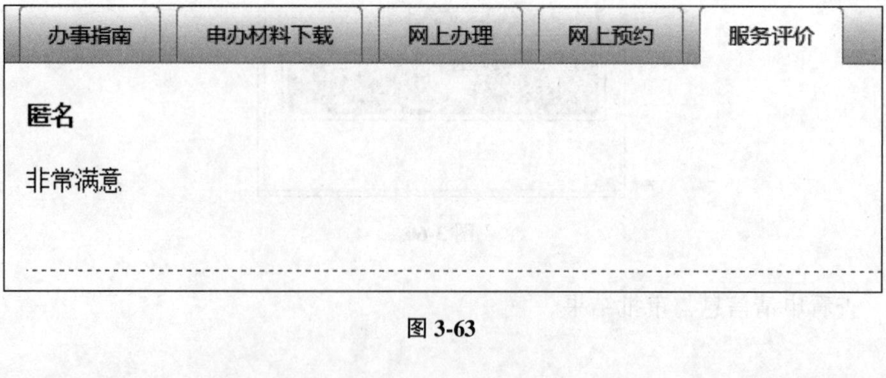

图 3-63

4. 窗口与网上并联审批事项申请与审批(行政部门/行政服务中心管理人员/个人、企业)

(1) 添加并联审批行政事项

进入"行政服务中心管理人员",选择"并联审批管理",在"并联审批定义"下点击"增加"。

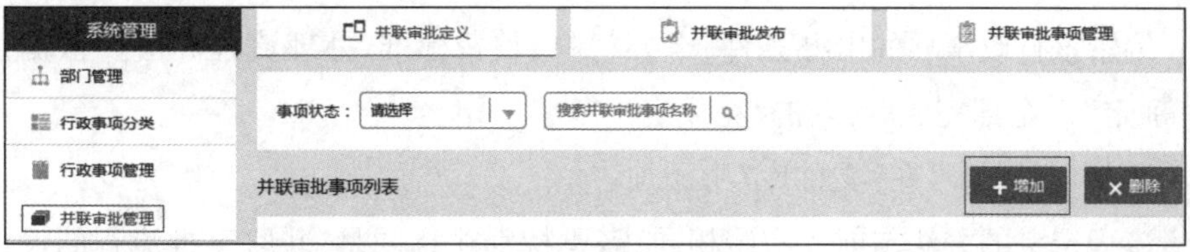

图 3-64

添加并联审批基本信息,点击"确定"。

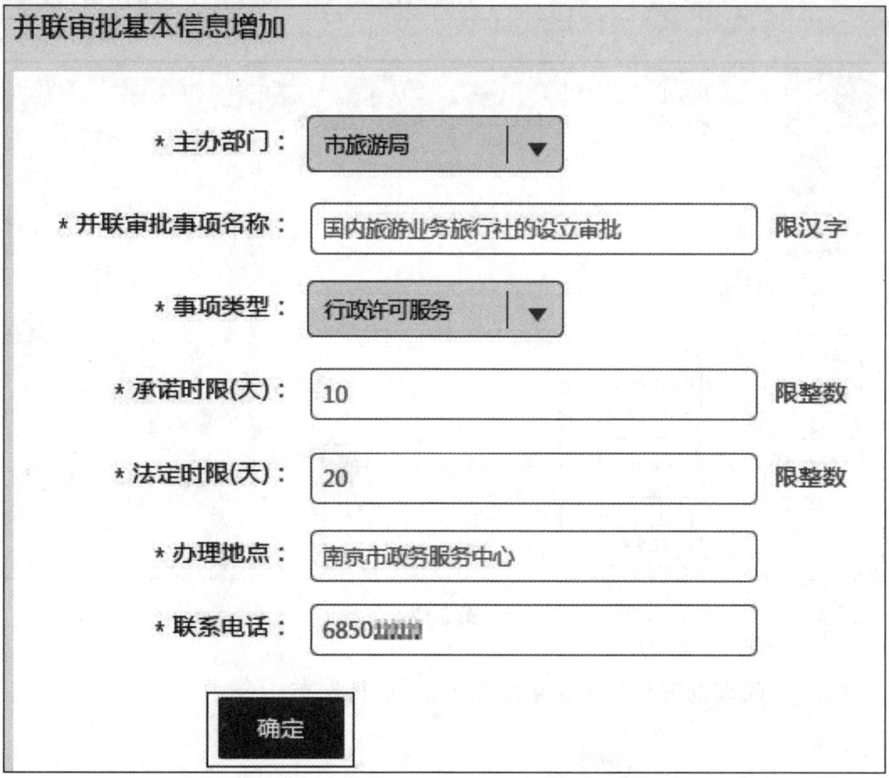

图 3-65

接下来,定义该行政审批事项。点击事项后的 ✎ 进行定义。

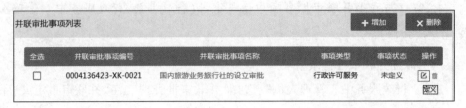

图 3-66

编辑该行政事项的申办条件、申办材料、收费标准、办理流程和法律依据,点击"确定"。全部完成后,点击"完成定义"。

注:申办材料可在"文件库"中添加。

流程定义的方法与前述实验相同,需要特别注意的是,并联审批流程的设计、每个步骤涉及的部门及材料的选择,每步只需选择所需要的材料。

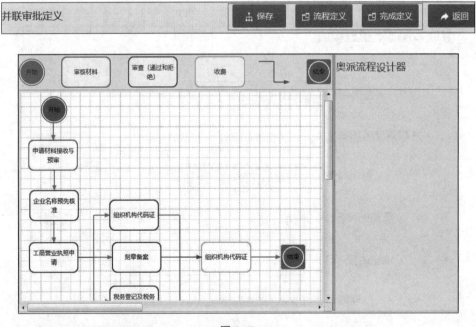

图 3-67

选择"并联审批发布",点击事项后的 进行发布。

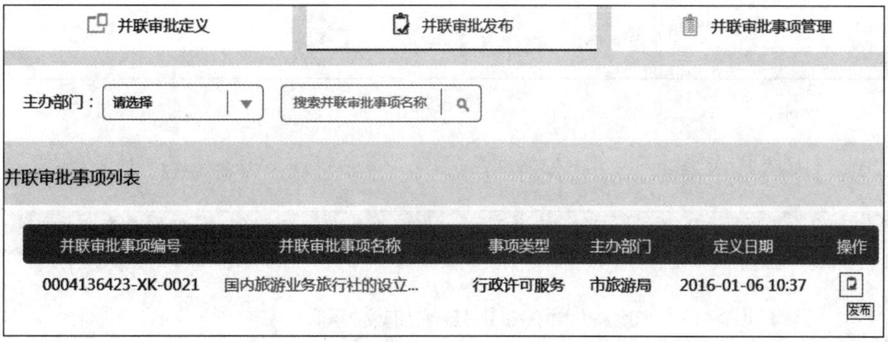

图 3-68

选择主题服务名称与服务对象名称,点击"确定"。

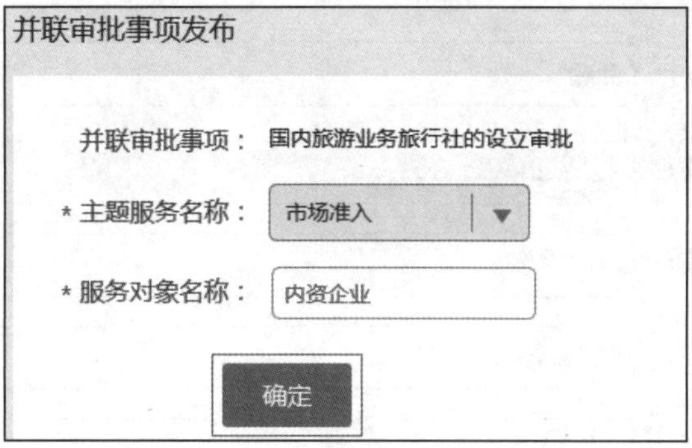

图 3-69

(2) 市场准入登记并联审批

切换个人/企业角色,进入网上服务中心,选择"企业—市场准入"。

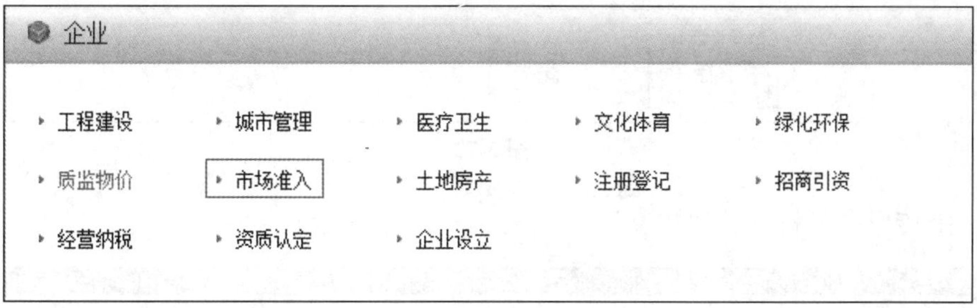

图 3-70

查看"国内旅游和入境旅游业务旅行社的设立审批"事项的办事指南,下载申办材料,点击"网上办理"进入申办流程。

144 | 智慧政府与治理创新:电子政务实验实训教程

图 3-71

填写申请基本信息,点击"保存"。

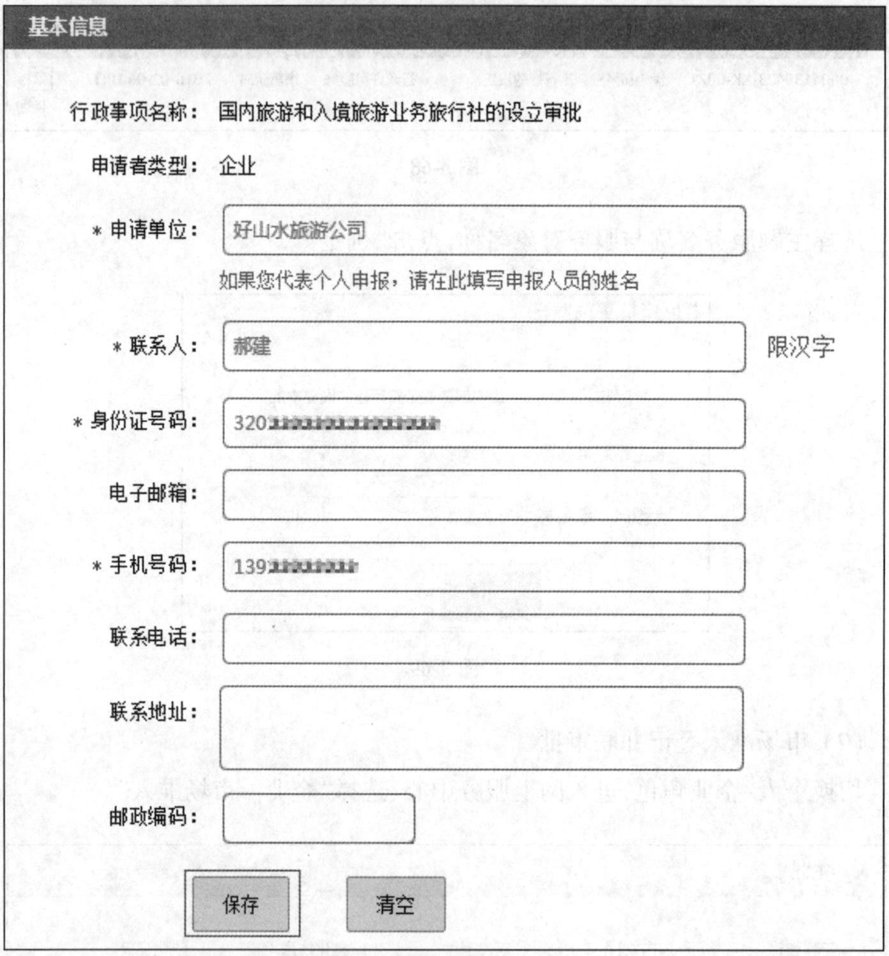

基本信息

行政事项名称: 国内旅游和入境旅游业务旅行社的设立审批

申请者类型: 企业

* 申请单位: 好山水旅游公司

如果您代表个人申报,请在此填写申报人员的姓名

* 联系人: 郝建   限汉字

* 身份证号码: 320▇▇▇▇▇▇▇▇▇▇▇

电子邮箱:

* 手机号码: 139▇▇▇▇▇▇▇▇

联系电话:

联系地址:

邮政编码:

[保存] [清空]

图 3-72

上传申办材料,点击"提交"。

申办材料	材料类型	上传资料名称	上传日期	提交材料
旅游申请书	表格	指定代表或者共同…	2016-01-06 10:47	上传

[提交]

图 3-73

申请成功后,记住办事序号,方便日后查看办事状态。

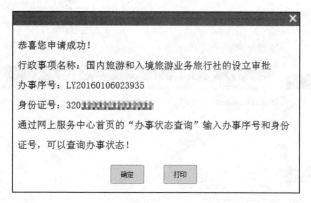

图 3-74

还可在网上提前预约进行柜台办理,选择"网上预约",仔细阅读注意事项,填写预约信息,点击"提交"。

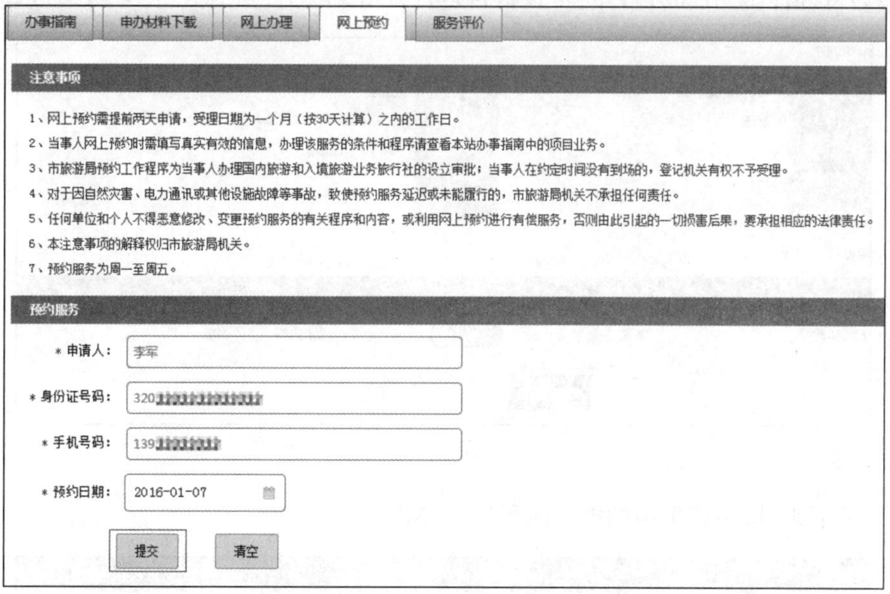

图 3-75

申请后,由行政服务中心管理人员进行材料接收。选择"并联审批服务—项目受理—待办件",点击待办事项后的 ✎ 进行处理。

图 3-76

若材料不全,管理员可以点击材料下方的"退回补正"。待企业将补正材料补全后,管理员在"补正件"中,点击事项后的"查看"。确定已接收补正材料后,点击"转为待办件"。在待办件中,审核材料是否合格,全部合格后点击"审核通过"。

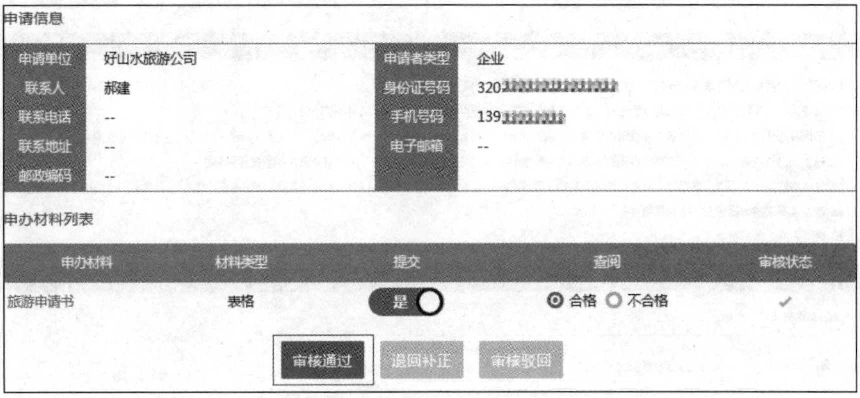

图 3-77

接下来,按照该事项的办理流程逐步办理。

流程编号	办理流程	办理部门
1	接收材料	行政审批管理中心
2	受理	市旅游局
3	审查	市工商局
4	审查	市旅游局
5	审核	市旅游局
6	决定	市旅游局
7	收费	市旅游局

图 3-78

最后，切换用户，进入质监局行政审批管理中心。在协办事项中，对组织机构代码证书进行收费，输入数目，点击"收费"。

图 3-79

打印收款单。

图 3-80

至此，该行政事项办理流程结束。

进入网上办事大厅，可以输入办事序号和身份证号，查看办理状态。

流程编号	办理流程	办理部门	办理日期	审核结果
1	接收材料	行政审批管理中心	2016-01-06 10:57	审核通过
2	受理	市旅游局	2016-01-06 11:00	审核通过
3	审查	市工商局	2016-01-06 11:07	审核通过
4	审查	市旅游局	2016-01-06 11:12	审核通过
5	审核	市旅游局	2016-01-06 11:12	审核通过
6	决定	市旅游局	2016-01-06 11:12	审核通过
7	收费	市旅游局	2016-01-06 11:13	收费

图 3-81

接下来,对服务质量进行评价。

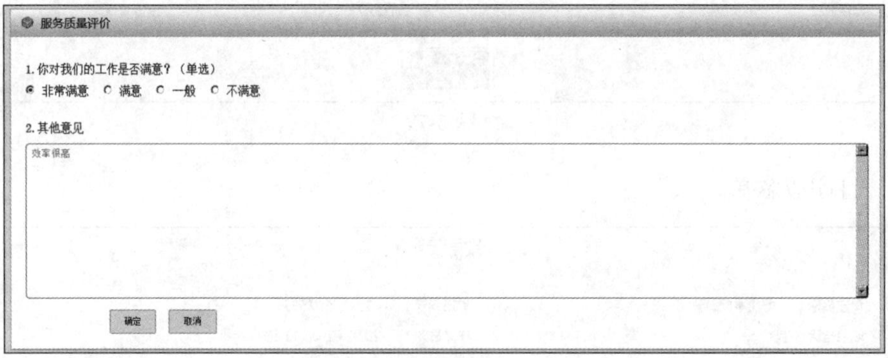

图 3-82

在行政事项的办理过程中,行政服务中心管理人员可以对各行政部门正在办理的行政事项进行督办催办信息的提醒,以达到监督的作用。

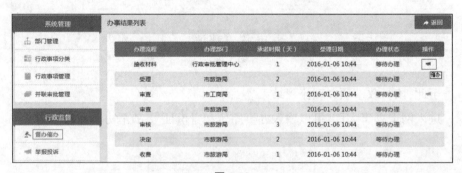

图 3-83

5. 手机端

(1) 个人/企业

① 政策法规

选择"个人/企业"角色进入系统,在"政策法规"中,可查看相关政策法规详情。

第 3 章　智慧政府建设的流程再造

图 3-84

② 办事指南

在"办事指南"中，可查看个人和企业相关事项的办理指南。

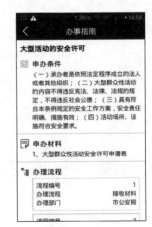

图 3-85

③ 在线预约

在"在线预约"中,可预约事项办理。选择需要办理的事项,填写在线预约信息并选择办理时间,点击"确定"即可。

图 3-86

④ 办事查询

在"办事查询"中,输入办事序号与身份证号码,即可查询办理状态,下拉到页面最下方,可以对服务质量进行评价,评价后点击"确定"。

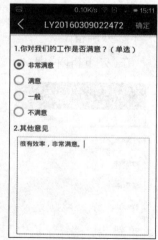

图 3-87

⑤ 在线咨询

在"在线咨询"中,点击页面底部的"我要咨询",可以编辑咨询信息并提交。

图 3-88

当行政服务中心管理人员回复了该咨询后,个人登录手机端,可在"已回复"中看到该回复信息。

图 3-89

⑥ 在线投诉

在线投诉操作方式同在线咨询,这里不再赘述。

⑦ 我的消息

在"我的消息"中，可以收到事项办理的相关通知消息。点击消息页面右上角的"删除"，可以勾选消息进行删除。

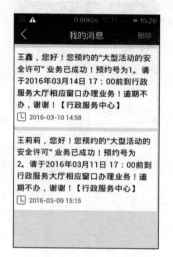

图 3-90

（2）部门审批管理

① 个人事项/企业事项

在"个人事项/企业事项"中，可以进行待办件和补正件的办理。查看提交的材料是否合格，若全部合格，点击"审核通过"；若有不合格的材料，则予以驳回；若材料提交不完整，则将其退回补正。

图 3-91

在"个人事项/企业事项—补正件"中,审核补正材料。缺失的材料重新提交后,办理人员可将其转为待办件。

图 3-92

② 主办事项

行政部门在"主办事项"中,办理其作为主办部门的并联审批事项。

图 3-93

③ 协办事项

行政部门在"协办事项"中,办理其作为协办部门的并联审批事项。

图 3-94

④ 催办信息

在"催办信息"中查看未处理的催办事项,点击进入处理。

图 3-95

催办事项办理完成后,在"已处理"中可进行查看。

图 3-96

⑤ 投诉信息

在"投诉信息"中,可查看投诉并进行处理。

图 3-97

⑥ 预约信息

在"预约信息"中,查看个人/企业进行的预约。

图 3-98

⑦ 我的消息

在"我的消息"中,可以收到相关通知消息。点击消息页面右上角的"删除",可以勾选消息进行删除。

图 3-99

第 4 章

智慧政府办公信息系统

> 随着互联网特别是移动互联网发展,社会治理模式正在从单向管理转向双向互动,从线下转向线上线下融合,从单纯的政府监管向更加注重社会协同治理转变。我们要深刻认识互联网在国家管理和社会治理中的作用,以推行电子政务、建设新型智慧城市等为抓手,以数据集中和共享为途径,建设全国一体化的国家大数据中心,推进技术融合、业务融合、数据融合,实现跨层级、跨地域、跨系统、跨部门、跨业务的协同管理和服务。要强化互联网思维,利用互联网扁平化、交互式、快捷性优势,推进政府决策科学化、社会治理精准化、公共服务高效化,用信息化手段更好感知社会态势、畅通沟通渠道、辅助决策施政。
>
> ——习近平 2016 年 10 月 9 日在十八届中央政治局第三十六次集体学习时的讲话

要牢记党的根本宗旨,坚持民有所呼、我有所应,把群众大大小小的事情办好。要推动城市治理的重心和配套资源向街道社区下沉,聚焦基层党建、城市管理、社区治理和公共服务等主责主业,整合审批、服务、执法等方面力量,面向区域内群众开展服务。要推进服务办理便捷化,优化办事流程,减少办理环节,加快政务信息系统资源整合共享。要推进服务供给精细化,找准服务群众的切入点和着力点,对接群众需求实施服务供给侧改革,办好一件件民生实事。

——习近平2019年11月2日至3日
在上海考察时的讲话

当今世界,新一轮科技革命和产业变革蓬勃兴起,数字技术快速发展。《中华人民共和国国民经济和社会发展第十四个五年规划和2035年远景目标纲要》提出"将数字技术广泛应用于政府管理服务,推动政府治理流程再造和模式优化,不断提高决策科学性和服务效率",具体包括加强公共数据开放共享、推动政务信息化共建共用、提高数字化政务服务效能。[1] 智慧政府建设首先要实现机关自身管理的数字化转型,结合政府在信息化建设及政务数据资源共享方面的工作要求,开展"数字经信"建设,彻底解决数据共享难、业务协同难等问题。智慧政府信息系统应从早期以数据处理为中心的办公自动化逐步发展为一体化协同办公平台。

4.1 政府办公信息系统的建设历程

正如本书导论所述,智慧政府是电子政务发展的高级阶段,在政府数字化、智能化改革进程中是从电子政务早期办公自动化阶段逐步渐进发展而来,并不是跳跃式发展。长期以来,大量政府办公信息系统软件缺乏有效的信息系统管理方法和手段,且是各地各部门分散开发建设,导致信息系统之间缺乏协同和互联互通,重复建设和碎片化、垂直化、信息孤岛等问题比较突出。即便如此,上述软件在政府管理实践中仍然发挥着重要作用。

4.1.1 早期政府办公信息系统

早期以数据处理为中心的政府办公信息系统的发展大体可以分为四个时期。

1. 单机版时期

利用电子设备辅助单人的办公业务,计算机、复印机等信息设备之间没有直接的连接。信息的制作和传递媒介以纸介质为主。

2. 局域网时期

局域网和数据库的出现,促使办公自动化从个人走向群体、从分散走向集中。

---

[1] 资料来源:https://www.gov.cn/xinwen/2021-03/13/content_5592681.htm,2023年9月17日访问。

信息系统通过物理媒介直接连接起来。这个阶段提出了"无纸化"的概念，主要使用内容管理系统搭建了内部工作网站，实现通知、公告、工作动态、统计数据、公文发布、查询和集中展示。这一阶段主要使用的是Office、WPS等办公应用软件，实现文档写作和统计数据的电子化和数字化。

3. 互联网时期

办公自动化系统与互联网连接起来。组织成员可以在任何时间、任何地点进入系统完成办公业务。采用以网站+各类应用为中心的办公模式，在依托内部工作网站的基础之上，建设了公文交换、档案管理、会议管理、设备维护、电子邮件等各类应用系统。

4. 高级办公自动化时期

在这个时期，政府办公信息系统开始向更高级的办公自动化和网络化方向发展，出现了集成的办公自动化系统，这些系统不仅包括数据处理，还包括文本处理、电子邮件服务、文档管理和视频会议等功能。互联网和内联网技术的深度应用使得政府信息更加开放，提高了政府工作的透明度和公众的参与度。

从一般意义上看，早期政府办公信息系统是适用于支持政府部门进行公共管理和提供公共服务的管理信息系统。与企业管理信息系统一样，政府办公信息系统一开始主要是为政府部门内部管理的操作控制服务的，主要满足部门内部的日常行政办公需要。随着技术的进步，这些系统逐步从单机版发展成网络版，从简单的文字编辑发展到综合的信息资源管理，从只能传输文本信息发展到支持多媒体的应用。这些引人注目的变化引起了政府办公模式的革命。政府内部办公信息系统的基本结构，主要是为内部业务的信息处理、汇总、流转、存储、输入输出提供系统化的支持，具体与各个部门的业务相关，需要按照各种业务的具体内容和流程来设计。

早期政府办公信息系统开发的原则主要有：(1) 操作方便。系统本身记录了用户信息，保留了用户的历史处理细节、业务办理环节等。用户登录后可直接通过待办事项继续办理之前未办结的业务。(2) 界面友好。友好的用户界面会给人一种亲切的感觉，减少用户工作时沉闷的感觉。(3) 易于维护和扩展。系统分三层结构，由下到上依次为数据库、业务逻辑层和前台界面。整体设计应使系统的维护与扩展变得更加容易。

早期政府办公信息系统帮助政府机关实现了业务系统化、自动化办理，但在实际使用过程中仍然存在一些问题。①

（1）各业务系统条块分割，彼此独立，业务不能互通，数据无法共享，工作人员在办理业务过程中存在多次重复填报的情况。

（2）协同办公系统部分功能不能满足实际办文、办会的需要，对于比较专业的应用和个性化的功能需求，需要进行定制开发。

（3）移动端刚刚尝试投入应用，但应用的广度和深度还不够，并且在功能上还有待继续优化和完善。在某些特殊场景下远程办公、移动办公成为机关办公的重要手段，视频会议、视频电话、即时通信、移动审批、移动信息展示等需求大增，极大制约了机关办公效率和服务管理效能。

此外，我国电子政务发展水平存在着较大的地区差异，一方面我们绝不能忽视日益扩大的"数字鸿沟"，应当促进和加强区域之间的经验交流；但另一方面，政府办公信息系统建设不能搞"一刀切"，要与当地的经济和社会发展水平相适应。

4.1.2 智慧政府办公信息系统

为进一步贯彻落实《政务信息系统整合共享实施方案》《"十四五"国家信息化规划》的有关精神，在充分利用原有电子政务工作应用成果的基础上，政府机关按照"统一标准、统一架构和统一技术路线"的原则，在技术安全自主可控的基础上，依托5G、云计算、大数据、人工智能、区块链等新一代信息技术，对原有办公自动化（OA）系统、公文交换系统、会务管理系统和电子邮件系统等进行改造，目标是将机关内部分散的、独立的信息系统整合为一个互联互通、业务协同、信息共享的一体化协同办公平台（以下简称"协同办公平台"），具备办公基础应用、系统集成、移动应用和创新业务定制等功能，提升机关办公效率和履职服务能力，以期最终达成数字化、智能化转型。

随着时间的推移，政府办公信息系统继续发展，现在已经进入了以云计算、大数据、人工智能等技术为特征的智慧政府阶段。在此阶段，政府办公信息系统更加注重跨部门的协作、公共服务的便捷化以及政府决策的数据驱动。

1. 总体需求

（1）消除信息孤岛和数据壁垒，将OA系统作为机关内部办公的统一入口，集成会议系统、邮件系统和公文交换系统等业务系统，实现跨时间、跨部门、跨地域

---

① 参见文敏、杨剑、李佳：《浅析一体化协同办公平台在数字政务中的应用》，载《数字通信世界》2023年第1期。

的业务办理和数据共享。

（2）需要具有平台化的特征，提供各种标准的组件、接口和服务，提高系统的可扩展性。提供零代码或低代码开发方式，可以通过拖拉拽或少量代码开发的方式，像搭积木一样，快速搭建各种业务应用。

（3）需要打破时空及地域限制，实现无纸化办公、远程办公、异地办公。

（4）需要构建具有音视频会议、即时通信、移动业务审批、移动信息展示等功能的移动政务平台。

（5）要将原有OA系统的历史数据完全迁移到新系统。数据迁移要保证数据的完整性、安全性、连续性和有效性。

2. 建设内容

在技术安全自主可控的基础上，采用主流的技术路线升级现有应用支撑平台，使其适配国产化环境。在应用支撑平台的基础上建设移动政务平台、协同办公平台和公文交换中心、智能化数字会议系统，并完成OA系统历史数据迁移。

（1）建设移动政务平台，实现掌上即时通信、工作沟通、移动审批、音视频会议等功能，支持应用系统移动端接入。

（2）建设协同办公平台，实现协同赋能，融合公文处理、会议管理、督查督办等业务，打通公文管理、会议管理和督查督办模块，实现办文办事办会闭环管理。满足应用管控，实现在线资产管理、用车管理、请销假管理等内部管理，高效处理机关内部业务工作。

（3）建设公文交换中心，突破原有的系统限制和地域限制，实现各级政府机关的公文交换。

（4）建设智能化数字会议系统，实现会议的全流程线上管理，形成独立、完善、可追溯的会议管理系统，提升会议效率。

（5）实现原有OA系统到新系统的数据迁移。

3. 总体架构

在现代信息技术架构中，平台的分层设计是一种常见的做法，它将系统分为前端、中端和后端，以实现不同功能和需求的分离。其中，前端（用户界面层）主要负责展示用户界面（UI），提供用户交互的界面，包括各种门户网站、移动应用程序、桌面应用程序等，它们是用户直接接触和操作的部分；中端（业务逻辑层/中间件层）是平台的核心，处理业务逻辑、服务编排和服务集成，包括低代码开发平台、连接中台、数据中台;后端(数据处理层/服务层)负责处理数据存储、计算和业务逻辑的实现,是以低代码业务流程管理(Low-Code Business Process Management,LBPM)为核心的开发平台,提供数据库管理、数据交互、数据加密、数据备份和恢复等服务。

平台构建以展现层、应用系统层、应用支撑层、数据资源层、基础设施层为核心的系统架构,并通过系统安全与运行保障体系保证整个平台安全、可靠、持续地运行。[1]

(1) 展现层:提供系统与用户交互的各种页面,比如党建门户、业务门户、领导门户、移动门户等。支持国产化安全终端访问,具备多终端自适应能力。

(2) 应用系统层:基于应用支撑层构建,实现各种业务功能。协同办公平台与公文交换系统、电子签章系统、智能化数字会议系统集成,实现安全、合规的发文、收文、归档、会议管理等。

(3) 应用支撑层:面向应用开发,以统一的协议/标准提供接口、组件等公共服务。应用支撑层可以分为两层:底层是抽象出来的各种共性和架构级的组件服务,如元数据管理、安全服务、集群服务、事务管理;在这些服务基础之上的是核心服务层,如流程引擎、表单引擎、数据引擎、搜索引擎等,以及专项业务服务,如时间日程、消息动态、知识管理、即时通信等。

(4) 数据资源层:负责数据采集、存储和分析,提供各种数据交互和数据处理服务,实现数据资源和信息交换。

(5) 基础设施层:指基础硬件设施和软件设施,其中硬件设施包括各种各样的服务器、存储设备、网络设备、安全设备,提供计算、存储、网络资源,支持国产基础设备;软件设施包括操作系统、中间件、数据库、流版签等基础软件。

4.2 智慧政府办公信息系统模拟实验

【本节演示的教学软件采用 B/S 架构,软件程序安装在服务器端,学生端打开浏览器访问即可使用软件,软件访问地址与免费试用账号申请可发送至 **207455@nau.edu.cn**】

智慧政府办公信息系统是现代政府机构数字化转型的重要组成部分。它以

---

[1] 参见文敏、杨剑、李佳:《浅析一体化协同办公平台在数字政务中的应用》,载《数字通信世界》2023年第1期。

数据为驱动,通过整合和协同办公,提高政府的管理效率和服务水平。随着技术的不断进步和创新,将在未来发挥更加重要的作用,为政府机构提供更加智能化和高效的管理解决方案。

智慧政府办公信息系统具有以下几个特点:

(1)综合性。智慧政府办公信息系统涵盖了政府机构的各个方面,包括行政管理、人力资源、财务、公共安全等。它能够满足政府机构在不同领域的需求,实现全面管理和服务。

(2)数据化。智慧政府办公信息系统以数据为核心,通过数字化技术收集、存储和分析各种政务数据。这些数据可以帮助政府机构进行决策分析、资源调配和政策制定,提高决策的科学性和准确性。

(3)协同办公。智慧政府办公信息系统打破了政府机构内部信息孤岛的局面,实现了信息的共享和协同办公。各个部门之间可以实时交流和协作,提高工作效率和协同能力。

(4)安全性。智慧政府办公信息系统注重数据的安全性和隐私保护。它采用多层次的安全机制,包括身份认证、数据加密和权限控制等,确保政府数据不被非法获取和滥用。

智慧政府办公信息系统在政府机构中发挥着重要的作用,具体体现在以下几个方面:

(1)提高管理效率。智慧政府办公信息系统通过自动化和数字化的方式,简化政府机构的日常管理流程,减少人力和时间成本。政府工作人员可以通过该系统快速处理和跟踪各类事务,提高工作效率和管理水平。

(2)加强政务服务。智慧政府办公信息系统提供了便捷的电子服务渠道,使公民和企业可以通过互联网进行政务办理,避免了烦琐的线下排队和办理手续。政府机构可以通过该系统提供更加高效和个性化的服务,提升公众满意度和信任度。

(3)优化资源配置。智慧政府办公信息系统通过数据分析和决策支持功能,帮助政府机构进行资源调配和政策制定。政府可以根据数据的指导,合理配置资源,提高资源利用效率和社会效益。

(4)加强监督和透明度。智慧政府办公信息系统可以实现政务数据的全面收集和监控,提高政府机构的监督能力和透明度。公众可以通过该系统了解政府的工作进展和决策依据,促进政府与公众之间的互动和信任。

奥派移动政务创新平台以建立一个"多学科、跨专业、完整性、实践性、创新性"的公共管理综合实验平台为总体指导思想,将智慧政府、移动政务等公共管理新理念融入实验室构建,旨在培养高素质、高层次的政府公共管理人才,适应学科现代化建设需要,有效服务于"互联网+"时代的社会治理。在教学过程中,平台在夯实学生基本技能的基础上强调"服务型政府"和"以民为本"的意识。当学生在实验室中通过教学软件和硬件设备体验政府公务员的办公流程时,反思当代电子政务时代向移动政务转变,甚至在创建智慧政府时需要作出的改变和创新,从而促进学生将来在政府办公中提高绩效和更好地为民服务。

4.2.1 智慧政府办公信息系统模拟实验准备

1. 数据管理

选择"数据管理",系统提供了包括政府移动办公案例管理、实验报告、系统数据、课程管理和学习指导的基础数据。教师也可另行添加。

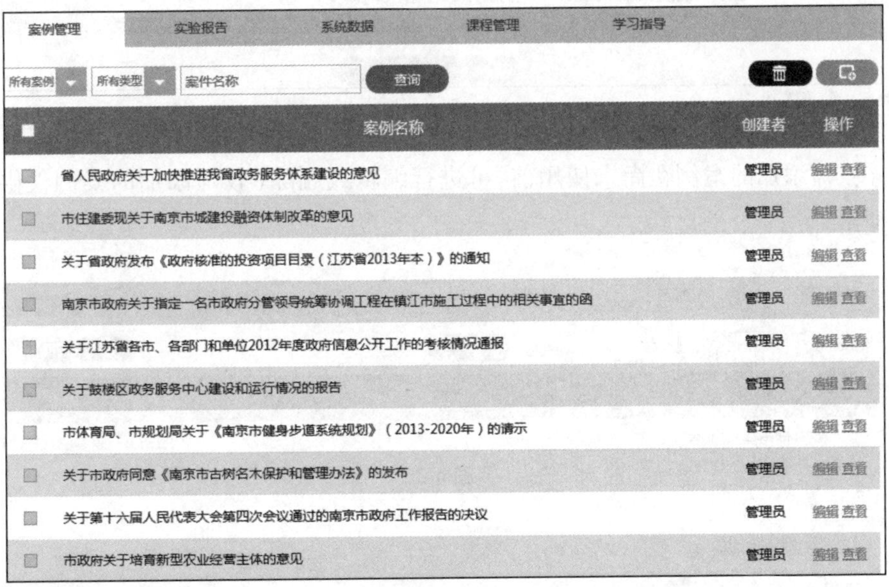

图 4-1

2. 案例管理

点击 创建案例。编辑案例信息，选择案件类型、涉及角色、考核内容、监控模块等，点击"确定"。

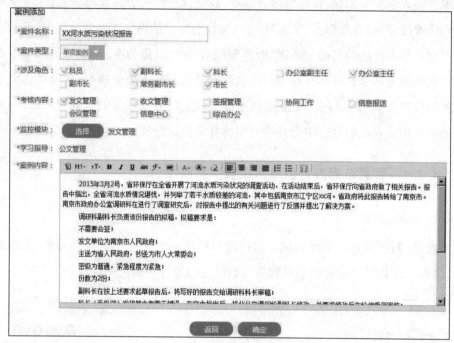

图 4-2

教师添加的案例在尚未使用前，可进行编辑或删除（教师添加的案例仅供个人使用）。

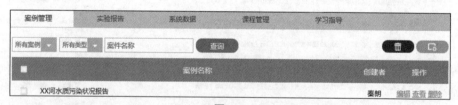

图 4-3

3. 系统数据

查看系统提供的基础数据，教师也可自行添加。

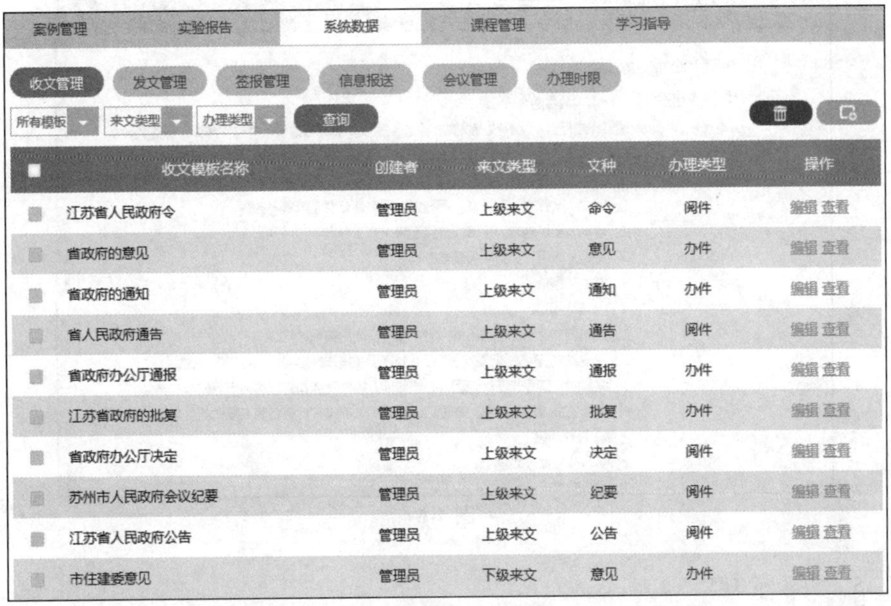

收文模板名称	创建者	来文类型	文种	办理类型	操作
江苏省人民政府令	管理员	上级来文	命令	阅件	编辑 查看
省政府的意见	管理员	上级来文	意见	办件	编辑 查看
省政府的通知	管理员	上级来文	通知	办件	编辑 查看
省人民政府通告	管理员	上级来文	通告	阅件	编辑 查看
省政府办公厅通报	管理员	上级来文	通报	办件	编辑 查看
江苏省政府的批复	管理员	上级来文	批复	办件	编辑 查看
省政府办公厅决定	管理员	上级来文	决定	阅件	编辑 查看
苏州市人民政府会议纪要	管理员	上级来文	纪要	阅件	编辑 查看
江苏省人民政府公告	管理员	上级来文	公告	阅件	编辑 查看
市住建委意见	管理员	下级来文	意见	办件	编辑 查看

图 4-4

4. 学习指导

系统提供智慧政府办公信息系统相关学习指导。

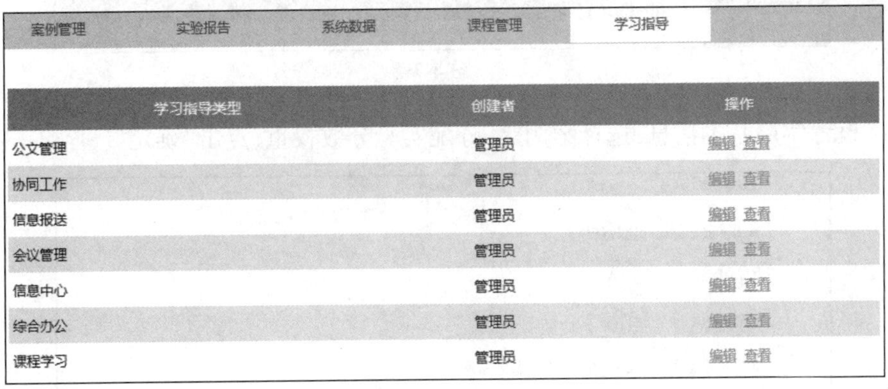

学习指导类型	创建者	操作
公文管理	管理员	编辑 查看
协同工作	管理员	编辑 查看
信息报送	管理员	编辑 查看
会议管理	管理员	编辑 查看
信息中心	管理员	编辑 查看
综合办公	管理员	编辑 查看
课程学习	管理员	编辑 查看

图 4-5

教师查看学习指导。

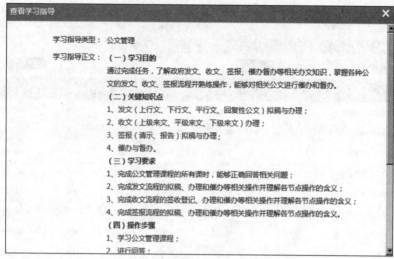

图 4-6

5. 实验管理

选择"实验管理",在具体的模块下点击 可以创建实验。

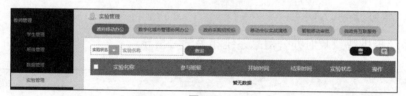

图 4-7

设置实验基本信息,选择案例等,分配实验分数权重,点击"确定"。

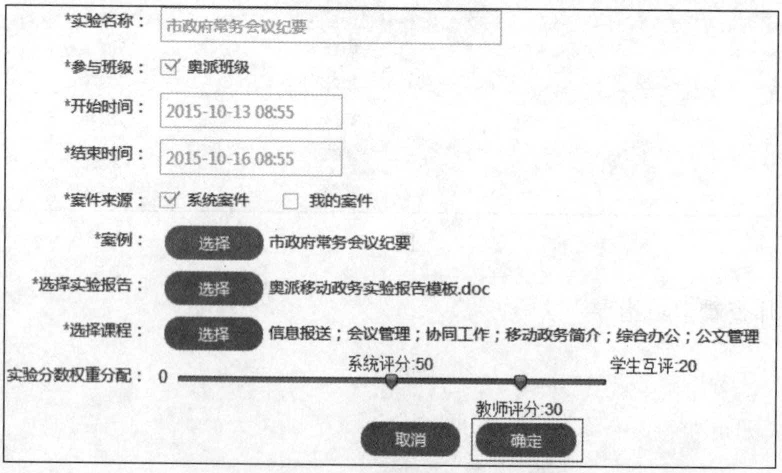

图 4-8

6. 课程问答

在"课程问答"中点击课程,可查看该课程下的问答情况。

图 4-9

4.2.2 智慧政府办公信息系统模拟实验实训

1. 单人练习

学生进入系统,可先进行练习。在"任务广场"选择任务模块,点击进入。

学生进入每个模块下的任务,完成任务步骤将会获得相应积分,页面右侧显示积分排行。积分不同,学生的等级也不同。

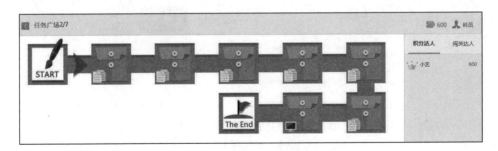

图 4-10

点击任务图标,显示该任务名称、操作要求以及可获积分。学生按操作要求完成任务即可获得相应积分。

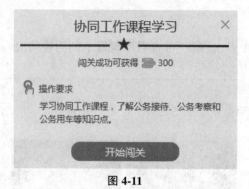

图 4-11

在学习课程的过程中,可以发布笔记及问答。

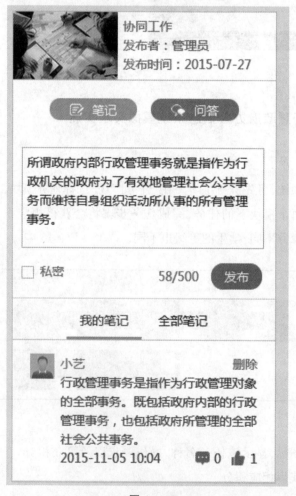

图 4-12

点击课程下的"学过了",完成任务。

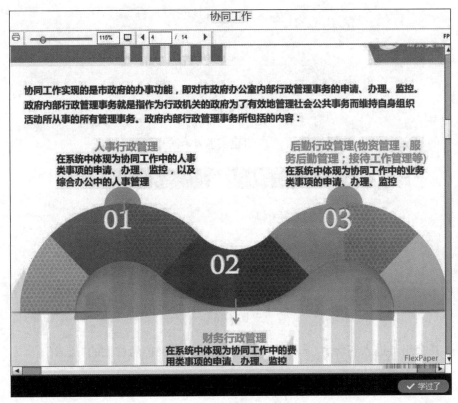

图 4-13

2. 实验创建

进入政府移动办公室实验。

图 4-14

点击"创建实验小组"。

图 4-15

创建实验小组,选择岗位角色。创建实验小组的即为组长。

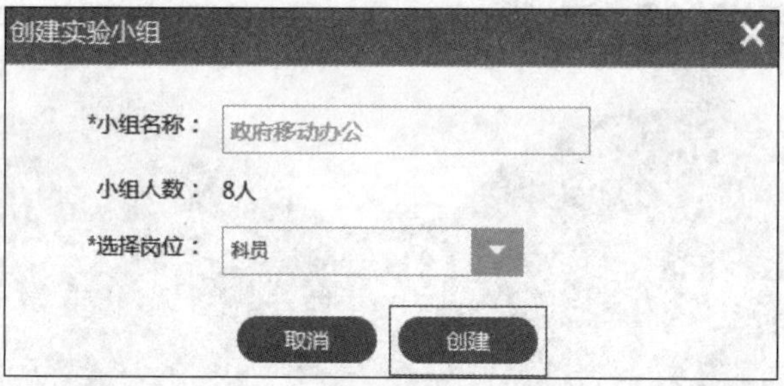

图 4-16

其余组员进入实验后,选择相应的角色,并点击岗位名称上的"进入"。

图 4-17

如果小组成员少于岗位数量,组长可点击"自动配置剩余岗位",分配其余岗位。

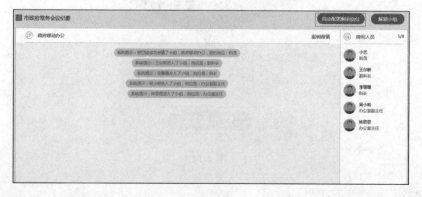

图 4-18

配置后岗位分布如下：

图 4-19

岗位分配完成后，小组成员可查看案例背景。在对话框中成员可以即时交流。点击"开始实验"，正式进入实验。

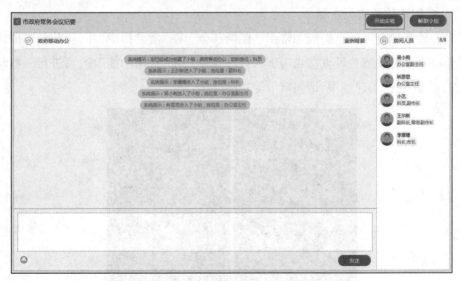

图 4-20

查看实验案例，点击下方的"进入实验"。

图 4-21

- 实验软件首页左侧

左侧菜单分为消息提醒和常用功能两部分。在"消息提醒"中,可收到当前角色待办事项的提醒。可直接点击进入处理流程。在"常用功能"中,可进行一些常用的新建发文、新建签报、请假申请等功能操作。

图 4-22

第 4 章 智慧政府办公信息系统 | 175

- **实验软件首页右侧**

点击页面右侧的 可查看相关课程的学习指导,包括学习目的、关键知识点、学习要求、操作步骤以及学习效果。

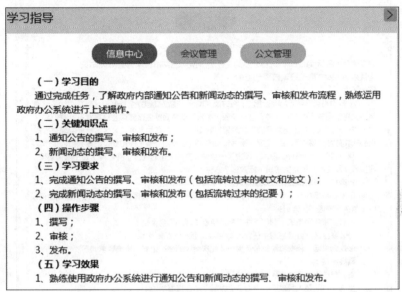

图 4-23

实验内容完成后点击 ,进入学生互评,为每个实验成员打分。

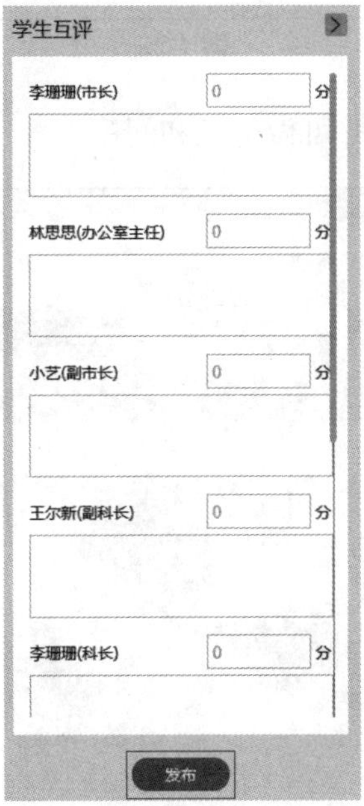

图 4-24

点击 ![icon]，学生可查看了解本案例的涉及角色、考核内容、案例正文、实验流程等。

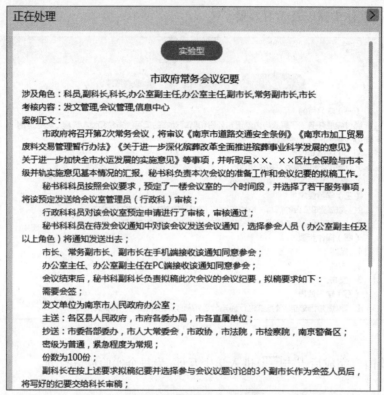

图 4-25

点击 ![icon]，查看课程 PPT，并可做笔记和问答。

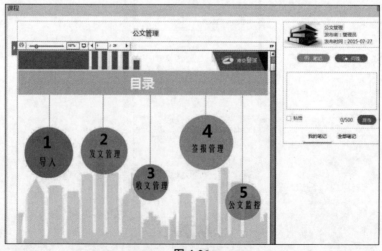

图 4-26

第 4 章　智慧政府办公信息系统

点击 ![icon],在此上传所扮演角色的实验报告。

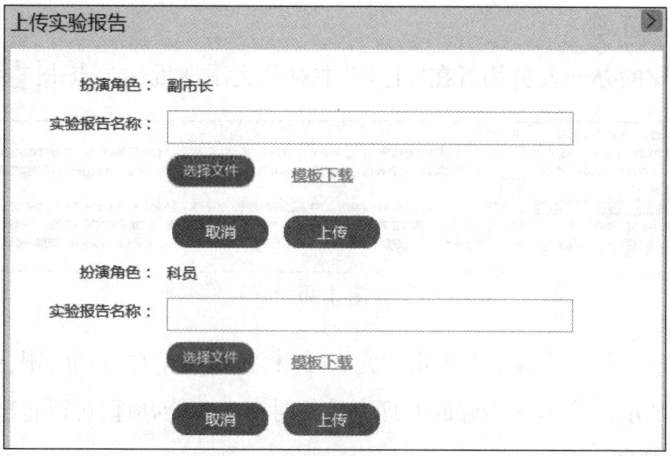

图 4-27

点击 ![icon],可进入实训聊天界面。

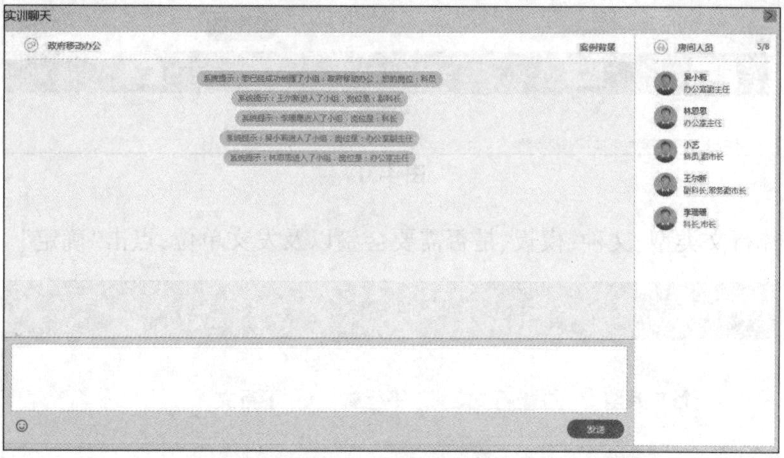

图 4-28

实验中若一人扮演多个角色,可通过点击页面右上角头像进行角色切换。

图 4-29

3. 公文管理

(1) 发文管理

每一步骤的办理人员均可在"正文"中对公文添加批注。点击 ✏️ 添加批注。

图 4-30

【注意】：① 每个步骤都有规定的完成时限，如超过正常办理时限，则为超时，将会影响实验评分。② 若该步骤的办理人员临时有事不能办理，可以将事项转交。

- 发文拟稿

科员/副科长在"发文管理—发文拟稿"中，点击 📋 添加公文。

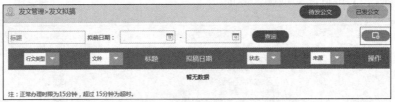

图 4-31

选择行文类型、文种、模板、是否需要会签以及发文单位，点击"确定"。

图 4-32

进行拟稿，完成后点击“发送”。

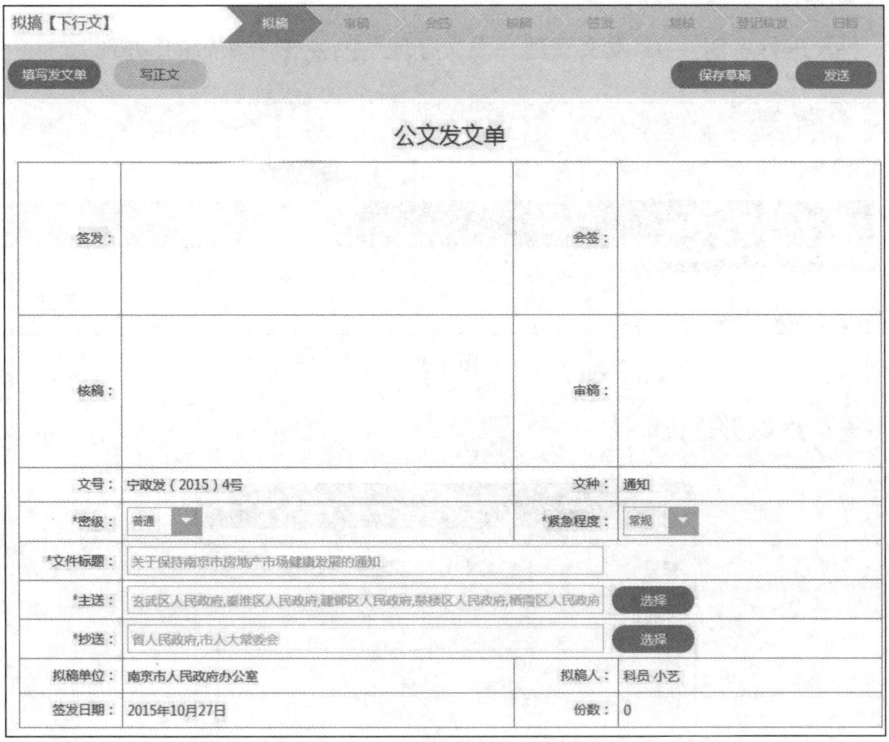

图 4-33

如果需要会签，则需要选择会签人员，点击“确定”。

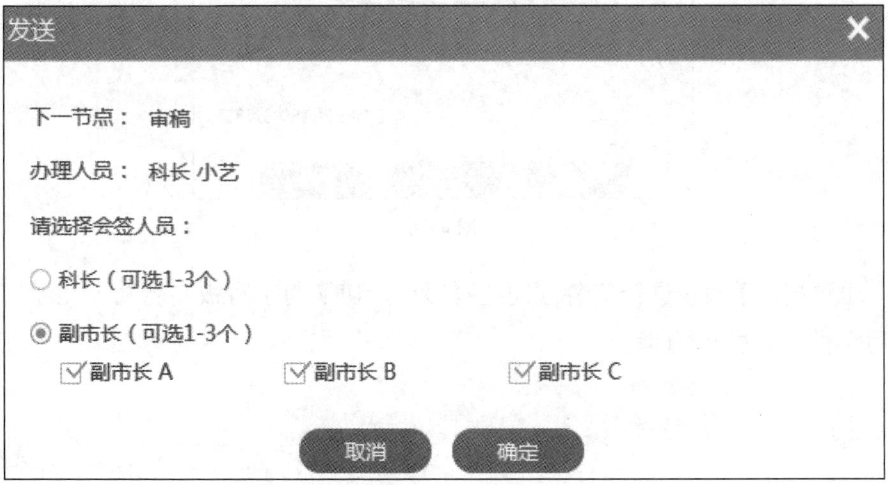

图 4-34

公文提交科长审稿后,若审批不通过,则需要进行修改并重新提交。

- 审稿

科长进行审稿。在"发文管理—发文办理"中,点击公文后的"办理"。

图 4-35

查看公文,并进行审批。

图 4-36

也可接入手写板进行签名,点击签名旁的"切换为手写板签名",使用手写笔在写字板上正常书写即可。

图 4-37

若科长在正文中添加了批注,并保留了修改痕迹,或者科长审批不同意,都需要选择退回节点,进入申请人修改后的流转步骤。

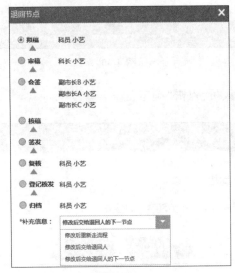

图 4-38

- 会签

科长/副市长在"发文管理—发文办理"中进行会签,具体会签的角色以发文拟稿步骤中选择的为准。

图 4-39

会签后点击"发送",进入下一流程。

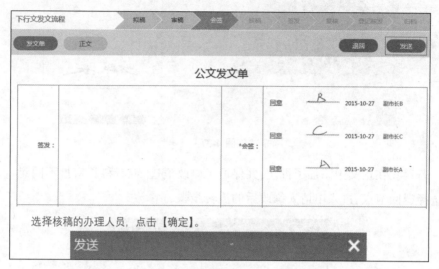

图 4-40

选择核稿的办理人员,点击"确定"。

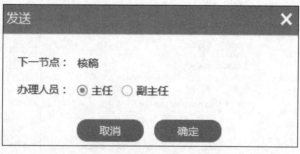

图 4-41

- 核稿

主任/副主任在"发文管理—发文办理"中办理核稿,具体核稿的角色以上一步骤中选择的为准。

图 4-42

核稿后点击"发送",进入下一流程。

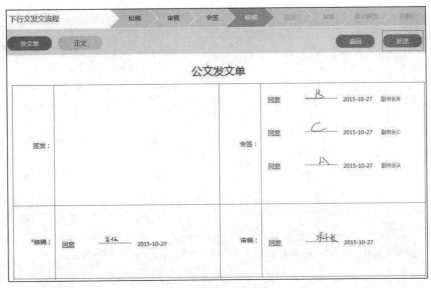

图 4-43

选择签发的办理人员,点击"确定"。

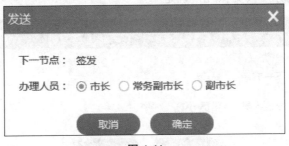

图 4-44

- 签发

市长/常务副市长/副市长在"发文管理—发文办理"中进行签发,具体签发的角色以核稿中选择的为准。

图 4-45

签发后点击"发送",进入下一流程。

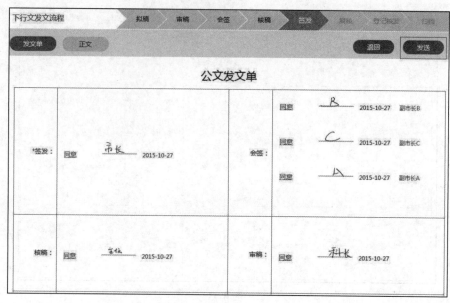

图 4-46

选择复核的办理人员,点击"确定"。

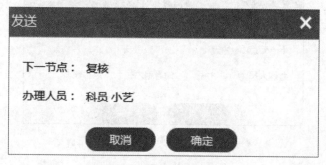

图 4-47

- 复核

科员在"发文管理—发文办理"中办理复核。

图 4-48

在正文中，对公文进行套红、用印以及生成正式文件三个步骤。

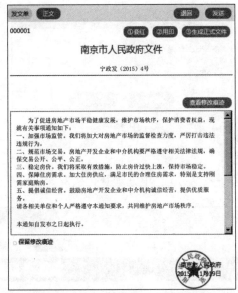

图 4-49

完成后点击右上角"发送"。

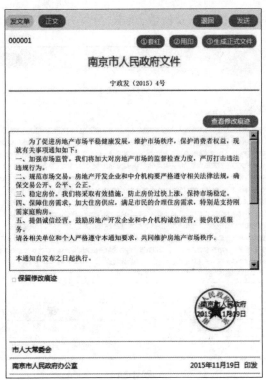

图 4-50

复核后,进入下一节点。

图 4-51

- 登记核发

科员在"发文管理—发文办理"中办理登记核发。

图 4-52

在送文单中,填写交换员以及份数,点击"分发并发送"。

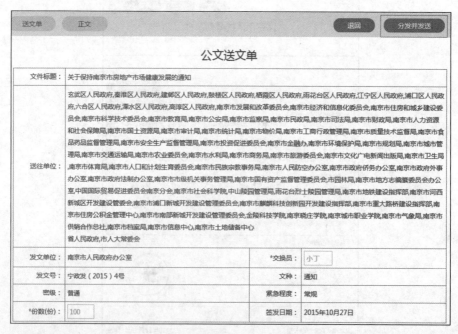

图 4-53

完成后,点击"确定",进入下一节点。

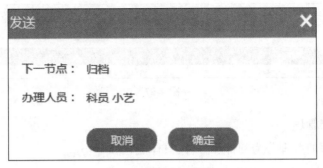

图 4-54

- 归档

科员在"发文管理—发文办理"中办理归档。

图 4-55

归档前,点击"发布",可在"信息中心—通知公告"中发布。

选择拟发布时间与范围,点击"确定"。

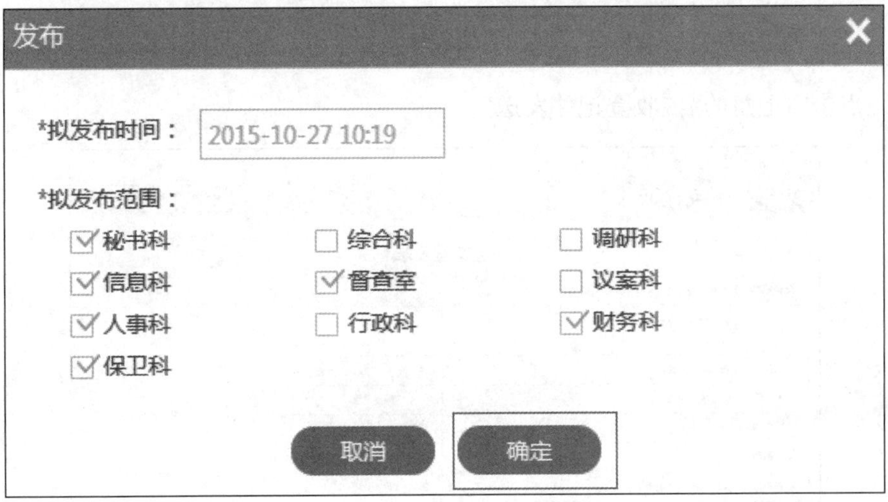

图 4-56

在"信息中心—通知公告—发布通知公告"中将其发布。

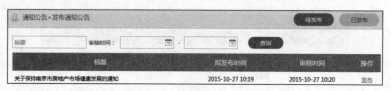

图 4-57

（2）收文管理

收文管理的办理分为阅件和办件，具体流程如下：

阅件：签收→登记→拟办→传阅→归档

办件：签收→登记→拟办→批示→承办→归档

这里我们以办件为例，演示收文管理步骤。

- 签收登记

科员在"收文管理—签收登记"中签收来文，点击来文后的"签收"。若科员暂时有事无法办理，可点击"转交"，由副科长代为办理。

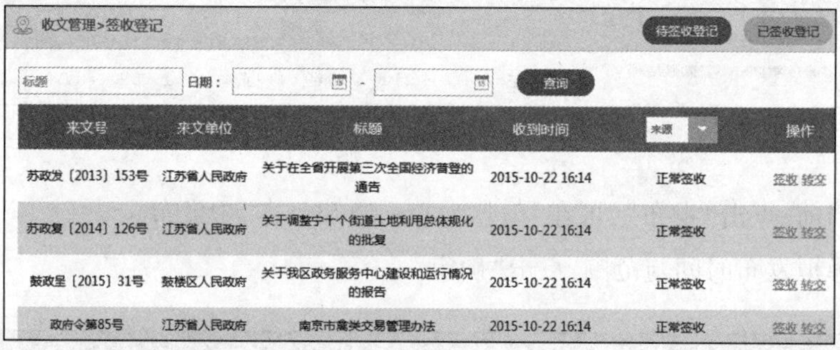

图 4-58

点击右上角的"签收登记并发送"。

图 4-59

- 初审

签收登记后,科员在"收文办理单"中点击标签页中的"初审"。

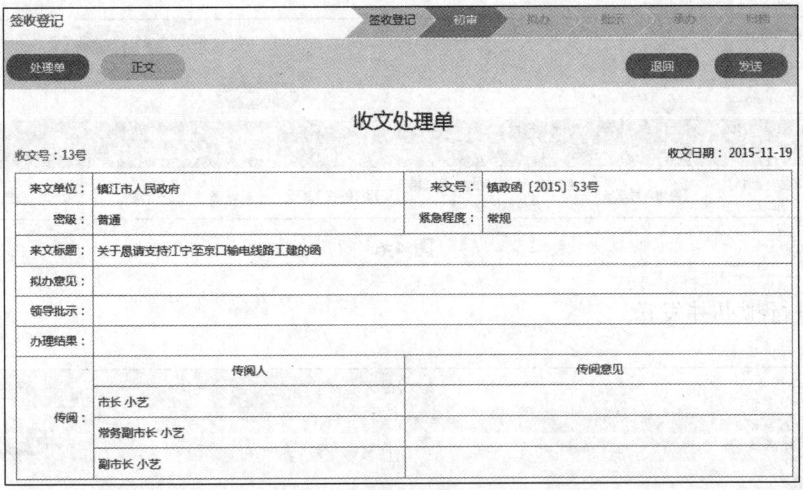

图 4-60

若不符合初审要求,则可以将其退回,选择退回发文单位原因。

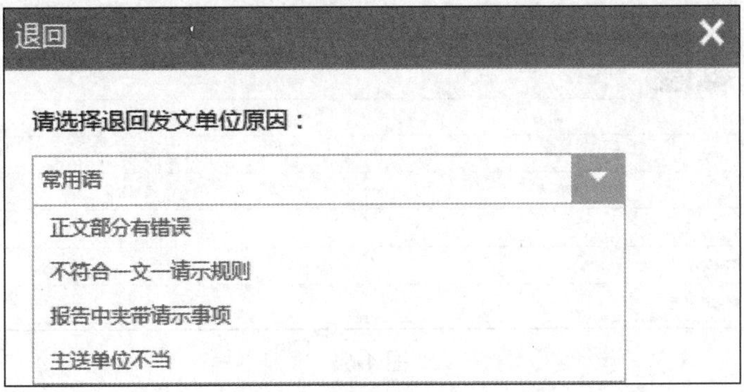

图 4-61

若审批通过,则进入下一节点,选择拟办的办理人员。

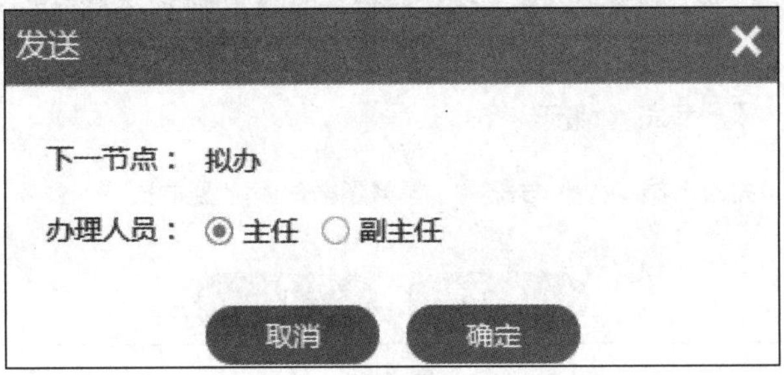

图 4-62

- 拟办

主任/副主任均可进行拟办,具体办理人员以初审中的选择为准。

图 4-63

进行拟办并发送。

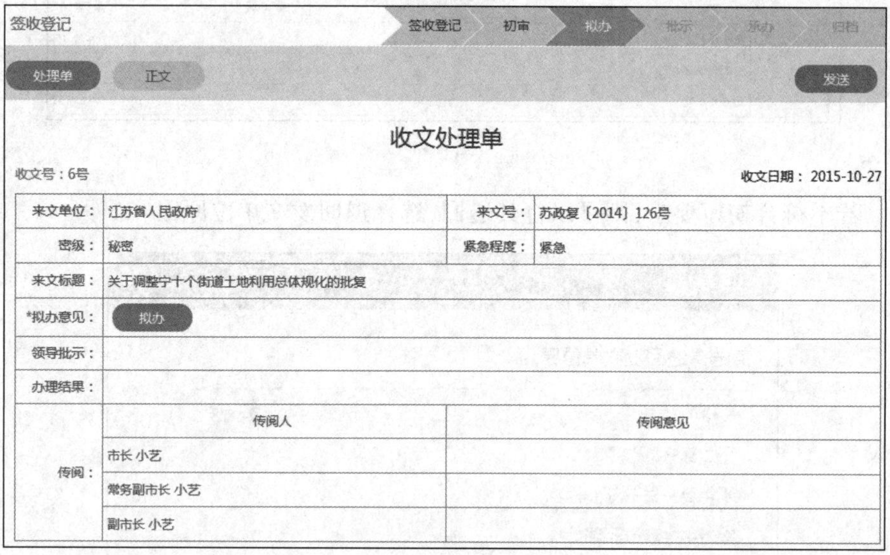

图 4-64

拟办后进入下一节点,选择批示的办理人员。

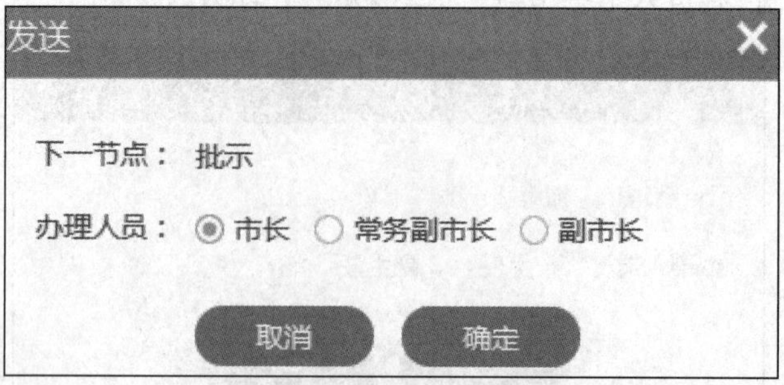

图 4-65

第 4 章 智慧政府办公信息系统

- 批示

市长/常务副市长/副市长可以进行批示，具体办理人员以初审中的选择为准。

图 4-66

填写批示意见，并可指派专人督办。

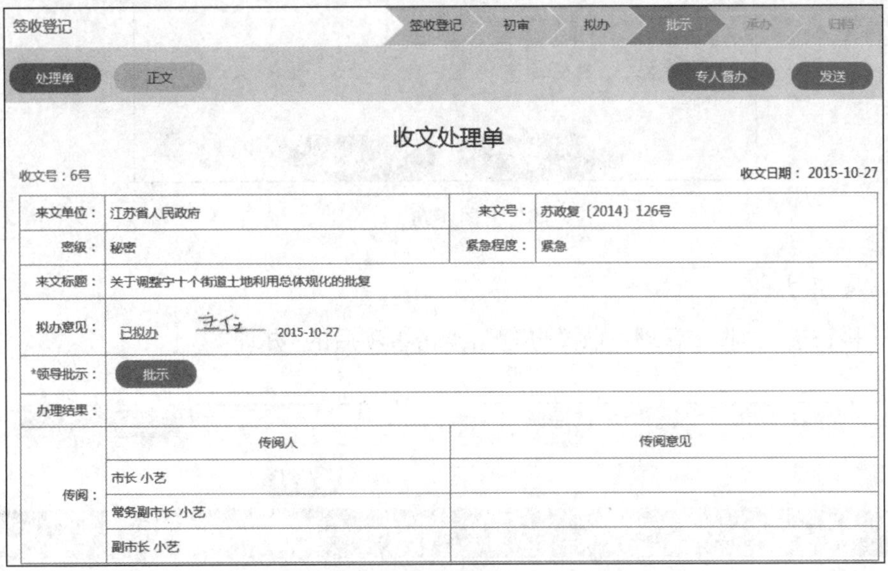

图 4-67

选择督办人员，并发送消息。

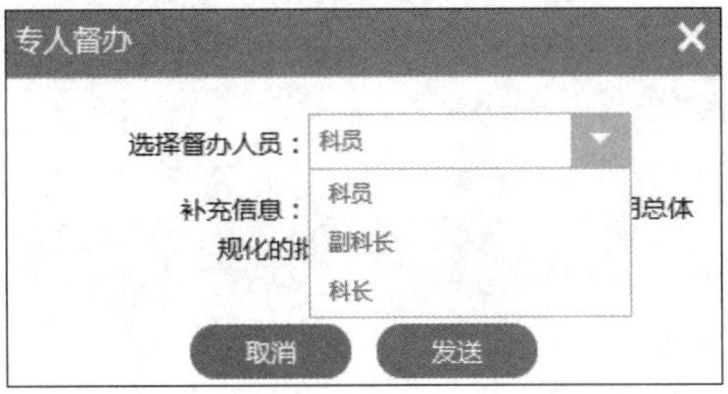

图 4-68

被指派的人员在"待阅消息"中可收到指派消息。

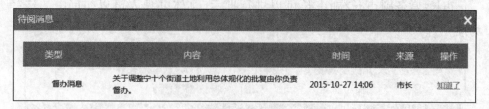

图 4-69

批示后,点击"确定",进入下一节点。

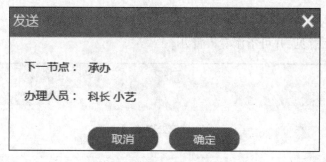

图 4-70

- 承办

科长进入"收文管理—收文办理",点击事项后的"办理"。

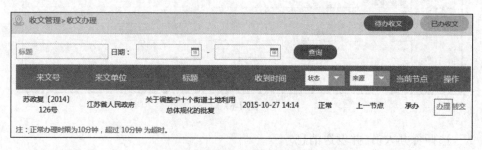

图 4-71

承办后点击"发送"。

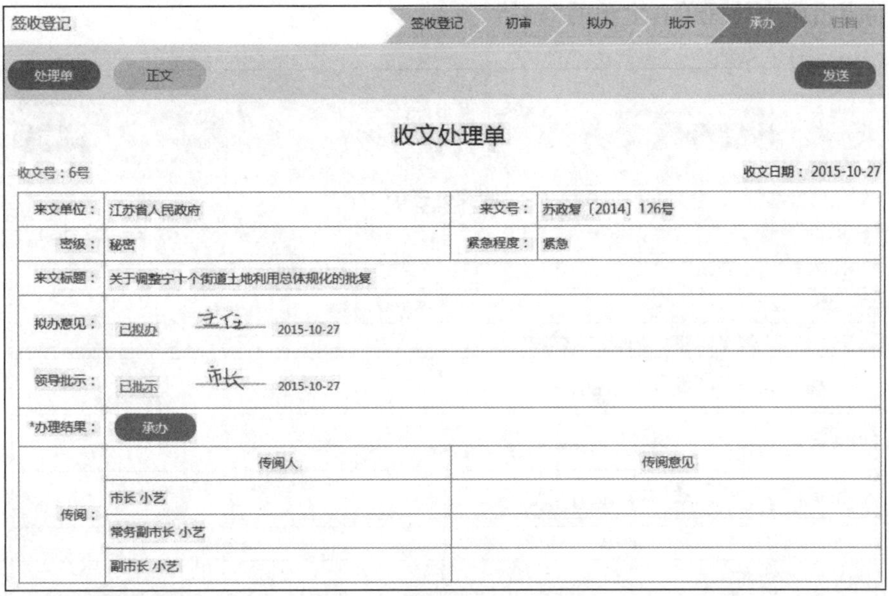

图 4-72

点击"确定",进入下一节点。

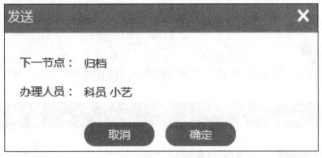

图 4-73

- 归档

科员办理归档。

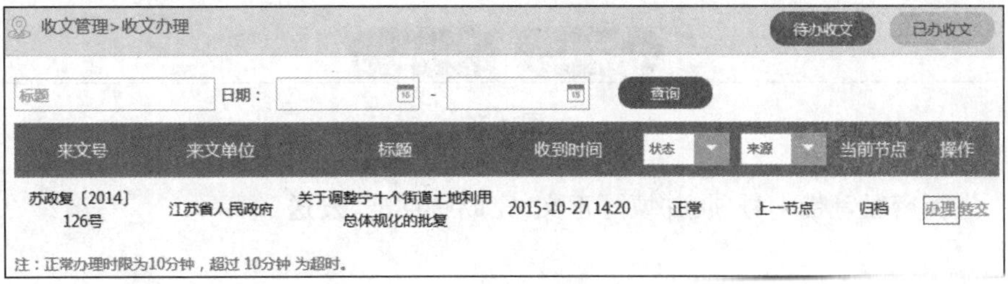

图 4-74

点击收文处理单右上角的"归档"。

图 4-75

（3）签报管理

- 签报拟稿

选择签报类型、是否需会签以及模板，点击"确定"。

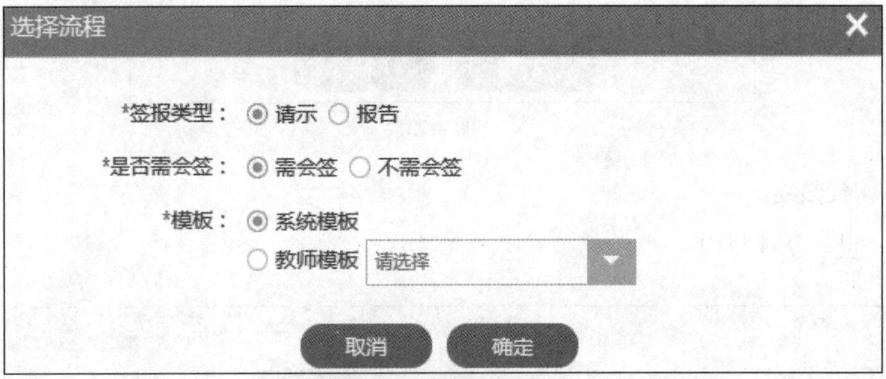

图 4-76

选择密级等带 * 号项，并填写正文，完成后点击"发送"。

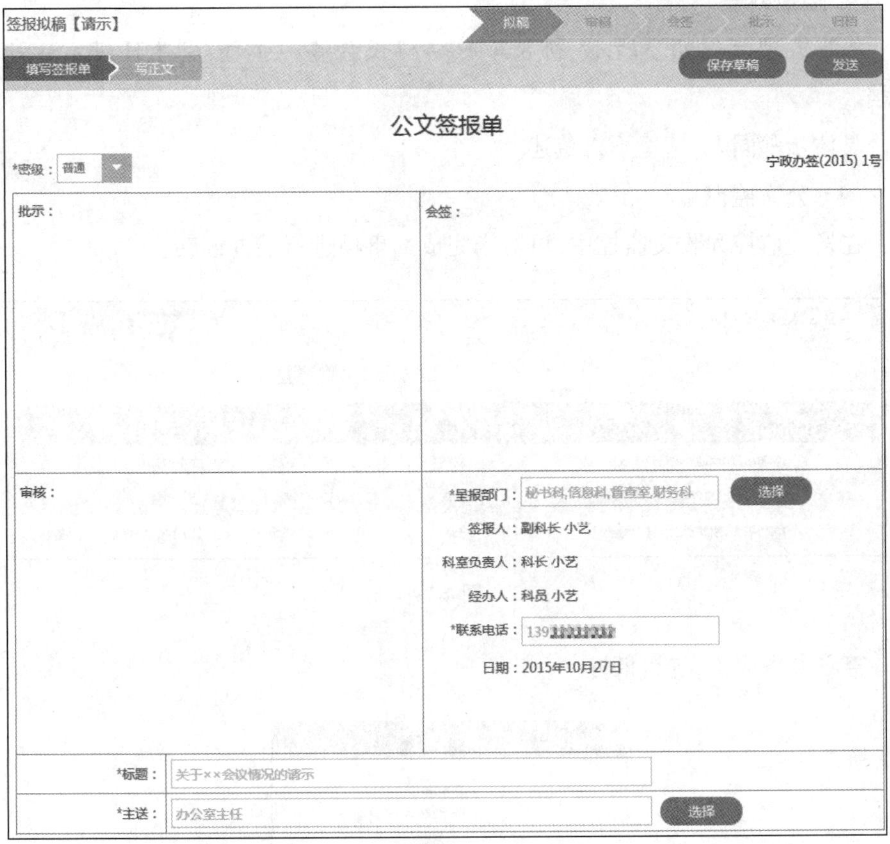

图 4-77

选择会签人员，点击“确定”。

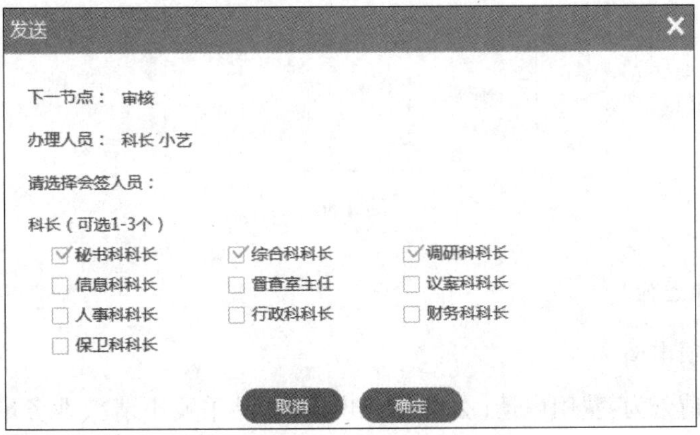

图 4-78

- 签报办理

签报办理流程如下所示：科长审核→科长会签→主任/副主任批示→科员归档。

具体步骤同上，这里不再赘述。

（4）公文监控

在发文监控和收文监控中，可对未完成的事项进行催办或转交。

图 4-79

查看办理流程，进行催办。

图 4-80

4. 协同工作

（1）事项申请

事项申请分为：费用申请（公务接待申请/物品采购申请）、业务申请（参加上级组织国内公务考察活动申请/带队组团国内公务考察活动申请/公务用车送修申请/会议申请/用车申请）以及人事申请（请假申请/休假申请/疗休养申请）。

第 4 章 智慧政府办公信息系统 | 197

点击具体申请事项后的"申请",填写申请单。

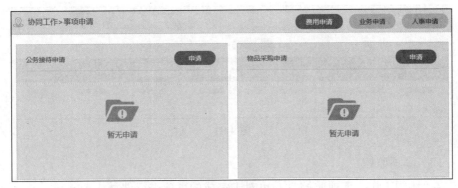

图 4-81

这里我们以"请假申请"为例,选择请假天数,点击"确定"。

【注意】:天数不同,审批流程也不同。

图 4-82

填写请假单并发送,按照右上角提示的流程一一审批。

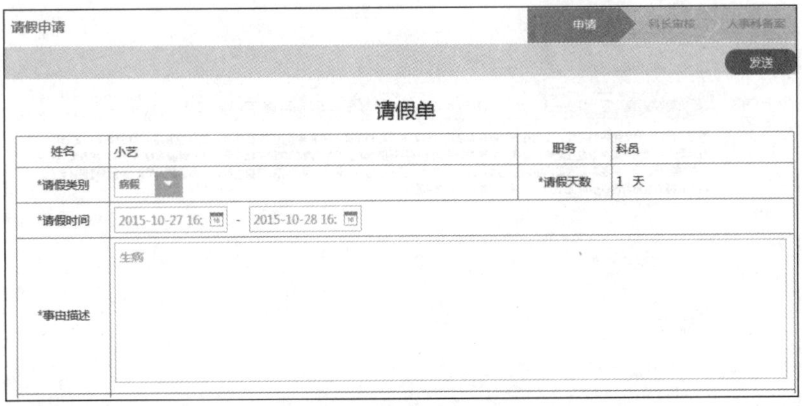

图 4-83

(2) 事项办理

办理人员在"协同工作—事项办理"中,对事项进行审批。

【注意】：最后的人事科备案由科员完成。

图 4-84

（3）事项监控

在"协同工作—事项监控"中，可对未完成的事项进行催办或者转交。

图 4-85

5. 信息报送

（1）信息上报

在"信息报送—信息上报"中，点击 ，系统提供了基础数据供学生使用。

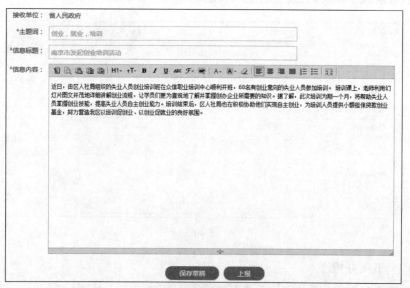

图 4-86

第 4 章　智慧政府办公信息系统

已上报信息显示如下：

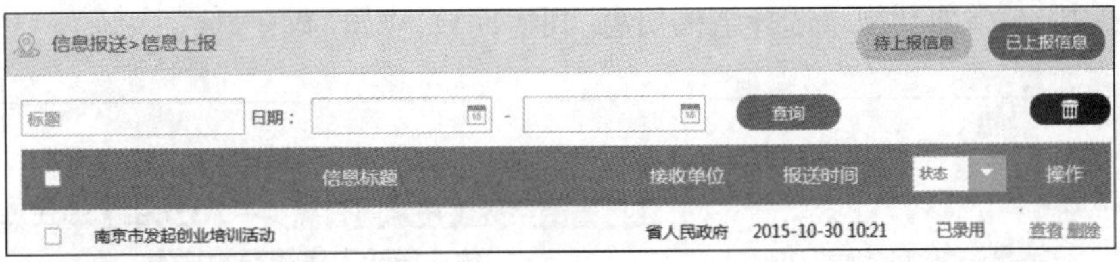

图 4-87

（2）信息审核

在"信息审核"中，点击信息后的"审核"。

图 4-88

选择是否录用，以及录用的刊物和栏目，点击"确定"。

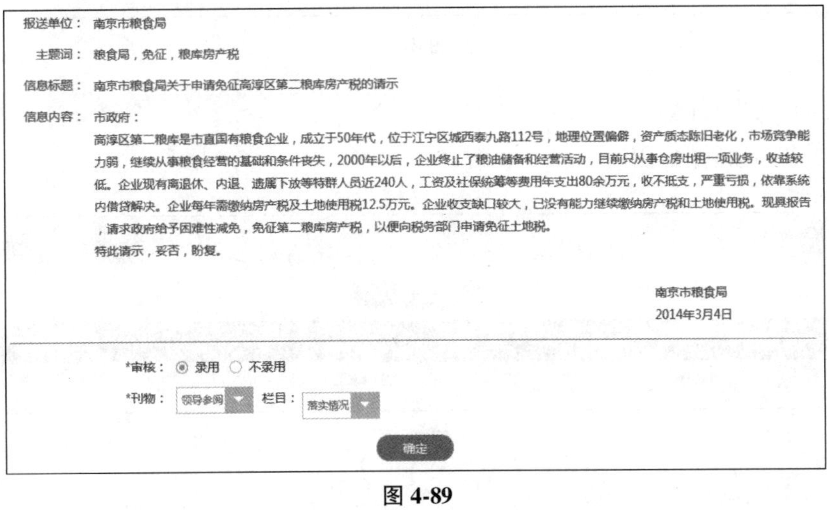

图 4-89

(3) 刊物发布

点击 添加刊物。选择组稿信息、刊物期数，点击"确定"。

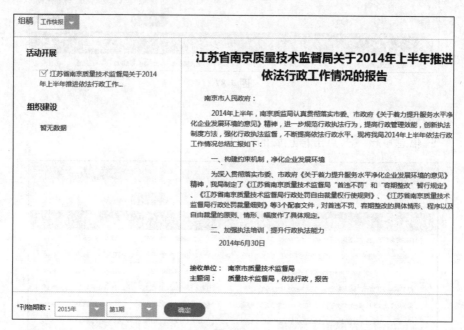

图 4-90

点击刊物后的"发布"。

图 4-91

(4) 刊物阅读

点击刊物后的"阅读"。

图 4-92

查看发布的刊物。若是领导参阅的刊物,领导(市长、常务副市长、副市长)需要进行批示。

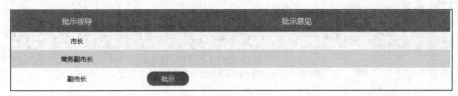

图 4-93

(5) 发送批示

点击信息标题后的"发送批示"。

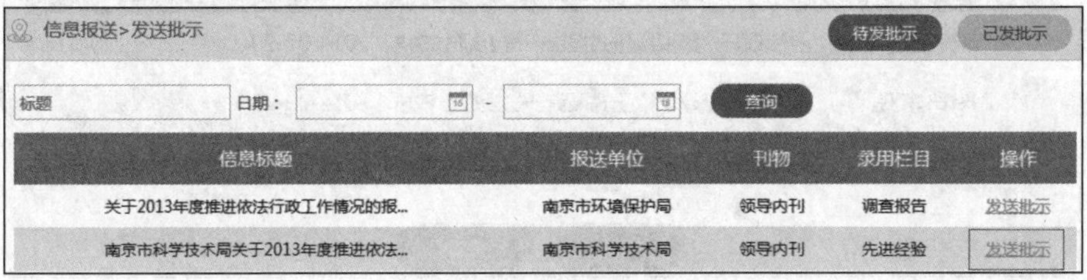

图 4-94

点击领导批示内容下的"发送"。

图 4-95

(6) 接收批示

系统模拟的上级单位(省人民政府)在接收到上报的信息后,随机反馈省领导的批示意见。

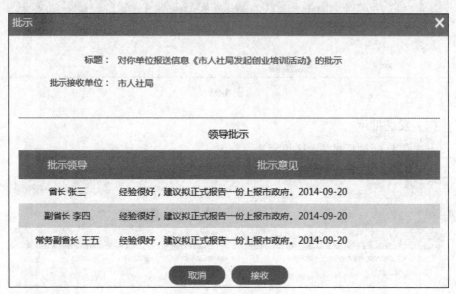

图 4-96

6. 会议管理

(1) 会议室管理

• **会议室预订**

在"预订会议室"中预订会议室。填写申请表单,点击"预订"。

【注意】:设置会议时间时,若会议时间与已预订的有重复,则无法预订。

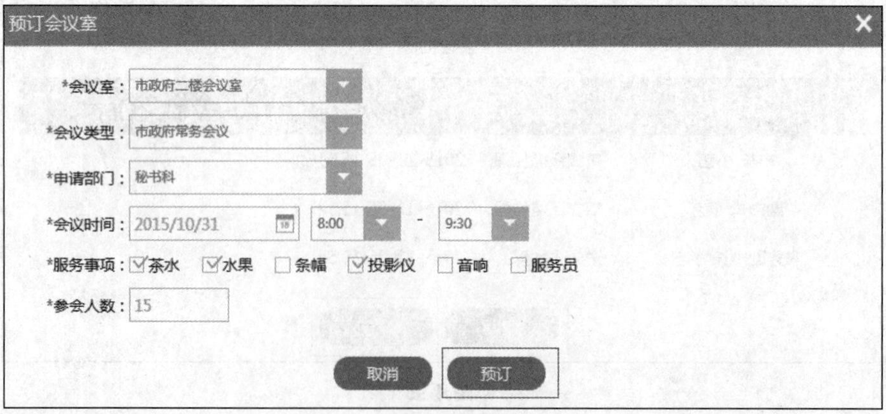

图 4-97

会议室的预订情况显示如下：

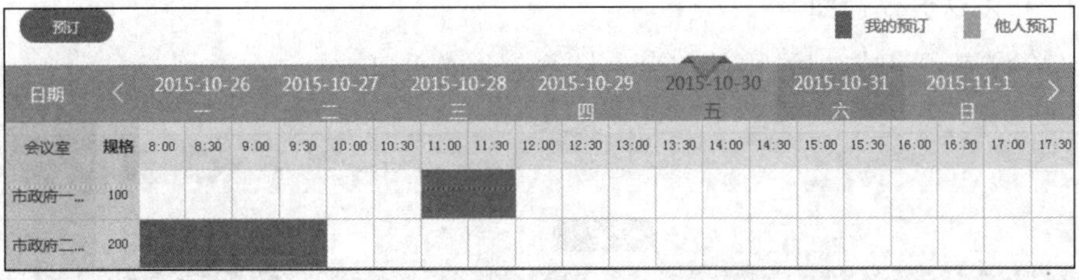

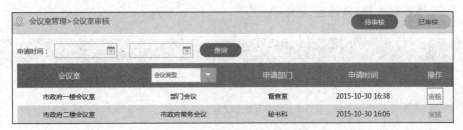

图 4-98

- **会议室审核**

根据会议室的申请汇总情况进行审核。

图 4-99

点击"审核"，查看会议室申请的具体情况，并根据实际需要选择"审核通过"或"审核不通过"，然后点击"确定"。

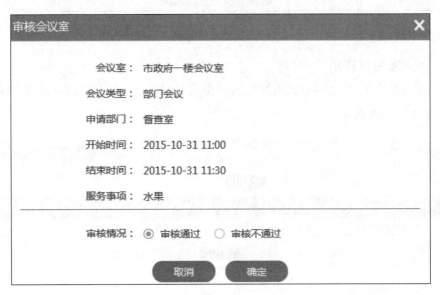

图 4-100

(2）会议通知管理

- 发送会议通知

会议室预订成功后，可给与会人员发送会议通知。

图 4-101

选择参会人员，发送会议通知。

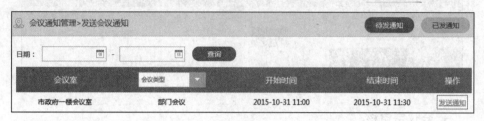

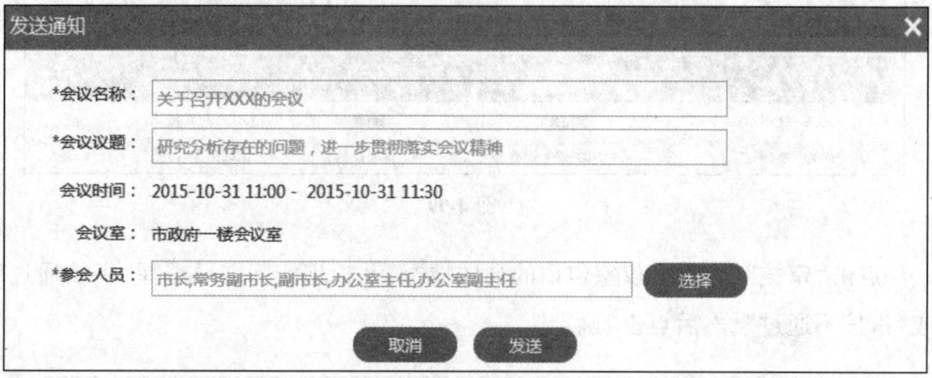

图 4-102

- 接收会议通知

与会人员在"首页—会议通知"或者"会议管理—会议通知管理—接收会议通知"中均可接收通知。

图 4-103

确认是否参加。

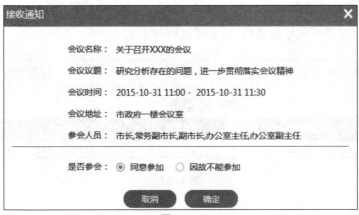

图 4-104

(3) 会议记录管理
- **撰写会议记录**

会议结束后,撰写会议记录。点击此次会议后的"撰写"。

图 4-105

撰写会议记录,设置发布时间与范围,点击右上角"发送"。

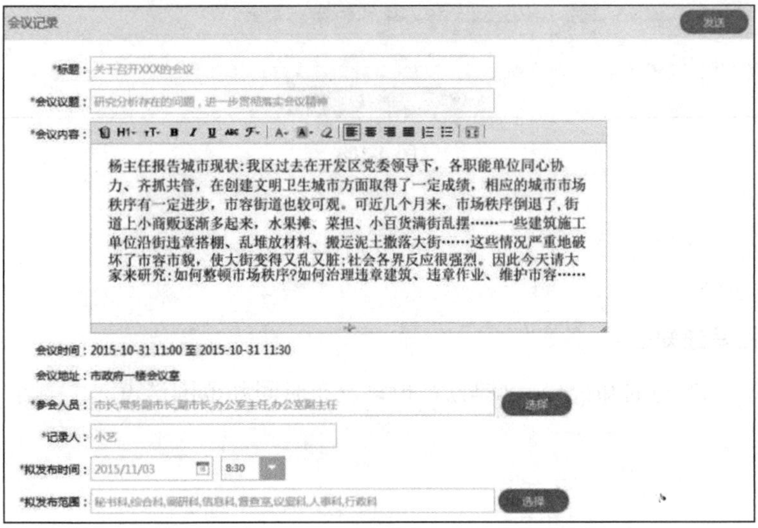

图 4-106

- 审核会议记录

会议记录撰写完毕发送后,需要经过审核。

图 4-107

审核会议记录。

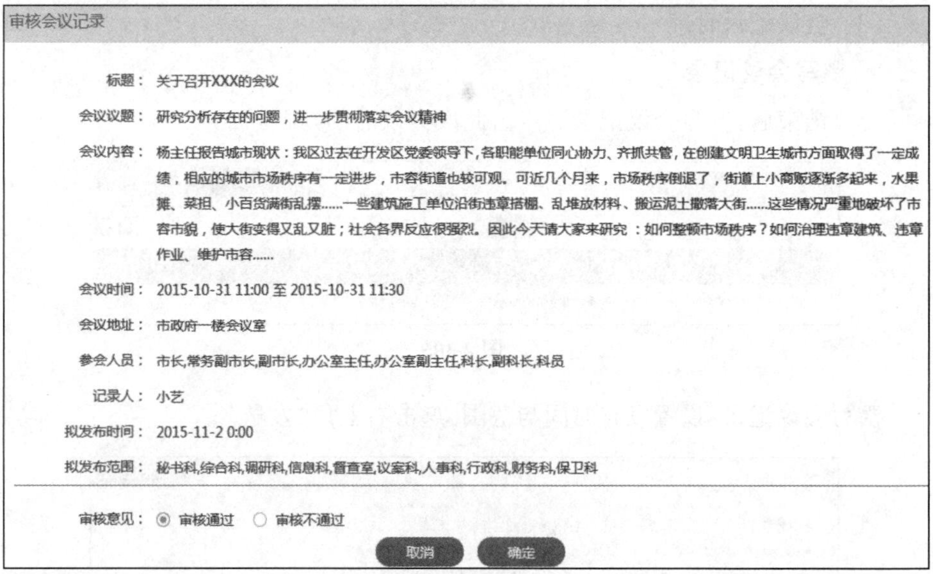

图 4-108

7. 信息中心

(1) 通知公告

- 撰写通知公告

点击 撰写通知公告。撰写后,拟订发布时间和范围送审。

图 4-109

- 审核通知公告

点击通知公告后的"审核"。

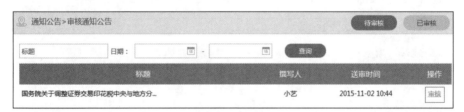

图 4-110

审核内容,选择是否通过。

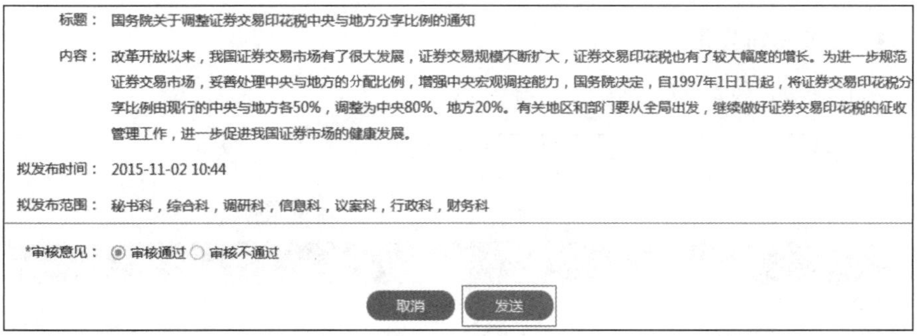

图 4-111

若审核不通过,则直接驳回。在"已送审"中可查看到结果。

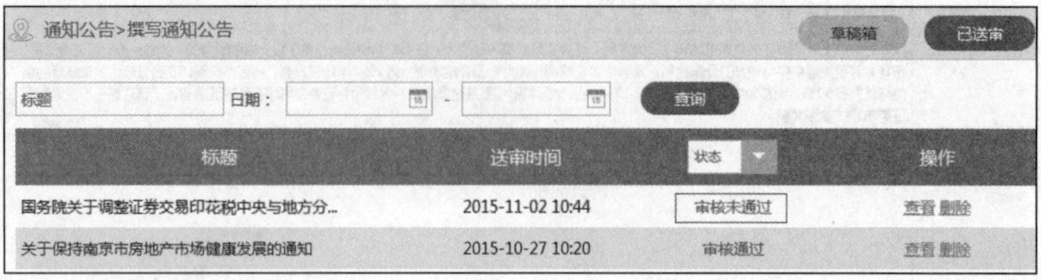

图 4-112

- 发布通知公告

通过审核的通知公告,可点击通知公告后的"发布"进行发布。

【注意】:下行文归档前,也可先发布至通知公告中。

图 4-113

选择"是否发布至微信微博端"后,点击"发布"。

图 4-114

- 阅读通知公告

点击通知公告后的"阅读",查看内容。

图 4-115

(2) 新闻动态

本部分操作同"通知公告",具体流程可参照上文。

【注意】:通知公告发布后,流转至新闻动态中。

8. 综合办公

(1) 档案管理

- 文件归档

在此可对公文进行立卷归档。

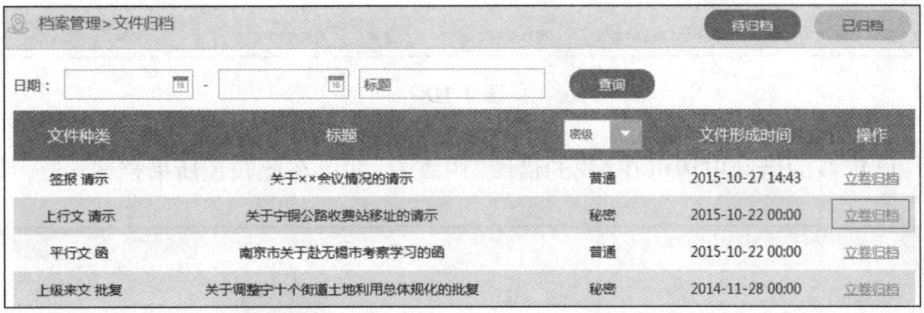

图 4-116

选择分类号和保管期限,点击"确定"。

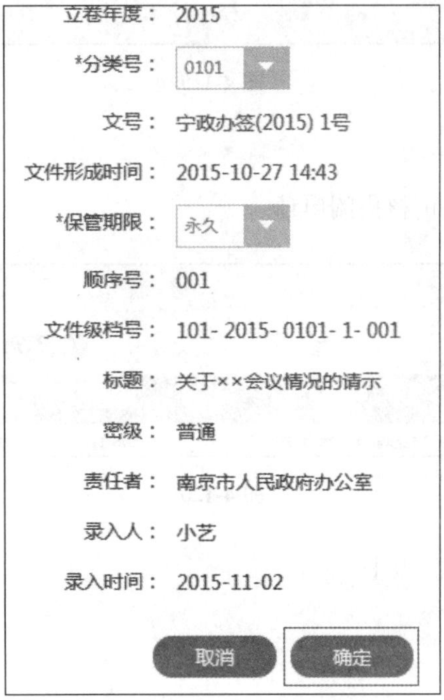

图 4-117

- **档案借阅**

在"档案借阅"中,可借阅已归档的档案。但是,已被借出的档案不可借阅。要想借阅某档案,可点击该档案后的"借阅"。

图 4-118

已审核的借阅申请可在"我的借阅"中查看,并可在此归还所借档案。

图 4-119

- **借阅管理**

在"借阅管理"中,审核借阅申请。

图 4-120

选择是否同意借阅,点击"确定"。

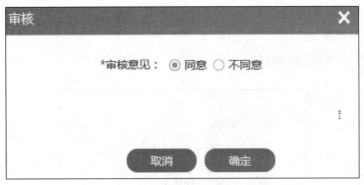

图 4-121

- 销毁移交

设置销毁移交时限。

【注意】：无论设置的时间为多少，对应的现实当中的时间都为国家规定的 10 年销毁移交时限。

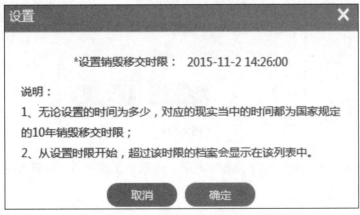

图 4-122

从设置时限开始，超过时限的档案会显示在列表中。点击档案后的"移交"即可进行销毁移交。

图 4-123

（2）人事管理
- **人事档案**

点击 添加人事档案。

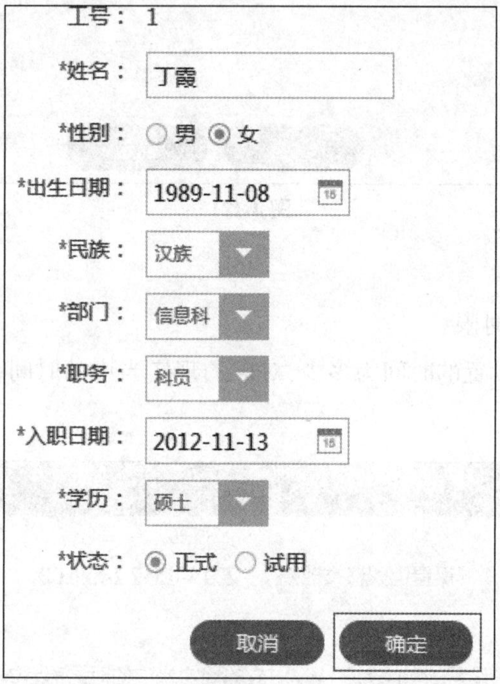

图 4-124

若员工已离职,需要更改状态为离职。离职员工档案在"离职人员"中查看,并可以复职。

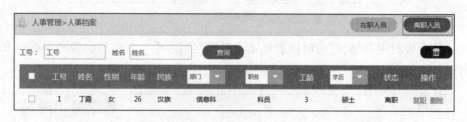

图 4-125

- **薪酬管理**

在"薪酬管理"中,点击员工后的"调整",可设置薪酬。

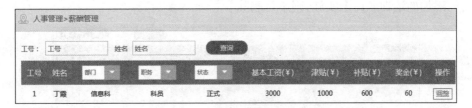

图 4-126

如确定调整薪酬,点击"确定"。

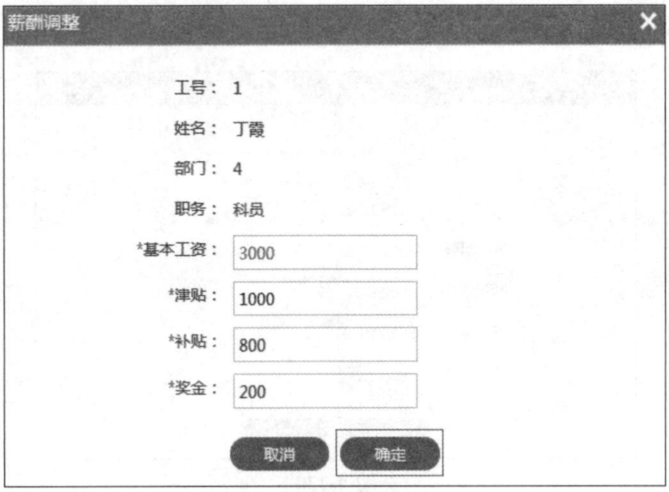

图 4-127

- 培训管理

点击 添加培训信息。

图 4-128

添加的培训若尚未实施,则不可删除。

图 4-129

- 值班安排

在"值班安排"中,点击 添加值班信息。在设定的时间段中,已有工作安排的人员不可选择,并且带班领导、值班负责人与值班工作人员不能相同。

图 4-130

9. 手机端

(1) 待办发文

登录手机端,选择相应角色进入系统,能够看到"待办发文"模块右上角有数字显示,即表示该模块有几件待办事项。点击进去,可立即进行处理。

图 4-131

查看事项,点击"办理",即可办理该流程,选择是否同意,并进行签名,点击"发送"。确认进入下一节点的办理人员,点击右上角"确定"。

图 4-132

也可将事项转交他人办理,选择补充信息,点击右上角"确定"。

图 4-133

在"正文"中选定一段文字,可以为其添加批注。点击右上角的"批注",编辑批注文字,点击"确定"。

图 4-134

（2）待办收文

待办收文的办理与转交，操作上与待办发文相同，这里不再赘述。

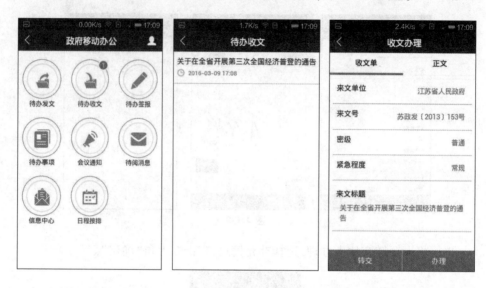

图 4-135

（3）待办签报

待办签报的办理、转交与批注，操作上与待办发文相同，这里不再赘述。

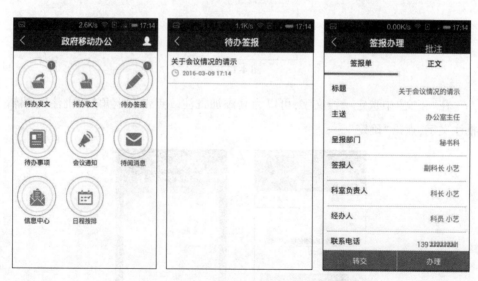

图 4-136

（4）待办事项

待办事项的办理与转交，操作上与待办发文相同，这里不再赘述。

图 4-137

(5) 会议通知

在手机端还可接收会议通知,查看会议通知详情,点击右上角"接收",接收通知后,确定是否能够参加会议。

图 4-138

（6）待阅消息

在"待阅消息"中，可查看收到的催办和被转交的信息。

图 4-139

（7）信息中心

在"信息中心"，可接收相关的通知公告与新闻动态。

图 4-140

（8）日程安排

在"日程安排"中，可查看培训与值班安排，黄色表示培训，橙色表示值班。点击日期，可查看活动详情。

图 4-141

第 5 章

智慧政府与互联网+

> 要抓一些"牛鼻子"工作,抓好"政务服务一网通办""城市运行一网统管",坚持从群众需求和城市治理突出问题出发,把分散式信息系统整合起来,做到实战中管用、基层干部爱用、群众感到受用。要抓住人民最关心最直接最现实的利益问题,扭住突出民生难题,一件事情接着一件事情办,一年接着一年干,争取早见成效,让人民群众有更多获得感、幸福感、安全感。要履行好党和政府的责任,鼓励和支持企业、群团组织、社会组织积极参与,发挥群众主体作用,调动群众积极性、主动性、创造性,探索建立可持续的运作机制。
>
> ——习近平 2019 年 11 月 2 日至 3 日
> 在上海考察时的讲话

网络安全和信息化是事关国家安全和国家发展、事关广大人民群众工作生活的重大战略问题，要从国际国内大势出发，总体布局，统筹各方，创新发展，努力把我国建设成为网络强国。

当今世界，信息技术革命日新月异，对国际政治、经济、文化、社会、军事等领域发展产生了深刻影响。信息化和经济全球化相互促进，互联网已经融入社会生活方方面面，深刻改变了人们的生产和生活方式。我国正处在这个大潮之中，受到的影响越来越深。我国互联网和信息化工作取得了显著发展成就，网络走入千家万户，网民数量世界第一，我国已成为网络大国。同时也要看到，我们在自主创新方面还相对落后，区域和城乡差异比较明显，特别是人均带宽与国际先进水平差距较大，国内互联网发展瓶颈仍然较为突出。

——习近平2014年2月27日在中央网络安全和信息化领导小组第一次会议上的讲话

互联网的出现极大地推动了电子政务服务的变革,具体表现在以下几个方面:一是服务需求个性化。互联网使得政府能够更有效地获取并整合民众的服务需求,通过分析和梳理服务供给与需求间的差距,提供更为精准和个性化的服务。二是服务渠道多元化。不同的受众因其背景、技能、习惯和偏好而对服务渠道有不同的需求,单一或有限的服务渠道难以满足广大用户的需求。因此,政府需要开发和利用多种服务渠道,以适应不同用户群体的需求,尽管这在不同行业和地区之间可能存在一定的差异。三是服务时段全天候。电子政务的服务已经扩展到传统工作时间之外,实现了"24/7"(每周7天,每天24小时)的服务模式,消除了服务的"时间盲点",确保民众能够在任何时间获取所需服务。四是服务能力智慧化。大数据和人工智能技术的应用,揭示了传统技术手段难以展现的事物关联和深层次的洞见。这使得政府服务更加智能化,能够预测民众需求,自动优化服务流程,提高服务效率和质量。五是服务资源均衡化。互联网的公开透明特性有助于提高资源配置的公平性。政府能够更合理地分配服务资源,确保不同地区和不同群体中的公民都能获得必要的公共服务。六是服务提供社会化。随着互联网的发展,越来越多的网信企业参与到公共服务中来。这些企业因其平台聚集了大量用户,无论是自觉还是不自觉,都承担了一定的社会管理和服务职能,这为政府服务提供了有益的补充和创新。

智慧政府建设为公共服务改革提供了新的机遇和平台,它顺应了政府由管制型向服务型的改变。政府利用信息网络技术整合政府资源,形成跨部门的一站式服务,使公众在任何时间、地点都可以获得政府的公共服务。同时,电子化公共服务的服务质量和效率大幅提升,工作透明度和公众参与度也空前提高。

"互联网+政务服务"是指政府以现代计算机和网络技术为手段和平台提供公共服务的形式,是解决电子政务发展问题的有效机制。具体是指从线下服务方式向线上线下结合的服务方式转变,不同政府的服务上线率、应用水平,通过移动客户端进行比较,将在地方形成竞争激励效应,激发政府利用互联网改造服务的积极性,推动更多服务向平台迁移,倒逼政府加快提高互联网在线服务水平。电子化公共服务是电子政务中最体现其本质的关键内容之一。相较传统方式的公共服务,电子化公共服务具有自身鲜明的特点:政府公共服务平台由手工向网络迁移,打破了传统公共服务的时空限制;公共服务的流程优化,最终实现政府职能和服务超越行政部门界限的完全电子化的无缝集成;在降低服务成本的同时进一步提升服务绩效。

随着电子政务的深入发展,从关注电子政务硬件建设到注重服务质量已成为全球各个国家开展电子政务建设的经验和共识。在我国,通过政府网站为公民提供"一站式"、无缝化的公共服务,从而实现政府与公民之间的信息对称、线上办事等,是人民满意的服务型政府建设的必然趋势,也是建设具有中国特色的网上政府服务系统的时代要求。如何围绕用户需求,突出服务重点;优化平台检索,突出服务导向;精简网上服务页面,提高网上政务服务的便捷性和亲和力,成为衡量一个区域电子政务发展程度的关键。

在"互联网+"和"宽带中国"的大背景下,互联网技术越来越广泛地运用于人们的日常生活,政府网站也成为一种新型的公共信息平台。2016年,国务院发布《国务院关于加快推进"互联网+政务服务"工作的指导意见》,要求大幅提升政务服务智慧化水平,让政府服务更聪明,其初衷是让政府网站更加智能化和个性化,让它更好地为人民群众服务。同时强调,要在各级政府和各个部门之间建立起一个信息资源的共享平台,让广大群众和企业都能少跑一趟,多做一件事情。"互联网+政务服务"作为我国"互联网+"政策的推进和深化,是我国在行政体制上的一个创新,要求更注重政府门户网站信息化建设,对政务服务方式进行多样化整合,为公众和企业办事、创业提供方便,真正达到公众、企业都满意的效果。

党的十九大指出,要办好以建设服务型政府为中心、满足社会大众实际需求与价值导向的政府门户网站,需要运用新思维、新技术、新方法,建立政务服务新体制,增强公众对政府网站的使用意愿,在提升政务服务效率的同时,为公众提供更规范、更方便、更透明的公共服务。2022年,国务院办公厅印发了《全国一体化政务大数据体系建设指南》,构建了全国一体化政务大数据体系总体架构,为着力解决政务数据体系建设中的问题提供了系统方案,为如何充分发挥政务数据在提升政府履职能力、支撑数字政府建设以及推进国家治理体系和治理能力现代化中的重要作用指明了方向。这些都为各级政府尤其是直接面向百姓的基层政府网站的服务质量提出了更为具体的考验。

5.1 "互联网+政务服务"的窗口——政府网站

2017年6月8日,国务院办公厅印发《政府网站发展指引》,对全国政府网站的建设发展作出明确规范。该指引指出,要按照建设法治政府、创新政府、廉洁政府和服务型政府的要求,坚持分级分类、问题导向、利企便民、开放创新、集约节约的原则,严格开办流程,加强监管考核,推进资源集约,打通信息壁垒,实现各级政府网站有序健康发展,不断提升政府网上履职能力和服务水平,以信息化推进国家治理体系和治理能力现代化,让亿万人民在共享互联网发展成果上有更多获得感。

该指引明确,国务院办公厅是全国政府网站的主管单位,负责推进、指导、监督全国政府网站建设和发展。各省(区、市)人民政府办公厅、国务院各部门办公厅(室)是本地区、本部门政府网站的主管单位,实行全系统垂直管理的国务院部门办公厅(室)是本系统网站的主管单位。主管单位负责对政府网站进行统筹规划和监督考核,做好开办整合、安全管理、考核评价和督查问责等管理工作。①

5.1.1 政府网站建设的总体要求

为进一步加强政府网站管理,引领各级政府网站创新发展,深入推进互联网政务信息数据和便民服务平台建设,提升政府网上服务能力,按照党中央、国务院关于全面推进政务公开和"互联网+政务服务"的要求,结合各地区、各部门政府网站工作实际,国务院办公厅制定了《政府网站发展指引》。该指引的总体要求包括以下方面:

1. 指导思想

全面贯彻党的十八大和十八届三中、四中、五中、六中全会精神,深入贯彻习近平总书记系列重要讲话精神和治国理政新理念新思想新战略,认真落实党中央、国务院决策部署,统筹推进"五位一体"总体布局和协调推进"四个全面"战略布局,牢固树立和贯彻落实创新、协调、绿色、开放、共享的新发展理念,按照建设法治政府、创新政府、廉洁政府和服务型政府的要求,适应人民期待和需求,打通信息壁垒,推动政务信息资源共享,不断提升政府网上履职能力和服务水平,以信息化推进国家治理体系和治理能力现代化,让亿万人民在共享互联网发展成果上有更多获得感。

2. 发展目标

适应互联网发展变化,推进集约共享,持续开拓创新,到2020年,将政府网站

---

① 参见吴姗:《国办印发政府网站发展指引》,载《人民日报》2017年6月9日第2版。

打造成更加全面的政务公开平台、更加权威的政策发布解读和舆论引导平台、更加及时的回应关切和便民服务平台,以中国政府网为龙头、部门和地方各级政府网站为支撑,建设整体联动、高效惠民的网上政府。

3. 基本原则

(1)分级分类。根据经济社会发展水平和公众需求,科学划定网站类别,分类指导,规范建设。统筹考虑各级各类政府网站功能定位,突出特色,明确建设模式和发展方向。

(2)问题导向。针对群众反映强烈的更新不及时、信息不准确、资源不共享、互动不回应、服务不实用等问题,完善体制机制,深化分工协作,加强政府网站内容建设。

(3)利企便民。围绕企业群众需求,推进政务公开,优化政务服务,提升用户体验,提供可用、实用、易用的互联网政务信息数据服务和便民服务。

(4)开放创新。坚持开放融合、创新驱动,充分利用大数据、云计算、人工智能等技术,探索构建可灵活扩展的网站架构,创新服务模式,打造智慧型政府网站。

(5)集约节约。加强统筹规划和顶层设计,优化技术、资金、人员等要素配置,避免重复建设,以集中共享的资源库为基础、安全可控的云平台为依托,打造协同联动、规范高效的政府网站集群。

5.1.2 政府网站的设计要点

1. 政府网站的分类

根据《政府网站发展指引》,政府网站分为政府门户网站和部门网站。县级以上各级人民政府及其部门原则上一个单位最多开设一个网站。

(1)政府门户网站。县级以上各级人民政府、国务院部门要开设政府门户网站。乡镇、街道原则上不开设政府门户网站,而是通过上级政府门户网站开展政务公开,提供政务服务。已有的乡镇、街道网站要尽快将内容整合至上级政府门户网站。确有特殊需求的乡镇、街道,参照政府门户网站开设流程提出申请获批后,可保留或开设网站。

(2)部门网站。省级、地市级政府部门,以及实行全系统垂直管理部门设在地方的县处级以上机构可根据需要开设本单位网站。

县级政府部门原则上不开设政府网站,通过县级政府门户网站开展政务公开,提供政务服务。已有的县级政府部门网站要尽快将内容整合至县级政府门户网站。确有特殊需求的县级政府部门,参照部门网站开设流程提出申请获批后,可保留或开设网站。

各地区、各部门开展重大活动或专项工作时,原则上不单独开设专项网站,可在政府门户网站或部门网站开设专栏专题做好相关工作。已开设的专项网站,只涉及单个政府部门职责的,要尽快将内容整合至相关政府网站;涉及多个政府部门职责的,要将内容整合至政府门户网站或牵头部门网站。

所谓政府门户,是指按照某种适当的方式将政府可以提供的各种公共服务通过互联网整合起来。它为公众提供统一的页面样式和访问入口:公众不再需要逐个部门拜访,只需要登录一个入口就可以获得所有的公共服务。不同层级的政府因为主要职能不同,其门户系统也会有所差别。比如国家级的门户主要以政务公开为主要内容,提供信息服务;省市级政府门户则以信息互动为主要内容,除了政务公开之外,还可以提供与公众交流、收集社会舆论信息等方面的功能;基层政府门户则主要突出一站式的民生服务内容;具有行业特点的业务垂直部门的门户主要侧重业务系统的具体应用服务。

随着电子政务的发展,政府网站迅速增加。如何使公众在网络上更迅速有效地获取各种信息公共服务,已经成为重要的目标。政府门户网站是整合政府网站资源,为公众、企业和其他组织提供一个统一的访问入口,实现一站式服务的重要途径。

2. 政府门户网站的核心功能

政府建立网站的目的主要有两个:一是整合政府各机构的信息,使公众可以及时、迅速、便捷地获取政府信息;二是整合公共服务,便于公众使用,提高服务质量。整合是政府门户网站的关键所在,也是其区别于其他政府网站的本质特征,因此,政府门户网站的核心功能主要有以下两点:

(1) 服务导航功能

服务导航功能是政府门户网站的基础功能,也是政府建什么网站的出发点。政府门户网站作为连接所有政府网站的前台,通过对各政府网站提供信息和服务链接的分类整理,并按照相应的主题和一定的逻辑关系在门户网站上排列显示,方便公众或企业快速便捷地找到并进入办理相应业务的政府网站。例如,新加坡电子公民中心网站构建了一个供服务对象全生命周期的服务体系,能够为公众提供"从摇篮到坟墓"的所有公共服务链条。

(2)"一站式服务"功能

"一站式服务"要求政府门户网站将政府按部门划分的业务提升为面向公众服务的系统功能群。所有政府部门的业务都按照政务流程进行整合,传统的政府机构成为电子政务系统的业务处理节点,进行协同工作,然后通过单一的窗口为企业与公众提供公共管理和服务。用户通过政府门户网站直接进入业务办理程序,无须访问特定的政府机构网站,也不用知道自己是在与哪个具体政府机构打交道。用户如同面临一个虚拟的政府,可以处理包罗万象的所有政府业务。例如,美国联邦政府门户网站首页上最醒目的是两部分内容:第一部分是在线服务,罗列了最常用的政府服务的网站链接;第二部分是按照特定的主题划分的与政府服务相关的常规政策信息或业务指南,主题包括灾害和紧急情况、教育、移民和美国公民身份、政府福利、工作、劳动法和失业、残疾人服务等,每个主题中又会划分出若干个子主题,如在"工作、劳动法和失业"主题中又分为失业津贴(了解你是否有资格领取失业救济金及如何申请)、如何找到工作和免费培训(访问政府网站找工作,了解免费的职业培训计划)、退休规划(查找在线工具和工作表,帮助你制订退休计划)、劳动法和工人保护(了解保护你的就业和工作安全的法律)等子主题。

3. 政府门户网站的设计理念

(1)以用户为中心

政府门户网站应该根据网站用户的不同特点和需求提供个性化的服务。个性化可以从静态和动态两个方面来考虑。静态的个性化是指门户网站在对潜在访问客户进行分类的基础上,将网站内容按照不同的用户角色分别编排,并设计不同的访问路线,用户只需要按照自己所要办理的业务需求,选择不同的访问路线,即可方便快捷地找到相应的功能模块。例如,将潜在的用户分为公民、企业、游客等三类。动态的个性化是指根据用户的当前需求来预测用户的行为,当用户进入网站后所看到的页面内容是根据用户的特征和过去的网站访问经历动态调整的。比如某用户过去曾经申办过企业注册服务系统,那么可以根据该企业的特性在其再次访问时,向用户提示该企业目前最可能需要办理的业务服务链接。

(2)降低用户的使用成本

理性个体在从事具体行为时往往会进行成本和收益的考量,因此降低用户访问政府门户网站的成本是提高政府门户网站使用频率的重要手段。为此,首先要减少检索成本,即减少用户在门户网站上寻找自己所需要的服务所需支付的成本。例如,若所有服务的网页链接都放在首页,那么首页的内容量将超过用户迅速浏览的极限;而如果这个链接被置于二级或三级页面中,那么用户就需要点击若干次链接后才能找到该服务。因此,各种服务链接的设计编排是一个权衡的结果。其次要降低学习成本,即降低用户掌握有关业务办理的知识所需要支付的成本。政府工作人员在设计业务功能时,往往从自己的知识和经验出发,默认用户也拥有与他们相同的知识体系,从而加大了公众学习相关知识的成本。设计业务时应避免仅从设计者的角度出发,而应充分考虑用户的认知习惯和操作便利性,提供直观、易懂的引导和帮助文档,以降低公众的学习成本。最后要降低办理成本,即降低用户在具体业务办理过程中所需要支付的成本。例如,避免因为页面访问错误而导致用户重复填写提交资料情况的发生。

(3) 开发方式和方法上实现科学性和易得性的平衡

以用户为中心的设计理念要求政府门户网站设计应当经常了解用户的想法,不断改进网站的布局和功能设计并修正网页错误与缺陷。政府门户网站很多是通过外包方式建立的,公务员自我开发能力相对薄弱。一些网站信息中心的一般办事人员只懂基本操作,根本无力对系统本身进行更新,但是现在软件工程的新趋势是敏捷开发,强调软件的不断更新、不断优化。因此,必须注意政府门户网站在开发方式和方法上实现科学性和易得性的平衡。

(4) 便于日常科学有效运营

运营是指一切为了提升网站服务于用户的效率而从事与网站后期运作、经营有关的工作。政府门户网站上线只是第一步,要避免重网站设计,轻内容运营。要把网站流量做起来、稳定住就要注意信息的推送和维护,要注意爆点信息的作用,注意信息目标群体的锁定,注意信息的聚合性和规范性。如果设计之初欠缺全盘考虑,可能导致后期维护难度加大,进而导致关注率偏低。另外,要将政府门户网站的后台信息维护与信息发布审核进行分权设计,这样可以避免因信息维护人员的失误而导致公众查阅到不当信息。当信息资源组织分类不合理,未建立统一的目录结构体系时,可能造成信息资源利用率低。

4. 当前政府网站面临的新形势

(1) 对政府网上服务能力提出更高要求[①]

与传统媒体相比,互联网信息传播的成本低、速度快、范围广,越来越多的人

[①] 参见于施洋、杨道玲、王璟璇、张勇进、王建冬:《基于大数据的智慧政府门户:从理念到实践》,载《电子政务》2013 年第 5 期。

习惯选择在互联网上表达诉求和观点,并通过互联网获取各类信息和服务。特别是随着搜索引擎、微博微信等移动终端用户的快速增长,网民获取信息的渠道越来越多样化,每个网民既是互联网信息的浏览者,同时也是网上信息的制造者和传播者,而且传播速度要比政府信息发布快得多,政府网站信息与民间信息在互联网信息传播中形成了事实上的竞争关系,在这个竞争的过程中政府总体上处于被动局面。面对互联网上质量参差不齐的海量信息,公众对政府权威信息的需求越来越高,对政府积极主动的回应愈加期盼。中国网民互联网接入越来越呈现移动化、智能化的特点,而很多政府网站都还没有向移动终端用户提供有针对性的在线服务,政府移动服务应用屈指可数。正是由于没有意识到互联网新技术、新应用对政府信息传播的影响,致使政府互联网服务的响应能力相对滞后,不仅无法有效满足用户需求,还可能会拉远政府与公众的距离。因此,必须深刻把握并积极适应互联网的信息传播特性,主动将政府信息推送出去,确保公众能够及时、准确地找到政府的权威信息,提高政府在互联网上的响应能力,这是提高政府网上服务能力的重要前提。

(2)网民需求对网站服务模式提出"供给侧改革"

根据全国政府网站基本信息数据库(https://zfwzxx.www.gov.cn/)的数据统计,截至2024年全国政府网站运行总数达1.3万个。总体上看,近十年来,中国政府网站采取的是"供给导向"的发展模式,主要解决了各级政府网站"从无到有"的问题。虽然这对于推动全国政府网站的普及和功能完善发挥了重要作用,但是随着中国政府网站的进一步发展,深化应用和突出服务正成为关注重心,供给导向的模式已经越来越不能适应形势发展的需要。

2010年的一项调查显示,我国网民对省、市、县三级政府网站的满意度都不是很高。[①] 造成这种问题的一个重要原因就是,政府很难了解广大网民的真实需求,往往是从自身业务供给的角度出发,按照自己的理解不断添加内容、上新服务,使得网站内容越来越繁杂,栏目设置如同迷宫,而当公众查询政府网上信息或服务时,却常常面临"提供的服务不需要、需要的服务找不到"的尴尬。要破解这一难题,政府网站就必须从现有的"供给导向"服务模式转向兼顾供给和需求、更加注重用户体验的"需求导向"服务模式,重点解决"从有到好"的问题,建立服务供给与用户体验之间正向激励的良性循环,进一步满足广大网民的服务需求。

---

① 参见桂杰、何星洁:《汪玉凯:不应以报道官员活动为主》,载《中国青年报》2013年1月27日第3版。

(3) 互联网大数据倒逼政府网站发展模式创新

当前,电子商务领域正在大量推广基于大数据的营销模式创新,通过对企业网站用户浏览行为、搜索行为、购买行为的数据分析,挖掘用户的行为习惯和喜好,主动向用户推介产品和服务,真正做到从网民需求和体验的角度提升服务质量,一方面提高了企业电子商务水平,另一方面也创新出更有效的企业营销模式。商务领域在互联网大数据方面的应用对政府网上服务能力的提升具有重要的借鉴意义。事实上,欧美等发达国家政府早已开始注重政府大数据应用。例如,2010年7月,美国联邦政府对其门户网站进行了改版,这次改版就是基于对网站大量用户访问数据的综合分析,依据用户需求和行为习惯,优化了网站的页面和服务,使页面更简洁、服务更便捷、搜索功能更强大。[1] 整合提升政府公共服务能力是建设服务型政府的必然要求,政府必须重视互联网上的社会群体及其所反映的各种社会现象,必须主动适应环境,不断创新,切实从用户需求的视角整合网站资源,建设基于大数据的智慧政府门户网站,为公众提供更为优质的网上服务。

5.2 智慧政府网站设计模拟实验

【本节演示的教学软件采用 B/S 架构,软件程序安装在服务器端,学生端打开浏览器访问即可使用软件,软件访问地址与免费试用账号申请可发送至 207455@nau. edu. cn】

服务个性化、特色化,是政府网站的生命线。政府网站,作为政务公开和公共服务的门户,是大众获取信息的重要途径,更是信息化时代政府密切联系群众的重要桥梁。智慧政府网站设计应该对网站栏目、信息数据、公众使用门户网站的行为、热点等数据进行智能分析,基于智能分析对网站进行升级改造,提高网站建设水平。通过门户网站的大数据分析,给政府提供更科学的决策支撑,为公众提供专业化、个性化、特色化服务。

以我国政府网站工作年度报表考核参数为例,在政府网站设计之初要重点考虑以下指标:

---

[1] 参见尹伟欣、王存福、罗羽:《部分政府门户网站成摆设陷入尴尬》,http://www.xinhuanet.com//zgjx/2013-10/26/c_125602761.htm,2023年10月20日访问。

表 5-1　政府网站年度报表考核参数

独立用户访问总量(单位:个)			
网站总访问量(单位:次)			
信息发布(单位:条)	总数		
	概况类信息更新量		
	政务动态信息更新量		
	信息公开目录信息更新量		
专栏/专题(单位:个)	维护数量		
	新开设数量		
解读回应	解读信息发布	总数(单位:条)	
		解读材料数量(单位:条)	
		解读产品数量(单位:个)	
		媒体评论文章数量(单位:篇)	
	回应公众关注热点或重大舆情数量(单位:次)		
办事服务	是否发布服务事项目录	是	否
	注册用户数(单位:个)		
	政务服务事项数量(单位:项)		
	可全程在线办理政务服务事项数量(单位:项)		
	办件量(单位:件)	总数	
		自然人办件量	
		法人办件量	

(续表)

互动交流	是否使用统一平台	是	否
	留言办理	收到留言数量（单位:条）	
		办结留言数量（单位:条）	
		平均办理时间（单位:天）	
		公开答复数量（单位:条）	
	征集调查	征集调查期数（单位:期）	
		收到意见数量（单位:条）	
		公布调查结果期数（单位:期）	
	在线访谈	访谈期数（单位:期）	
		网民留言数量（单位:条）	
		答复网民提问数量（单位:条）	
	是否提供智能问答	是	否
安全防护	安全检测评估次数（单位:次）		
	发现问题数量（单位:个）		
	问题整改数量（单位:个）		
	是否建立安全监测预警机制	是	否
	是否开展应急演练	是	否
	是否明确网站安全责任人	是	否

5.2.1　智慧政府网站设计模拟实验准备

奥派政府信息门户实验模块是以政府门户网站为基础进行的政府后台信息设置及前台信息门户交流的模拟实验。本系统重点突出了信息网络的便利,学生可以不同的角色身份登录系统:作为政府办公人员,在后台不仅可以整合政府的各种对外服务功能,发布相关的信息,介绍政府部门的职能、政策法规、办事程序,也可以通过网站接受公众的参与和信息反馈;作为公众与企业,可以通过门户网站查询相关的政策信息,并进行反馈统计等操作,与政府实现充分交流。奥派政府信息门户实验模块具有强大的功能体系,可以根据网站的实际需求实现功能扩展运用,灵活的组合与体现方式使得政府信息门户更能体现不同的职能特色,避免千篇一律。

1. 实验流程图

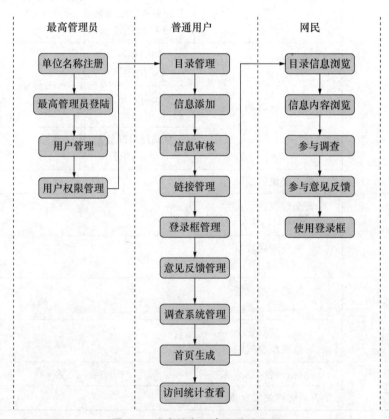

图 5-1　政府信息门户实验流程图

2. 实验目的

(1) 初步掌握政府信息门户的相关知识点；

(2) 了解完成政府信息门户所涉及的角色,以及各角色所涉及的功能；

(3) 了解政府信息门户系统中的流程。

3. 实验情景

江州市(虚构的城市)人民政府网站由江州市人民政府主办,主要介绍江州政府、政治和经济概况等,此外网站还提供了公众信息反馈和网上办事功能。自从兴建了门户网站,不仅有效地提高了江州市政府办事效率,也大大提高了政府在公众心目中的形象。

4. 实验数据

表 5-2 添加的目录信息

目录等级	目录名称	目录类型
一级目录	走进江州	有下级目录
一级目录	透视政府	有下级目录
一级目录	网上办事	有下级目录
一级目录	政民互动	有下级目录
二级目录	江州概况	有内容(内容直接显示)
二级目录	投资江州	有内容(内容直接显示)
二级目录	江州规划	有内容(内容列表显示)
二级目录	领导致辞	有内容(内容直接显示)
二级目录	新闻发布	有内容(内容直接显示)
三级目录	网上调查	有内容(内容列表显示)

表 5-3 添加的信息内容

信息类型	目录
所属目录	二级目录
目录名称	江州概况
表现形式	文章
文章标题	今日江州
形象图片	(上传 jpg 图片)
信息内容	江州市是中国最大的经济中心和贸易港口,是全国最大的综合性工业城市,也是全国重要的科技中心、贸易中心、金融和信息中心,位于北纬 31 度 14 分,东经 121 度 29 分。江州地处长江三角洲前沿,东濒东海,南临杭州湾,西接江苏、浙江两省,北靠长江入海口,地处我国南北海岸线的中部,交通便利,腹地广阔,地理位置优越,是一个良好的江海港口。

表 5-4 添加的链接内容

链接名称	推荐链接
链接名称	中国政府采购网
链接地址	http://www.ccgp.gov.cn/

表 5-5 添加的登录框信息

登录模块标签	邮箱登录
登录账号标签	登录用户名
登录密码标签	登录密码
Action 地址	http://www.gov.cn/

表 5-6 调查系统内容

调查系统标签	调查细项名称	调查细项英文名称
您认为改版后网站如何	栏目组织比较得当	organization
	色彩比较合理	color
	框架比较清晰明确	frame
	内容丰富	content

5. 实验任务

（1）用户管理；

（2）目录管理；

（3）信息管理；

（4）链接管理；

（5）登录框管理；

（6）意见反馈管理；

（7）调查系统管理；

（8）首页生成；

（9）访问统计管理。

5.2.2 智慧政府网站设计模拟实验实训

在电子政务首页选择"政府信息门户"，进入政府信息门户模块，首先需要进行行政区域注册。

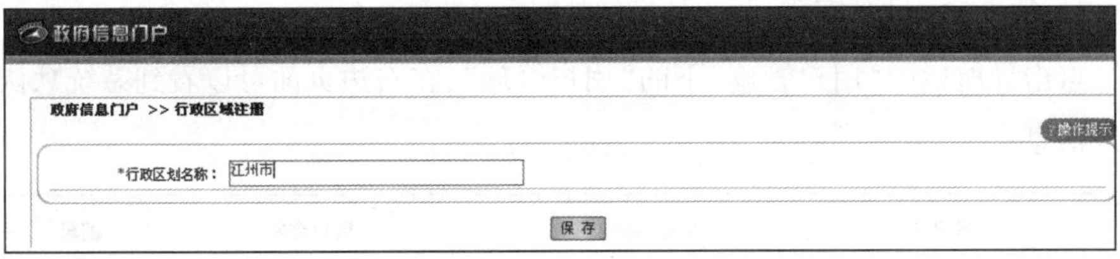

第 5 章 智慧政府与互联网+ 237

图 5-2

点击"保存",系统会提示注册成功,进入模块操作首页。

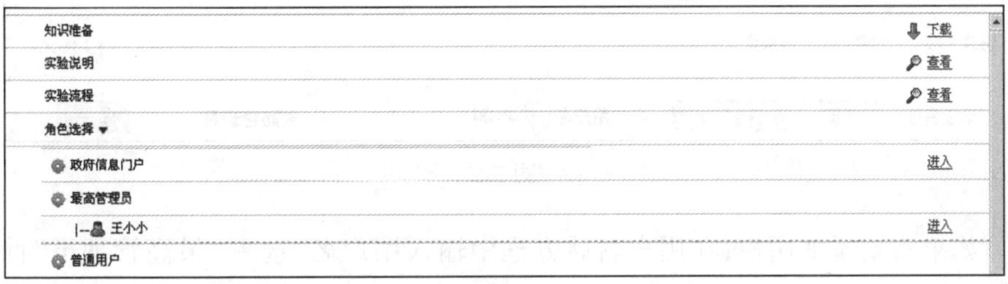

图 5-3

点击"政府信息门户"后的"进入",将能看到江州市人民政府网站首页。由于还未在后台添加内容,所以网站首页还没有内容。点击最高管理员王小小①后的"进入",进入后台操作界面。

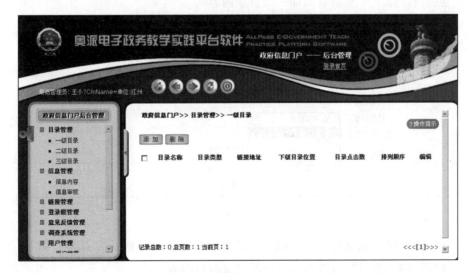

图 5-4

---

① 最高管理员为当前实验学生注册时的姓名。

1. 任务一：用户管理

点击导航栏中"用户管理"下的"用户管理"，在右边页面可以看到系统默认的用户信息。

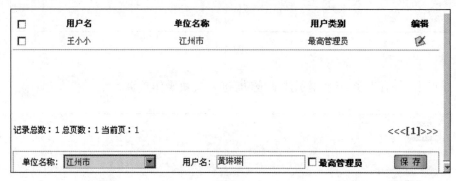

图 5-5

如果需要添加用户，在用户名后方框中输入用户名，选中"最高管理员"前复选框，则该用户角色即为"最高管理员"，否则默认为"普通用户"。点击"保存"，系统会提示操作成功。

2. 任务二：目录管理

（1）一级目录

点击右边页面"添加"，添加一级目录内容①。

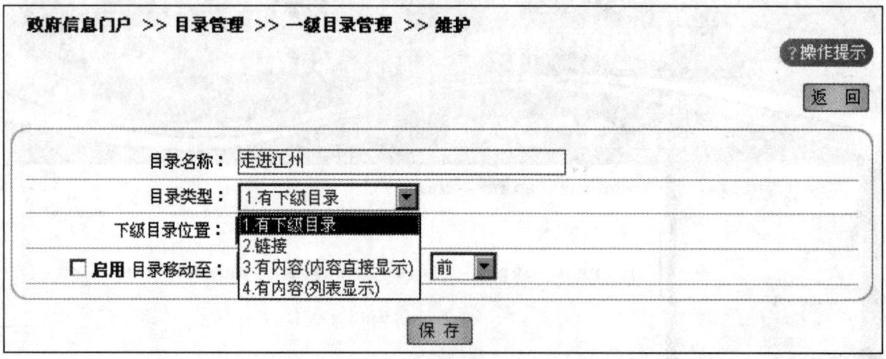

图 5-6

点击"保存"，系统提示操作成功。按照同样的方法继续添加其他一级目录。添加好后点击"返回"，可以看到添加的目录信息列表。

---

① 注意目录类型选择，如果选择"有下级目录"，则该目录下可以添加下级目录；如果选择"链接"，则该目录可以添加链接；如果选择"有内容"，则该目录可以添加信息内容。

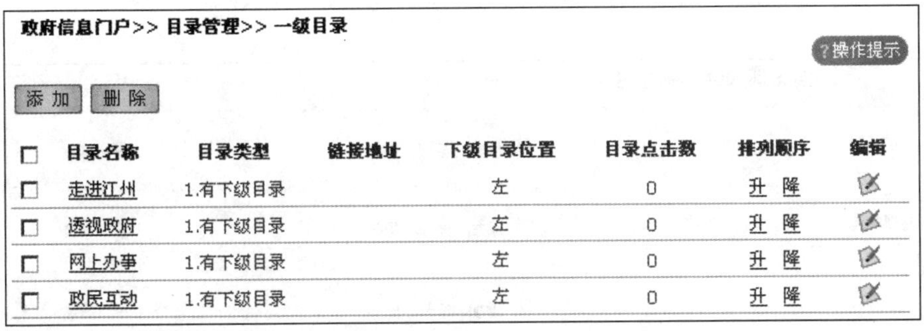

图 5-7

点击目录名后的"升",则该目录在首页中的显示位置将向右退一位;点击"降",则该目录显示位置将向左进一位。设置好目录后点击页面上方"登录首页"①,查看首页内容。

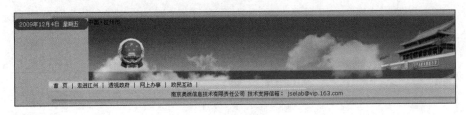

图 5-8

(2) 二级目录

添加二级目录之前需要进行用户一级目录权限分配,否则系统会提示出错信息。点击"用户管理"下的"权限管理",页面会显示用户信息列表。

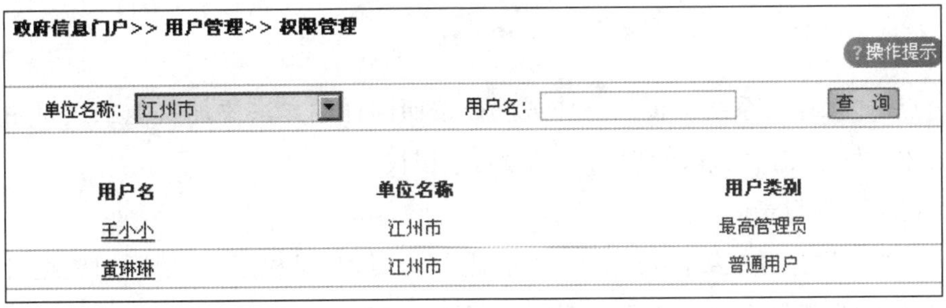

图 5-9

---

① 在后台操作时,如果想要查看首页内容,都可以使用该方法。

点击"王小小"①,给王小小赋予操作一级目录的所有权限。

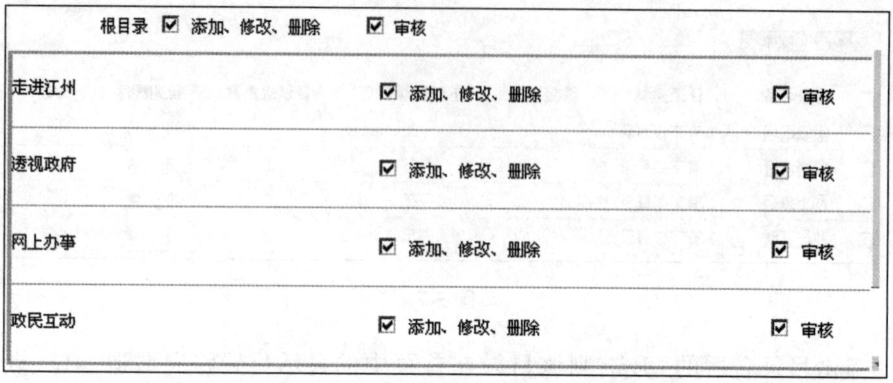

图 5-10

点击"保存",系统会提示操作成功。

点击导航栏中的"二级目录",在右边页面点击"添加",选择欲添加下级目录的一级目录,添加二级目录信息。

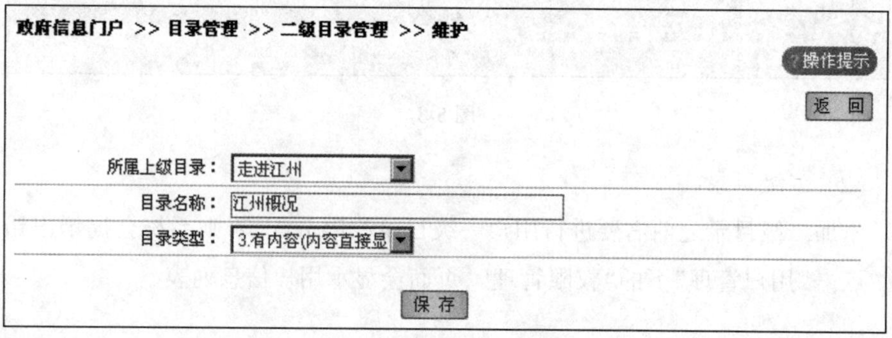

图 5-11

点击"保存",系统会提示操作成功。按照同样的方法添加其他二级目录信息。添加好后点击"权限管理",给二级目录授权。

(3) 三级目录

如果需要添加三级目录,给用户分配操作二级目录权限,然后添加三级目录信息,添加步骤与添加二级目录相同,这里不再赘述。

---

① 因为王小小角色是最高管理员,我们给他赋予后台操作的所有权限。

3. 任务三：信息管理

（1）信息内容

给目录类型为"有内容"的目录添加信息内容。点击"信息管理"下的"信息内容"，在右边页面点击"添加"，选择要添加信息内容的目录，添加信息内容。

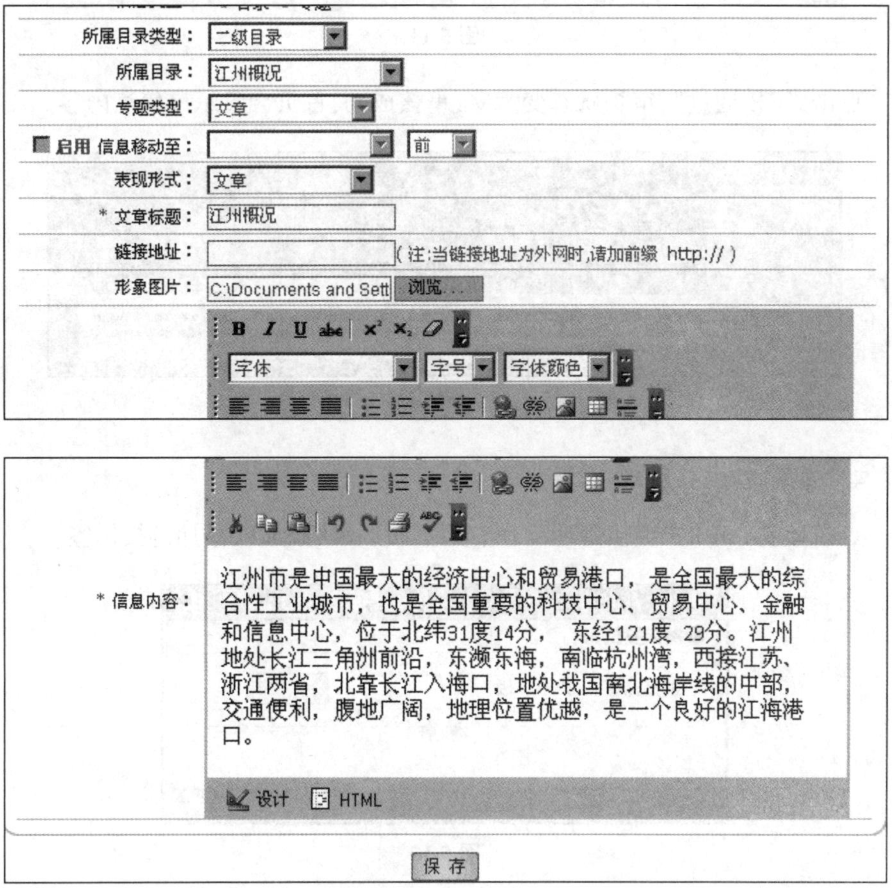

图 5-12

点击"保存"，系统会提示操作成功。信息内容添加后需要审核。

（2）信息审核

点击导航栏中的"信息审核"，在右边页面选择要审核信息所在目录，将能看到待审核信息列表。

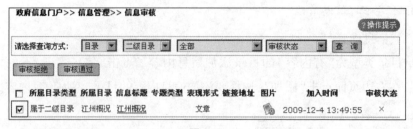

图 5-13

点击"审核通过",审核状态变为√,审核成功,首页会显示该信息内容。

图 5-14

4. 任务四:链接管理

点击导航栏中的"链接管理",在右边页面点击"添加",添加链接标签。

图 5-15

点击"添加",返回链接管理页面。

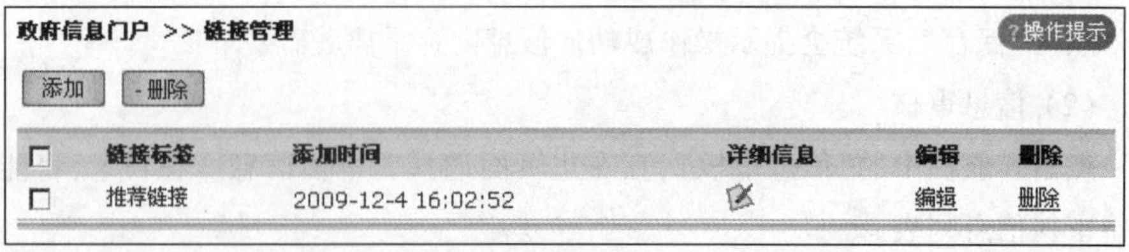

图 5-16

点击 ![icon],然后点击"添加",填写链接详细内容。

图 5-17

点击"添加",系统提示操作成功。

5. 任务五:登录框管理

点击导航栏中的"登录框管理",在右边页面点击"添加",填写登录框信息。

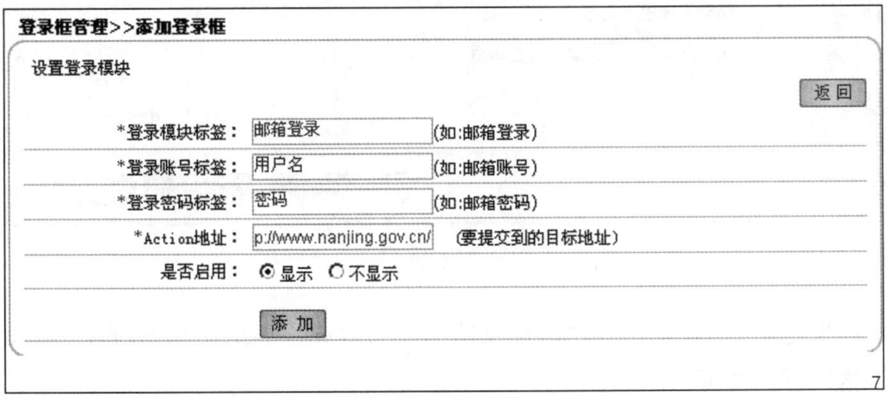

图 5-18

点击"添加",系统会提示操作成功。

6. 任务六:意见反馈管理

点击导航栏中的"意见反馈管理",在右边页面点击"添加",设置意见反馈参数。

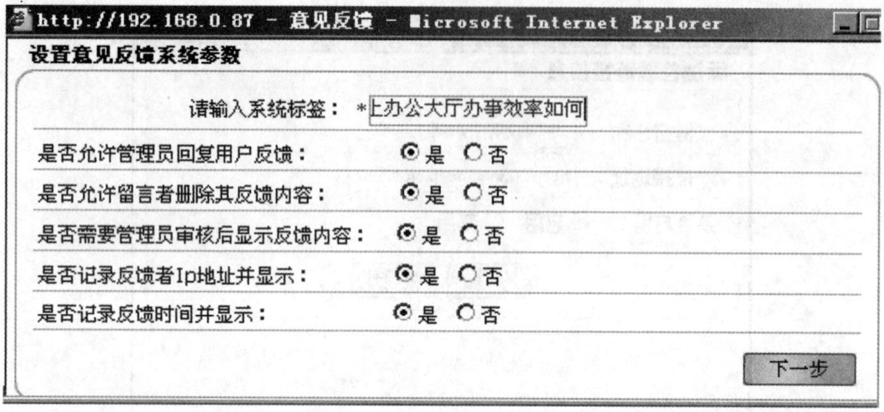

图 5-19

点击"下一步",添加反馈细项。

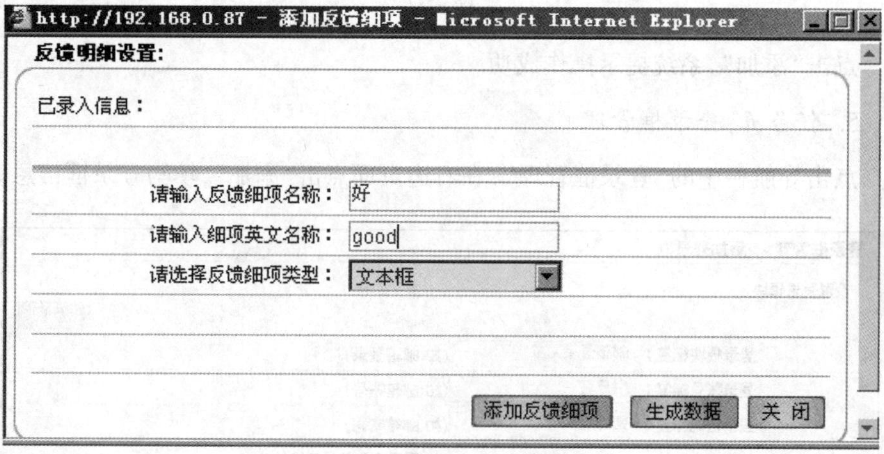

图 5-20

如果还要继续添加,点击"添加反馈细项",继续添加反馈细项内容。添加好后点击"关闭"即可。

7. 任务七:调查系统管理

点击导航栏中的"调查系统管理",在右边页面点击"添加",设置调查系统参数。

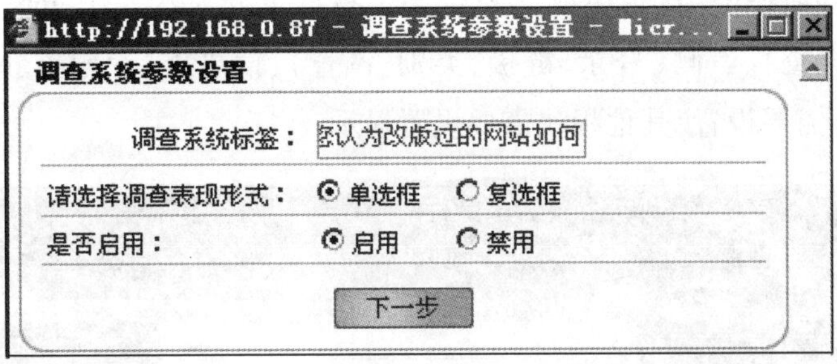

第 5 章　智慧政府与互联网+ 245

图 5-21

点击"下一步",添加调查细项。

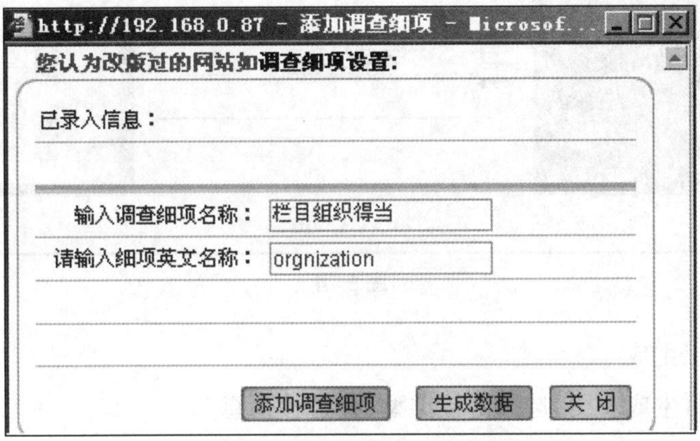

图 5-22

如果还要继续添加,点击"添加调查细项",继续添加调查细项内容。添加好后点击"关闭"即可。然后,返回调查系统管理首页。

图 5-23

此时状态为"禁用",点击"禁用"使状态变为"启用"。

8. 任务八:首页生成

通过首页生成可以将前面添加的链接、登录框、意见反馈和调查系统显示在首页。点击导航栏中"首页生成",右框架中将首页分为六大块:top、左侧(登录、链接、类别、调查)、右侧(登录、链接、类别、调查)、信息类、专题类、bottom。其中top、bollom不需要设置,其他板块需要设置显示。

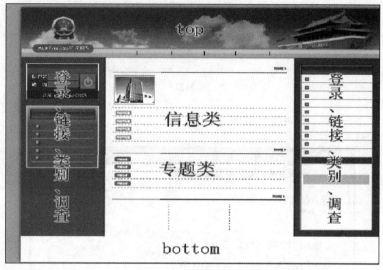

图 5-24

（1）链接生成

点击首页生成左侧,选择链接类型为"链接信息"。

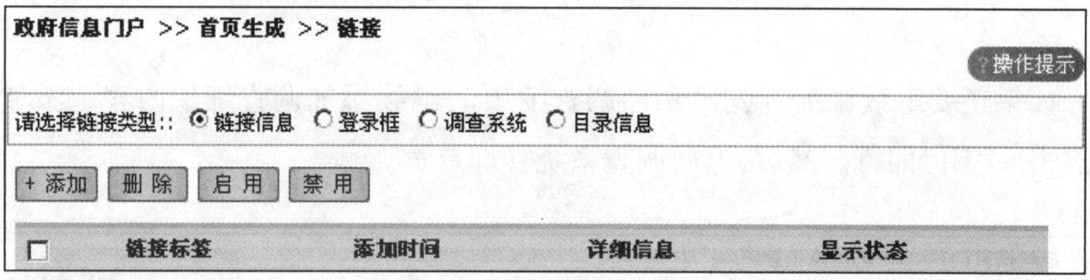

图 5-25

点击"添加",选择要链接的信息,点击"保存",待系统提示操作成功后,点击"返回",可以看到链接显示状态为"禁用"。

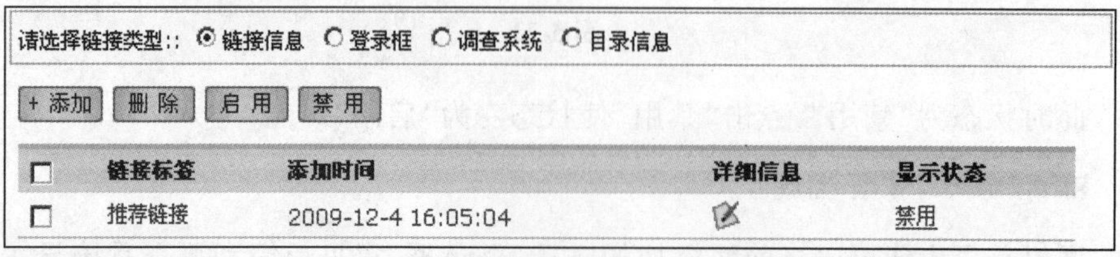

图 5-26

点击"禁用",链接显示状态变为"正常",此时首页左侧显示该链接。点击链接名称即可链接到该网站。

图 5-27

(2) 登录框

点击首页生成右侧,选择链接类型为"登录框",点击"添加",选择要添加的登录框信息。

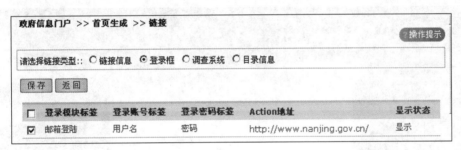

图 5-28

点击"保存",系统会提示操作成功。点击"返回",将登录框状态设置为"正常"。此时在首页右侧能看到登录框。

图 5-29

(3) 调查系统

点击首页生成右侧,在出现的页面中选择"调查系统",点击"添加",选择要显示的调查名。

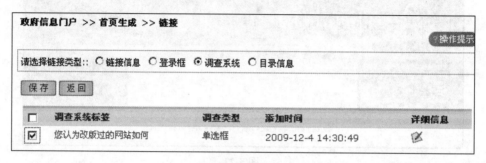

图 5-30

点击"保存",待系统提示操作成功后点击"返回",点击调查系统显示状态使之变为"正常"。此时在首页相应位置可以看到调查系统。

图 5-31

(4) 目录信息

点击首页生成左侧,在右边页面中选择"目录信息",输入目录标签,选择目录信息。

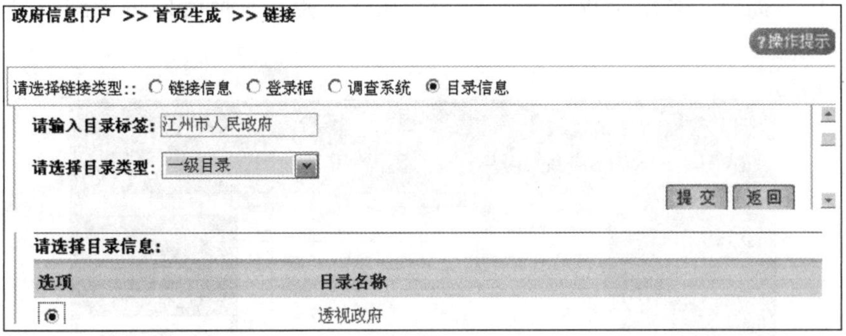

图 5-32

点击"提交",系统会提示操作成功。点击"提交",系统会提示操作成功。此时在首页相应位置可看到一级目录标签。

图 5-33

(5) 信息类①

点击首页生成的"信息类",在右边页面点击"添加",添加信息标签。

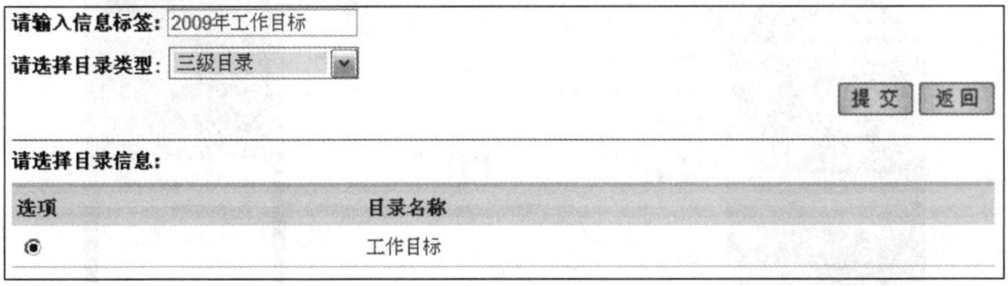

图 5-34

---

① 信息类内容只能添加到二级、三级目录类型为"有内容(列表显示)"目录下。

点击"提交",系统会提示操作成功。在首页点击 more▸,即可看到信息详细内容。

图 5-35　显示信息内容首页

(6) 专题类

点击首页生成的"专题类",在右边页面点击"添加"。

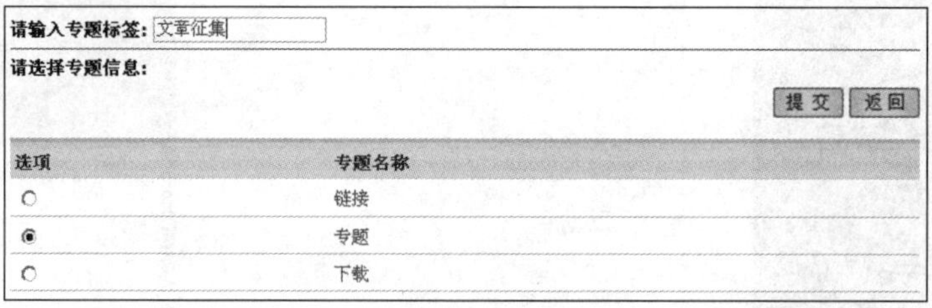

图 5-36

点击"提交",系统会提示操作成功。在首页点击 more▸,即可看到专题详细内容。

图 5-37

9. 任务九：访问统计管理

(1) 访问统计

点击"访问统计管理"下的"访问统计",在右边页面可以看到访问统计界面。点击统计种类即可看到相应的统计信息。

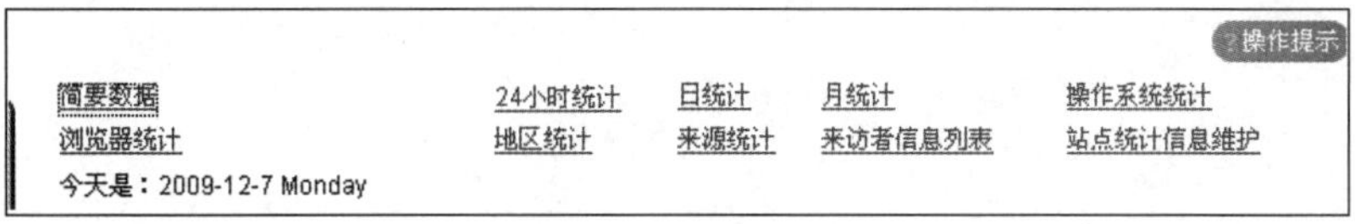

图 5-38

(2) 栏目信息统计

点击"访问统计管理"下的"栏目信息统计",右边页面会显示各目录点击数据。

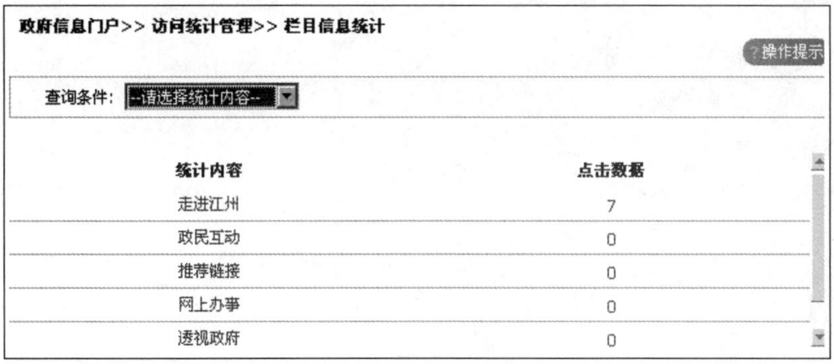

图 5-39

第 6 章

智慧政府与网络舆情治理

> 根据形势发展需要，我看要把网上舆论工作作为宣传思想工作的重中之重来抓。宣传思想工作是做人的工作的，人在哪儿重点就应该在哪儿。我国网民有近六亿人，手机网民有四亿六千多万人，其中微博用户达到三亿多人。很多人特别是年轻人基本不看主流媒体，大部分信息都从网上获取。必须正视这个事实，加大力量投入，尽快掌握这个舆论战场上的主动权，不能被边缘化了。要解决好"本领恐慌"问题，真正成为运用现代传媒新手段新方法的行家里手。要深入开展网上舆论斗争，严密防范和抑制网上攻击渗透行为，组织力量对错误思想观点进行批驳。要依法加强网络社会管理，加强网络新技术新应用的管理，确保互联网可管可控，使我们的网络空间清朗起来。
>
> ——习近平 2013 年 8 月 19 日在全国宣传思想工作会议上的讲话

网络和信息安全牵涉到国家安全和社会稳定,是我们面临的新的综合性挑战。从实践看,面对互联网技术和应用飞速发展,现行管理体制存在明显弊端,主要是多头管理、职能交叉、权责不一、效率不高。同时,随着互联网媒体属性越来越强,网上媒体管理和产业管理远远跟不上形势发展变化。特别是面对传播快、影响大、覆盖广、社会动员能力强的微博、微信等社交网络和即时通信工具用户的快速增长,如何加强网络法制建设和舆论引导,确保网络信息传播秩序和国家安全、社会稳定,已经成为摆在我们面前的现实突出问题。

——习近平2013年11月9日《关于〈中共中央关于全面深化改革若干重大问题的决定〉的说明》,选自《十八大以来重要文献选编》(上),中央文献出版社2014年版

"互联网+"时代的到来给网络舆论引导和治理带来了巨大挑战,同时也带来了历史机遇。互联网广泛性、即时性、开放性、共享性和互动性的特点以及丰富多彩、方便实用的应用形式,使互联网日益成为反映社情民意的重要阵地,网上热点层出不穷,网络舆情对公共事务决策的影响力也日益加大。互联网技术的快速发展以及公众网络参政、问政、议政、督政意识的不断提高,催化了政务微博、政务微信的出现,推动着政务问政日趋规范和成熟。

6.1 网络舆情

2023年8月,中国互联网络信息中心(CNNIC)在北京发布第52次《中国互联网络发展状况统计报告》。报告显示,截至2023年6月,我国网民规模达10.79亿人,较2022年12月增长1109万人,互联网普及率达76.4%。[①] 庞大的网民构成了中国蓬勃发展的消费市场,也为数字经济发展打下了坚实的用户基础。随着互联网的发展,社交作为互联网应用发展的必备要素,不再局限于信息传递,而是与沟通交流、商务交易类应用融合,借助其他应用的用户基础,形成更强大的关系链,从而实现对信息的广泛、快速传播。

移动互联网加速了传统媒体与新媒体的融合进程,全媒体融合趋势初步显现。2016年上半年,我国传统媒体和新媒体"有形"融合逐步完成,中央和各地方媒体积极利用"两微一端"(包括微信、微博及新闻客户端)向新媒体转型,其中人民日报、央视新闻等传统媒体已经形成强大的网络传播影响力。但是,媒体的"无形"融合仍有待深入,传统媒体从思维到认识、从内容到渠道、从平台到经营,仍需实现与新媒体的"深度融合",积极探索融合和可持续发展之路,最终形成立体多样、融合发展的现代传播体系。

6.1.1 网络舆情的相关概念

近年来,网络舆情日益受到我国各级政府的关注,并逐步建立起相应的应对

---

① 参见《中国互联网络发展状况统计报告(2016年7月)》,https://www.cnnic.net/NMediaFile/old_attach/P020160803367337470363.pdf,2023年10月25日访问。

措施。从中央部委到地方政府纷纷设立新闻发言人，开放地方政府与公众互动交流的平台，开通政务微博微信，设置网络议题邀请网民积极互动，回应网民提出的各种利益诉求，使得政府网络舆情应对提速。

1. 网络舆情、网络舆论与民意

（1）网络舆情的含义

"舆"字最早出现在春秋末期，本指车厢，引申指车。"舆"和"人"连用转化为造车的人，也指众人。所谓"舆情"，其基本含义是指公众的意见和态度。在现当代，舆情是指在一定社会区域空间内的舆论传播与反馈，具体来说就是公众围绕其关注的社会热点问题、危机事件、社会公共管理事务等表达意见和态度，是对管理者或者说责任方所持有的社会、政治态度的回馈。网络舆情是指公众通过网络载体，围绕其关注的社会热点问题、危机事件、社会公共管理事务等所表达的态度、意见、观点、情感的综合表现，它对事态的后续发展有重要影响。

网络舆情与社会舆情本质上是一致的，但网络舆情强调的是在互联网、移动互联网中，公众通过新浪、搜狐、网易等门户网站，以及腾讯QQ、微信、微博等自媒体工具，来表达其对于焦点问题、危机事件等的观点和态度。鉴于信息网络自身的开放性、实时性和易达性特点，社会中各个阶层的人的诉求和具体观点都能借助网络平台发表出来。因此，可以说，网络为各个阶层提供了一个抒发感情和表达想法的大舞台，网络舆情在很大程度上成了地方政府传达信息和了解民意的重要途径。

（2）网络舆情与网络舆论和民意的关系

舆情、舆论和民意都是公众意见或态度的表达，但是三者之间存在细微的差异：舆情是多种情绪、意愿、态度和意见交错的总和；舆论代表着多数人的意见，可能是好的也可能是坏的；而民意则是舆论当中正确、公正的那部分，它反映了人类社会发展过程中符合历史要求的多数人的共同意见。现实中存在相当多的掺杂着非理性意见和情绪的网络舆情，这些负面的网络舆情不能简称为民意。舆论只有经过严格的政治程序被确认之后，才能判断是否为"民意"。相较于舆情而言，舆论更接近于民意的范畴。

舆情的范围最宽，而民意的范围最窄。舆情有可能会随着事态的变化及人为的引导而趋向于形成声势浩大的社会舆论，而正确、客观、公正的那部分，被广大群众拥护和认可，从而形成民意。认真界定和划分网络舆情、网络舆论和民意及其内在关系，有助于政府在处理网络舆情的过程中做到有的放矢，把握住工作的重点,以便有针对性地开展工作。具体而言,对网络舆情要及时预警、密切跟踪、分析趋势、引导和控制;对网络舆论要加强引导,使之朝正确的方向发展;而对民意,则要尊重和促进其实现。

2. 网络舆情的特点

网络固有的特质,为网络舆情的存在和发展提供了特殊的土壤,也使得网络舆情相比传统舆情具有更多独特性。网络的开放性和虚拟性使得网络舆情在形成和传播过程中具有如下特点:

(1) 网络舆情的匿名性

互联网的技术特性使得网络舆情在信息采集、生产和传播中具有匿名性特点。比如在某些无须真实身份验证的网络论坛,只要注册匿名账号,就可以就一些议题发表看法。这些议题在未经证实的情况下,有可能被其他网民发现并通过其他网络工具快速发布,从而传递到其他信息空间,造成极为广泛的传播。即使是一般的网络信息,也会由于受接收到的网民自身的知识、情绪和认知等的影响而产生歧义,某些好事者甚至会出于猎奇心理等而进行有意的曲解。一旦这些不理性的表达被别有用心的人所利用,就可能由一起简单的事件演变为严重的网络舆情事件。

(2) 网络舆情的突发性

网络传播信息的实时性,使得网络舆情传播具有即时性特征。新兴媒体大量普及后,微博、微信、QQ群、BBS论坛、社交网站这些多对多的交叉传播方式使得海量的信息通过网络不断传播,大大刺激了人们的情绪和行为,会瞬间在互联网上形成碰撞、交融。网络媒体比传统媒介对公众的影响更加广泛、实时,也更加容易沟通互动,从而为网络舆情事件的发生发酵提供基础。譬如,在发生一些焦点事件、突发公共危机事件时,公众自己获取了一些片面的图片、视频等,通常会未经核实和处理就发送到网络上,被其他网民反复转载,从而迅速传播开来。

(3) 网络舆情的片面性

网络舆情反映出来的巨大民意,往往能促成相关公共事件得到较快的处理和解决,但通过大量的分析发现,不少网络舆情存在一定的片面性,即网络通常只特别关注某个事件的某一方面,或只从某一视角来观察事件,而没有对事件进行全面、深刻的分析。在网络中,具有相同观点、类似态度和相同情绪的网民往往会聚集在一起,使网络成为一个公众释放情绪的场所,致使很多情绪化的言论和带有较强主观因素的言论可以在互联网上迅速传播。此外,网络上有的善于包装、热衷炒作,有的虚假传播、恶意诋毁、打击对手或肆意报复,有的夸大事实、吸引眼球,以引起社会和相关部门关注等,他们传播的信息形成的片面的网络舆论与社会现实存在较大的偏差,缺乏客观真实性,给社会安定带来的危害巨大,应当给予及时的引导和治理。

(4) 网络舆情的自由性

现代信息技术可以提供多种网络舆情信息交流和沟通的途径,使得网络空间中的言论环境更加开放和自由,公众可以借助于网络论坛、新闻评论、博客、微博、微信等网络平台自由地发表自己的观点,表达自己的意愿和态度,成本低廉,程序简便,大大降低了公众参政议事和发表意见的门槛。但是,网络舆情的自由开放性容易使一些不法分子和不道德的网民趁机肆意散播网络谣言。这不仅给网络管理带来了很大的困难,而且会损害社会稳定,侵犯他人的正当权益。网络并非是独立于社会之外不受任何监管的绝对自由空间,网络舆情的传播也应受到法律和道德的规制。对于各种有害的网络舆情信息而言,通过各种途径加以限制是必要的。

(5) 网络舆情的互动性

网络舆情的互动性既包括网络媒体之间的互动、网民与政府的互动、网民间的互动,也包括网民和网络媒体的互动。这种互动性既深刻地影响着网络舆情的产生和传播,又是舆情在网络空间中传播的重要特点。随着网络舆情的交互扩散,越来越多的网民普遍参与到热点话题的讨论和互动中,网络舆情就会呈现爆发式增长之势,形成实时性、互动性较强的网络场面。这些互动一定程度上会左右网络舆情的发展方向,甚至触发公共政策的议程设置,给相关主体和政府部门带来巨大压力。同时,经过激烈讨论后形成的网络舆论往往能较集中地反映出公众对现实事件的观点和态度。[①]

6.1.2 智慧政府与网络舆情治理

网络舆情和电子政务都是在信息化背景下,随着信息网络技术的发展而产生的新生事物。网络舆情是信息网络技术与社会舆论发展相结合的产物,电子政务是信息网络技术与政务管理创新相结合的产物,而且网络舆情治理属于电子政务社会治理范畴。电子政务对于政府部门准确掌握社会舆情动态,科学引导网络舆论,全面有效地治理网络舆情具有重要意义。

1. 政府网络舆情治理

政府网络舆情治理是指地方政府及其职能部门,针对具体事件引发的网络舆

---

① 参见卫鸿婧:《基于电子政务的网络舆情治理研究》,山西财经大学 2013 年硕士论文。

论危机,在信息管理策略的指导下,有效利用舆情监测工具,及时收集和分析网络舆情的信息数据,通过各种技术手段发布准确信息,同时最大限度地限制虚假信息的传播,引导网络舆情事件向合理合法解决的方向发展的行为及过程。

(1) 政府应努力避免网络舆情向负面发展

面对突发的网络舆情事件,各级地方政府应通过自己的信息反馈通道,了解网络舆情事件的真实信息状态,通过增加正向引导、阻止错误信息等手段,避免网络舆论失控,形成更加严重的事件。当网民质问真相时,如果地方政府试图拖延时间或隐瞒真相,只会使谣言、小道消息甚至别有用心的信息蔓延,招致公众更加强烈的不满,让网络舆情事件不断积聚各种负能量,进而发酵成更加严重的危机事件。所以,地方政府一开始就应根据掌握的基本信息讲明事实真相,表明态度和政府将采取的对策,通过正向信息的及时传送来防止网络舆情向负面演化。

(2) 政府应树立先进的网络信息传播理念

在网络出现之前,地方政府习惯于以党政机关控制的报纸、广播及电视为载体,以行政命令为手段,以行政权力为后盾,主导公共危机信息的传播。这种带有浓厚行政色彩的自上而下的信息传播方式存在着一定的弊端。面对公共危机网络舆情,地方政府应积极主动地通过有效的信息传播手段公开相关信息,满足公众的信息需求,尊重公众的知情权。同时,要转变将公共信息传播功能仅仅限制在宣传教育上、仅仅把公众当作信息接收者的观念。在网络信息传播中与公众多做双向沟通交流,多一些平等的对话,少一些冷冰冰的说教。

(3) 构建高效的网络舆情信息传播机制

政府要构建专业、高效的网络舆情信息传播机制,使政府能快速获取需要的热点、焦点或危机信息,帮助政府职能部门正确应对;同时还应将政府的引导性决策信息快速传播给公众,使得传播中的不良信息被适度阻止,以修正事件的真相。为此,应建立网络舆情的信息预警机制,为判断分析有关信息、制定危机处置方案提供可靠信息。同时,还应建立健全如下机制并切实发挥作用:危机信息的排查机制,做到重大情况随时报告;分析机制,对排查出来的各类危机隐患信息,分析其性质、激烈程度、发展趋势等,报有关部门并提出疏导化解工作建议,及时执行有关措施;责任分工与追究机制,根据危机信息的类型确定分管领导、责任部门、具体责任人等,并与预防危机绩效考核相联系,对出现重大危机信息却反应迟缓者严肃追究责任。

(4) 健全完善政府网络信息传播的法规制度

政府和网络媒体都有责任保持公正,向公众提供及时、准确、真实的信息,不间断地把网络舆情发展及应对的状况向公众作通报。政府要在实践中不断总结规律,将一些流程和做法标准化,建立并完善相关的法律法规和规章制度,如新闻发言人制度、专家咨询制度、危机信息公开制度等。

2. 智慧政府对网络舆情治理的推动

智慧政府为网络舆情治理提供了技术支持,为网络舆情治理提供了硬件和软件方面的技术支持。通过输入关键字监测指定网站,可以监测新闻网站、论坛、博客、微博、微信以及国外媒体网站等。监测后的信息,可以在舆情服务平台中进行管理、导出简报、生成图表等,为政府全面掌握互联网舆情动态,作出正确舆论引导提供分析依据。

网络舆情监控系统集成了舆情监测、舆情采集、舆情智能分析、舆情处理、舆情预警、舆情搜索、舆情报告辅助生成、动态图表统计分析等功能。舆情网络信息采集系统从互联网上采集各大新闻网站、论坛、博客、微博、微信等平台的舆情信息,并存储到舆情数据库中,通过舆情搜索引擎对海量的舆情数据进行实时索引。系统利用中文分词技术、自然语言处理技术、中文信息处理技术,对信息进行垃圾过滤、去重、相似性聚类、情感分析、提取摘要、自动聚类等。以北京慧舟普度科技有限公司 BigWise 软件为例,网络舆情监控系统业务架构拥有六个板块:舆情概况、舆情管理、舆情分析、微博舆情、舆情报告和系统设置。①

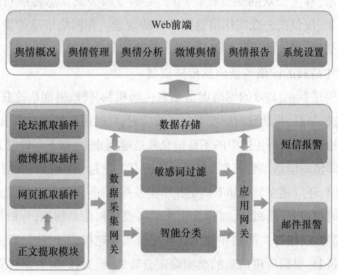

图 6-1 BigWise 网络舆情监控系统业务架构

---

① 参见《网络舆情系统》,http://www.bigwise.cn/index.php?s=/Home/product/detail/id/25,2023 年 9 月 17 日访问。

此外，还有专门针对微博微信舆情监测系统，它是一款集微博微信监测、分析、预警为一体的网络舆情专业应用软件，覆盖新浪微博、腾讯微信公众号、Twitter、Facebook 等主流社交媒体。微博微信舆情监测系统是一套利用文本抽取技术、知识管理方法，通过对微博微信信息自动获取、提取、分类、聚类，实现用户对微博微信舆情监测等的需求，形成舆情决策库、舆情简报等分析结果，为用户全面掌握舆情动态，作出正确舆论引导提供分析依据。

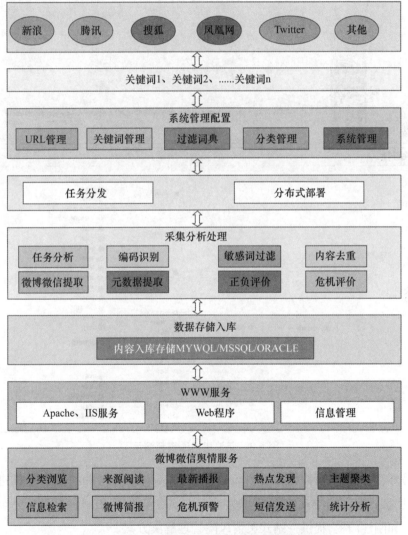

图 6-2　BigWise 微博微信舆情监测系统业务架构

对于网络舆情的监控还有在线解决方案，如新浪舆情通是一个提供政企舆情大数据服务的舆情监控系统，属于新浪微博旗下互联网大数据平台，专注于互联网大数据舆情、商情监测与分析。登录新浪舆情通的官方网站(https://yqt.midu.com/),可按次或个案购买舆情监控服务。以某公共事件为例,可在线生成舆情搜索、舆情走势、传播途径、微博观点分析、相关性分析、舆情报告等资料。

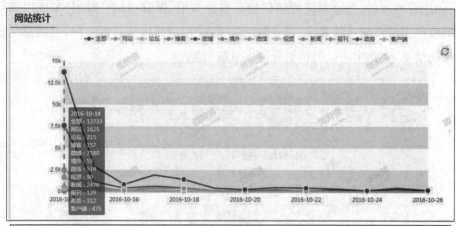

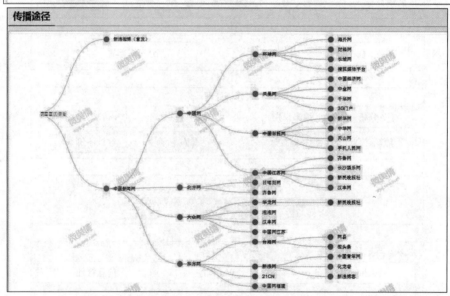

图6-3 新浪舆情通资料演示

另外,人民网舆情数据中心(https://www.peopleonline.cn/)致力于推进规范化建设"舆评"工作,推动"舆评"成为重大事项决策立项前,与"环评"并重的前置程序和刚性门槛,提供一站式舆情风险管理解决方案。

事前:(1)舆情机制与流程建设、风险诊断,从源头上提升防范化解风险能力。(2)重大政策、重要项目(赛事、会议、活动等)、重点工程实施启动前就综合网络舆论与调研情况出具"舆情风险评估报告"、舆情专项应对预案、口径集与案例库、评估风险、制定预案,防患于未然。(3)针对某一行业舆情风险借助"分类分级研判"方法与智能算法模型,实现行业舆情风险智能化预警。(4)就属地/行业开展"舆情风险应急演练",以常态化舆情实战与培训提升政务舆情"理论联系实际"的应急处突能力。

事中:围绕舆情回应、突发事件新闻发布工作如何提升舆论引导的"时、度、效"这一目标,开展形式多样的舆情会商研判等危机咨询,提供及时、精准的大数据分析与经验丰富的智慧研判,便于动态调整舆情事件处置进程中的工作思路与方法策略。

事后:及时复盘总结舆情风险的新型传播规律、处置经验教训,提升同类风险的防范化解能力;由舆情事件推演属地/行业舆情风险管理机制的优势与不足,包括宣传部门与其他职能部门是否权责明晰、跨地跨部门跨层级舆情沟通机制是否畅通等,从而持续提升舆情风险综合治理能力。①

图 6-4　人民网舆情数据中心资料演示

6.2　网络舆情研判应对模拟实验

【本节演示的教学软件采用 B/S 架构,软件程序安装在服务器端,学生端打开浏览器访问即可使用软件,软件访问地址与免费试用账号申请可发送至 **207455@nau.edu.cn**】

舆情研判应对系统教学模拟软件,通过大数据技术提供网络舆情突发事件爆

---

① 资料来源:https://www.peopleonline.cn/html/web/heightWisdom.html?pageHit=rmyl,2023 年 10 月 25 日访问。

发的数据环境,学生可模拟党政机关对大数据技术监测收集的网络舆情数据进行研判分析,进行舆论引导应对。模拟场景一般是具有争议性的热点话题,包括突发公共事件、六大敏感关系及社会热点话题等主题,让学生了解网络舆情的处理流程及内容,从而锻炼学生对舆情信息的敏感性和判断力及舆情问题的研判分析能力,提高学生网络舆情的综合决策能力及危机处置能力。

6.2.1 网络舆情研判应对模拟实验准备

1. 实验流程

系统通过串联监控中心、研判中心、联动中心、责任部门四大角色完成舆情监测、预警、分析、报告撰写、研判分析、联动办公、引导应对等环节的实验任务。

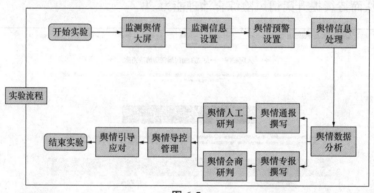

图 6-5

2. 舆情案例

选择任一舆情事件,可以查看舆情案例详情,舆情案例详情包括以下几个方面:舆情主题、舆情图片、发生区域、舆情领域、舆情关键词、舆情概述、舆情数据分析、舆情涉及部门、舆情应对措施、网友关注重点。

图 6-6

点击"查看",可以查看舆情事件详细的数据分析,包括舆情趋势、媒体分布、首发文章、情感分布、热门舆情、词云分布。同时,可以在下拉框中选择不同的时间范围、勾选不同的媒体平台查看不同的舆情数据。

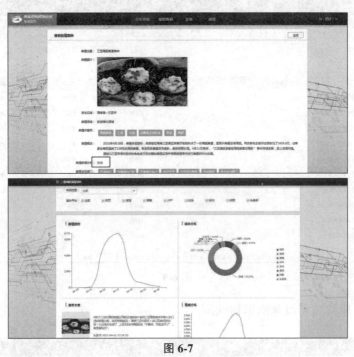

图 6-7

3. 基础数据

（1）舆情微课

点击"基础数据"中的"舆情微课",可以查看舆情微课内容,点击"添加",可添加舆情微课。

图 6-8

(2) 舆情试题

点击"舆情试题",可以查看舆情试题内容和答案。

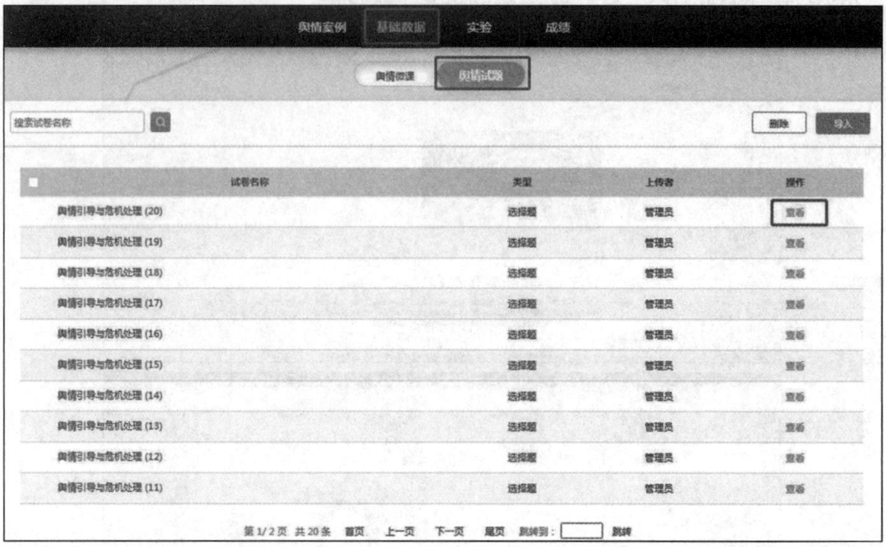

图 6-9

点击"删除",可以删除舆情试题。

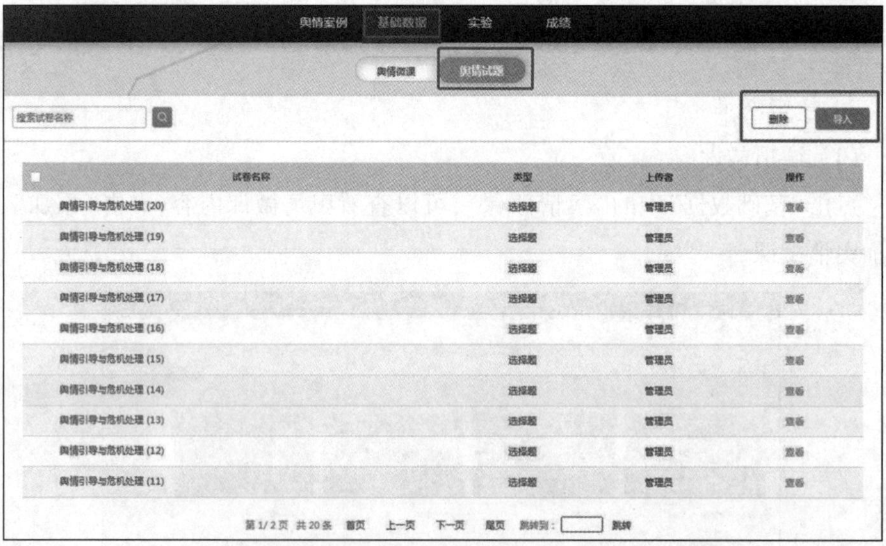

图 6-10

点击"导入",可添加舆情试题。选择试题类型,点击"下载模板",下载对应的试题模板,完成后打开文件,按照模板要求输入试题题目和参考答案后保存。回到软件页面,点击"选择文件",选择刚刚编辑保存好的文件,输入试卷名称,点击"确定"即可成功导入试题。

如果试题填写不正确,系统会提示出现的问题,根据问题提示重新修改后点击"确定",即可成功导入试题。

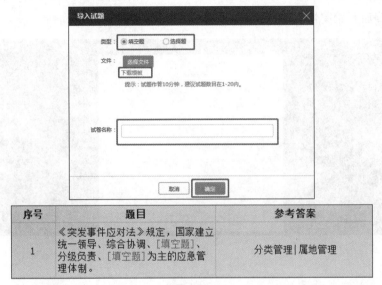

序号	题目	参考答案
1	《突发事件应对法》规定,国家建立统一领导、综合协调、[填空题]、分级负责、[填空题]为主的应急管理体制。	分类管理|属地管理

图 6-11

6.2.2 网络舆情研判应对模拟实验实训

本实验实训让学生了解网络舆情的处理流程及内容,锻炼学生对舆情信息的敏感度和判断力及舆情问题的研判分析能力,提高学生对网络舆情的综合决策能力及危机处置能力。

进入软件以后,在用户登录界面选择"学生",输入账号和密码,点击"登录"。

图 6-12

1. 实验列表

点击"实验",页面显示实验时间和舆情监控大屏三个维度(包括区域热度图、热门话题和热点词云图)数据指标。

点击"进入舆情监测",出现问题引导,根据舆情监控大屏信息回答问题,问题回答正确后开始舆情实验。

图 6-13

2. 监测信息设置

进入"舆情信息设置"环节,系统显示该环节的"任务引导",可以查看任务信息及配套的微课。点击"知道了",开始进行"监测信息设置"。

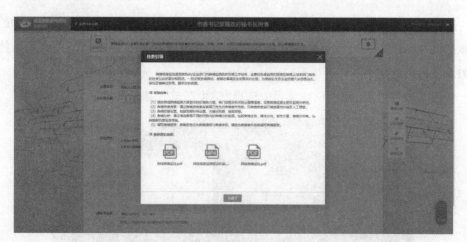

图 6-14

点击"监测信息设置",在对应的文本框中输入主题名称、设置分析词,点击"预览",分析词设置的内容与舆情关键词匹配超过 3 个词即表示分析词设置合理。

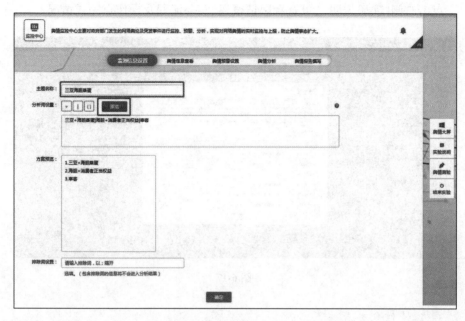

图 6-15

注:"+"表示与关系,"|"表示或关系,"( )"表示或关系。示例:华为+(手机|充电器+数据线),则需要检测包含华为+手机或者包含华为+充电器+数据线的文章。

对排除词进行设置(选填),包含排除词的信息将不会进入分析结果。点击"确定",即完成监测信息设置。

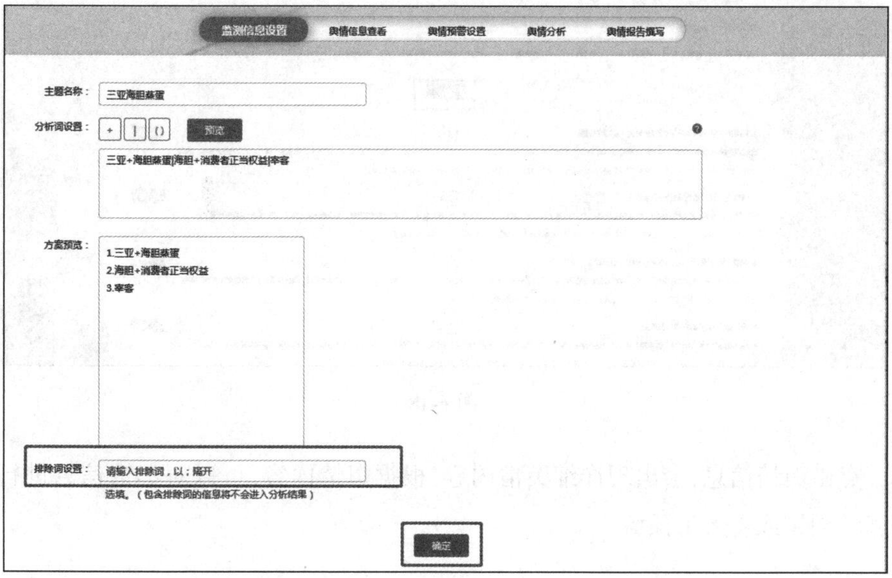

图 6-16

点击右侧"实验说明",可查看舆情概述、实验流程及操作点完成情况。

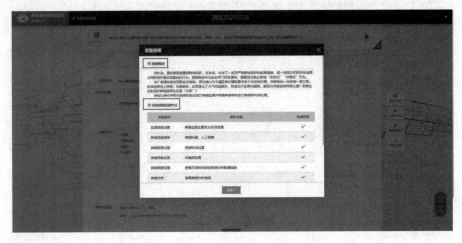

图 6-17

3. 舆情信息查看

点击"下一环节:舆情信息查看",对设置的监测信息监测到的数据进行查看。

勾选舆情信息的情感属性、媒体平台,选择时间范围,点击"确定",对舆情信息进行查询,下方显示舆情信息列表。

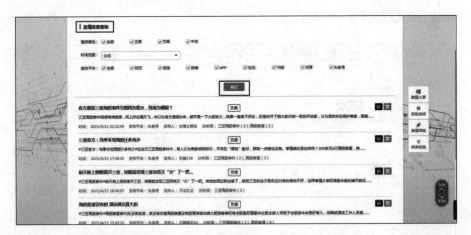

图 6-18

点击舆情信息,会出现详细舆情内容,根据舆情内容,可以对舆情信息进行情感属性纠错或者人工预警。

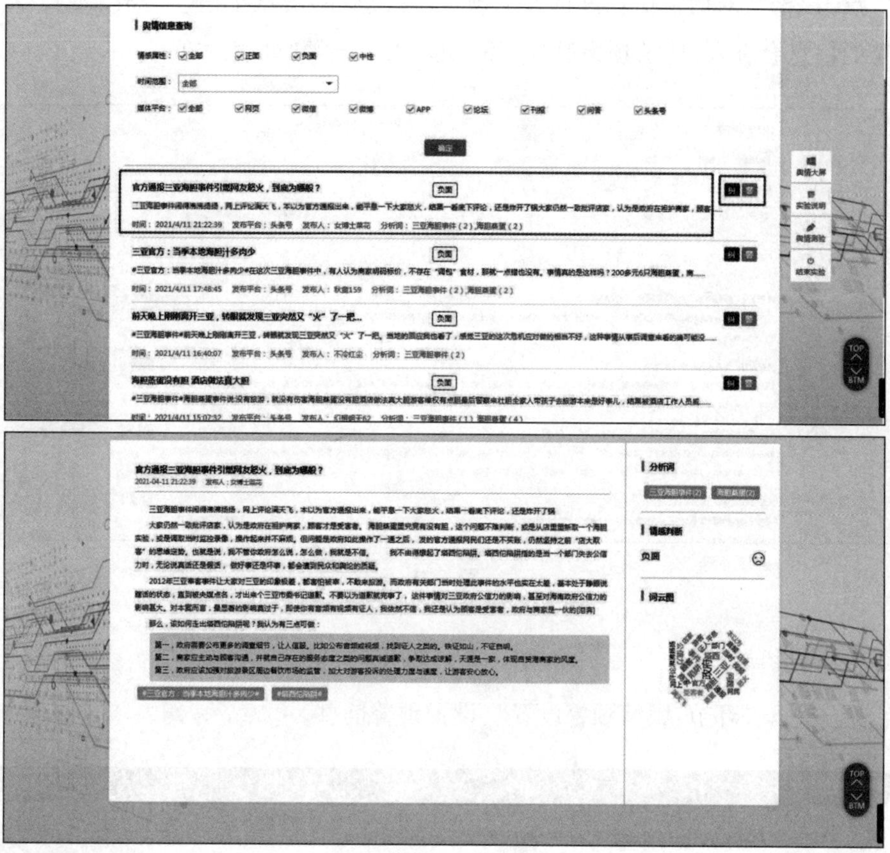

图 6-19

点击"纠",勾选正确的情感属性,点击"确定"。(注:情感属性纠错只能进行一次,请谨慎操作。)

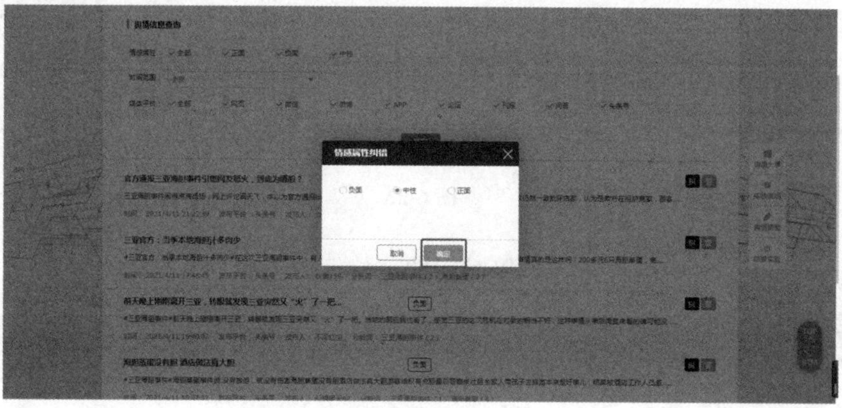

图 6-20

点击"警",对舆情信息进行人工预警,修改后的信息按钮会变成灰色。人工预警的信息会进入"舆情预警设置"环节的"人工预警"列表。

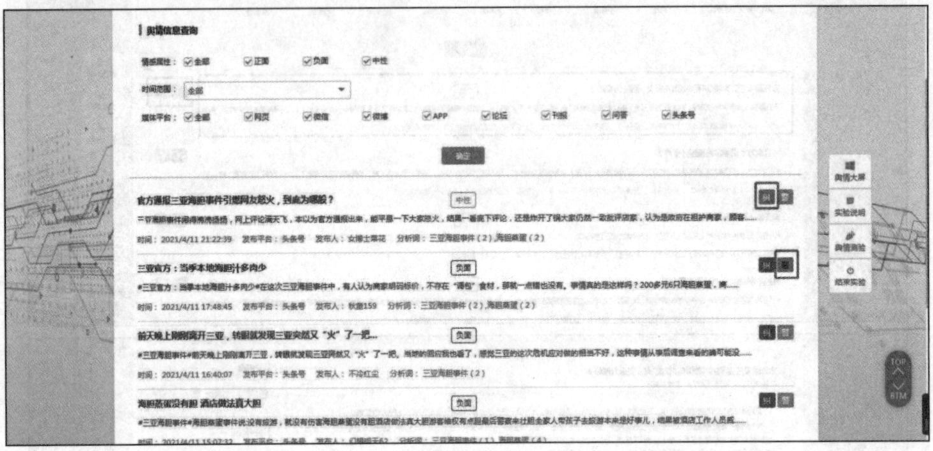

图 6-21

4. 舆情预警

点击"下一环节:舆情预警设置",设置预警信息。

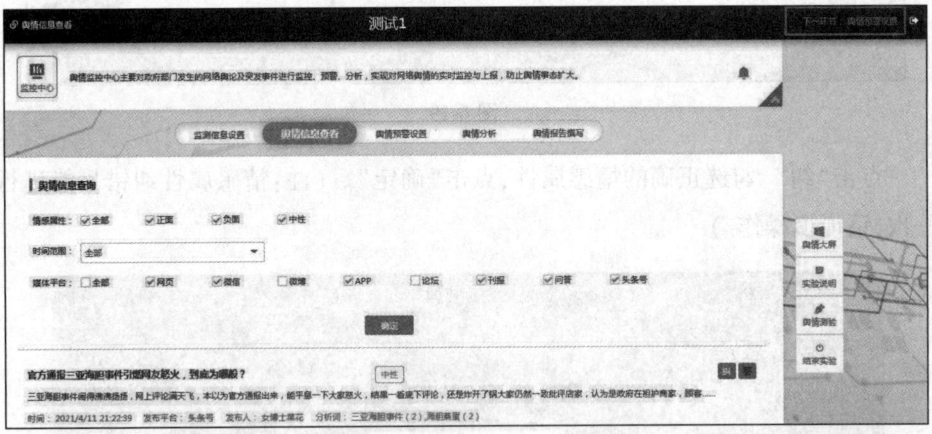

图 6-22

点击"预警时间设置",在预警时间的下拉框中选择预警开始时间至结束时间,选择预警频次、舆情信息的情感属性、媒体平台,在预警方式的下拉框中选择预警的方式,所有操作完成后,点击"确定"。

第 6 章 智慧政府与网络舆情治理

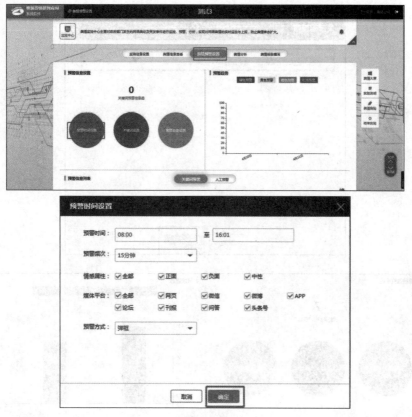

图 6-23

结合舆情监测的数据信息进行关键词设置,点击"关键词设置",在文本框中输入关注的关键词,按回车键添加关键词,最多可设置 10 个关键词。输入完成后,点击"确定",系统会根据设置在下方展示预警信息列表。

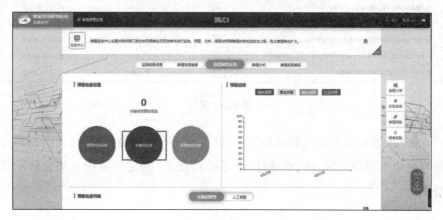

图 6-24

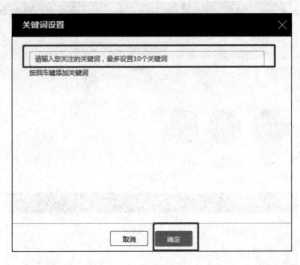

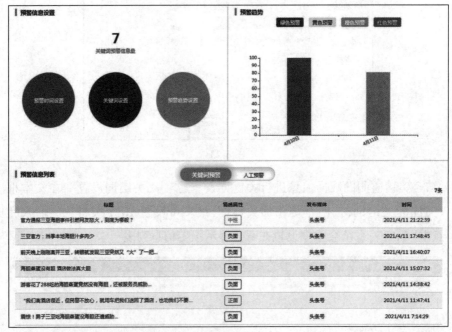

图 6-24（续）

点击"预警趋势设置",拖动指数条,设置不同等级预警指数(根据舆情信息的应急响应级别划分为绿、黄、橙、红四个等级),点击"确定",系统自动会显示预警趋势图。

第 6 章　智慧政府与网络舆情治理

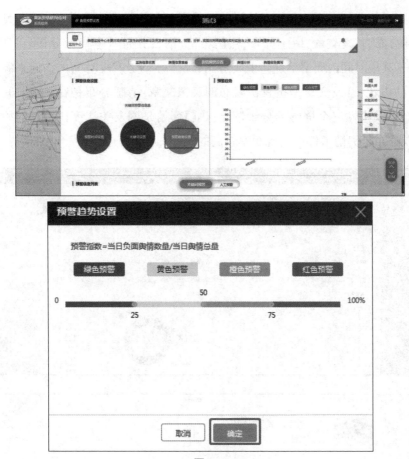

图 6-25

5. 舆情分析

点击"下一环节：舆情分析"，对舆情信息进行分析。

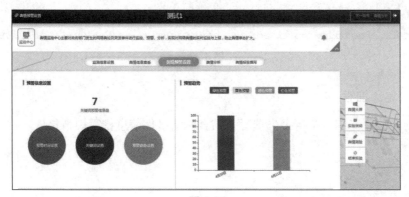

图 6-26

选择时间范围,并勾选对应的媒体平台,系统会生成舆情数据,包含舆情趋势、媒体分布、首发文章、情感分布、热门舆情、词云分布六个指标分析。其中,舆情趋势是某段时间内舆情话题量的走势图;媒体分布是该段时间内访问来源在各个平台的占比;首发文章是指首次发布的舆情文章;情感分布是在该段时间内正面、负面以及中性三个情感的分布情况;热门舆情是网友关注度比较高的舆情话题;词云分布是舆情事件中出现频率较高的关键词。

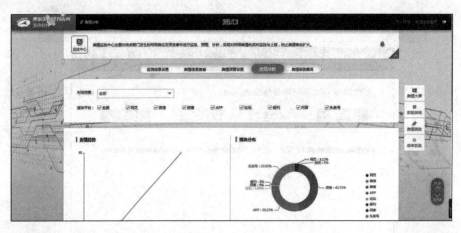

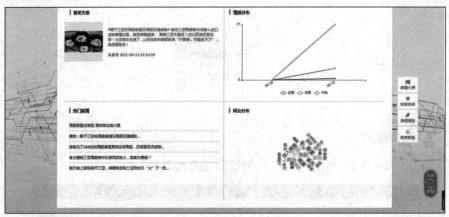

图 6-27

6. 舆情报告

点击"下一环节:舆情报告撰写",结合舆情事件信息撰写舆情报告。

第 6 章 智慧政府与网络舆情治理 277

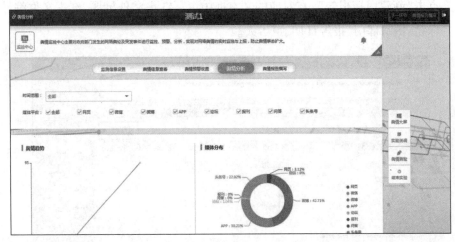

图 6-28

系统会显示舆情报告环节的"任务引导",可以查看本环节的任务信息及配套的微课。点击"知道了",开始进行"舆情报告撰写"。

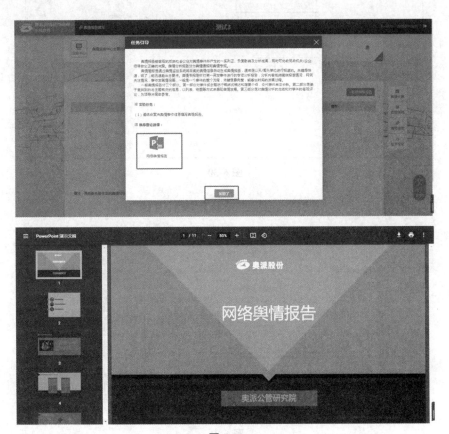

图 6-29

点击"新建舆情报告",在对应的文本框中填写红头文件标题、红头文件编号、报告标题、撰写部门、报告日期、报告人。

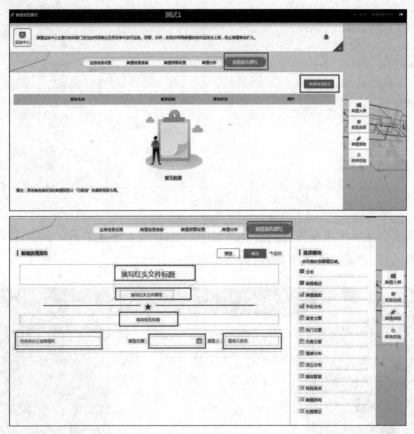

图 6-30

点击右侧"选择模块"栏目,增加舆情报告编辑内容。

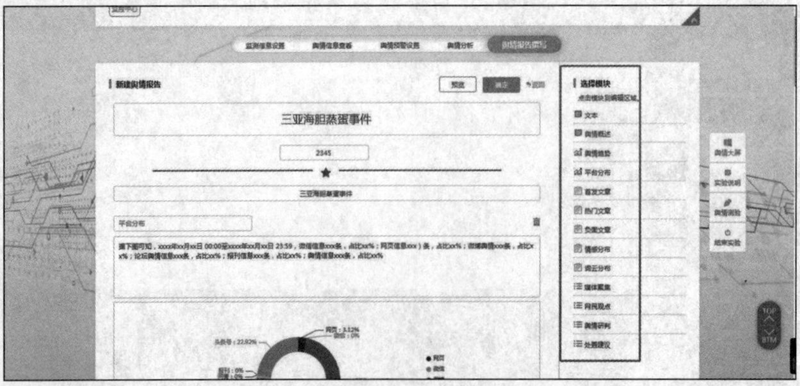

图 6-31

点击"文本",舆情报告编辑区域会增加文本模块,输入文本内容,点击🗑,可以删除添加的模块。

其他模块的操作相同,在此不作过多赘述。

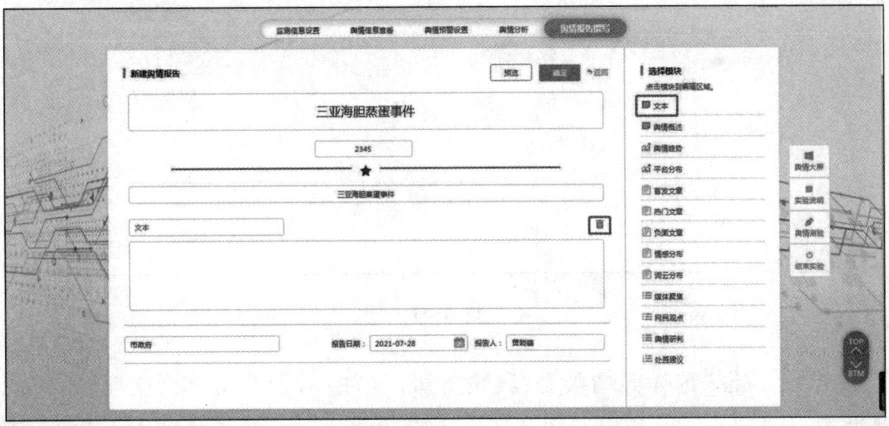

图 6-32

点击"预览",可以预览舆情报告。点击"确定"即可完成舆情报告的编辑。

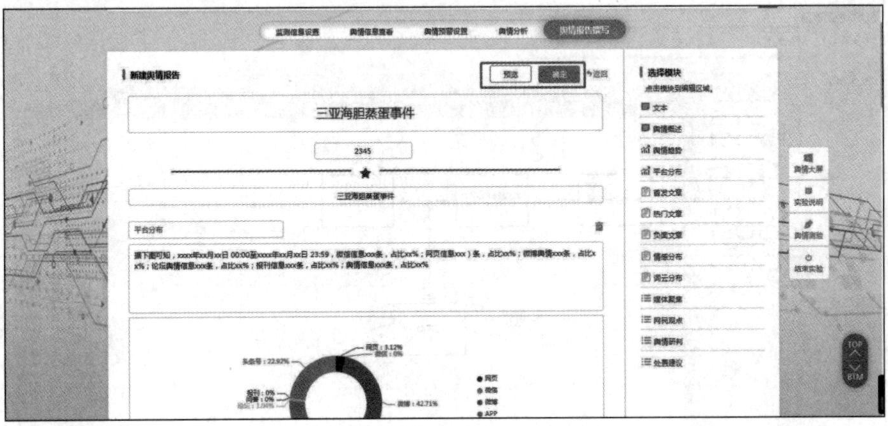

图 6-33

点击"编辑"可以重新对舆情报告进行编辑,点击"删除"可以删除已经编辑的舆情报告,点击"报送"可以对已完成的舆情报告进行报送。

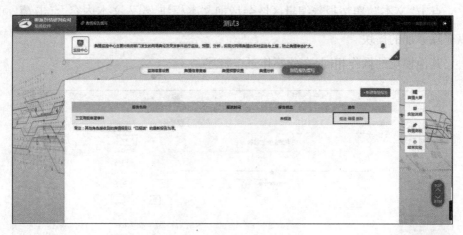

图 6-34

点击"下拉框"选择舆情类型、舆情等级。(注:对于非常规网络舆情,舆情监控员要第一时间上报单位舆情应急领导小组和宣传科。对于特别重大舆情,要上报上一级领导单位。)

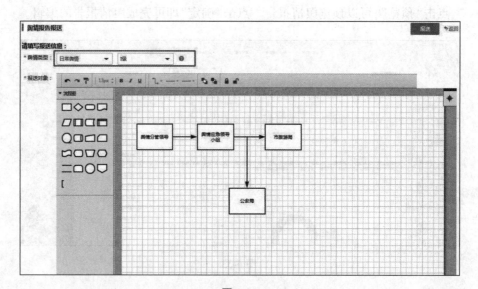

图 6-35

设计舆情报告报送的流程,选中左侧的流程框,拖动到右侧绘图区。可以点击下方"查看示例",查看示例。

第 6 章 智慧政府与网络舆情治理 281

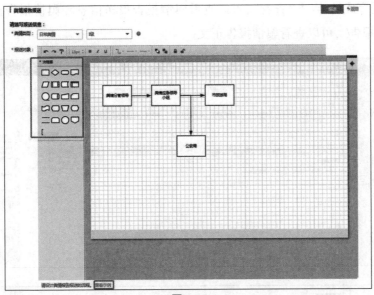

图 6-36

绘制完报送流程后,勾选报送方式,可以选择邮箱、微信、书面报告三种方式,完成后点击"报送",将舆情报告进行报送。

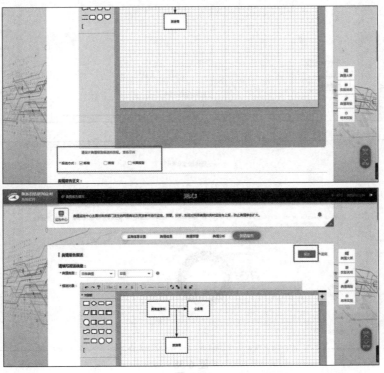

图 6-37

报送完成后,点击"查看",可以查看舆情报告报送信息和舆情报告正文。点击"查看报告",可以查看舆情报告正文。

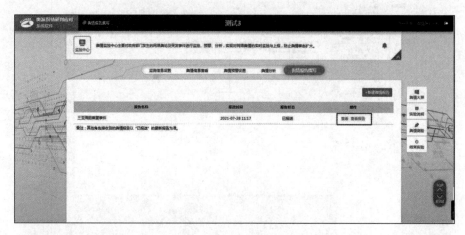

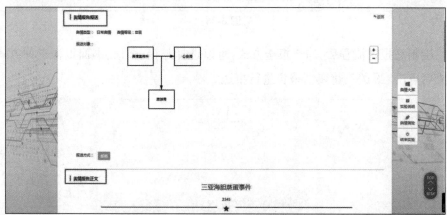

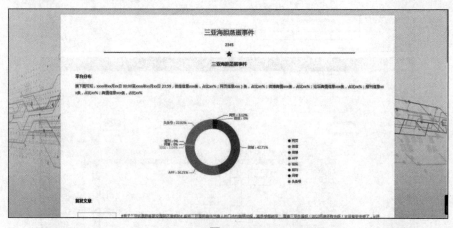

图 6-38

7. 舆情研判分析

点击"下一环节:舆情研判分析",进行人工研判分析。

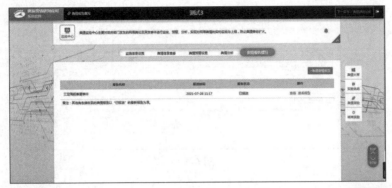

图 6-39

系统显示舆情研判分析环节的"任务引导",可以查看本环节的任务信息及配套的微课。点击"知道了",开始进行"舆情研判分析"。

图 6-40

点击撰写的舆情报告,会显示上一环节撰写的舆情报告。

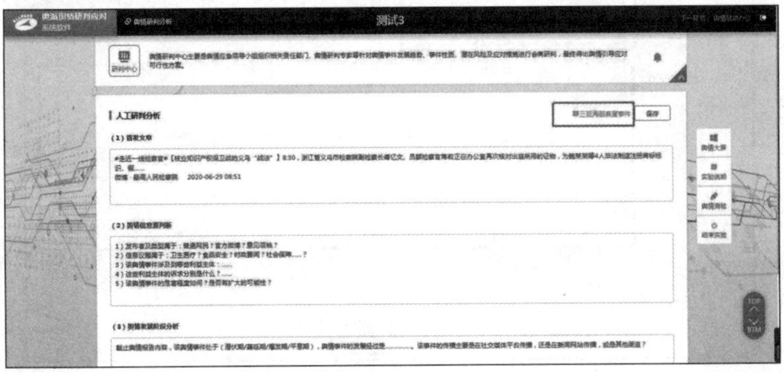

图 6-41

对首发文章、舆情信息源判断、舆情发展阶段分析三个数据进行分析。

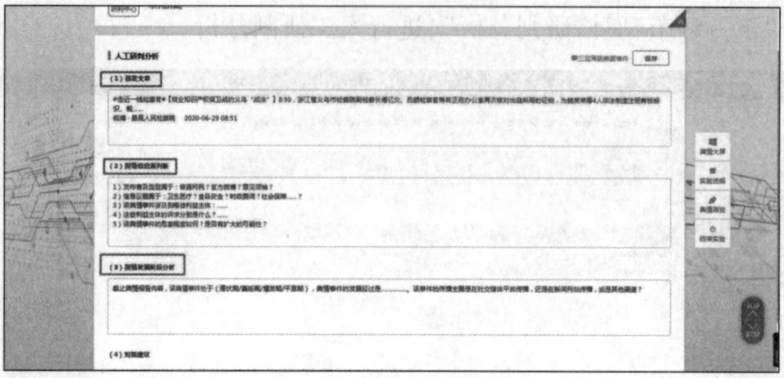

图 6-42

点击 + ，添加对策建议。

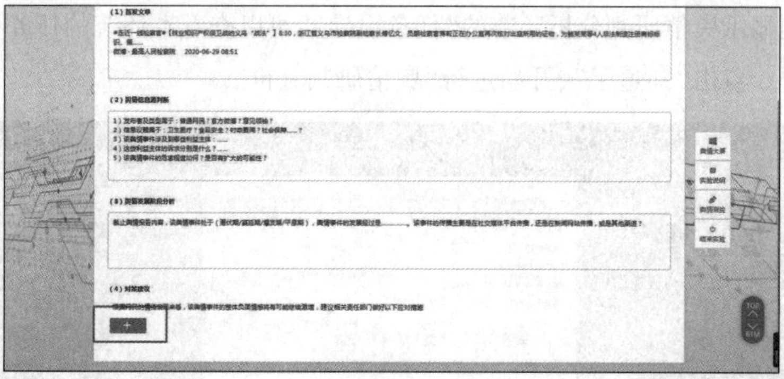

图 6-43

在下拉框中选择对应的责任部门，并输入处理措施，点击"确定"，添加相关责任部门的应对措施。

图 6-44

输入完成后,点击"保存"。

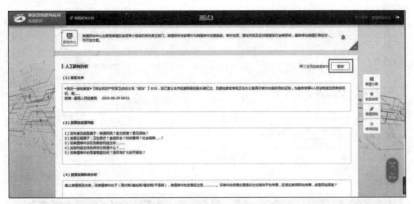

图 6-45

确认没有问题后,点击"报送",绘制舆情报告报送的流程,点击"确定"。

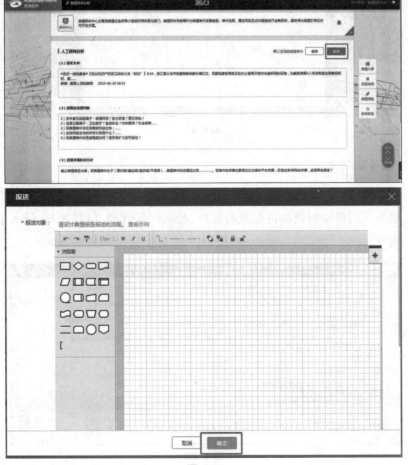

图 6-46

报送完成后,点击"查看"可以查看报送流程。

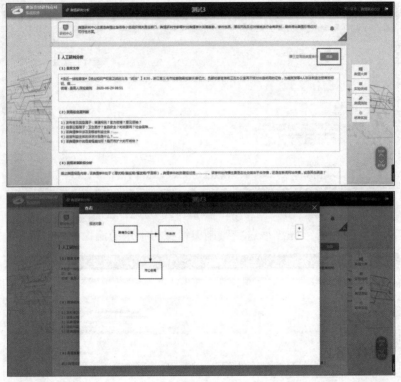

图 6-47

8. 舆情联动办公

点击"下一环节:舆情联动办公",进入舆情联动办公环节,对舆情事件信息进行有关政府部门联动舆情事件处置的管理,包括网评管理、信息发布、任务下达及信息上报等。

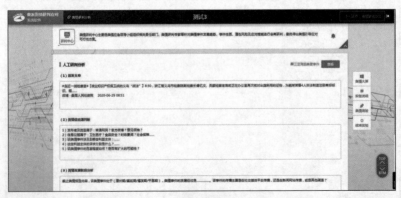

图 6-48

系统会显示舆情联动办公环节的"任务引导",点击"知道了",开始进行"舆情联动办公"。

图 6-49

点击 ✎ 可以调整舆情等级,修改完成后点击"确定"。

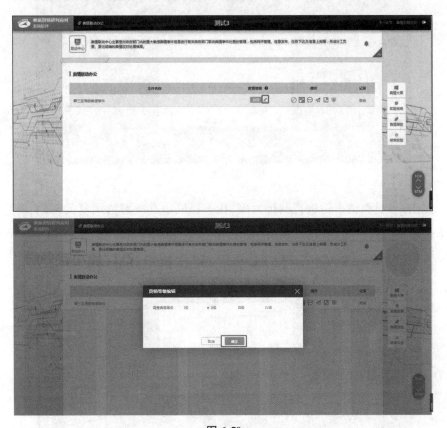

图 6-50

点击⊘表示对该舆情事件暂不处理,点击"确定"。

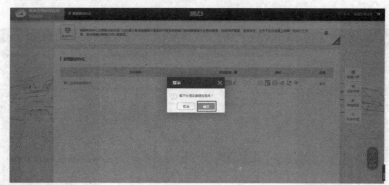

图 6-51

点击🗐对舆情事件进行上报,在下拉框中选择舆情上报的部门,并且在文本框里输入上报内容,点击"确定"。

图 6-52

点击😀对舆情事件进行网评管理,在下拉框中选择舆情回复的部门,并且在文本框中输入舆情指导意见,点击"确定"。

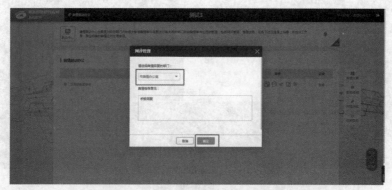

图 6-53

第 6 章　智慧政府与网络舆情治理　　289

点击 ◢ 对舆情事件进行信息发布,输入发布主题,选择发布渠道、主导机构、协办机构,输入指导意见,点击"确定"。

图 6-54

点击 ⬚ 对舆情事件进行任务下达,在下拉框中选择任务处理的部门,输入指导意见,点击"确定"。

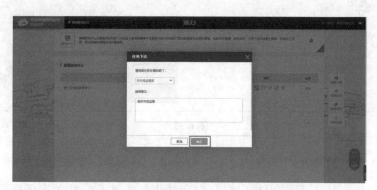

图 6-55

点击 ⬚ 对舆情事件进行备案,点击"确定"。

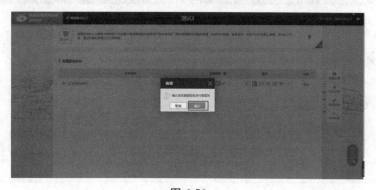

图 6-56

点击"查看",可以查看舆情联动办公记录。

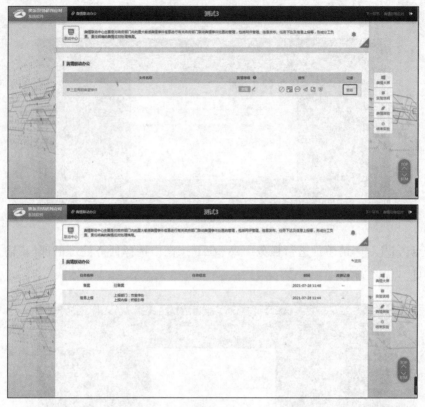

图 6-57

9. 舆情应对处置

点击"下一环节:舆情引导应对",对舆情事件中涉及的相关责任部门进行线上的舆情引导回应及线下的核查处理。

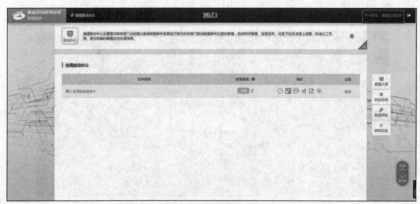

图 6-58

系统会显示舆情应对处理环节的"任务引导",可以查看本环节的任务信息及配套的微课。点击"知道了",开始进行"舆情应对处置"。

图 6-59

点击"处理",选择处理方式、回应渠道、回应主题、处理时限,输入完成后,点击"确定"。

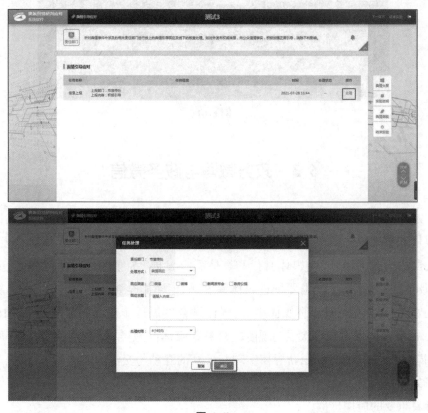

图 6-60

10. 舆情大屏

在实验过程中,可随时查看舆情监控大屏数据,点击右侧栏"舆情大屏",显示舆情数据:热门舆情、首发文章、舆情趋势、媒体分布、情感分布、词云分布图。

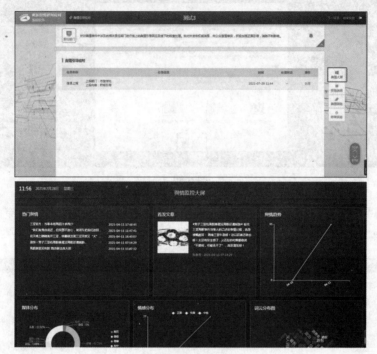

图 6-61

6.3 政务微博与政务微信

2013 年 8 月 19 日,习近平总书记在全国宣传思想工作会议上提出,要加快传统媒体和新兴媒体融合发展。习近平总书记亲自谋划、指导推动媒体融合发展,十九届中央政治局以"全媒体时代和媒体融合发展"为主题进行集体学习,同时"十四五"规划也明确提出要推进媒体深度融合、实施全媒体传播工程、做强新型主流媒体、建强用好县级融媒体中心,媒体融合发展逐步成为国家战略。2016 年 8 月,国务院印发通知再次强调现阶段政务新媒体的地位,要求进一步提高"两微一端"的开通率,充分利用新媒体实现与公众的互动与交流。政务微信,依托于微信诸如群发图文信息、开发自定义菜单、实现线上支付等强大功能,在政务新媒体中有着重要的应用价值。

正如张志安教授所说,在我国 2010 年是微博元年,2011 年是政务微博元年,2013 年是政务微信元年。① 微博微信的迅猛发展不仅改变了公众获取和传播信息的方式,而且标志着传统舆论中心的转移和网络舆论阵地的兴起。这一变化促进了公民意识的觉醒,并激发了公众对高效、透明政府的需求。在新媒体的应用浪潮下,政府部门经历了从早期的失声缺位到个别破冰前行、激流勇进,再到整个国家领导层面和中央政府的高度重视、大力扶持的转变过程。政务微博和政务微信被寄予厚望,担负着壮大主流舆论新阵地,塑造阳光型、服务型新政府,推动国家现代化治理等重要使命。2013 年 10 月,国务院办公厅下发了《国务院办公厅关于进一步加强政府信息公开回应社会关切提升政府公信力的意见》,指出下一阶段要重点解决当前政府机构存在的信息公开不主动、不及时,面对公众关切不回应、不发声等问题;提出要着力建设基于新媒体的政务信息发布和与公众互动交流新渠道,要求各地区各部门应积极探索利用政务微博、微信等新媒体,及时发布各类权威政务信息,尤其是涉及公众重大关切的公共事件和政策法规方面的信息,并充分利用新媒体的互动功能,以及时、便捷的方式与公众进行互动交流。2013 年 10 月 11 日,中央人民政府门户网站官方微博和官方微信上线。中央政府的示范效应和具体的指导意见,为政务微博微信的发展注入新动力,对政务微博微信的进一步发展起到了良好的示范与带动作用。2023 年 11 月,新浪微博政务新媒体榜单权威发布官方账号发布《2023 第三季度政务微博影响力报告》,"@中国警方在线""@共青团中央""@中国消防"领跑政务微博影响力排行榜,引领全国政务微博健康向上发展。②

6.3.1 政务微博

微博是基于社交关系进行信息传播的媒体平台,在经历了行业调整后,发展策略转换为垂直化内容生态建设,打造垂直化的兴趣社区,兼具媒体和社区属性。微博主打陌生人社交,通过人与人之间的"关注""被关注"网络来传播信息。在内容维度上,微博正在从早期关注的时政话题、社会信息,更多地向基于兴趣的垂直细分领域转型。

1. 微博与政务微博的源起

2006 年美国的埃文·威廉姆斯(Evan Williams)和比兹·斯通(Biz Stone)创

---

① 参见高远、陈洪:《政务微信崛起?广东政务微信全国第三》,https://news.sina.com.cn/c/2013-12-28/031029102660.shtml,2023 年 10 月 25 日访问。

② 资料来源:https://n1.sinaimg.cn/finance/a0479a1f/20231102/2023NianSanJiDuZhengWuWeiBoYingXiangLiBaoGao.pdf,2023 年 9 月 17 日访问。

办的Twitter是世界公认的最早微博形式。Twitter在社交网络界取得巨大成功后，国内互联网界也推出了实现人与人互动交际的微博网站。随着2009年8月新浪微博开始内测及商业化运作，微博开启了国内的全盛时期。

我国第一家政务微博是湖南省桃源县县政府在新浪上开通的微博"@桃源网"。该微博由桃源县信息化办公室主管，于2009年11月2日开通，但因为本身发展的不成熟性，其公众影响力一直有限。"@微博云南"则由云南省委宣传部主管，于2009年11月21日开通。该政务微博开通伊始就在昆明螺蛳湾批发市场群体性事件处理中发挥了积极作用，受到网民及各大媒体的广泛关注和认可。在2010年3月的全国两会中，各与会代表纷纷在各大网站上开通个人微博账号，通过微博听取民意，普通公众就政府提案在代表微博上展开广泛讨论，从而开启了"微博问政"这种新型的政民沟通方式，极大提高了两会议案讨论的广度和深度。这使得很多政府机关看到了微博在我国政治生活中所表现的积极意义，由此，政务微博得到了政民两方的高度重视，政务微博开始了迅速而广泛的应用旅程。2011—2013年，我国政务微博飞速发展，在国家互联网信息办公室的指导下，国家行政学院电子政务研究中心连续三年发布年度中国政务微博客评估报告。报告评估对象为在新浪网、腾讯网、人民网、新华网4家微博客网站上经过认证的党政机构微博客和党政干部微博客。报告显示，截至2013年12月31日，上述4家微博客网站共有政务微博客账号258737个，较2012年相比，增长率为46.42%。其中，党政机构微博客账号183232个，增长率为61.61%；党政干部微博客账号75505个，增长率为19.22%。① 自2013年起，随着互联网新应用的出现和普及，微博客、社交网站及论坛等互联网应用的使用率均呈下降趋势。政务微博从爆发增长期进入平稳增长期。

政务微博是政府机关以虚拟的网络社区为平台，以用户与政府机关的利益关系为基础的政府信息分享、传播以及获取平台，该平台遵从微博特性，实现公民与政府间的即时互动，是政府传播的新形态。根据政务微博开通主体的不同，可以将政务微博分为两类：一类是政府官方机构的政务微博，即党政机构微博，包括各级政府、人大、党委、政协、人民法院、人民检察院等机构开通的官方微博；另一类是政府公务人员个人开通的微博，因其多用于解读政务信息、阐释政务行为，关注受众对政务的反馈，因而也被包括在政务微博范畴内。

---

① 参见华春雨：《2013年我国政务微博客数量较上年增长46%》，https://www.gov.cn/xinwen/2014-04/08/content_2654609.htm，2023年10月25日访问。

2. 政务微博的发展情况

(1) 2014年,政务微博的成熟期

发展背景:随着智能手机的普及和移动互联网技术的发展,政务微博成为政府与公众沟通的重要渠道。

功能定位:政务微博主要用于发布政府公告、政策解读、突发事件响应和公共服务信息。

(2) 2015—2016年,服务功能拓展

服务多样化:政务微博开始提供更多在线服务,如交通违章查询、天气预报、医疗咨询等。

互动增强:政府机构通过微博与公众进行更频繁的互动,收集民意,回应社会关切。

(3) 2017—2018年,内容创新与智能化

内容创新:政务微博开始采用图文、视频、直播等多种形式,提高信息传播的吸引力和有效性。

智能化服务:利用人工智能技术,如智能客服,提高服务响应速度和服务质量。

(4) 2019年,数据驱动与精准传播

数据分析:通过大数据分析,政务微博更精准地了解公众需求,实现个性化内容推送。

精准传播:根据用户行为和偏好,实现信息的精准投放。

(5) 2020年,应对疫情的挑战

疫情信息发布:政务微博成为发布疫情动态、防控措施和健康指南的重要平台。

辟谣与稳定民心:积极辟谣,减少不实信息传播,稳定社会情绪。

(6) 2021—2022年,深化融合与跨界合作

媒体融合:政务微博与其他新媒体平台如微信、抖音等实现内容和资源共享。

跨界合作:与非政府组织、企业等合作,拓宽服务范围和影响力。

(7) 2023年以来,智能化与个性化服务

智能化升级:进一步利用人工智能技术,提供更加智能化和个性化的服务。

隐私保护:随着个人信息保护法规的完善,政务微博在提供服务的同时,更加注重用户隐私保护。

3. 政务微博的发展趋势

政务微博经过近些年发展,其自身的影响力、公信力不断加强,已经成为政府部门进行信息发布、政民互动、提供方便快捷的为民服务且为公众广泛认可与接

受的公共平台。然而,目前政务微博的发展依然面临着一些主、客观挑战,同时实现国家治理体系与治理能力现代化发展目标的提出,又为各级政府部门与研究机构提出了新的要求,也为政务微博的发展提出了更高、更新的要求。

(1) 建立健全管理机制,落实具有可操作性的管理办法

当前,我国已经建立了覆盖从中央到地方各级政府机构的政务微博账号。各地政府在政务微博的管理方面也已制定一系列管理办法和操作细则,以规范政务微博的运营和信息发布。政务微博常见的管理办法和细则主要包括以下几类:① 信息发布规范,明确信息发布的审批流程、内容要求、语言风格等,确保信息的准确性和权威性。② 账号管理,规定政务微博账号的注册、使用、注销等管理规则,以及账号权限分配和责任主体。③ 内容审核机制,对发布的信息进行事前审查,确保信息不违反法律法规和政策要求。④ 应急响应机制,制定突发事件的快速响应和信息发布流程,确保在紧急情况下能够及时准确地发布信息。⑤ 舆情监控与分析,实施舆情监控机制,定期分析微博平台上的舆论动态,及时了解公众意见和需求。⑥ 互动交流规范,制定与公众互动交流的规则,包括回应公众咨询、处理投诉建议等。⑦ 安全保密措施,加强网络安全管理,保护政务微博账号和信息安全,防止数据泄露和网络攻击。⑧ 人员培训与考核,定期对政务微博运营人员进行培训,提高其专业能力和新媒体运营水平,并进行考核。⑨ 法规遵守,确保政务微博的运营遵守国家相关法律法规。

(2) 明晰部门自身定位,力争为民提供优质高效的服务

不同地域、级别与不同领域的政府部门要根据自身机构属性与工作职责,对政务微博的基本功能、实现目标与个性风格进行准确定位。不仅要进行关注、转发、评论等日常维护工作,还需要具备耐心细致的工作态度以及专业的政务知识和丰厚的媒介素养。要实现清晰规划、明确定位,明晰工作流程,根据网络和微博的氛围和语境,以一种能够获得公众认同的身份,构建出一种能够与政务微博兼容的话语体系、适用于政务微博的个性化和人性化的表达方式,拉近与大众之间的心理距离,力争打造出既具有较强的社会影响力与认可度又能够为公众提供优质、高效服务的个性化、亲民化的优秀政务微博,从而有效提升为民服务能力与水平。

(3) 注重舆论引导,优化微博客信息环境

政府部门应该通过政务微博,密切关注、收集微博舆论,及时了解民情、民意,通过政务微博及时问需于民、问计于民。同时通过政务微博及时发布权威信息,疏导舆论压力,引导网络话题向良性方向发展,抵制"网络水军"。此外,要加强对

网上舆论动向的监测、分析与预警工作,通过建立辟谣联盟机制等方式有序引导网络舆情,打击恶意操控微博与网络舆论、破坏公共秩序的违法犯罪行为,为公众与社会提供一个优质、良好、健康、安全的微博与网络信息环境。

(4) 建立健全结果导向型的监督评估机制,促进政务微博长效发展

各级政府部门要把政府机构使用政务微博纳入政府绩效考核范畴,鼓励引导政府机构使用政务微博,规范党政干部使用政务微博,促进政务微博评估工作长期化、制度化,通过设计科学合理的评估指标体系及实际可行的政务微博绩效考核机制,促进政务微博的健康可持续发展,建立健全能够全面真实反映公众对于政务微博的体验与满意程度的"结果导向型"的评估与绩效考核体系。

(5) 结合技术环境发展新形势,加强与网络新媒体与新技术的互动与融合

针对微信、移动互联网、云计算、大数据等新技术的推广,一大批新媒体新应用得以产生与传播。政务微博的主办机构与工作人员,需要进一步解放思想,勇于创新,积极探索政务微博的发展新路径,加强与传统、新兴平台和技术的融合,提升对网络舆论的引导与服务水平。政务微博可以依托自身相对成熟的管理机制、传播路径以及为民服务经验,对政务微信、移动政务客户端等新兴政务应用产生良好的促进与带动作用。同时,政务微博也应进一步加速与传统媒体、政府网站以及这些新兴政务应用的综合协调与互动,形成"传统媒体、政府网站与政务新媒体技术"相结合的模式,进一步提升为民服务能力。

(6) 加强对党政干部新媒体应用能力,提高政务微博的服务水平

各政府部门要加强对政务微博运维团队的培训,明确信息发布管理的规则和流程,开展专题技术培训,提高党政干部的网络互动沟通与交流能力,掌握网络舆情应对技巧和方法。同时,也要加强心理培训和疏导,提高党政干部对微博等新媒体的驾驭能力,对群众的合理需求能始终保持一颗平和之心,提供为民、便民服务,加深与民互动、贴近民众心声,解决民众问题,切实提高政务微博为民服务与社会治理水平。

6.3.2 政务微信

在政务微博出现后约三年的时间里,政务微信势如破竹地发展起来,重塑了中国社会舆论格局。政务微信不仅是公众问政参政的新渠道,也是政府转变职能、树立新媒体时期政府形象的新途径。自其诞生之初,政务微信便以其独特的即时通信功能和广泛的用户基础,迅速成为政府与公众沟通的重要平台。

政务微信的发展,标志着电子政务进入一个新的阶段。与传统的政务微博相比,政务微信提供了更为个性化和互动性的服务。用户可以通过微信平台直接与

政府部门进行沟通,获取政策咨询、办事指南、公共服务等信息,大大提升了政府服务的便捷性和效率。

政务微信的兴起,也促进了政府职能的转变。在新媒体时代,政府需要更加注重公共服务和社会管理,而政务微信正好为政府提供了这样的平台。通过政务微信,政府可以更加直接地了解公众的需求和意见,及时响应社会关切,提高政府决策的透明度和公众参与度。同时,政务微信也是塑造政府形象的重要途径。通过政务微信发布权威信息、回应社会热点、展示政府工作等方式,政府可以树立正面形象,增强公众对政府的信任。然而,政务微信的发展也面临着一些挑战。如何确保信息的准确性和安全性、如何提高服务质量和效率、如何保护用户隐私等问题,都需要政府部门在运营过程中不断探索和完善。

1. 微信与政务微信的源起

微信是2011年腾讯公司推出的一种即时通信工具,提供了朋友圈、公众平台、微信支付、群聊等功能。微信操作简便,用户体验好,老少皆宜,无须培训即可快速上手。

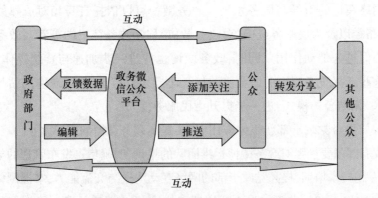

图 6-62　政务微信公众平台运作流程图

政务微信是指各级党政职能部门开通的、服务于该部门职责范围内相关行政事务开展的、经过腾讯对微信公众账号申请主体合法性及相关权利资质审核的微信公众账号,适用于党政职能部门以单位或个人名义开办的政务微信公众平台。它是国家在社会管理过程中,对行政性事务信息的发布和对公众关心的事务的回应,集文字、图片、语音、视频、链接等于一体的政务服务方式,有利于政民间全方位的沟通和互动。

政务微信公众平台是一个集微发布、微交流、微办事和微办公于一体的综合平台。也就是说,它既是政务公开的一个新平台,又是和公众互动的新工具,还是一个涵盖信息发布、查询、答疑等内容的新服务方式,更是政府部门传达政策的新工作途径。尤其是"公众号+微信支付"的服务模式,引起越来越多的党政机构重视。通过政务微信公众平台,公众可获得社保、民政、就业、教育等一系列民生政务服务。政府通过政务微信公众平台搭建起数据化的服务体系,提高了政府工作效率,提升了政府服务质量,也提升了公众满意度。

根据微信公众平台的自身特性,政务微信可分为政务微信服务号、政务微信订阅号和政务微信小程序。

按办公问政平台功能作用来分,政务微信可分为两大类:第一,信息发布型政务微信,作为大众传播工具,面向政务微信用户,快捷、准确、一对一地发布公共信息、政务信息,并与传统媒体结合,扩大新闻事件的影响力,同时进行紧急舆情发布和引导。第二,在线办事型政务微信,使得"足不出户办业务""指尖办事"成为日常。例如,"广州交警"微信公众号建立了"违法处理大厅""车管服务大厅"等服务栏目,公众可直接拍照上传登记进行快速理赔,还有年审预约功能,切实方便了公众办事,节约了公众时间;"深圳交警"微信公众号提供交通违法信息查询、电子警察分布查询、预约处理交通违法、"随手拍举报"等功能,方便公众查询、办事,同时也提升了政府服务效率。

2. 政务微信的特点

2016 年,人民网舆情监测室(现已更名为"人民网舆情数据中心")在对政务微信 500 强的运营及排名进行深入分析后,对政务微信的特点总结如下[①]:

(1)语言表达呈现"流行化"+"本土化"/"个性化"

与政务微博一样,政务微信也学会了"放低身段",与公众保持"平等交流",语言表述更加生活化、网络化、口语化,语气上更加平和、幽允、幽默不刻板,文章简短、流畅、利落,杜绝了严肃单调、长篇大论的官腔官调和机关公牍式的文案。同时,结合公众号所服务的领域及受众特点,对网络流行表达进行本土化、个性化的变换,在增强其对所属地区和群体认同的同时,提高文章的传播力和互动性。

对于不同职能部门的官微,需要在表达中体现出受众的群体特点或是系统的职业特点,对流行表达进行"个性化",比如公安类账号常常自称警察"蜀黍"。"共青团中央"微信公众号作为常和青年沟通的官微,其语言活泼、诙谐、幽默,符合青年阅读习惯:常常以"宝宝""童鞋"自居,使青少年从语言上对其产生心理认同;有时主动设置议程,引导网络潮流。

至于地方宣传类微信公众号,则将本土化元素融入流行表达,利用网民对流行用语的强接受度,吸引网民点击浏览,当网民阅读文章后,由于激发起了自己对

---

① 参见《2016 上半年政务微信 500 强报告》,载"人民网舆情数据中心"微信公众号 2016 年 8 月 17 日,https://mp.weixin.qq.com/s/uQ9oUiqsCYY-it_AWNhDvQ,2023 年 11 月 17 日访问。

故乡的认同和情谊,加上微信的"圈层传播"和受众的地缘关系网络,有助于提高文章被网民分享的概率。不少城市在启用新地铁、图书馆、火车站等基础设施时,则会套用"终于等到你,×××明天正式运营"的表达;介绍本地风光时,则常配文"今天×××最美的阳光/蓝天/雪景都在这里"等。

(2) 服务提供结合"一揽子全包"+"专项订制"

进入500强的政务微信,基本都能结合自身的角色定位、职务特点,将功能板块作为移动政务服务的重要载体,立足于系统、全面、综合,又突出专业、特色和定向。对于宣传类政务微信,由于其面向本地所有网民,大多走的是"一揽子全包"的路线,比如"上海发布""中国政府网""杭州发布"等微信公众号,对于公共服务的提供都是求大求全,使网民"进入一个公号,获得多项服务",有效整合了政务资源。对于公安、教育、交通等系统政务微信,走的则是专业化道路,力图提供本领域内更细致、周到、便捷的服务,如公安类微信公众号普遍都能为公众提供路况交通、违章查询、天气预报等常规信息。此外,不少交警结合当地实际特点,推出了特色服务,如"盐城交警"微信公众号能够进行轻微交通事故的"云车通"道路交通事故处理服务平台,"浙江公安"微信公众号的"浙警在线"自助挪车功能,均创新了交通管理的形式。由于这些服务具有高度的地区色彩,且直击受众需求的"痛点",有效增强了用户的互动和黏性,使得"粉丝群体"与辖区民众高度重合,呈现出明显的"粉丝辖区化"。

(3) 传播方式融合网络"新技术"+线下"地区热点"

互联网新技术的渗透,使得不少政务微信能够利用形式多样、风格活泼的多媒体传播方式,图文、音频、视频、H5、动画、漫画、MV等形式已不再新鲜,VR、无人机航拍、网络直播也获得了越来越多的青睐。例如,"上海发布"微信公众号不仅是连接城市与市民的重要平台,也是上海市政府对外宣传的综合窗口,善于运用VR、H5等多种技术形式向网友传递本市独有的文化符号,其推出的"上海360°超级全景"使其成为国内首个运用VR技术展示城市景象的政务微信,在打造城市名片、输出城市文化、提升城市形象的同时,公众号本身的传播力也得到了提升。又如,"南海发布"微信公众号发布的文章《南海这个龙舟漂移太刺激,霸屏央视!戳进来跟VR视频与龙舟齐漂移!》,用VR视频的形式向网友展现了龙舟大赛,为古老赛事注入了新鲜活力。还有行政事业单位类政务微信"南京审计大学"微信公众号发布的《[飞跃南审]校园到底有多美?航拍版大放送!》,为学校自身的宣传做了更好的展示。

6.4 政务微博与政务微信模拟实验

【本节演示的教学软件采用 B/S 架构,软件程序安装在服务器端,学生端打开浏览器访问即可使用软件,软件访问地址与免费试用账号申请可发送至 **207455@nau.edu.cn**】

在电子政务发展早期,公民电子参与主要是通过电子信息和电子咨询的方式来实现。随着电子政务的发展,公民电子参与将充分借助新一代互联网和移动网络技术,以及新的社交媒体技术——政务微博与政务微信,从"被动型"向"主动型"转变,并将持续向公共政策制定和公共服务提供领域扩展。

6.4.1 政务微博与政务微信实验准备

1. 实验流程图

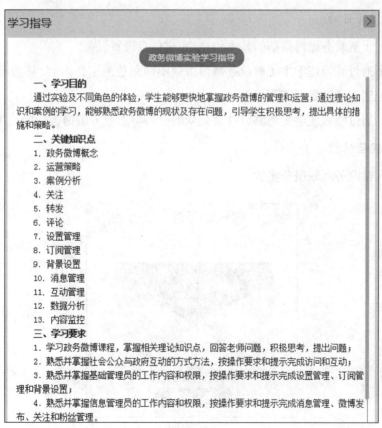

图 6-63

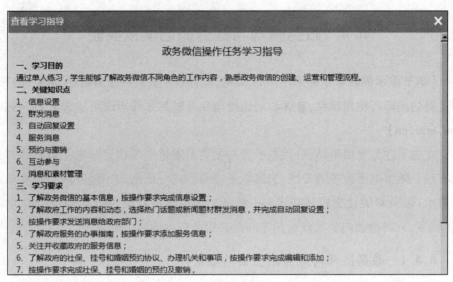

图 6-64

2. 实验目的

（1）了解政务微博微信的基本信息，完成信息设置。

（2）通过练习使学生了解政务微博微信不同角色的工作内容，熟悉政务微博微信的创建运营和管理流程。

（3）通过练习使学生能够以社会公众的身份熟悉政务微博微信的使用。

3. 实验情景

进入微政务互联服务实验。

图 6-65

点击创建实验小组。

图 6-66

创建实验小组,选择岗位角色。(注:创建实验小组的即为组长)

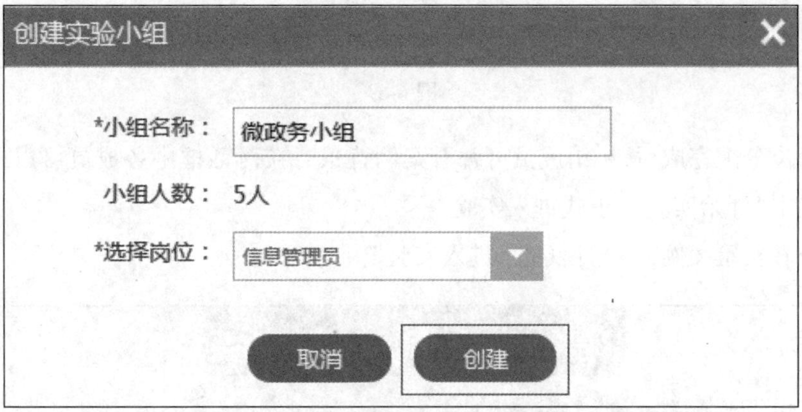

图 6-67

其余组员进入实验后,选择相应的角色,并点击岗位名称上的"进入"。

图 6-68

如果小组成员少于岗位数量，组长可点击"自动配置剩余岗位"，分配其余岗位。

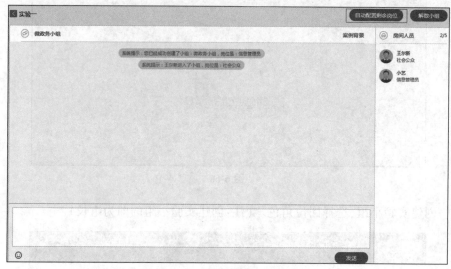

图 6-69

岗位分配完成后，小组成员可查看案例背景。在对话框中各成员可以即时交流。点击"开始实验"，正式进入实验。

查看实验案例，点击下方的"进入实验"。

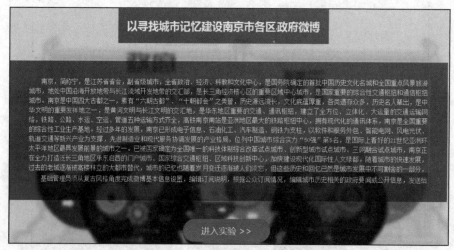

图 6-70

4. 实验数据

点击页面右侧的 ▦ ,可查看相关课程的学习指导,包括学习目的、关键知识点、学习要求、操作步骤以及学习效果。

实验内容完成后点击 ▦ ,进入学生互评,为每个实验成员打分。

图 6-71

点击 ▦ ,学生可查看案件所涉角色、正文以及实验流程图。

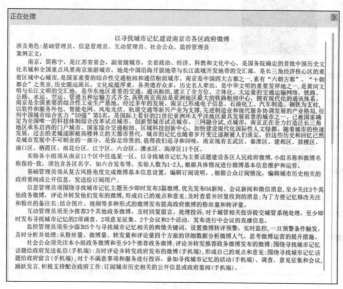

图 6-72

5. 实验任务

（1）微博基础管理员设置管理；

（2）微博信息管理员设置；

（3）微博互动管理员设置；

（4）微博监控管理员设置；

（5）微博社会公众设置；

（6）政务微信基本信息设置；

（7）政务微信管理设置；

（8）政务微信统计设置；

（9）社会公众的操作。

6.4.2 政务微博与政务微信实验实训

1. 任务一：微博基础管理员设置管理

（1）设置微博基本信息

进入实验前，需由基础管理员设置微博基本信息，并进行保存。

图 6-73

选择"设置管理—头像设置",基础管理员可修改微博头像。根据要求上传图片,并点击"确定"。

图 6-74

在"设置管理—资料设置"中,除了可以修改微博基本资料,还可设置模板,点击页面右侧头像上方的彩色三角进行设置。

图 6-75

可根据需要设置模板或是封面图,支持自定义。

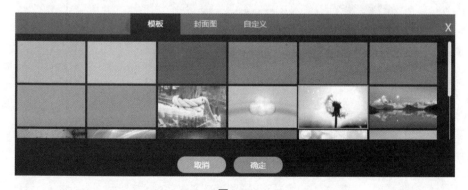

图 6-76

选择"设置管理—焦点图片/视频",点击"编辑"。

图 6-77

在此上传图片或视频,也可直接填写网络视频地址,编辑完成后需进行保存。

图 6-78

（2）订阅管理

选择"订阅管理—订阅内容"，点击"新增内容"。

图 6-79

编辑订阅内容，点击"发送"。

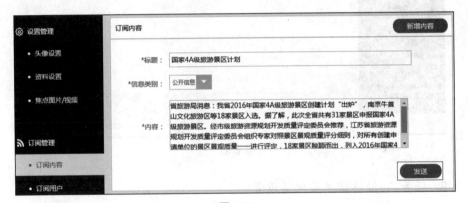

图 6-80

添加订阅内容后，点击标题即可进行查看。

图 6-81

选择"订阅管理—订阅用户"，可查看所有订阅了政府要闻和公开信息的用户。

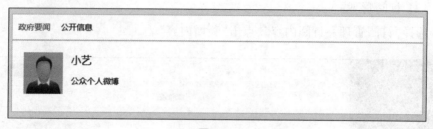

图 6-82

选择"订阅管理—订阅说明",编辑说明内容,点击"确定"。(注:只有编辑了订阅说明,首页才能看到"个性订阅"内容。)

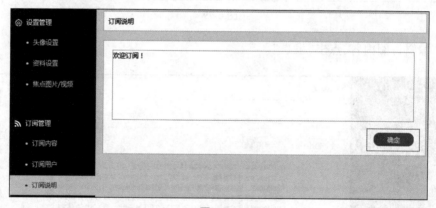

图 6-83

2. 任务二:微博信息管理员设置

(1) 首页

信息管理员可在首页发布微博。编辑微博内容,点击"发布"。

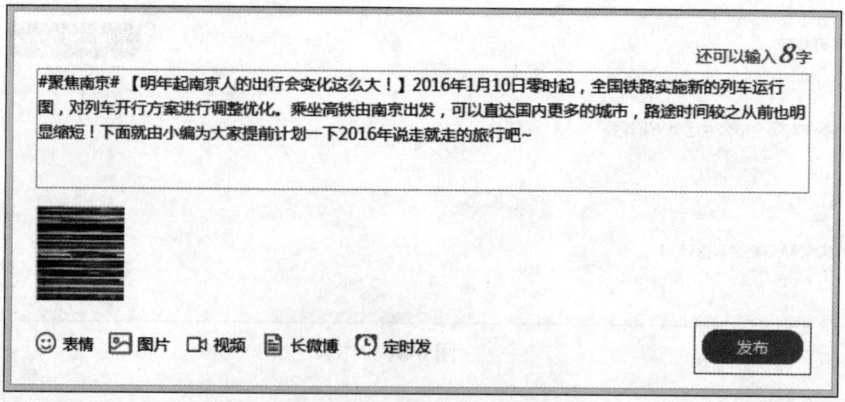

图 6-84

(2) 关注其他政务微博

点击页面上方 [🔍],进入微博搜索页面。系统会推荐用户可能感兴趣的人,点击 [+关注] 予以关注。

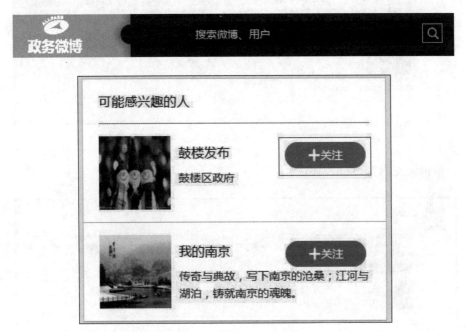

图 6-85

进入其他政务微博主页,可对其所发布的微博内容进行收藏、评论、转发或是点赞等操作。

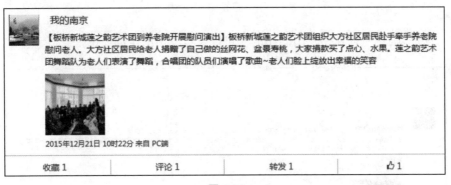

图 6-86

(3) 消息

选择"消息—评论—收到的评论",可以对收到的评论进行回复。

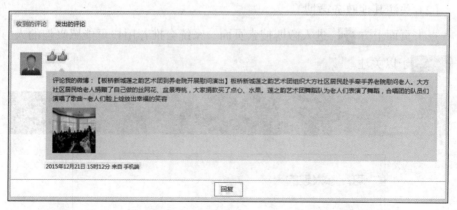

图 6-87

编辑回复内容,点击"评论"。

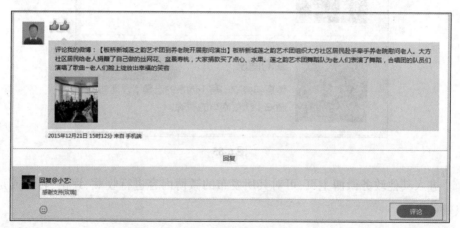

图 6-88

选择"消息—评论—发出的评论",可以查看发出的全部评论。

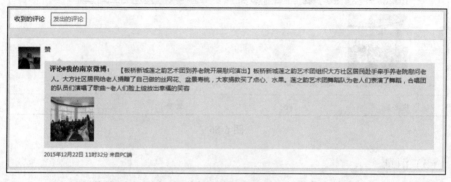

图 6-89

选择"消息—@我的",可以查看@我的微博与@我的评论详情。

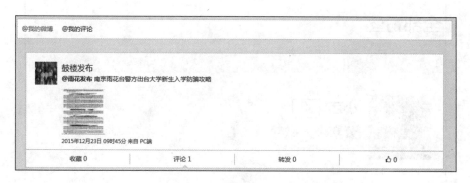

图 6-90

若 OA 系统、会务系统以及微信中有需同步至微博的数据,则会传输至微博,可在"消息"中查看。

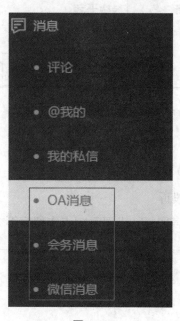

图 6-91

(4) 修改关注和粉丝的备注名

关注和粉丝的备注名修改方式相同,这里以修改粉丝的备注名为例。进入粉丝列表界面,点击粉丝名称后的 ✎。设置备注名,点击"确定"即可。

图 6-92

3. 任务三：微博互动管理员设置

(1) 回复留言/处理投诉

选择"互动管理—留言回复—未回复"，点击留言下方的"回复"。

图 6-93

编辑回复内容，点击"确定"。

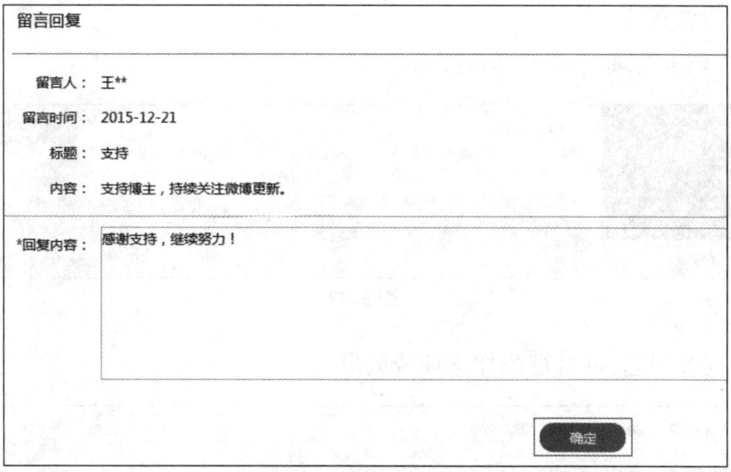

图 6-94

选择"互动管理—投诉处理—未处理",点击投诉下方的"处理"。对于城管相关投诉可提交城管系统处理,点击"同步至数字化城管系统"。

图 6-95

编辑处理结果,点击"确定"。

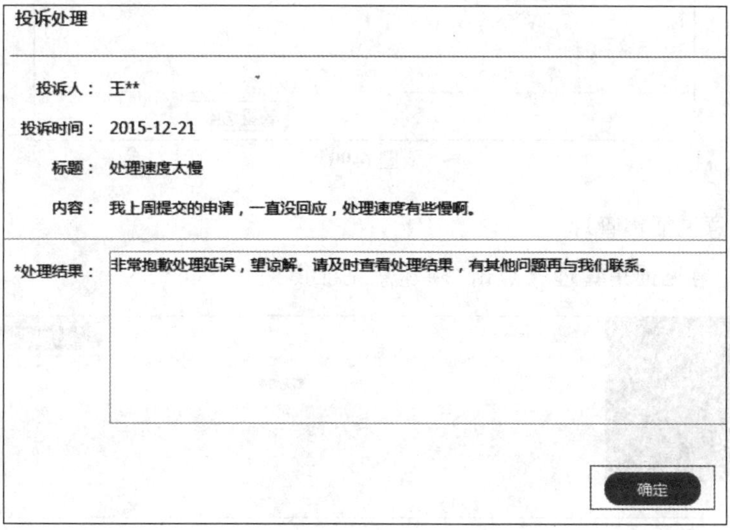

图 6-96

(2) 调查管理

选择"调查管理",点击"新建调查"。

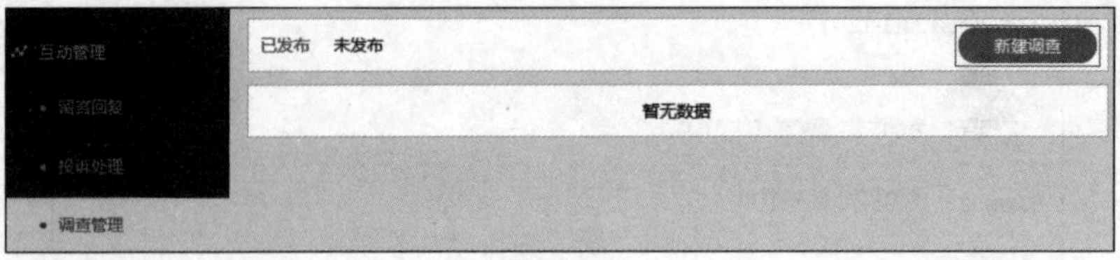

图 6-97

编辑调查问题,可自行添加选项或问题。

图 6-98

点击活动下方的"查看结果",可查看投票情况。

图 6-99

(3) 意见征集管理

选择"意见征集管理",点击"新建意见征集"。

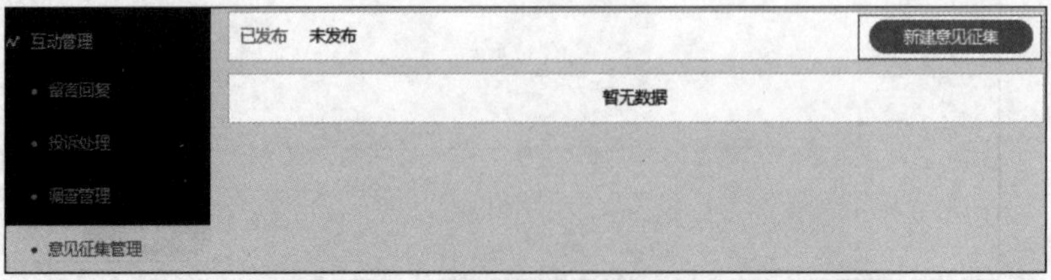

图 6-100

编辑此次意见征集的主题等信息,将其发布。

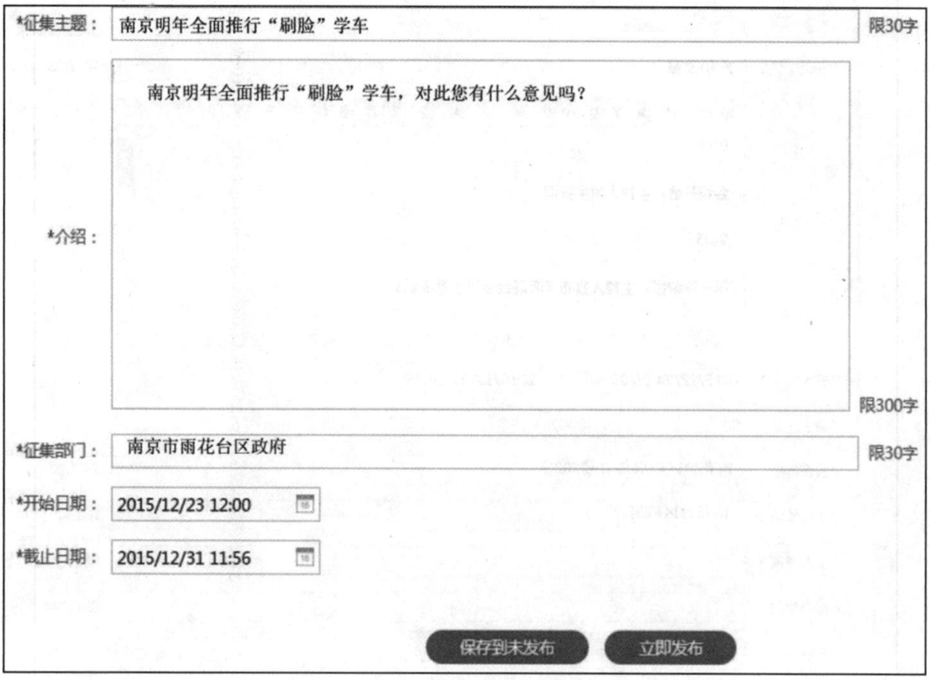

图 6-101

(4) 会议管理

选择"会议管理",点击"发布新会议"。(注:在"未发布"中,可查看会议系统传输的会议信息,选择发布合适的会议信息。)

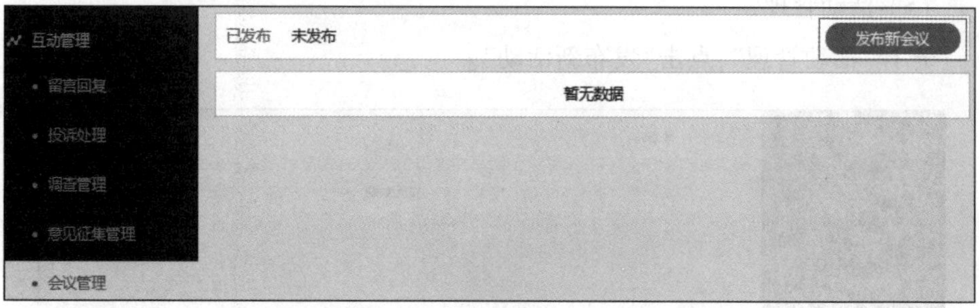

图 6-102

编辑会议详情,并进行发布。

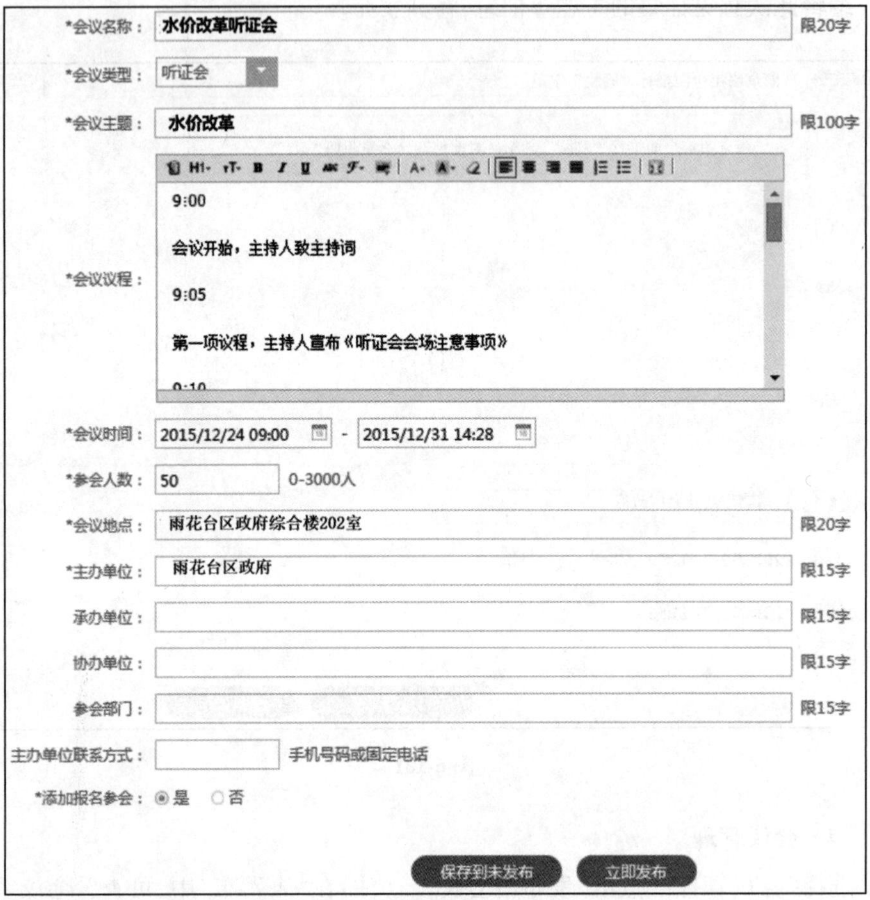

图 6-103

(5) 活动管理

选择“活动管理”，点击“发布新活动”。

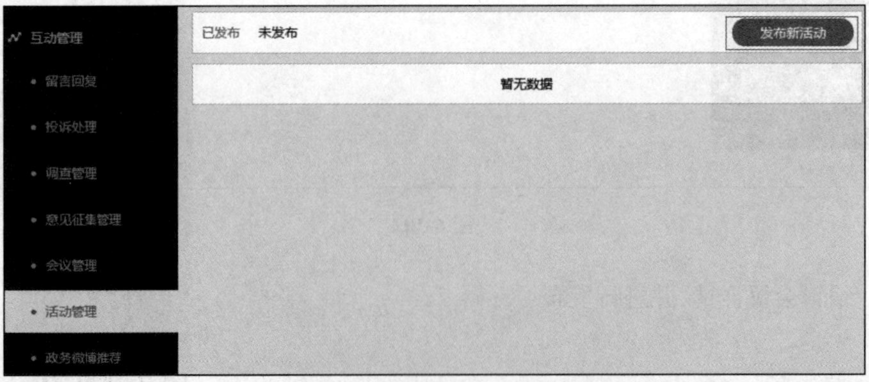

图 6-104

编辑活动相关信息,完成后可选择是否立即发布。

图 6-105

对于未发布的活动,点击下方的"发布",可以立即发布。

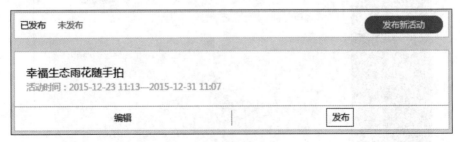

图 6-106

(6) 政务微博推荐

选择"政务微博推荐",可以在首页为公众推荐已关注的其他政务微博,点击"添加"。点击其他政务微博后的 ⊕ 进行推荐。

图 6-107

4. 任务四:微博监控管理员设置

(1) 数据分析

① 微博人气分析

选择"数据分析—微博人气分析",可以按粉丝量、微博量、转发量和评论量进行统计。选择时间范围,点击"统计"。

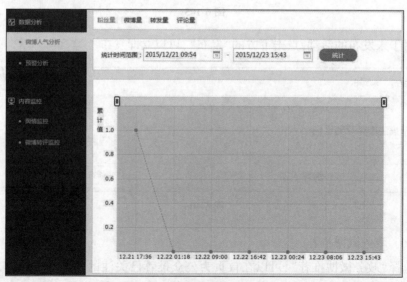

图 6-108

详细数据可下载形成 EXCEL 文件。

详细数据				
时间	粉丝量	微博量	转发量	评论量
2015/12/21/ 09:54 - 2015/12/21/ 17:36	1	5	2	2
2015/12/21/ 17:36 - 2015/12/22/ 01:18	0	0	0	0
2015/12/22/ 01:18 - 2015/12/22/ 09:00	0	0	0	0
2015/12/22/ 09:00 - 2015/12/22/ 16:42	0	0	0	1
2015/12/22/ 16:42 - 2015/12/23/ 00:24	0	0	0	0
2015/12/23/ 00:24 - 2015/12/23/ 08:06	0	0	0	0
2015/12/23/ 08:06 - 2015/12/23/ 15:43	0	0	0	0

图 6-109

② 预警分析

在"内容监控"中事先设置舆情监控关键词与转评的预警条件,方能查看预警分析结果,及时分析并处理。

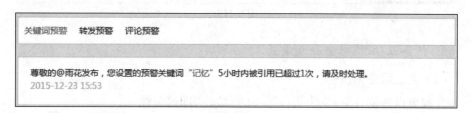

图 6-110

(2) 内容监控

① 舆情监控

选择"内容监控—舆情监控",首先添加舆情关键词。设置关键词及预警条件,点击"确定"。

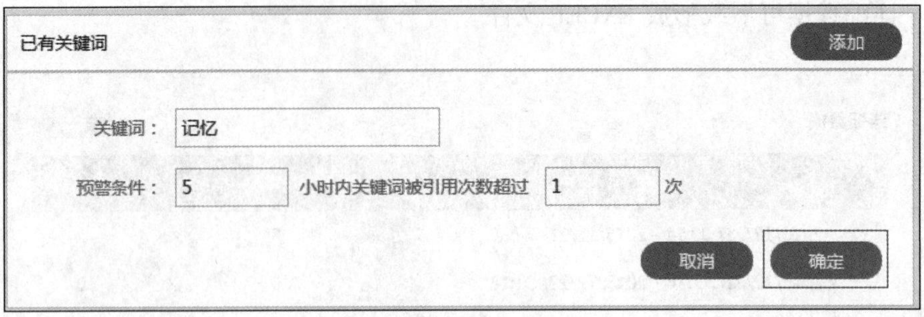

图 6-111

② 微博转评监控

选择"内容监控—微博转评监控",设置转发量和评论量的预警条件。

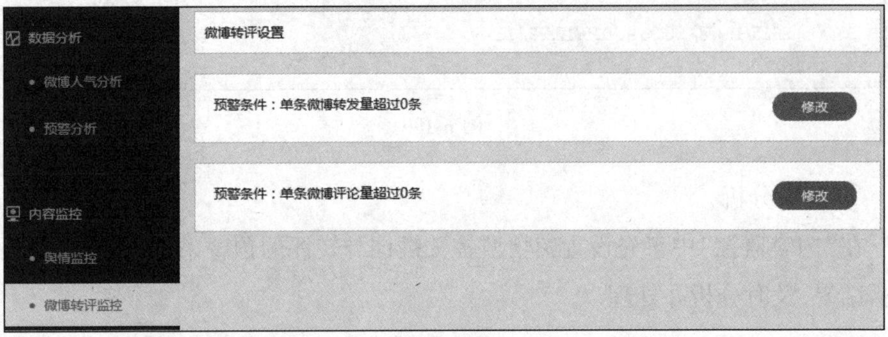

图 6-112

5. 任务五:微博社会公众设置

(1) 关注政务微博

在政务微博的首页,点击头像下方的"关注"即可关注。

图 6-113

（2）评论并转发推荐微博内容

点击微博内容下方的"收藏"，可以收藏该条微博。

图 6-114

点击微博内容下方的"评论"，可以对该条微博进行评论。编辑内容，点击"评论"。

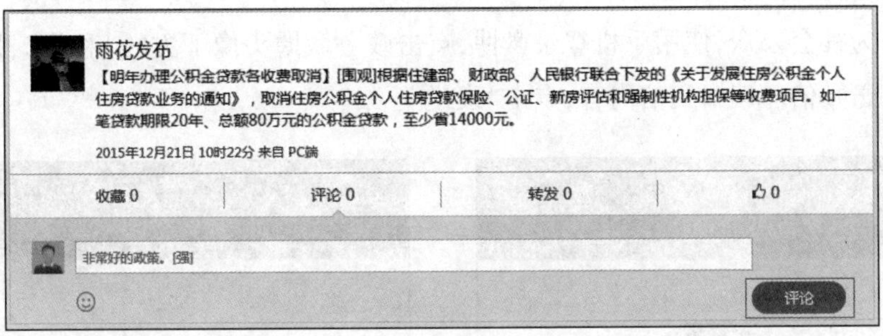

图 6-115

点击微博内容下方的"转发"，可以将该微博转发至自己的微博，形成自己的观点和意见。编辑自己的观点，点击"转发"。

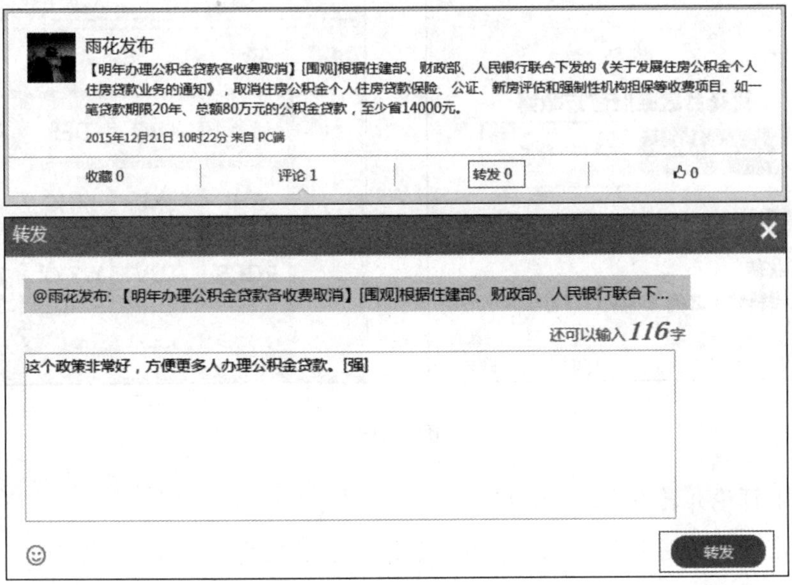

图 6-116

点击微博内容下方的👍,可以进行点赞。

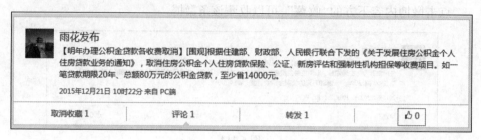

图 6-117

（3）发送私信(手机端)

作为社会公众,使用手机登录微博,点击政务微博头像下方的"私信",即可给博主发送私信。编辑私信内容,点击"发送"。

图 6-118

（4）评论并转发微博(手机端)

点击每条微博下方的收藏、评论、转发以及点赞,均可进行相应操作。

图 6-119

(5) 给政务微博留言(手机端)

选择政务微博手机端页面最下方的"互动",在新页面中点击"我要留言"。编辑留言信息,点击"提交留言"。

图 6-120

(6) 对于不满意的事项和服务进行投诉

依次点击政务微博页面的"互动—在线投诉—我要投诉"。编辑投诉内容,点击"提交"。

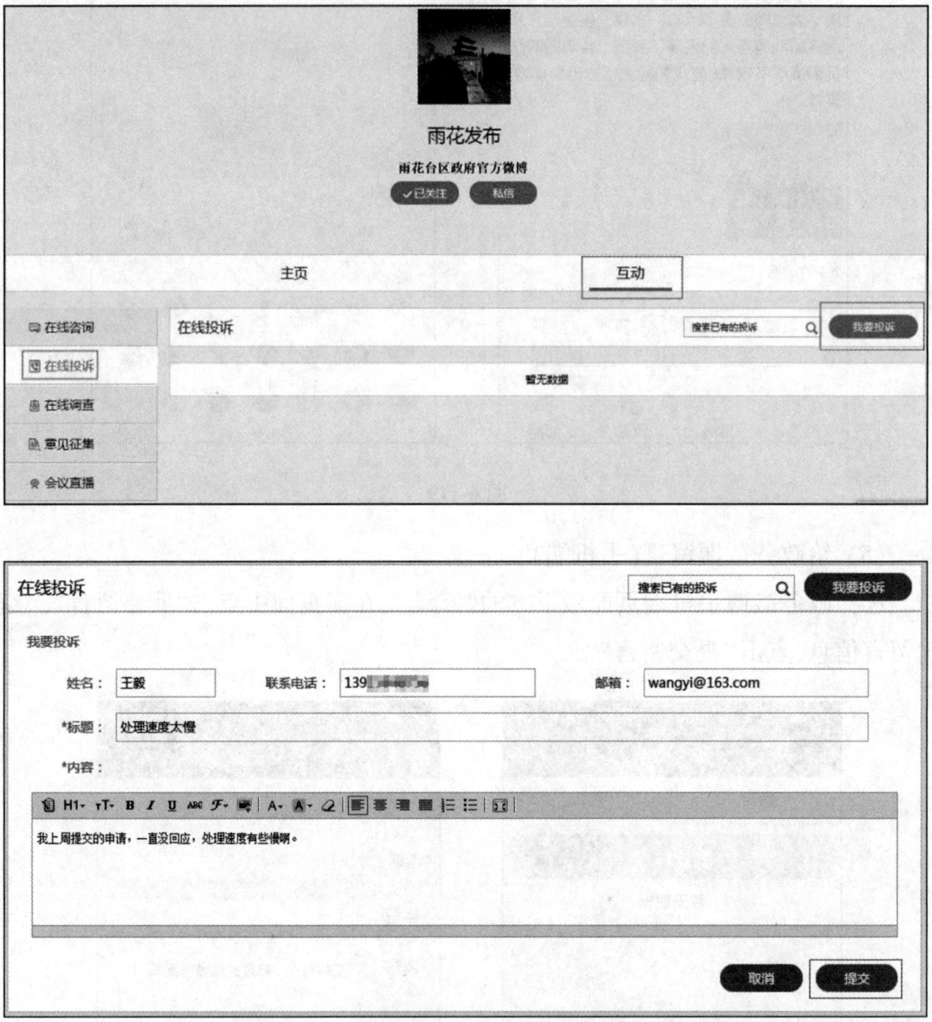

图 6-121

(7) 参加活动(手机端)

选择手机端页面最下方的"活动",查看活动列表,点击可查看活动详情并参与活动。

图 6-122

转发活动微博,编辑内容,点击右上角"发送"。

图 6-123

(8) 调查、意见征集和参与会议,踊跃发言,积极支持配合政府工作

点击政务微博页面的"互动—在线调查",选择调查项目进行参与。

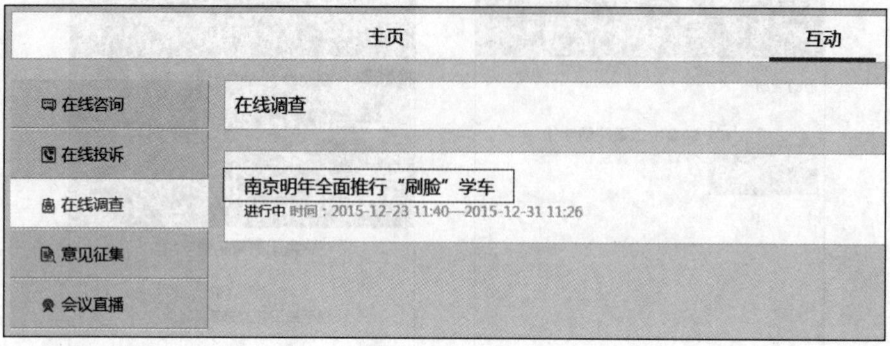

图 6-124

选择调查结果,点击"我要投票"。

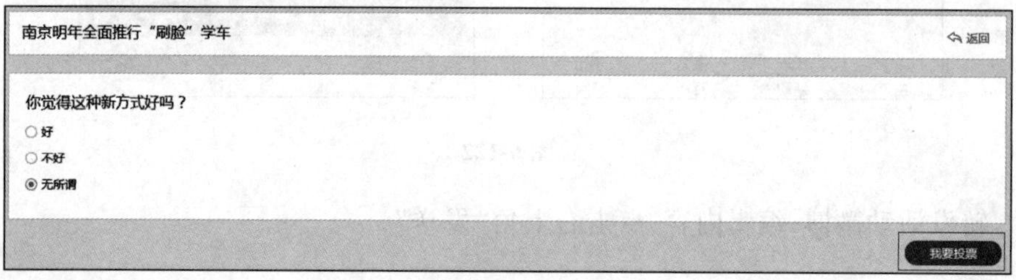

图 6-125

点击政务微博页面的"互动—意见征集",选择意见征集项目进行参与。

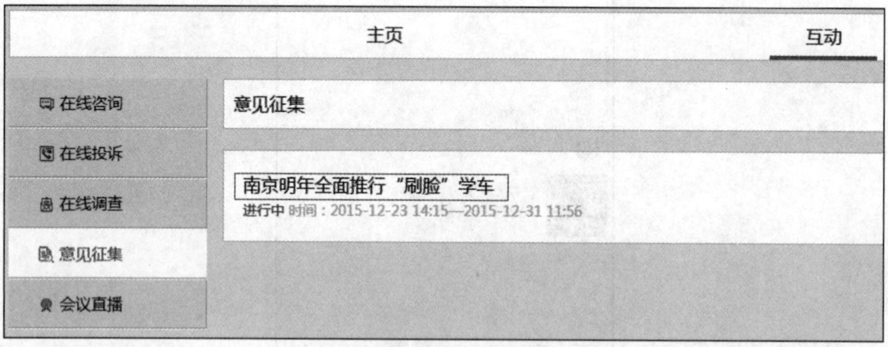

图 6-126

点击征集内容下的"发表意见"。填写意见,留下基本信息,点击"提交"。

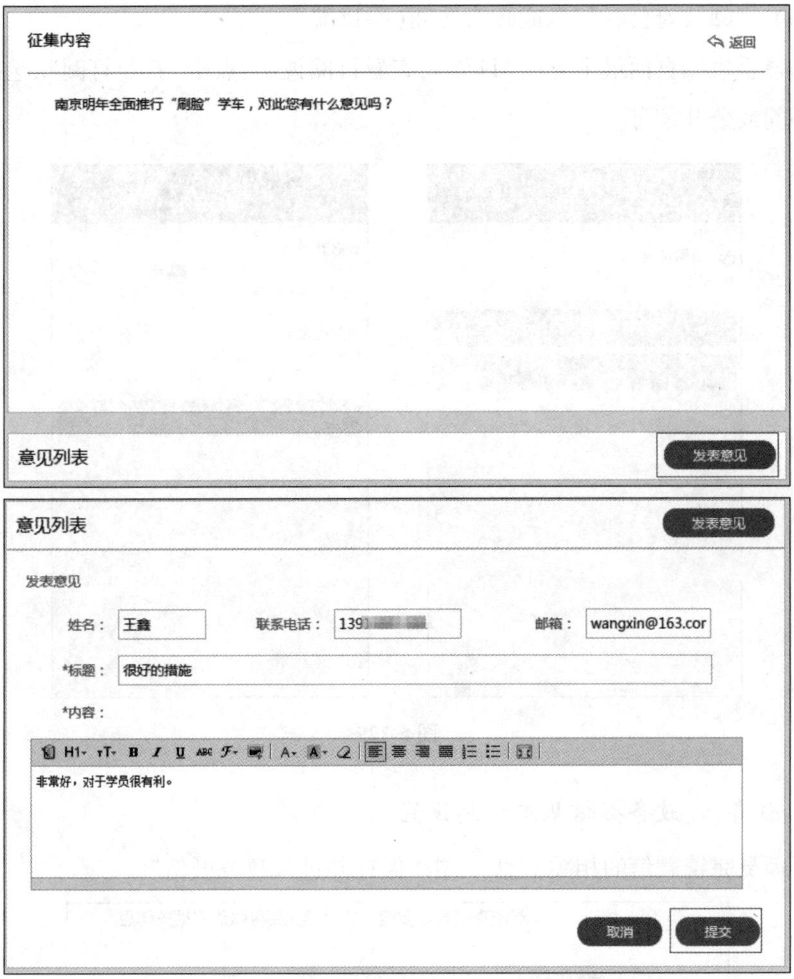

图 6-127

点击政务微博页面的"互动—会议直播"，选择会议进行参与。

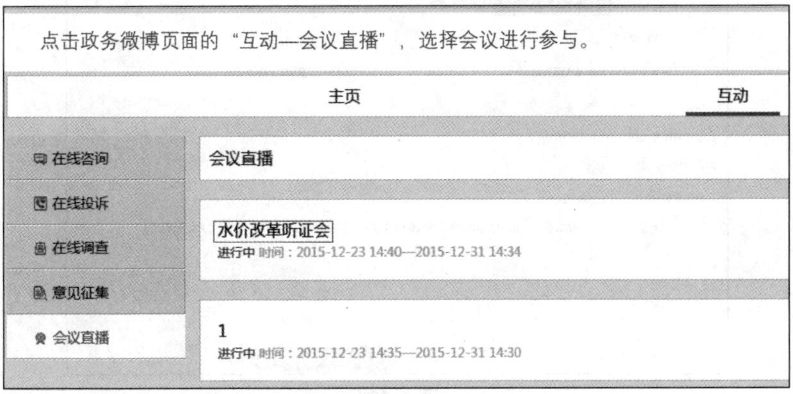

图 6-128

330 | 智慧政府与治理创新:电子政务实验实训教程

(9) 订阅政府公开信息或政府要闻(手机端)

选择手机端页面最下方的"订阅",查看订阅说明,点击"我要订阅",选择订阅政府要闻或公开信息。

图 6-129

6. 任务六:政务微信基本信息设置

管理员完善微信的相关信息,点击"保存并进入政务微信"。

图 6-130

(1) 群发功能

选择"功能—群发功能",设置群发对象,编辑内容,点击"群发"。

图 6-131

消息中可编辑文字、图片、语音、视频以及图文。点击 , 可上传图片。上传的图片存至图片库中,在图片库中选择图片使用。

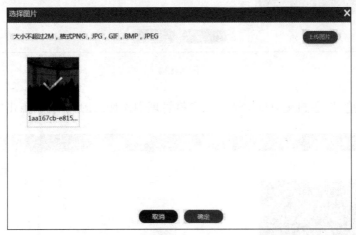

图 6-132

点击 ![], 可上传语音。上传 MP3 或是 AAC 格式的语音文件,并选中该素材,点击"确定"。

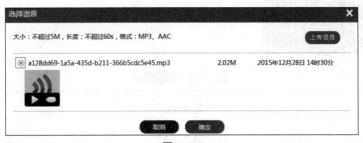

图 6-133

点击🎥,可上传视频。上传 MP4 格式的视频文件,并选中该素材,点击"确定"。

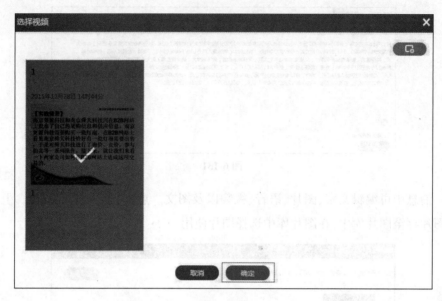

图 6-134

点击🖼,发送图文消息。选中在素材管理中添加的图文消息,点击"确定"。

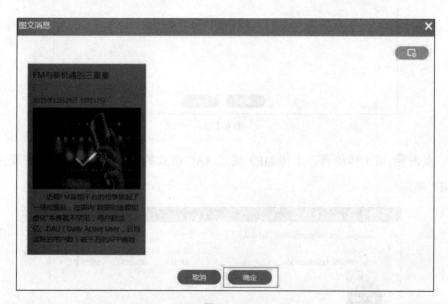

图 6-135

如要将该内容同步至政务微博,需事先在"设置"中绑定政务微博账号。

图 6-136

在"已发送"中,可查看已群发的消息列表,并可删除消息。

图 6-137

(2) 自动回复

自动回复分为关注自动回复与关键词自动回复。

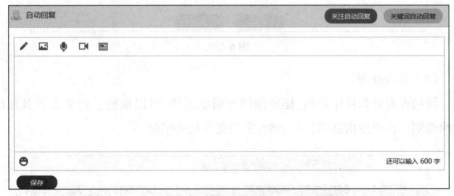

图 6-138

设置了关注自动回复的内容后,当社会公众关注本微信后,将会自动回复设定内容;设置了关键词自动回复后,当粉丝发送关键词后,将会自动回复设定内容。

(3) 服务信息

服务信息包括社保、医疗、婚姻登记、工商登记与证件办理五大方面,此外可以根据主题更改服务信息类别,添加其他类别的服务信息。系统已内置了部分内容,管理员可自行添加新的服务信息。点击 添加服务信息,红色带 * 号为必填项。

图 6-139

(4) 预约查询

预约查询分为社保预约、挂号预约与婚姻预约,可以根据主题更改为其他的预约类别。若要使用该部分的功能,需要完善相关信息。

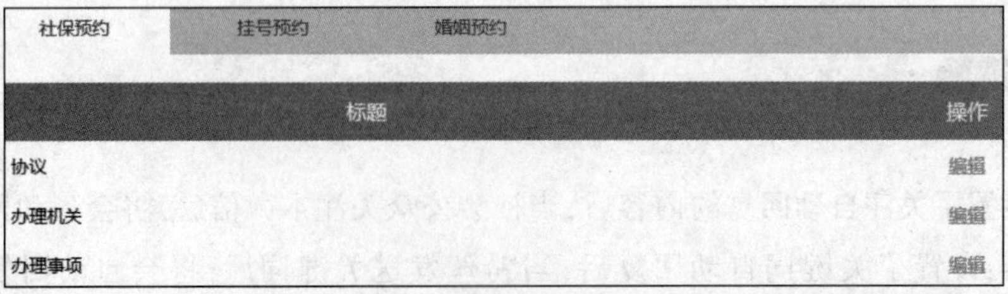

图 6-140

下面以"挂号预约"为例。首先编辑预约协议。

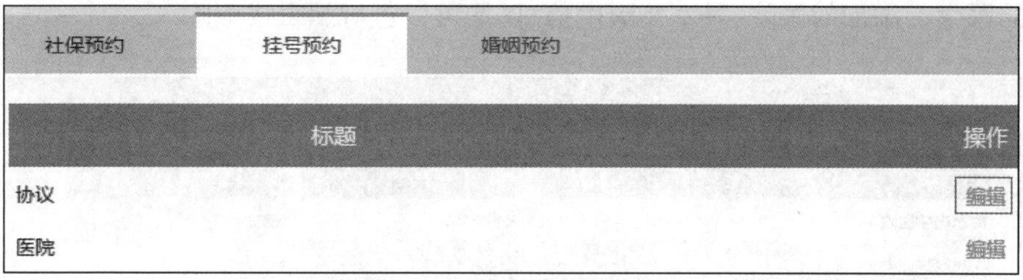

社保预约	挂号预约	婚姻预约	
标题			操作
协议			编辑
医院			编辑

图 6-141

填写协议内容,点击"确定"。

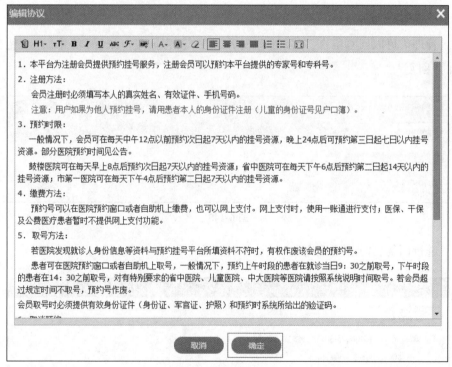

图 6-142

点击"医院"后的"编辑",可以添加医院、科室及医生等信息。

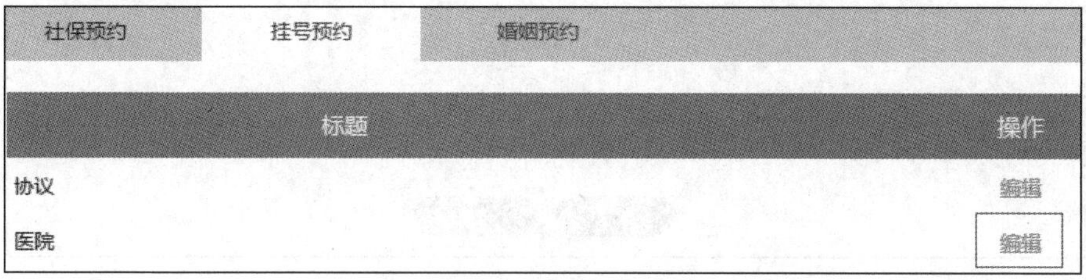

社保预约	挂号预约	婚姻预约	
标题			操作
协议			编辑
医院			编辑

图 6-143

首先添加医院,选中医院,继续添加该医院的科室,选中科室,可以添加该科室的医生。添加的医院、科室及医生信息,均可以进行编辑或删除。

图 6-144

(5) 互动参与

管理员可以回复留言,以及处理投诉。在"留言回复—未回复"中,点击留言后的"回复"。

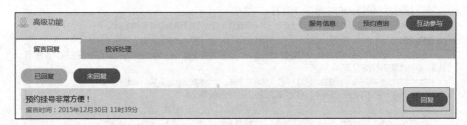

图 6-145

进行回复,并点击"确定"。

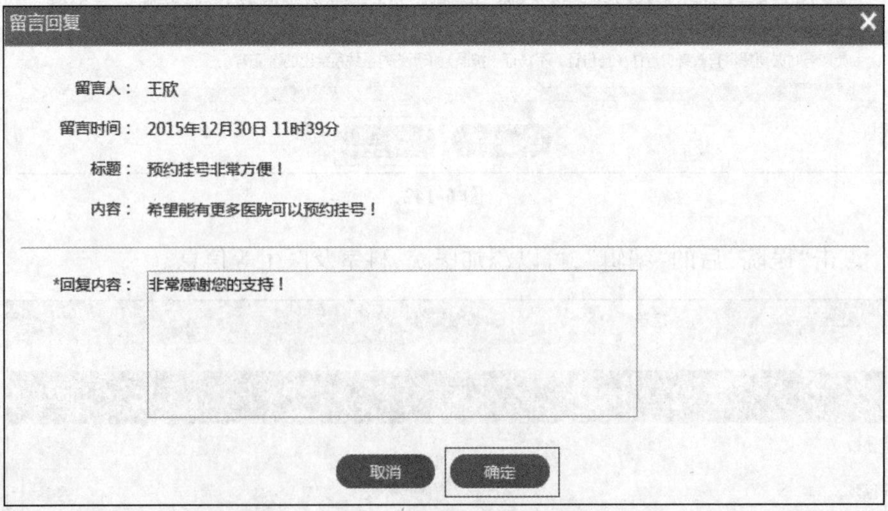

图 6-146

第 6 章 智慧政府与网络舆情治理 | 337

在"投诉处理—未处理"中,点击投诉后的"回复"。此内容可同步至数字城管中。

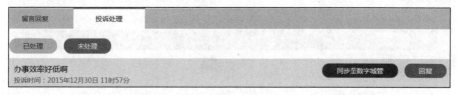

图 6-147

设置同步至数字城管的信息,点击"确定"。

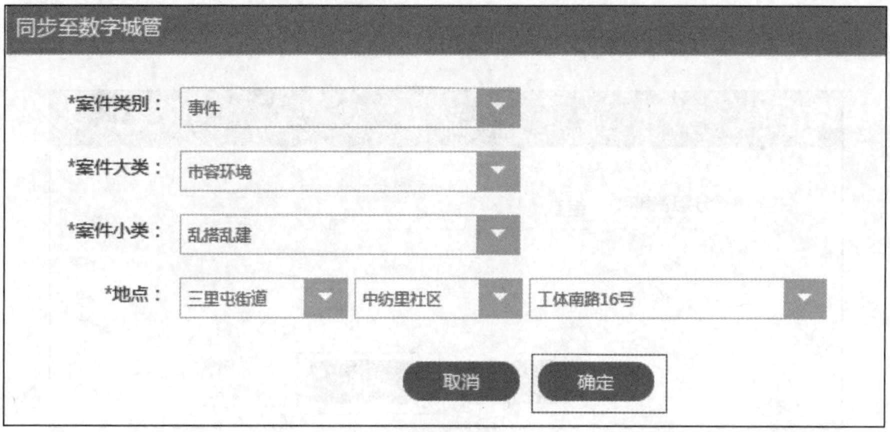

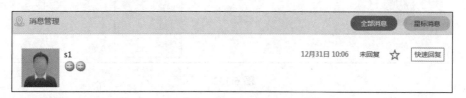

图 6-148

7. 任务七:政务微信管理设置

(1) 消息管理

选择"消息管理",点击消息后的"快速回复"可回复粉丝发送的消息,点击☆设置星标消息。

图 6-149

(2) 用户管理

选择"用户管理",鼠标放在用户头像上,可以修改备注信息。点击 添加用户分组。

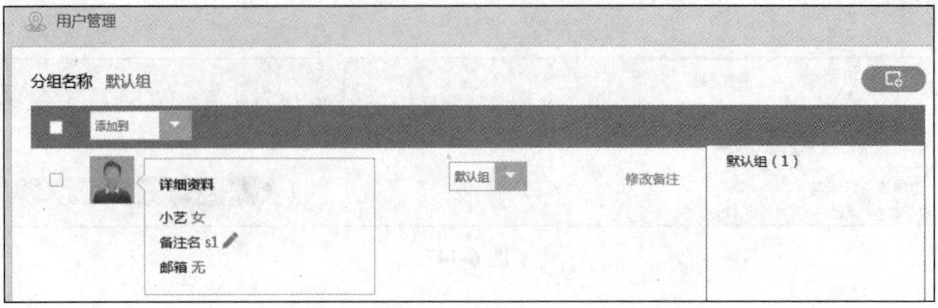

图 6-150

新建分组,编辑分组名称,点击"确定"。

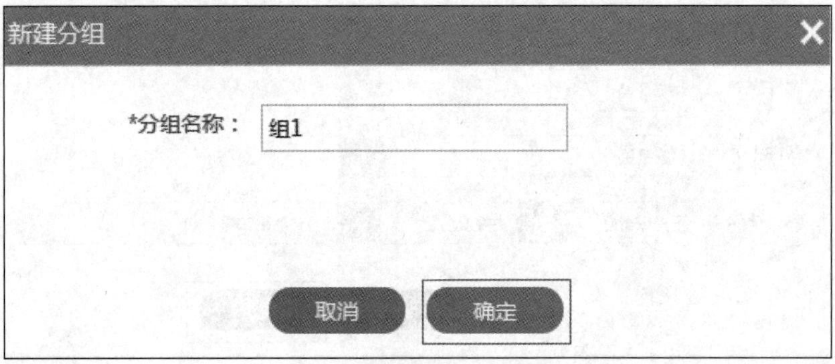

图 6-151

分组添加后,可为用户选择组别。

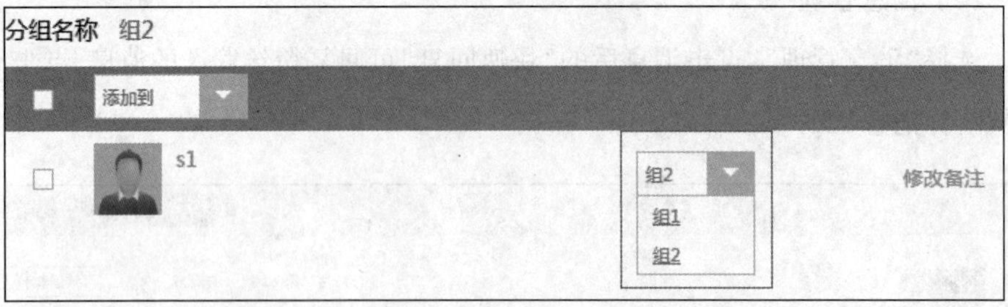

图 6-152

(3) 素材管理

素材管理包括图文消息、图片库、语音与视频。管理员可添加相关素材,在发送消息的时候,可以直接使用。另外,在发送消息时,上传的图片、语音或视频等消息,将会自动保存至素材库。(注:OA 或会议系统同步至微信的消息将显示在图文消息中。)

这里我们来了解图文消息如何添加。

选择"图文消息",点击 。编辑图文消息内容,上传封面图片,点击"确定"。

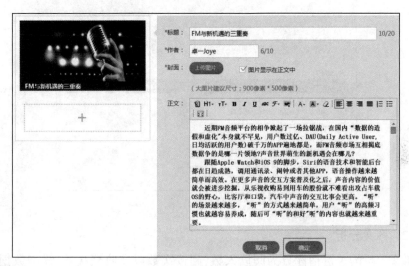

图 6-153

添加的素材均可以进行编辑或删除。

图 6-154

8. 任务八:政务微信统计设置

(1) 用户分析

用户分析的关键指标分为新增人数、取消关注人数、净增人数以及累计人数,详细数据提供下载功能。

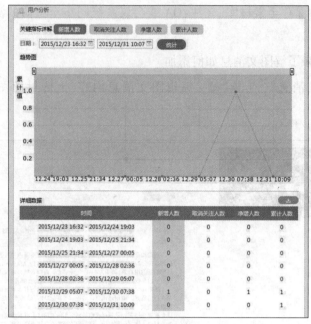

图 6-155

(2) 图文分析

图文分析的关键指标分为阅读人数、阅读次数以及收藏次数,详细数据提供下载功能。

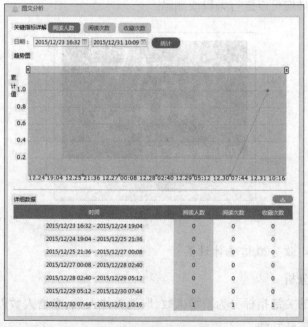

图 6-156

(3) 消息分析

消息分析的关键指标分为公众消息发送人数、公众消息发送次数以及人均发送次数，详细数据提供下载功能。

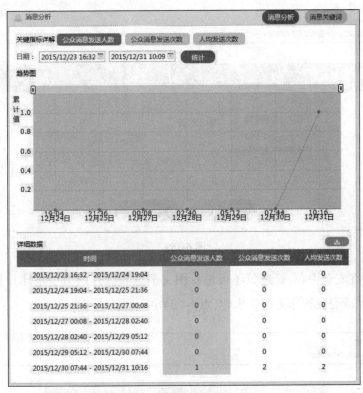

图 6-157

(4) 账号设置

在"账号设置"中，可以修改账号基础信息。

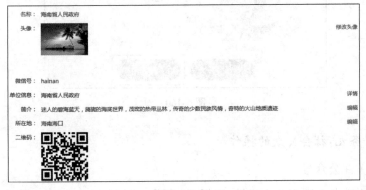

图 6-158

（5）安全中心

选择"设置—安全中心"，可绑定政务微博。输入政务微博的昵称与密码，点击"确定"。绑定成功后，微信群发内容可同步更新至政务微博。

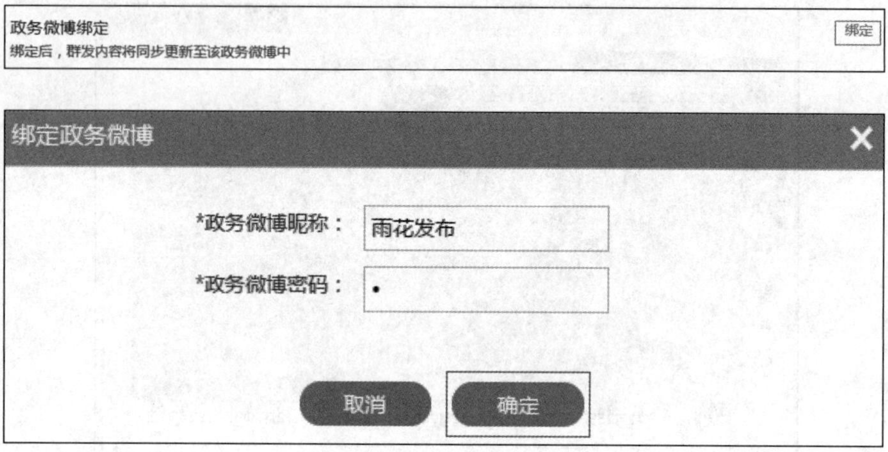

图 6-159

另外，在安全中心，管理员还可进行图文消息和图片的微信水印设置。设置使用微信号或是昵称作为图片水印，点击"确定"。

图 6-160

9. 任务九：社会公众的操作

（1）关注公众号

登录微政务互联服务手机端，选择"社会公众"角色进入实验。查看系统内所有公众号列表。

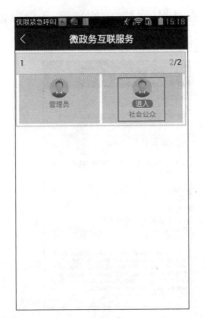

图 6-161

查看公众号信息,点击"关注"。关注后可查看该公众号的历史消息,并可进入公众号。

图 6-162

（2）服务信息

点击菜单栏中的"服务信息"，可以查看社保、医疗、婚姻登记、工商登记与证件办理的相关信息。

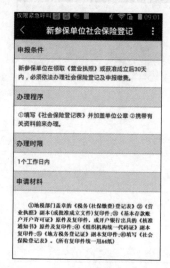

图 6-163

（3）预约查询

① 预约排号

点击菜单栏中的"预约查询"，可以进行预约排号、预约撤销以及办件查询。

预约排号包括社保预约、挂号预约与婚姻预约，预约方式相似，这里我们以挂号预约为例。若要进行挂号预约，需先阅读并同意预约协议，点击"下一步"。

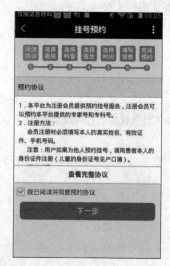

图 6-164

选择医院及相应科室。

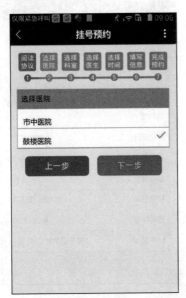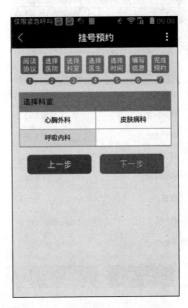

图 6-165

选择医生,确定就诊时间。(注:挂号预约不可预约当天的时间;红色时间段表示预约已满,不可预约;周六周日不可预约。)

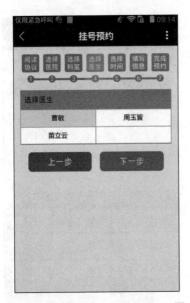

图 6-166

填写就诊信息,完成预约。

图 6-167

② 预约撤销

选择"预约撤销",输入预约时留的手机号,点击"查询"。

图 6-168

查询到预约信息,如需撤销,需要记住预约号,然后点击该预约下的"撤销该预约"。在新页面中，正确输入预约号及预留的身份证号，点击"确定"即可成功撤销。

图 6-169

③ 办件查询

选择"办件查询"，可查询社保预约和婚姻预约的办理状态，输入办事编号及身份证号即可。

图 6-170

办事编号为预约成功页面最后一行。

图 6-171

（4）互动参加

点击菜单栏中的"互动参加"，可以留言或投诉。点击"我要留言"，可以给该公众号的管理员留言。

图 6-172

编辑留言信息,成功提交即可。在"已有留言"中,可查看留言是否被回复及回复内容。

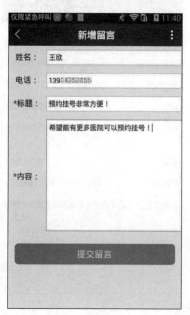

图 6-173

点击"我要投诉",可以给该公众号的管理员发送投诉建议。

图 6-174

在"已有投诉"中,可查看投诉是否被处理及回复方式。

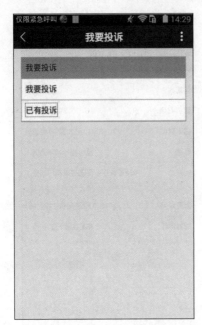 

图 6-175

（5）收藏图文消息

点击查看公众号发送的图文消息,进入文章界面,点击右上角可收藏该消息。

图 6-176

(6) 消息

在"所有公众号"页面,还可访问本实验其他小组的公众号。点击右上角消息图标,可查看系统消息。

图 6-177

第 7 章

智慧政府与公共危机治理

> 改革完善重大疫情防控救治体系。要健全重大疫情应急响应机制，建立集中统一高效的领导指挥体系，做到指令清晰、系统有序、条块畅达、执行有力，精准解决疫情第一线问题。要健全科学研究、疾病控制、临床治疗的有效协同机制，及时总结各地实践经验，形成制度化成果，完善突发重特大疫情防控规范和应急救治管理办法。要平战结合、补齐短板，健全优化重大疫情救治体系，建立健全分级、分层、分流的传染病等重大疫情救治机制，支持一线临床技术创新，及时推广有效救治方案。要鼓励运用大数据、人工智能、云计算等数字技术，在疫情监测分析、病毒溯源、防控救治、资源调配等方面更好发挥支撑作用。
>
> ——习近平 2020 年 2 月 14 日在中央全面深化改革委员会第十二次会议上的讲话

要强化应急管理装备技术支撑,优化整合各类科技资源,推进应急管理科技自主创新,依靠科技提高应急管理的科学化、专业化、智能化、精细化水平。要加大先进适用装备的配备力度,加强关键技术研发,提高突发事件响应和处置能力。要适应科技信息化发展大势,以信息化推进应急管理现代化,提高监测预警能力、监管执法能力、辅助指挥决策能力、救援实战能力和社会动员能力。

——习近平2019年11月29日在主持中共中央政治局第十九次集体学习时的讲话

公共危机及其治理本身是一个社会问题，也是一个科学问题。在人类历史上，公共危机通常是水旱灾害、地震海啸、流行疾病、核泄漏等自然或人为因素造成的，并与人们的认识盲区和知识空白相关的客观现象。公共危机直接关系到人类生存和生命财产安全，反映了外部环境在自然变化和社会转型中的风险性和不确定性。对它的防范和管控，既要从源头出发，对危机发生的条件、机理、过程进行规律性的解释，也要着眼于现实，以科技攻关推动危机管理能力、危机救援能力和危机保障能力的建设。①

早期对于公共危机的研究主要是对自然灾害的防治研究，公共危机管理最早可以追溯到 1803 年的美国国会救灾法案的实施，随后公共危机管理从政治领域向经济、社会领域扩展。20 世纪 90 年代以来，全球爆发了一系列的危机，如"9·11"事件、疯牛病、亚洲金融危机、SARS、美国次贷危机、新冠病毒感染疫情等公共危机事件。这些危机的爆发，促使公共危机治理研究进一步发展。由于电子政务在公共危机管理活动中的有效推行，美国等一些国家在公共危机处理活动中显得心应手，如良好的电子政务信息系统为美国有效控制 SARS 提供了有力保障。美国利用电子政务信息系统在各部门、各机构和各单位间实现信息快速高效的交流和传递，快速完成 SARS 疫情的评测，使其作为政府快速决策的科学依据，保证了 SARS 疫情的高效处理。2020 年暴发的新冠病毒感染疫情，检验了世界各国智慧政府如何驱动公共危机治理能力与治理效能的水平。数字技术应用于网络舆情研判模型、信息传播路径、数据应用需求、数据应用类型及作用、智库应急服务等，对公共危机治理中如何有效应用智慧政府极具启示。面对新冠病毒感染疫情这场空前的公共危机事件，在抗疫的全过程中，我国各地方政府在以习近平同志为核心的党中央指导下积极寻求适配的技术空间，充分发挥智慧政府的治理潜力。智慧抗疫模式很大程度上提升了地方政府的治理能力，形成了以人民为中心的精准治理理念，采取了整合碎片化的整体性治理方法，建立了多元主体优势互补的协同治理机制，进一步促进了我国治理体系和治理能力的现代化。

---

① 参见吴海江：《以科技支撑赋能公共危机治理》，载《人民论坛》2020 年第 6 期。

7.1 公共危机治理

公共危机的生成与演进机制是渐变与突变,从实践上看,公共危机不可能完全消灭,但通过积极的管理,可以减少公共危机发生的可能性,降低危害程度,减少公共危机造成的损失。从危机的属性来看,危机具有双重属性:危机造成损失的同时,还有正向性,可以提高社会免疫力,也就是提高应对危机的能力。因此,社会公共危机是可以进行管理的。

中华人民共和国成立后,我国政府在各类自然灾害、安全事故、公共卫生事件、社会危机事件的有效应对中推进了公共危机治理的制度化和规范化,在汲取国内外危机管理和应急管理的经验与教训后,反哺到我国公共危机治理的结构与功能上的进一步整合,推动了从"行政化单项应对"向"社会化综合应急"的巨大转变,逐步形成"统一指挥、专常兼备、反应灵敏、上下联动的中国特色应急管理体制"。随着公共危机事件趋于结构复杂化、因果关系和问题边界的模糊化,以往"摸着石头过河"的"以案促改、以改促治"发展模式弊端渐露,对我国公共危机治理的理论拓深和制度修缮提出了更高要求。①

党的十九届五中全会提出了"十四五"时期经济社会发展主要目标,其中包括防范化解重大风险体制机制不断健全,突发公共事件应急能力显著增强,自然灾害防御水平明显提升,发展安全保障更加有力。② 为了实现这一目标,智慧政府的构建尤为关键。智慧政府利用先进的信息技术,如大数据、云计算、物联网和人工智能等,优化政府决策和管理流程,提高对复杂情况的响应速度和处理能力。如何从防范化解重大风险体制机制隶属的公共危机治理着手,在公共危机治理的本土化发展脉络中厘清显著特征,从现存问题中明确未来优化路径,这既是公共危机治理与应急管理迈向现代化发展的时代呼唤,也是继往开来提升政府治理能力和水平的必然选择,更是科学回应日趋复杂的公共危机的前瞻需求。在这一背景下,智慧政府的作为体现在多个层面:首先,通过建立健全智慧决策支持系统,对潜在风险进行实时监测和评估,提前预警并制定应对策略;其次,通过整合各类信息资源,构建起跨部门、跨区域的应急联动机制,确保在面对突发公共事件时能够

---

① 参见赖先进:《论城市公共危机协同治理能力的构建与优化》,载《中共浙江省委党校学报》2015年第1期。
② 参见《中国共产党第十九届中央委员会第五次全体会议公报》,http://www.xinhuanet.com/politics/2020-10/29/c_1126674147.htm,2023年10月25日访问。

迅速有效地协调资源和力量；再次，通过提高公共服务的智能化水平，如智能交通系统、智能监控系统等，增强对自然灾害等风险的防御能力；最后，通过推动政务数据的开放和共享，促进社会各方面参与到公共危机治理中来，形成政府、市场和社会三方协同合作的良好局面。

7.1.1 公共危机

公共危机是指来自社会经济运行过程内部的不确定性及由此导致的各种危机。或者说它是这样一种紧急事件或者紧急状态，它的出现和爆发严重影响社会的正常运作，对生命、财产、环境等造成威胁、损害，超出了政府和社会常态的管理能力，要求政府和社会采取特殊的措施加以应对。公共危机是在特定的对象范围内产生的、有公共性质的危机，其中特定对象主要指大范围的社会群体，或者和公民、企业相对应的政府组织。从本质上讲，公共危机是对公共利益的一种损害，它可能对社会的稳定发展、社会安全以及公共财产造成潜在的威胁。由于公共危机的特殊性质，它往往超出了政府常规职能的范畴，使得政府在决策时面临更高的风险。正是这种危机的多样性和复杂性，增加了处理公共危机的难度。因此，相较于处理一般企业危机，应对公共危机时必须更加审慎和周密。

1. 公共危机的分类

公共危机的分类有很多标准。胡宁生主编的《中国政府形象战略》一书在综合前人所作划分的基础上，对公共危机分类作了以下归纳：

（1）按动因性质划分，公共危机可分为自然危机（自然现象、灾难事故，如洪水、地震等）、人为危机（恐怖活动、犯罪行为、破坏性事件等）。

（2）按影响时空范围划分，公共危机可分为国际危机、国内危机、组织危机。

（3）按主要成因及涉及范围划分，公共危机可分为政治危机、经济危机、社会危机、价值危机。

（4）按采取手段划分，公共危机可分为和平的冲突方式（如静坐、示威、游行等）、暴力性的流血冲突方式（恐怖活动、骚乱、暴乱、国内战争等）。

（5）按特殊状态划分，公共危机可分为核危机、非核危机。

胡宁生等还进一步提出了综合划分标准，选取危机状态下的复杂程度、性质及控制的可能性等指标，将公共危机划分为两种基本类型：一是结构良好的危机，二是结构不良的危机。① 也有人把危机类型归纳为自然灾害型、利益失衡型、权力

---

① 参见胡宁生主编：《中国政府形象战略》，中共中央党校出版社1998年版，第10页。

异化型、意识冲突型、国际关系型。我国《国家突发公共事件总体应急预案》将公共危机分为四类:自然灾害、事故灾难、公共卫生事件和社会安全事件。

以上这些分类方式从不同角度、以不同的标准对各种危机进行了归类,尽管在名称等形式上有所差别,但主要只是分类角度的不同,其实质内容并无太大分歧。

2. 公共危机的特点

(1) 突发性和不确定性

事物的发展都有从量变到质变的过程,但公共危机有其自身的特殊性。由于很多危机是由人们难以控制的因素引起的,如人们认识程度的限制、人们忽视的细微之处或人为加以掩盖的原因,所以危机往往是突然发生的,具有较大的不确定性。尽管现代科学技术使人们对危机事件的发生具有一定的预测能力,但对于危机能否发生,于什么时间、地点以及什么样的形式发生,爆发的程度如何,人们仍然难以准确地把握。有些看似很平常的事件或者一些偶然的因素,却会导致危机的发生甚至造成巨大的灾难。

(2) 社会性和扩散性

危机,尤其是公共危机一旦发生,就会对公众生活、社会秩序乃至价值观念产生一定的影响,这使得社会范围内的普通公众成为危机事件的利益相关人。公共危机的影响往往具有扩散性的特点,在其发展的过程中往往产生多米诺骨牌效应,即某一行业、地区性的危机直接对其他行业、地区产生影响,使危机日益复杂化。

(3) 危害性和破坏性

这是公共危机的本质特征。危机事件之所以称为危机,就在于它使人们的正常工作和生活受到影响。如果处理不当,就会造成社会基本价值、行为准则架构的混乱,严重影响社会稳定。另外,有些危机的影响在危机发生时就能显现出来,有些则要经过一段时间才能显现。无论是显性的还是隐性的,人们对危机的危害性和破坏性必须予以足够的重视。

(4) 易变性和机遇性

危机发生之后,由于触发原因的多样性,社会对危机管理水平不同,公众的危机意识和素养不同,其发展变化的方向是多变的,一个危机事件往往引起一连串的反应,这种反应可能是危机的加剧,也可能对社会其他方面造成一些影响。危机的发生,必然给组织或社会带来一定的负面影响,但如果处理得当,也会促进组织或社会的发展和变革。

7.1.2 公共危机治理

20世纪80年代以来,随着全球性的公共危机事件的不断发生,尤其是政治性危机事件、社会性危机事件和公共卫生性危机事件的频繁发生,社会公众对政府所承担的危机管理责任的期望值不断提高,从"公共危机管理"到"公共危机治理"成为当今世界各国政府公共管理体系必备的组成部分。有效的公共危机治理需要做到缩减危机的范围和影响,改进对危机冲击的反应管理,完善修复管理以便能迅速有效地减轻危机造成的损害。

公共危机治理的概念大致可以分为以下三种:第一种概念偏重于公共危机治理的过程性,强调的是公共危机治理贯穿于公共危机性事件的整个生命周期。张成福指出:"所谓的公共危机治理是一种有组织,有计划,持续动态的管理过程,政府针对潜在的或者当前的公共危机,在危机发展的不同阶段采取一系列的控制行动,以期有效地预防、处理和消弭危机。"[1] 第二种概念偏重于公共危机治理组织及其采取的措施,强调公共危机治理不仅是政府管理的重要组成部分,还是政府组织相关社会力量共同对付公共危机事件的过程。公共危机治理就是政府组织相关力量在监测、预警、干预或控制以及消解公共危机事件的生成、演进与影响的过程中所采取的一系列方法和措施。[2] 第三种概念则将"公共危机治理"看作"突发事件应急管理",强调的是公共危机的多样性和复杂性乃至各种形态的公共危机和紧急事态的共性,特指公共危机的潜伏、爆发、控制、化解、修复、常态化等全过程中的应对机制和制度安排。[3]

1. 公共危机治理的特点

公共危机治理具有以下一些特点[4]:

（1）预防性和长期性

公共危机治理的目的主要是通过管理机构,采取一系列措施,尽量避免危机事件的发生,或者最大程度地减少危机事件的负面影响。由于经济社会系统的复杂性,危机事件每时每刻都有可能发生。所以,公共危机治理是一种长期的、系统

---

[1] 张成福:《公共危机管理:全面整合的模式与中国的战略选择》,载《中国行政管理》2003年第7期。
[2] 参见杜宝贵、张韬:《正确认识公共危机管理中的几个关系》,载《东北大学学报(社会科学版)》2003年第5期。
[3] 参见杨冠琼:《危机性事件的特征、类别与政府危机管理》,载《新视野》2003年第6期。
[4] 参见张晓鹏:《公共危机管理系统的构建与能力评价研究》,大连理工大学2011年博士论文。

化的管理，其着眼点在于主动采取一系列长期的和系统化的反危机策略。

（2）公共性和强制性

由于危机具有社会性和扩散性，对其进行管理也就成为全社会的共同责任。当危机发生时，社会上的不同组织、团体乃至个人都要参与到公共危机治理中来，共同对付危机。政府的职责是提供公共物品，它在危机管理中起着核心和关键作用。政府在公共危机治理过程中，必然要使用公权力。而公权力是一种强制性的权力，即通过宣传、教育、引导等手段，限制那些非合作的行为，保持对社会成员普遍的约束力。公共危机治理过程中的强制性，可以有效地预防危机的发生，减缓其蔓延的速度，避免一些不必要的损失。

（3）权变性和博弈性

危机产生的原因是多种多样的，其发展变化的路径也必然多种多样。公共危机治理要根据各种环境因素的变化而变化。即使有多种危机预案，也要因地制宜地进行调整。公共危机治理牵涉到许多组织、个人的利益，最终的结果取决于多方策略行为相互作用的结果，是一个利益得失的博弈过程。

（4）风险性和综合性

公共危机治理在一定程度上体现为一系列决策的作出，而决策存在着巨大的风险性。危机一旦发生，由于人类理性有限，无法完全掌握信息，所以对于事物状态和发展也就无法进行精确估量。所掌握的一些信息，有些可能还是错误的；而危机的紧迫性，又要求迅速对其作出反应，防止事态恶化和扩大；所需要的人财物资源以及技术支持可能无法及时到位。另外，公共危机治理也是一种综合管理，危机本身是一个综合的多面体，在不同的阶段需要采取不同的措施加以应对。在对危机进行治理的过程中，涉及多个部门和组织，需要在短时间内使各部门和单位协调一致、物资供应充足、技术保障到位。

2. 公共危机治理的阶段

（1）监测预警阶段

为了及时发现危机事件发生的前兆，可以借助人的理性分析或者借助仪器设备。监测预警阶段是公共危机治理的前提，其作用主要是发现危机的存在，为防范危机提供依据。

（2）预控预防阶段

根据监测预警情况，对可能发生的危机事件进行事先防范和控制，以防止危机的发生，或者减轻危机发生后的危害。预防阶段是危机治理的关键，"凡事预则立,不预则废"。预控预防阶段的一项重要工作是制定各类危机事件的应急预案,建立各类危机事件发生后的辅助决策系统,为开展下一阶段的应急处理实践提供决策依据。在这一阶段公共危机治理工作的有效实施,能够保证获得最大收益,前提是付出的成本最小。

(3) 应急处理阶段

这一阶段是危机治理的关键。面对已经发生的危机事件,政府应依据预先制定的预案,迅速采取行动。对于那些无法预防的危机事件,政府必须立即启动应急响应机制,通过有效的措施来最大限度地减少损失,确保人民的生命和财产安全。

(4) 评估恢复阶段

这一阶段在整个公共危机治理过程中有着重要的地位,是公共危机治理不可分割的组成部分。危机发生后,应对危机事件造成的后果进行评估,如地震造成了房屋开裂,开裂的房屋是否炸掉,能否继续住人。如果只需修缮,是大修还是小修等,都需要在技术检测的基础上由权威机构进行评估,并根据评估结果进行重建修复。

3. 十八大以来我国公共危机治理体制的建设

党的十八大以来,我国开展了一系列围绕推进国家治理体系和治理能力现代化的建设,作为国家治理体系和治理能力的重要组成部分,推进公共危机治理的现代化发展被摆在了更加突出的位置。然而,伴随人口集聚的城市化和由此带来的居住空间压缩、公共财产集中,公共危机中新的灾害源、危机源相互叠加,为新时代我国公共危机治理带来更为复杂的治理格局。在这样一系列非传统安全的严峻挑战下,如何从较为基础的制度层面推进公共危机治理的整体现代化,从源头规避掉潜在风险和可能发生的危机事件,真正把安全风险解决在萌芽之时、成灾之前,成为我国公共危机治理亟须回应的任务。2013 年 11 月,党的十八届三中全会在部署全面深化改革中特别强调了国家安全问题,指出我国在防灾减灾救灾体系建设中存在的不足,提出了向源头防范、减轻风险转变的改革方向。2014 年 4 月,习近平总书记在中央国家安全委员会第一次会议上首次提出总体国家安全观,将源头防范化解公共危机、维护国家安全提升至国家战略的全新高度。2016 年 12 月,《中共中央 国务院关于推进防灾减灾救灾体制机制改革的意见》中提出了"坚持以防为主、防抗救相结合"的基本原则和综合减灾的发展要求,强调了源头预防、关口前移的改革重点,指明了防范、化解和减缓各种风险及其危害的工作重心。2017年1月,国务院办公厅印发《国家突发事件应急体系建设"十三五"规划》,再次指出要"坚持源头治理、关口前移",通过"强化预防与应急并重、常态与非常态结合",最大限度完善全过程的风险管理。2017年10月,党的十九大报告将"防范化解重大风险"摆在了必须打好的三大攻坚战首位,在执政本领中凸显出增强驾驭风险的重要性,科学完善了我国在新时代背景下以加强源头防范推进公共危机治理现代化的目标取向,实现最大限度地规避危机给国家安全和公共安全带来的风险挑战。

2018年4月,在中共中央《深化党和国家机构改革方案》的部署要求和大部制改革的共同推动下,中华人民共和国应急管理部正式挂牌,将自然灾害和事故应急等多部门的职能与资源进行整合和优化,破除了以往应急管理中"多龙治水"的分散格局,建立健全了我国统一指挥、权责一致、权威高效的综合危机治理体系,有效增强了公共危机治理的系统性、整体性、协同性。2019年10月,党的十九届四中全会审议通过了《中共中央关于坚持和完善中国特色社会主义制度 推进国家治理体系和治理能力现代化若干重大问题的决定》,在完善我国社会治理制度中强调要"构建统一指挥、专常兼备、反应灵敏、上下联动的应急管理体制,优化国家应急管理能力体系建设,提高防灾减灾救灾能力",对我国综合应急治理体系下的制度变迁提出了新的建设要求。2020年10月,党的十九届五中全会提出了"十四五"时期经济社会发展主要目标,其中包括防范化解重大风险体制机制不断健全,突发公共事件应急能力显著增强,将构建综合应急体系上升至国家战略和社会总体目标层面,强调了公共危机治理与国家治理的同步发展和战略匹配。2021年12月,国务院印发《"十四五"国家应急体系规划》,提出未来要继续在公共危机治理中突出源头防范,完善"领导体制、指挥体制、职能配置、机构设置、协同机制更趋合理"的综合应急治理体系,并形成"统一指挥、专常兼备、反应灵敏、上下联动的中国特色应急管理体制",标志着我国在更加科学、现代、综合的应急体系建设中实现公共危机治理的成熟发展。

7.1.3 智慧政府赋能公共危机治理

早在2003年的SARS疫情中,电子政务在公共危机治理中就显示出了强大的威力。2003年3月初,世界卫生组织首次发布SARS疫情警报后,美国疾病控制与预防中心利用电子政务信息系统在美国各政府部门、各级卫生机构,以及世界卫生组织等国际医疗卫生机构之间实现即时信息传递、收集和处理,快速完成对疫情的全面评估,并快速提供给国家领导人作为决策依据。同时,美国还利用电子政务信息系统进行疫情控制相关物资的联网处理,保证了医药供应链的畅通,在最有效的时间内将物资送到患者需要的地方。[1]

相较于西方国家,我国公共危机治理虽起步较晚,但成效瞩目。2003年取得抗击SARS疫情胜利以来,随着"一案三制"为核心的制度嵌入和技术进步,带动更新了应急队伍、物资、经费、交通、通信建设等治理要素,探索建立出一套"统一指挥、专常兼备、反应灵敏、上下联动的中国特色应急管理体制"。

1. 智慧政府对公共危机治理的价值

智慧政府通过专业化、智能化、精细化和个性化治理,及时发现、防控和处置各类风险,打破"事后应对"和"忙于应付"的被动治理模式,增强事先预警和风险排除能力,创新公共危机治理机制。智慧政府赋能是通过智慧技术及平台赋予应急管理决策以某种能量,并使之最大限度地发挥自身的能力及潜能。而智慧政府嵌入公共危机治理全过程,通过智慧技术及平台实现有效信息的快速获取与精准把握,可以有效地缓冲破坏性并提升决策速度与决策精准性,最大程度上保障公共危机治理决策的价值实现,促进决策效率的整体提升。[2]

(1)智慧政府嵌入公共危机治理决策全过程

通过智慧工具方法的集成运用赋能到各项工作的事前、事中、事后全过程。运用智慧技术与智慧平台围绕预防与准备、监测与预警、处置与救援、恢复与重建四个阶段,即通过整体性规划和系统性把握,循环反馈并修正决策信息,实现对公共危机治理决策的全方位赋能。

在预防与准备阶段,可根据应急知识体系经验数据,重点关注人员信息、预案信息、可调配资源信息、避灾点信息等,构建预案库、规则库、案例库、方法库等基础信息库,并通过大数据技术和智慧技术补充与重构基础信息库。

在监测与预警阶段,通过系统实时采集动态信息,在突发事件爆发前生成基础信息并反馈至基础信息库,通过智慧政府助力决策者预判突发事件发展趋势、修正研判处置模型及选择应急预案。

在处置与救援阶段,运用智慧技术对来自智慧政府的基础信息、实时灾情信息、专业实测信息等不同基础数据和专业数据进行抽取、清洗、转换、集成等处理,将监测预警信息转化为危害性、受灾程度、预报预警、救援处置、救灾物资等数据

---

[1] 参见李广海:《企业成功危机管理三要素》,载《21世纪经济报道》2003年6月2日第6版。
[2] 参见张鑫:《智慧赋能应急管理决策的范式转变与使能创新》,载《江苏社会科学》2021年第5期。

信息,生成可用于快速模拟、快速评估、综合分析的决策信息。

在恢复与重建阶段,以应急过程的记录信息和数据为参考依据,评价并重构应急预案和典型案例。通过智慧嵌入的深度学习技术记忆以上数据,聚类分析并改进应急方法与规则,逐渐优化评估结果,在环境恢复的同时实现重建工作,从而为科学决策的全过程提供支撑。

(2) 智慧技术赋能公共危机治理的快速决策

公共危机治理决策是一项在高度不确定和动态变化的环境中进行的非常态化任务。由于危机具有快速升级、跨界传播和高危险系数的特点,决策过程容易受到复杂多变的外部环境的影响。这对快速决策提出了新的现实挑战:必须充分利用智能技术,实现基于数据快速生成和信息处理的决策支持。在决策过程中,智慧技术与服务平台通过整合视频监控、传感器等感知设备和基础设施网络,利用大数据分析和关联分析技术,快速生成关于灾情描述、资源配置需求和舆论变化的多源信息。这不仅实现了数据的快速捕获,而且通过智慧技术赋能的实时数据,有效避免了传统应急管理决策中因多方信息收集而导致的时间延误和误差。

此外,智能技术的应用还有助于减少突发事件的威胁范围扩大,为应急管理的快速决策提供了有力的辅助。通过人工神经网络、进化算法和信息融合等信息处理技术和方法,将无序数据转化为可用于快速决策的有效信息,从而提高决策的准确性和时效性。

(3) 智慧技术赋能公共危机治理的精准决策

由于公共危机治理决策是推动社会系统从非常态回归到常态而采取的行动,是一种兼具常态与非常态的应急管理形态,因此,智慧技术赋能的公共危机治理决策可依托多渠道的信息来源和全方位的信息挖掘,为精准决策提供可能。这中间,智慧应急管理决策信息不仅包括历史突发事件应对档案资料、典型突发事件应急预案与知识库等基础数据资源,还包括海量、多源、异构的动态互联网数据资源。也就是说,智慧应急管理决策支持系统能通过组合技术多维剖析关联信息,努力挖掘信息背后的突发事件发展规律与公民诉求,自动生成多样化的部署方案,还可以综合评估决策方案的质量,为决策者优选最佳方案提供思路。

2. 公共危机智慧治理的实践

依托智慧政府建设赋能公共危机治理现代化在近十年来已产生大量丰富的实践进展。例如,美国通过国家风险指数、国家地震监测台网系统和龙卷风危险地图等相对成熟的技术产品体系实现对自然灾害的精准感知;日本重点推进"韧性日本"战略,针对自然灾害及其次生灾害,搭建了集"监测运行、环境感知、信息发布、灾害评估"于一体的全天候防灾应急系统;我国借助信息化延伸"科技赋能"的阵地和手臂,积极推进台风全方位监测系统、国家地震烈度速报与预警工程等的建设与应用。在公共危机组织治理层面,英国在国民紧急事务委员会下设国民紧急事务秘书处,专门负责跨部门、跨机构的应急信息共享与协同;日本在其《防灾基本计划》中将国家、公共机构、地方公共团体等部门的信息收集和通信联络列为应急关键环节,以完善的自然灾害信息传输体系实现灾情高效传达与共享;欧盟将"112"应急联动系统覆盖全部成员国,使得跨区域、跨层级、跨部门的高效应急协同成为可能;我国在搭建第一代国家应急平台体系的同时,积极促进全国10个省级"智慧应急"试点单位建设,并推出应急管理大数据平台以实现"应急一张图"的完善与应用等。当前,我国应急管理部积极组织并推动基层"智慧应急"的试点建设,聚焦提高公共危机治理和应急管理的科学化、专业化、智能化、精细化水平目标,积极探索基层"应急智理"的信息化发展。依托基层"智慧应急"的试点和模式推广,覆盖应急管理核心业务需求的基层智慧应急实效仍是未来我国公共危机治理的关注重点。[①]

天津师范大学风险治理与应急管理研究中心主任温志强教授归纳出智慧政府建设赋能公共危机治理变革过程中的三种类型,即"平台共建+精准应对"型、"信息共享+协同联动"型和"技术集成+智慧处突"型。[②]

(1)"平台共建+精准应对"型

"平台共建+精准应对"型指的是政府作为牵头者遵循主动应急与事前预防理念,结合已有的大数据应急知识,联结企业、社会组织、公众等多元主体构建大数据应急平台,将风险源、危险源与应急资源等信息前置嵌入平台,实现精细化应急。由于平台的搭建与应用需要纳入各类资源要素(人、物、场景等),因而需要政府利用诸如地理信息系统(GIS)、遥感(RS)、全球卫星导航系统(GPS)、虚拟现实(VR)、增强现实(AR)等技术,集数据、信息、画像与地图等的收集、存储、归整、应用、管理、分析等于一体,充分释放平台在风险感知、信息发布、预警预判、指挥处置等每个阶段的效能。在这一模式下,海量数据可视化的分析,有利于应急决策者全面掌握风险信息,精确研判突发事件发展态势,设计出更加精准的公共危机

[①] 参见任宗哲、李笑宇:《我国公共危机治理的演进、问题与优化》,载《西北大学学报(哲学社会科学版)》2022年第5期。

[②] 参见温志强、付美佳:《大数据赋能政府应急管理模式变革:类型归结与未来向度》,载《行政论坛》2023年第4期。

应急救援方案。例如,江苏省南京市积极探索网格化数据采集,依托市网格化社会治理机制和二维码系列标准地址库,在全市1.2万个综合网格上叠加1780个"应急格"、2.2万个"安监格",应用"网格化应急管理终端"给城市风险源"上户口",形成精细化应急管理数据库;山东省基于"齐鲁火情天眼监测系统"、三维电子地图等,每10分钟扫描一次全省火点情况,构筑起"空地一体"的立体监测预警体系;杭州市西湖区依托开发的"台汛卫士"平台实现全区应急资源集中掌控、水雨情预警预测分析、监督预警全流程在线展示等。①

在传统的应急平台共建过程中,相关政府部门往往是各自通过摄像头监控、无人机巡查等方式获取数据图像信息,随后独立收集、处理,沟通不畅、重复工作、应急断链等问题突出。此种情境下共建的应急平台数据繁杂重复且质量低下,无法与应急信息、资源、人员等实现有效衔接。基于大数据赋能的"平台共建+精准应对"型公共危机治理,一方面能打破政府部门之间所面临的应急形态窘境,同时集成政府内部的子系统,形成专业化救援队伍和精准性应急方案等,打造新型的扁平化精准应急方式,助推应急系统达到"1+1>2"的效果;另一方面,能从前端切入获取有关应急的多样信息,企业、社会组织、公众等多元应急主体将风险源、危险源等信息主动输送至应急平台,政府则根据应急平台数据,按需求、按情况调配应急资源,提高应急管理能力。此种模式适用于风险源不明的危机或突发事件以及需要对海量数据汇聚加以分析而进行精准监测预警等情景,但在多元主体"全部在场"系统化应急方面还有待进一步改善。

(2)"信息共享+协同联动"型

"信息共享+协同联动"型是指政府秉持多元"连环式"应急理念,应急信息通过大数据应急平台呈现开放的态势,形成与多元应急主体信息协同、行动联动"一张网",形塑"人人参与"的应急知识系统,打造政府整体应急框架下的协同合作,实现便捷化应急。此种应急模式强调各类应急主体间的信息协同和行动联结。政府开展应急管理工作涉及的主体是多元的,不仅需要相关部门的支持,如消防、公安、气象、生态等部门的协助,还需要企业、社会组织、公众的支持。因此,政府要从"行政命令型"转向"协作治理型",打破传统政府机械式、单一式、碎片式的应急管理模式。在大数据背景下,政府通过应急平台汇聚、管理与共享应急信息,整合不同应急力量参与应急,通过信息协同和行动联动实现信息资源全方位共享、

---

① 参见黄雄:《聚焦"智慧应急"加速业务创新——全国"智慧应急"建设现场推进会侧记》,载《中国应急管理报》2020年11月12日第2版。

统一应急指挥或业务集成。例如,湖北省的"协同创新"应急,通过不断加强救援现场的信息互联,将消防、部队、测绘、公安等部门的现场通信和数据采集系统打通,实现了统一指挥、统一协调和统一调度,有力支撑和保障了防汛救灾工作;天津市"智慧应急"联合创新中心采取"1+1+1+N"的模式,即"市级职能部门+属地政府+主体运营公司+N 家公开招募的技术公司",整合政府资源,让应急更加便捷化。①

传统的政府在共享信息时,因应急业务环节多样、复杂与人员不够、技术水平低下等情境交叠碰撞,导致政府难以充分利用汇聚的数据,应急信息无法被准确、及时地收集与释放,大量的信息被搁置、降质与消失。如若在应对突发事件过程中,则会出现多元应急主体因信息传输不畅、信息断代等问题作出错误应急行为,衍生二次危险,这对于政府应急管理是一个极大的挑战。基于大数据赋能"信息共享+协同联动"型应急,一方面能促进信息开放程度,持续供给与更新各类应急信息,让不同应急主体进行良好的沟通,形成正向应急行为互动,避免多元应急主体因信息偏差与异化现象而降低应急效能;另一方面,能助力政府向其他应急主体提供统一、实用的应急信息服务,实现更深层次的应急联动协作,让"一站式应急服务"贯穿于应急过程中,同时倒逼政府应急管理能力的提升。此种模式适用于应急信息碎片化和应急主体协作阻塞以及应急主体与应急信息之间对接不顺畅等情况,但在规范化应急方面还存在短板。

(3)"技术集成+智慧处突"型

"技术集成+智慧处突"型是指政府在处置突发事件时借助数字孪生技术、互联网感知技术、信息网络技术等多项数字化技术集成优势,持续不断深化自身应急知识系统,保证满足公共危机治理主体对应急数据、信息、资源等需求,实现智慧化应急。在这种应急模式下,政府在处突过程中深度融合应急管理业务和应急需求,快速联合其他应急主体开展跨区域、跨层级的应急行为,创新应急机制和体系、重塑应急流程、重组应急组织架构等,推进应急管理的数字化、智能化、智慧化。"技术集成+智慧处突"型应急模式的形成,一方面鉴于传统应急管理的科技信息化水平孱弱,在风险隐患、早期预警、应急通信、设施配备、远程技术等方面保障不到位,需要打造智慧应急机制,提高应急各个环节的智能化水平,破解公共危机治理的痛点和难点;另一方面,鉴于传统应急管理流程重复且独立,即事前预

---

① 参见黄雄:《聚焦"智慧应急"加速业务创新——全国"智慧应急"建设现场推进会侧记》,载《中国应急管理报》2020 年 11 月 12 日第 2 版。

防、应急准备、应急响应、事后恢复等环节协同性不强,需要构建智慧应急体系,推进应急管理全流程一体化。例如,上海市通过"一网统管"基本载体,整合接入了公共安全、卫生健康、气象等 30 多个部门的 100 多项基础数据,围绕"城市动态""城市环境"等 5 个维度,结合无人机、高清摄像头等先进设备和智能感知端,形成一系列智能化城市应用场景,实现了从预警到处置的闭环管理;温州市依靠"智慧应急一张图",掌握台风暴雨、山塘水库、洪涝灾害等诸多领域情况,形成"空天地海一体化、部门数据一体化、二维三维一体化、预警决策一体化"的应急管理数据中心。深圳市建设"智慧三防"系统,以信息化技术赋能智慧应急管理,发挥数据资源和系统功能设计优势,打破各部门数据壁垒,实现应急资源"一面屏"。[1]

传统的政府公共危机治理囿于数据处理技术,难以促进信息的实时交流,在应急处突过程中无法快速形成横纵联动协同的应急格局,应急处突的智慧化水平低下。随着我国智慧应急的快速发展,其在跨区域应急协同系统、城市环境数字化、企业智慧化安全平台、社区韧性安全等方面发挥着不可替代的作用,尤其是政府部门的"自我感知""自我判断"与"自我调整"能力被充分释放,对智慧应急管理系统的要求与期待更高。[2] 智慧政府为公共危机治理发展提供了驱动力,助力政府精准击中应急关键节点,实现准备、预防、处置与恢复的全过程智慧应急。"技术集成+智慧处突"型应急,让跨部门、跨主体、跨层级、跨领域实时应急成为可能,智能厘定多元应急主体需求并给予及时响应,维护公众生命财产安全和社会稳定发展,如借助"三微一端"的智慧平台与公众形成良性对接,通过各类智能技术对空间进行可视化分析,打通与其他应急主体的时空互动障碍,克服了互信度低带来的应急诟病。此种应急模式适用于应急技术不到位、应急处突流程僵化等情景,但在构建共建共治共享的应急格局中还有进步空间。

上述三种类型的公共危机治理模式虽然在功能、优势、适用情景与具体实践等方面有所不同,但它们的应急模式也存在一些相似之处:一是都体现了协同机制,三种类型的公共危机治理模式分别涉及政府内部、政府同其他应急主体、政府跨域或跨层级的协作形式;二是都需要嵌入专业的智慧政府技术支持,大数据应急平台的搭建与应用等需要多项现代科学技术的投入,以进一步提升政府应急管

---

[1] 参见温志强、付美佳:《大数据赋能政府应急管理模式变革:类型归结与未来向度》,载《行政论坛》2023 年第 4 期。
[2] 参见陶振:《迈向智慧应急:组织愿景、运作过程与发展路径》,载《广西社会科学》2022 年第 6 期。

理的信息化、智能化和智慧化；三是都需要依托智慧政府平台实现数据与信息的互联互通。

7.2 公共危机应急决策沙盘

【本节演示的教学软件采用 B/S 架构，软件程序安装在服务器端，学生端打开浏览器访问即可使用软件，软件访问地址与免费试用账号申请可发送至 207455@nau.edu.cn】

公共危机应急决策沙盘软件，是基于传统的危机应急演练要耗费大量的人、财、物，不能满足随时随地演练的需求而设计的一款沙盘博弈类教学软件。该系统模拟公共危机发生前应急准备，应急发生后预警发布、应急响应、队伍调遣、资源调度，以及应急结束后善后处理等应急全过程，将公共危机应急场景以沙盘地图的形式直观地展现出来，学生以团队为单位进行 4 期不同类型、不同等级的公共危机应急演练实验。打破时间和空间的限制，让学生在虚拟的场景中获得真实的体验，培养他们的危机意识，提高他们的公共危机应对能力，也便于教师开展各类公共危机推演实验。

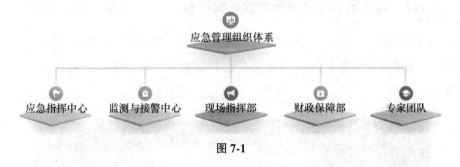

图 7-1

根据应急救援的全过程，奥派城市应急管理中心将应急管理组织体系分为应急指挥中心、监测与接警中心、现场指挥部、财政保障部及专家团队等 5 大类角色。

- 应急指挥中心：国家、省、市、区县各级政府领导，负责统筹、决策、指挥公共危机的应急全过程，包括应急预案编制、公共危机等级确认、应急资源规划、调查评估等。
- 监测与接警中心：主要负责公共危机的信息监测及接警，公共危机的先期处置及信息上报。

- 现场指挥部:统一组织、指挥公共危机的现场应急救援工作,包括人员和物资等应急资源调度,及时向应急指挥中心汇报现场情况,尽早控制公共危机事态的发展。
- 财政保障部:负责各类应急费用的预算和管理,保障应急资金的充足,包括物资储备库建设费、物资投入费、运输成本、物资调用费、奖励与罚款等。
- 专家团队:主要负责结合不同危机灾害类型提供专业性的咨询意见和指导。

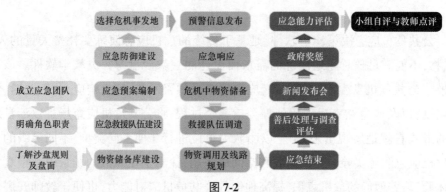

图 7-2

7.2.1 公共危机应急决策沙盘实验准备

点击"实验"—"添加",编辑实验名称,选择"参与班级"及"决策期数",点击"确定",完成添加实验。(注:添加实验选择的参与班级必须满足有两个以上的团队。)

图 7-3

实验在未开始前可进行编辑,教师可以点击"开启"开启实验。

"进行中"的实验可进行决策和结束实验。

第 7 章　智慧政府与公共危机治理　　371

图 7-4

点击"决策"进入团队状态页面,教师根据实验团队的在线状态决定是否点击开始决策。点击"开始决策"—"确定",进入决策列表。

图 7-5

点击阶段 1 的"进入",进入阶段 1——物资储备库建设,查看各团队对储备库的选择,价高者得为团队分配储备库,点击"中标"—"结束分配",即完成分配。

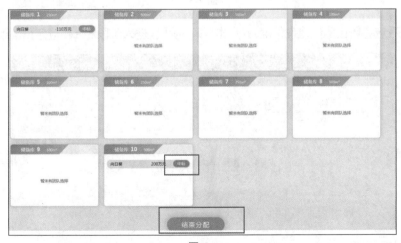

图 7-6

完成后点击"下一阶段",但要注意需满足至少两个团队都选择了储备库方可进入下一阶段,如果只有一个团队进行了选择,则需要点击"再投一轮",等待剩余团队选择后再分配,方可进入下一阶段。

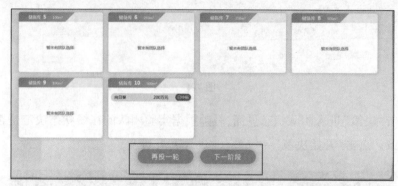

图 7-7

完成后进入阶段 2——应急救援队伍建设。点击阶段 2 的"进入"。

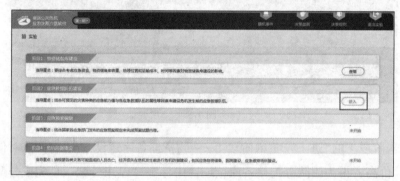

图 7-8

查看应急救援队伍建设情况,并点击"下一阶段"进入阶段 3——应急预案编制。

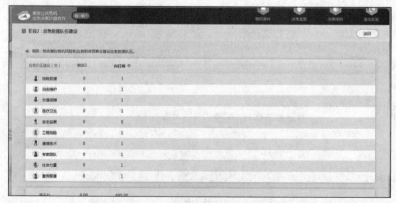

图 7-9

第 7 章　智慧政府与公共危机治理

点击阶段 3 的"进入",选择并进行试题的发布。

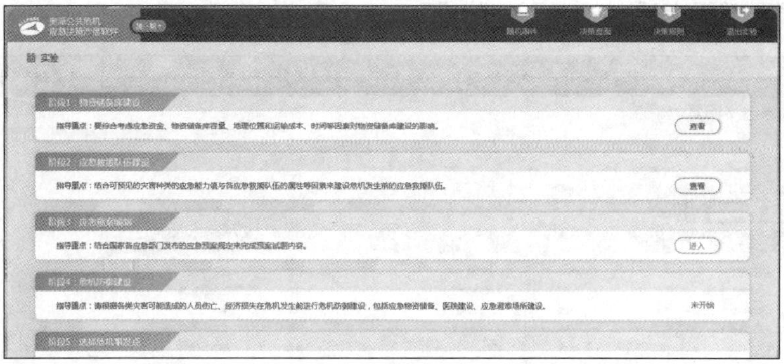

图 7-10

选择测试题型及预览试题,点击"发布",即可发布该套试题。

图 7-11

学生做完试题后提交,系统自动评分,教师也可手动修改分数。(注:教师评分后可点击"编辑"进行再次修改,但点击"完成评分"后不可修改。)

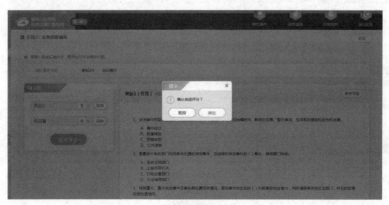

图 7-12

进入阶段 4——应急防御建设,查看危机防御建设阶段不同团队的提交状态。等所有团队都提交后,点击"下一阶段"。

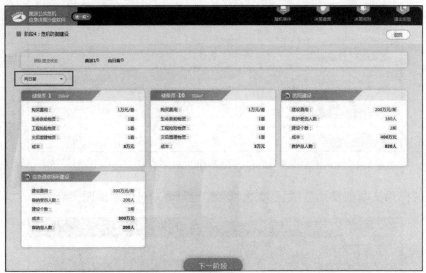

图 7-13

进入阶段 5——选择危机事发地。教师选择危机事发地,第 1 至 3 期,只能选 1 个危机事发地;第 4 期可以随机选 2 个事发地。不同的事发地发生的应急事件也不同。选择完成后点击"发送通知"。

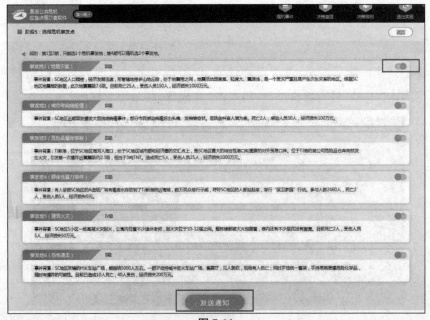

图 7-14

发送后教师可以查看危机发生背景及发展变化,点击"知道了"开始阶段6——现场救援决策①。

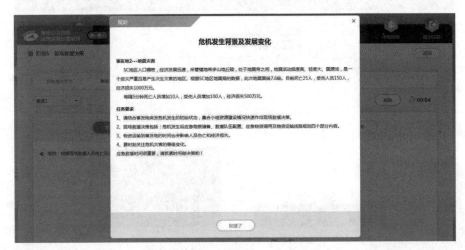

图 7-15

选择团队,查看各团队在事件中完成的应急物资储备情况、应急救援队伍调遣情况、救援物资调用及运输规划情况和预警信息发布情况。

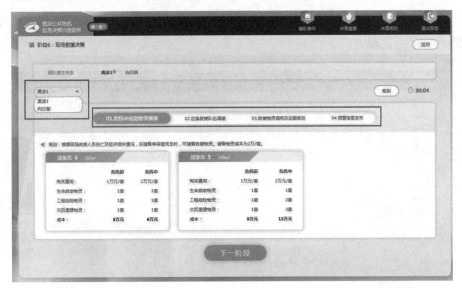

图 7-16

点击"下一阶段",进入阶段 7——善后处理与调查评估。教师可以对比查看

---

① "现场救援决策"是对从"应急响应"到"应急结束"各子环节操作的统称。

所有参与团队的经济损失、社会救助及人员伤亡情况。

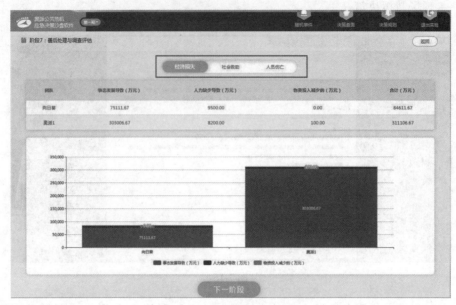

图 7-17

接着点击"下一阶段"进入阶段8——新闻发布会。教师可查看团队提交状态、提交内容,也可根据内容进行评分。点击"编辑",即可重新评分,点击"完成评分"后不可再更改。

图 7-18

第 7 章 智慧政府与公共危机治理 | 377

点击"政府奖惩",可以根据各团队的完成情况来给予相应的奖惩。

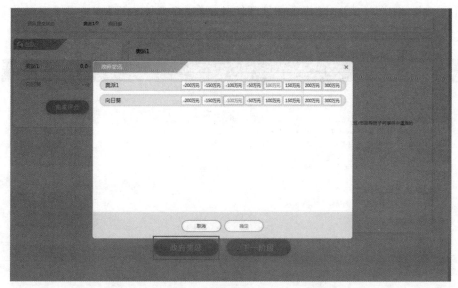

图 7-19

接着进入阶段 9——应急能力评估。查看具体团队的成绩,然后点击"开启下一期"进入下一期实验。

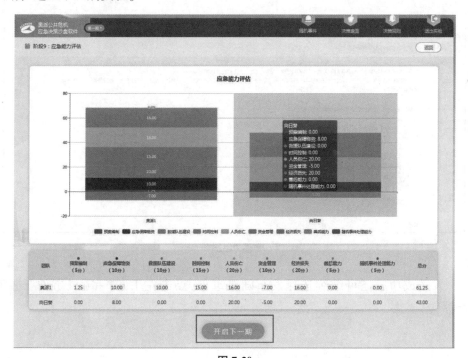

图 7-20

点击右上方"随机事件",选择"灾害类型",并选择"事件"名称,给定处理时间后点击"发送"。(注:随机事件处理任务是在"应急能力评估"前几个环节进行发布和处理的。)

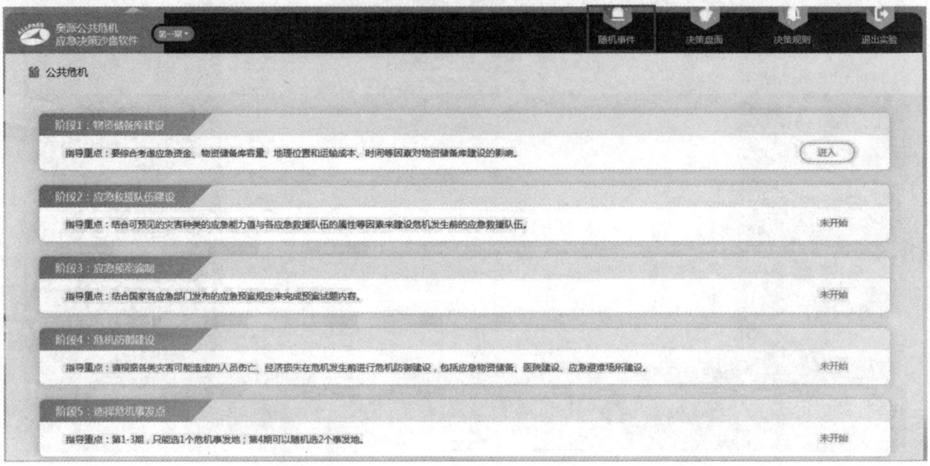

图 7-21

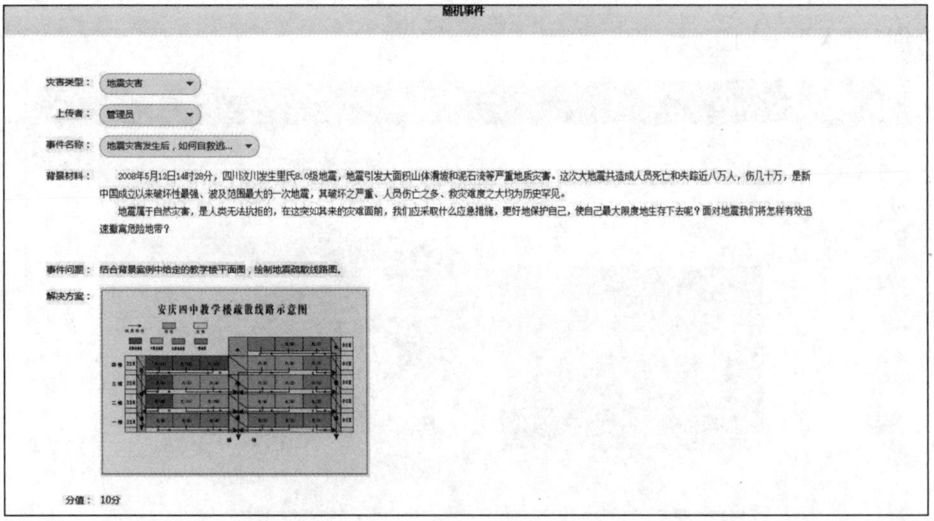

图 7-22

发送成功后还可继续选择发布随机事件,点击左下角"+随机事件"进行发布。

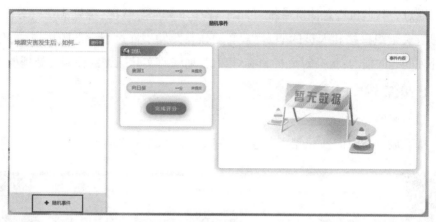

图 7-23

待学生完成后可以根据作答进行评分,点击"编辑"可以重新填写分数,点击"完成评分"即不可再更改分数。

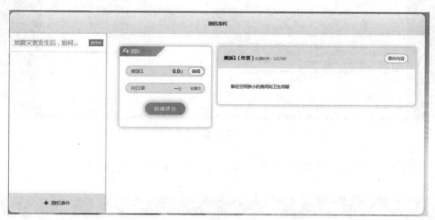

图 7-24

7.2.2 公共危机应急决策沙盘实验实训

公共危机应急处理演练系统是以公共危机治理培训课程为基础,结合后台丰富的危机教学案例资源库和管理控制单元互动完成危机教学实训。系统通过情景模拟再现了应急突发事件中"风险识别、事态控制、应急联动、对策制定、综合协调、社会动员、媒体应对"等各个环节,同时融入"看现场、作决策、出评估、学理论"的应急管理教学理念,该系统是一个结合了应急管理技术与应急专业知识的多种突发事件应急处置模拟演练平台,具有交互性强、逼真性高、动态灵活、功能强大、易于使用的特点。

通过公共危机应急演练系统,可以让学生了解应急状况,识别应急资源需求;学习有关组织机构和人员的职责协调;增强在突发事件过程中的随机应变,分析及处理问题的能力;提高对危机的应对意识,增强对实际问题的预测与处理能力。

1. 决策节点

（1）开始决策

查看城市简介信息,点击"知道了"进入实验。

图 7-25

当教师端点击"开始决策"时,学生点击"进入",开始实验。

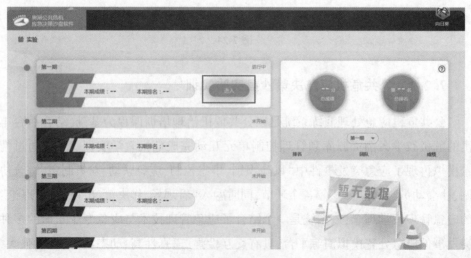

图 7-26

(2) 物资储备库建设

进入阶段 1"物资储备建设"。选择物资储备库并填入建设费,点击"提交"。(注:每个团队最多选择两个物资储备库,每个物资储备库建设费投入不低于 100 万,且价高者得。)

图 7-27

提交成功后等待教师审核即可。

图 7-28

教师审核完成后可以查看团队是否中标,也可查看其他团队的中标情况。(注:若未中标,教师端可选择"再投一轮"进行建设储备库。)

图 7-29

(3) 应急救援队伍建设

进入阶段 2 "应急救援队伍建设",填写应急救援队伍的建设支数,完成后点击"提交"。

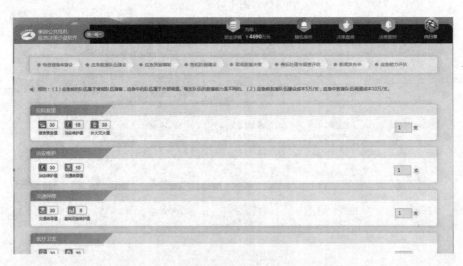

图 7-30

可以查看团队应急救援队伍的建设成本,提交完成后等待教师审核。(注:应急前的队伍属于常规队伍储备,应急中的队伍属于外部调遣。每支队伍的救援能力是不同的。应急前救援队伍的建设成本为 5 万/支,应急中救援队伍的调遣成本为 10 万/支。)

图 7-31

(4) 应急预案编制

点击进入阶段 3 "应急预案编制",结合国家各应急部门发布的应急预案规定来完成预案试题内容,完成后点击"提交",等待教师审核。

图 7-32

(5) 危机防御建设

点击进入阶段 4 "危机防御建设"。

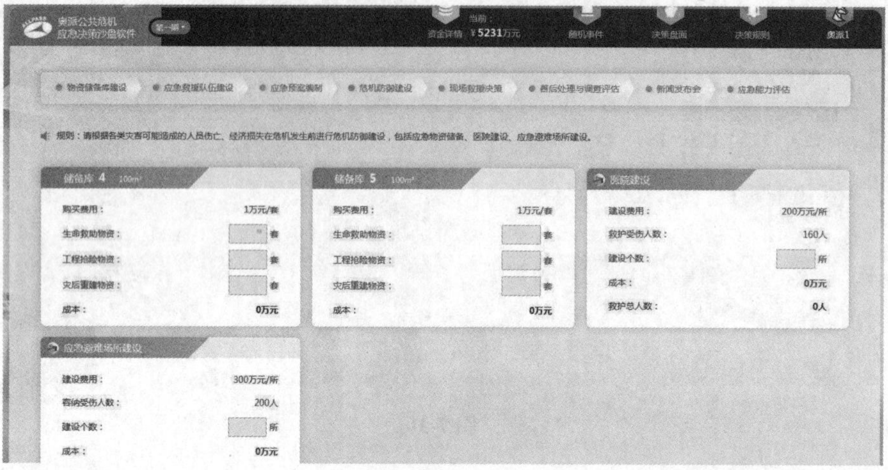

图 7-33

根据各类灾害可能造成的人员伤亡、经济损失在危机发生前进行危机防御建设,包括应急物资储备、医院建设、应急避难场所建设。完成后点击"提交",等待教师决策。

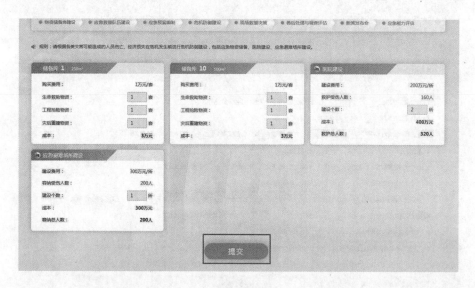

图 7-34

(6) 现场救援决策

点击进入阶段 5"现场救援决策"。

第 7 章 智慧政府与公共危机治理

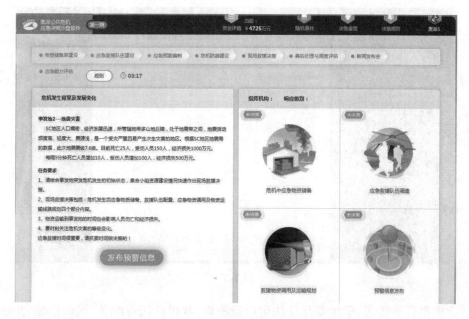

图 7-35

点击"规则"可以查看灾害的相关规则，可根据规则进行合理决策。注意查看救援时间，救援时间越久，经济损失和人员伤亡会增加。

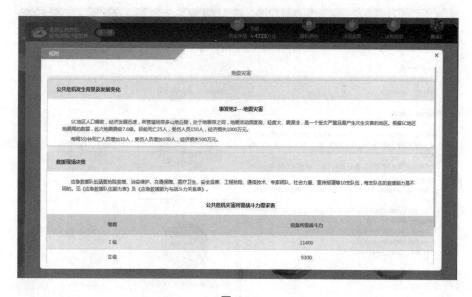

图 7-36

首先点击"预警信息发布"，根据事件描述编辑预警信息并发布。

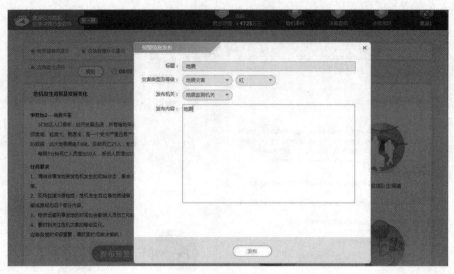

图 7-37

根据任务要求,学生要尽快决定应急物资、救援队伍等配备、组织情况,并随时关注时间变化。

首先点击"危机中应急物资储备",选择危机中需要储存的物资,完成后点击"保存"。

图 7-38

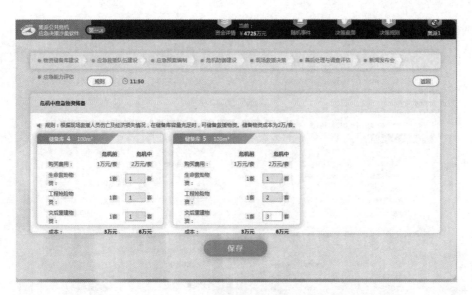

图 7-39

点击"应急救援队伍调遣",选择应急救援队伍支数。根据危机灾害类型、现场救援人员伤亡及经济损失情况,救援队伍调遣不局限于危机前建设队伍。超过原有建设队伍的调遣成本为 10 万元/支。

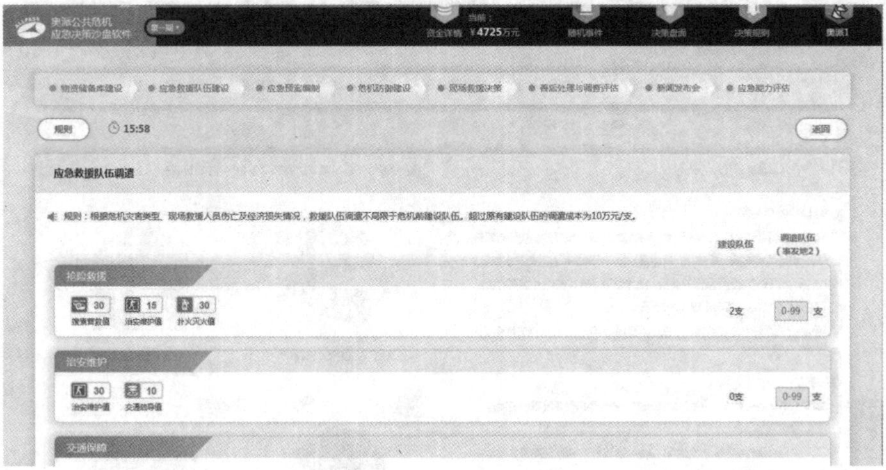

图 7-40

点击"救援物资调用及运输规划",选择需要调用的救援物资。(注:储存物资不够时,可向其他小组调用资源,调用物资成本自行协商。为方便统计时间,物资只能选择一种交通方式进行运输。)

图 7-41

决策全部完成后点击"提交",等待教师决策。

图 7-42

(7) 善后处理与调查评估

点击进入阶段7"善后处理与调查评估",可以查看经济损失、社会救助和人员伤亡情况。可以根据这些情况来评估在危机发生时决策所出现的问题。

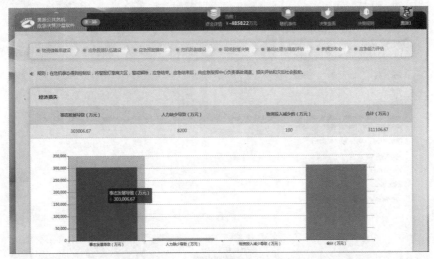

图 7-43

等待教师决策后进入下一阶段。

(8) 新闻发布会

点击进入阶段8"新闻发布会",根据危机灾害发生的过程及处理情况,按新闻发布会发言稿的格式完成灾后总结。

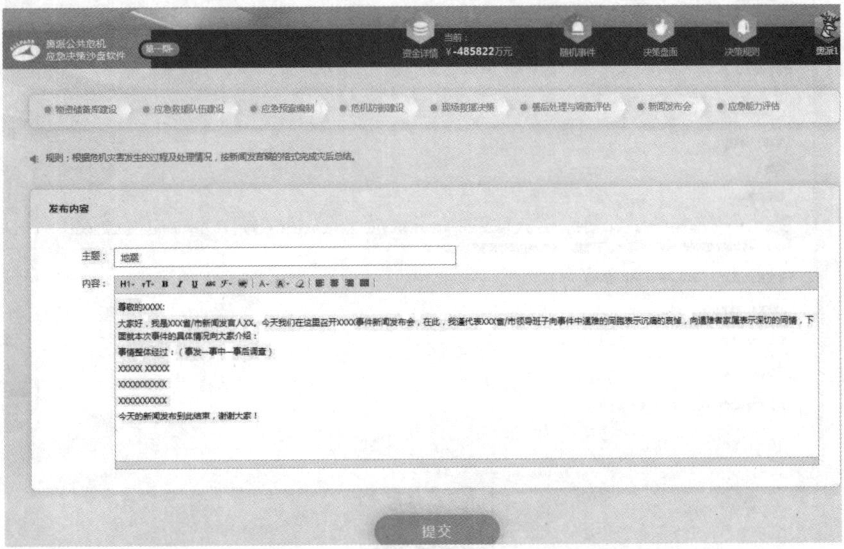

图 7-44

点击"提交"后可查看发布内容，等待教师审核。

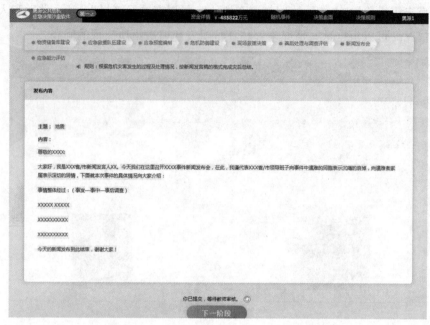

图 7-45

教师审核后，可以查看团队获得的分数，并点击"下一阶段"。

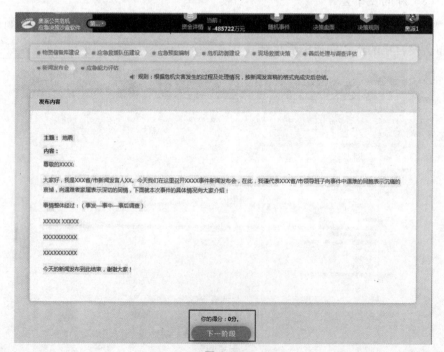

图 7-46

(9) 应急能力评估

点击进入阶段9"应急能力评估",团队可以查看自己在各阶段获得的分数及总分,根据分数分析自己所欠缺的能力,以便在下一期调整决策。

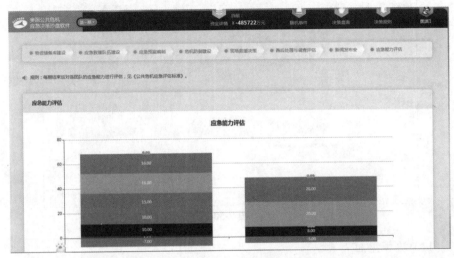

图 7-47

等待教师决策,开启下一期。

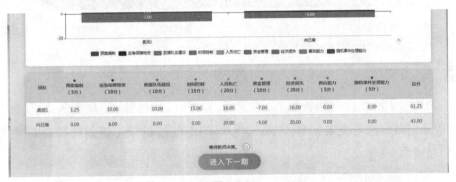

图 7-48

(10) 随机事件

点击上方"随机事件",进入随机事件测试。

图 7-49

点击教师发布的不同随机事件,根据背景材料和事件问题,在"我的方案"中写上答案,点击"提交",等待教师审核,教师可根据答案进行评分。

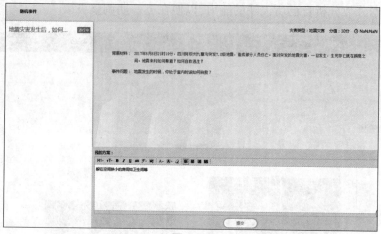

图 7-50

(11) 决策盘面

点击"决策盘面",进行盘面具体操作。

图 7-51

决策电子沙盘提供储备库、交通工具、警报灯、路线标识、救援队伍、交通条件、应急财政资金等决策元素,方便学生决策试错,辅助学生规划资源调度路线、时间和成本。

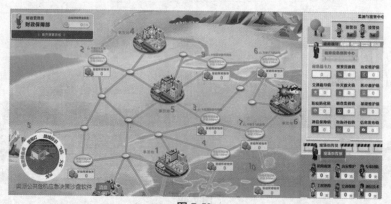

图 7-52

① 棋子盘面上提供物资储备库、警报灯、路线标识、飞机、火车、汽车等棋子。团队在"物资储备库建设""应急防御建设""现场应急救援"环节可结合盘面进行决策。

图 7-53

② 点击左上角"财政管理员"面板，可以在演算面板进行应急财政资金支出项输入。

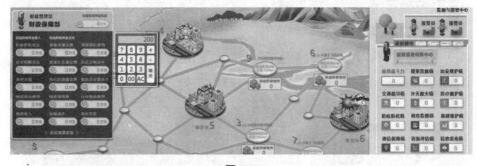

图 7-54

③ 点击老师选择发布的事发地点，开始自动计时，盘面上的死亡人数、重伤人数及经济损失会根据时间的变动而变动。

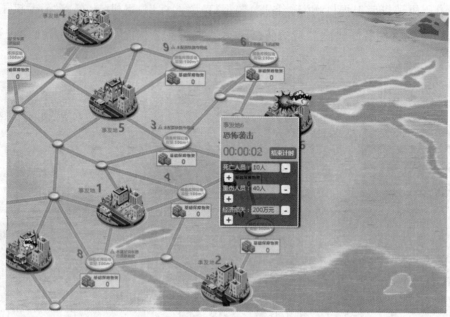

图 7-55

④ 应急队伍建设及调遣操作区:学生可以在"应急救援队伍建设""现场应急救援"阶段在盘面上进行救援队伍支数输入及应急战斗力的计算。

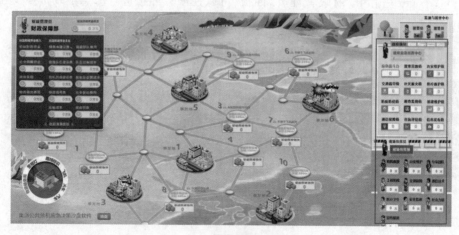

图 7-56

第8章

智慧政府与公共部门绩效评估

> 推动高质量发展是我们当前和今后一个时期确定发展思路、制定经济政策、实施宏观调控的根本要求,必须加快形成推动高质量发展的指标体系、政策体系、标准体系、统计体系、绩效评价、政绩考核,创建和完善制度环境,推动我国经济在实现高质量发展上不断取得新进展。
>
> ——习近平2017年12月18日在中央经济工作会议上的讲话
>
> 近一个时间以来,为官不为现象受到各方面批评,各级党委采取了治理措施,情况有一些好转,还需要进一步做工作。要科学定岗定责,合理分配任务,加强绩效考核,引导干部爱岗敬业、勤奋工作,防止干与不干一个样、干多干少一个样、干好干坏一个样。要鼓励探索创新,宽容探索创新中的失误,满腔热情帮助干部成长,促使干部解放

思想、敢于负责、敢于担当。要加大治庸治懒力度,严肃查处为官不为的典型人和事,进一步弘扬正气,狠刹歪风邪气。

——习近平:《从严治党必须从严管理干部》(2014年12月14日),选自《习近平关于全面从严治党论述摘编》,中央文献出版社2016年版公共部门绩效管理是提升公共部门运作效率的核心环节。在信息技术日益成熟的背景下，智慧政府对公共部门绩效管理的深度融合已成为创新绩效管理的新趋势。这种融合在绩效管理实践中体现为专用人工智能技术的形成与应用。人工智能技术能够丰富公共部门绩效管理的内涵，扩展其应用的时间与空间范围，有效应对当前公共部门绩效管理环境的复杂性。它有助于构建智能化的绩效管理框架、设定绩效目标和评价指标，推动形成更为敏捷和灵活的绩效管理模式。此外，人工智能的应用还能显著提高公共部门绩效评估的针对性和精准度，确保绩效管理更加高效、透明和公正。

8.1 公共部门绩效评估的发展

公共部门绩效评估简单地说就是评估主体运用特定的指标、采用规定的方法、依据规范的程序，对公共管理效益高低和服务质量优劣进行考察核定的活动。公共部门绩效评估是一个复杂的系统，包括确定评估主体，明确评估内容、评估指标及标准，选择评估方法，绩效反馈与评估结果应用等多个环节。

8.1.1 绩效与绩效评估

1. 公共部门绩效的概念

绩效是一个多义的概念，在不同的情景之下有不同的解释。从管理实践的发展历程来看，人们对于绩效的认识经历了一个不断发展的过程：从单纯地强调数量到强调质量再到强调满足顾客需要；从强调"即期绩效"发展到强调"未来绩效"。这说明，不论是对组织整体还是对个人来说，都应该以系统和发展的眼光来认识和理解绩效的概念，包括综合考虑绩效产生的过程、方式、时间以及结果等因素。

从绩效的本质规定性来看，绩效反映的是组织整体或者个人在履行其职能或岗位职责的过程中、在一定时间内以某种方式实现某种结果的过程；在职能或职责履行以外所产生的结果不能视为绩效。

从行使职能或职责、产生绩效的主体来看，绩效包括组织整体绩效或部门绩效、项目绩效、个人绩效。

从绩效的质与量的规定性来看,绩效并不等于产出本身,也不等于任务或产品本身,绩效不仅有量的规定性,还有质的规定性。

从绩效形成的过程来看,绩效具有一定的周期,具有从投入到获得中期结果,再获得最终结果的周期性发展过程;时间对绩效的形成具有影响作用。

"绩效"最早用于企业经济管理方面,后来广泛运用于人力资源管理。随着企业家精神重塑政府的倡导,"绩效"这一概念在公共管理中受到广泛关注和运用。公共部门绩效至少包括四个维度:经济、效率、效果、公平。公共部门绩效是指公共部门在社会经济管理活动中的结果、效益、效能,是公共部门行使其功能、实现其意志过程中体现出来的管理能力。公共部门绩效可以分为以下几个方面:

(1) 政治绩效

在市场经济环境下,政治绩效主要表现为顶层设计和制度创新。市场经济的游戏规则或社会秩序的供应是一种制度安排,这是政府核心功能之一。公共部门在制度安排上越努力,政治绩效就越容易体现出来。

(2) 经济绩效

经济绩效往往表现在经济的持续发展上,国民经济不仅仅是在量上扩张,而且在结构合理的前提下有质的提升,良好的经济绩效还包括经济持续发展程度较高、公共部门能供应推进经济和社会协调发展的宏观经济政策。

(3) 社会绩效

社会绩效是经济发展基础上的社会进步,是社会的稳定和发展。其中,安全与犯罪、公平与正义、福利与贫穷、稳定与动乱等指标是重要的参数。

(4) 文化绩效

文化绩效主要指精英文化与大众文化的互补与渗透,以及文化的繁荣和整合。

2. 公共部门绩效评估

在市场化条件下,根据社会的发展要求和公众的需要提供公共服务是政府最重要、最广泛的职能和最根本的任务;公共部门是公共服务的供给者、公共服务有效供给的保证者和监管者,而不再是高高在上的官僚机构和与社会相脱离的"力量"。对政府职能范围内行政活动的绩效进行评定,也就是要对政府确定公共服务的质量和价格标准、抓好绩效管理、把好市场准入关,以保证公共服务的供给者无法利用提供公共服务的机会谋取不正当的利益、保障社会公平、提高公共服务的效率与质量、增加顾客选择的机会、更好地满足顾客需要等活动的绩效进行评定。

英国1983年的《国家审计法》将公共部门绩效评估定义为检查某一组织为履行其职能而使用所掌握资源的经济(Economic)、效率(Efficiency)和效益(Effectiveness)情况,简称"3E"评价法。具体来说,英国绩效评估是检查公共资金使用情况的方式与效果,其中对经济的评估主要是关注在保证质量的前提下降低资源消耗量,将政府支出降到最低水平;对效率的评估主要是对比产出或服务与资源投入的关系,以一定的投入实现最大的产出或实现一定的产出使用最少的必要投入,保证资金支出的合理性;对效益状况的评估,则主要是通过对比资金支出后所实现的实际效果和预期效果之间的关系,保证资金支出达到理想效果。①

"3E"评价法是公共部门绩效评估在方法探索上的开端,是美国会计总署于20世纪60年代提出的,他们率先对政府工作的审计重心从经济审计转向经济、效率、效益并重的审计,渐渐地形成了"3E"评价法,后来为许多国家所效仿。但由于政府在社会中所追求的价值理念和"3E"评价法单纯强调经济效率之间存在矛盾与冲突,"3E"评价法在实践中暴露出一系列的不足。随着管理民主化的发展,在"3E"评价法的基础上逐渐形成了"4E"评价法,增加了第4个"E",即公平(Equity)。"公平"指标关注的是接受服务的团体或个人是否都受到公平的待遇,需要特别照顾的弱势群体是否能够享受到更多的服务。以此为基础,各国制定了相对比较具体的公共部门绩效评估指标体系。②

综上所述,公共部门绩效评估就是指公共部门及其成员在依法履行公共管理职能或岗位职责过程中投入所获得的初期的和最终的结果及其社会影响,一般包括组织绩效、项目绩效和个人绩效三个层面。

3. 公共部门绩效评估兴起的背景

作为行政改革的一部分,公共部门绩效评估的兴起与发展的背景主要包括以下几方面:

(1)新的管理理念为公共部门绩效评估的兴起提供了理论支持。第二次世界大战后,经济的复苏为企业的发展提供了条件,企业界随之产生了大量的管理理论和思想,并在实践中产生了较佳的效果,公共管理不断借鉴企业管理中的合理成分,形成了新公共管理主义。新公共管理主义强调私营部门的管理理念和方

---

① 参见李亚辉、陈涛:《浅谈英国绩效审计开展情况及借鉴意义》,https://www.audit.gov.cn/n6/n41/c20401/content.html,2023年10月27日访问。

② 参见谷辽海:《透明的评估提升可信度》,载《中国财经报》2006年8月16日第4版。

法与公共管理部门的管理方法具有相似性,可以广泛应用于公共部门。

以下几个理论催生了公共部门绩效评估理论的产生:

首先是企业再造理论,它很符合当时政府改革的方向,企业再造的目标就在于重新设计企业作业流程,以增加绩效。其次是高绩效组织理论,即相对于传统组织而言,高绩效组织通常具有下列倾向:技术创新与冒险,重视学习,组织跨部门团队,以援助者与训练者的角色来代替管理者的角色,能够为员工的表现提供回馈,只有极少的管理阶层,让每一个员工都接近客户,能够提升应变力与平衡力,能够支付与表现相称的酬劳,将企业有关的资讯与全体员工共享,规划资讯系统以支持团队合作,做到社会面与技术面的平衡。高绩效团队通常是由工作团队、改善团队和整合团队组合建立起来的。① 再次是标杆管理,这是一种管理上的有效工具,以衡量组织相对于其他组织的绩效。大多数的企业认为流程都有相通之处,因此,可以仔细地研究一流公司绩效优异的原因,并将自己公司的绩效表现与这些公司的表现相比较,进而拟订要提升哪些绩效水准的计划,执行该计划并检测执行的效果,以使组织能够更客观地评估其绩效,改掉缺点,迎头赶上。最后是顾客关系管理,其宗旨是企业以顾客满意为目标,才能在市场上维持竞争力。良好的顾客关系管理能够有效地解决企业面对顾客的复杂烦琐事务,为企业提供迅速反映顾客需求、弹性回应市场变化、缩短顾客服务时间与流程、增加顾客服务满意度等效益。

公共部门绩效评估在这些理论的基础上,对企业界先进的、实用的理论和方法进行了吸收,建立了以提高绩效为目的,以科学的评估为手段的评估体系。

(2) 科技尤其是信息技术的发展为公共部门绩效评估提供了技术支持。以"信息学"为特征的新技术革命为政府提高工作效率增加了压力,也为绩效评估提供了可能。信息技术的迅猛发展改变了人们的工作和生活方式,公民自身文化素质不断提高,纳税人意识、权利意识、法律意识、自主意识觉醒,公众对政府管理与服务的公平、公正、效率质量的要求越来越高,同时要求参与、监督和评估政府。为了回应社会对行政民主化的历史诉求,西方发达国家政府和社会对公共性行政管理系统进行了一系列的改革与完善,实施了多种制度改革措施,而绩效评估系统就是重要的手段和技术创新。20世纪后期,计算机的普及以及信息网络技术的飞速发展,使人类进入"信息爆炸"时代。信息技术大大提高了人们获得与处理信

---

① 参见周凯:《美国政府绩效评估制度研究》,中共中央党校2006年博士论文。

息的数量、质量和速度,使人类处理问题的能力得到了提高。公共部门绩效评估正是在这一时代背景下获得了发展和普及。由于以数据测定为基础的绩效评估需要对大量数据进行及时的采集、分类、储存、测算、分析、传输和反馈,人工完成难度大、成本高、可操作性差;又由于政府管理活动及其绩效的复杂性、多元性、模糊性、变动性和效果滞后性,因此,计算机和信息网络的强大基础性技术支持,就成为评估事业发展、普及并取得显著成效的重要技术基础。总之,以"信息技术"为特征的新技术的发展,特别是网络技术的应用,正在改变人们几千年来形成的信息传递方式、人际沟通方式和社会管理方式,并深刻影响着社会生活和政府运作的方式。从世界范围来看,信息技术已成为战略性资源,信息资源管理和知识管理成为各行业的核心管理领域。在国民经济和社会信息化过程中,政府信息化处在核心和关键的位置,这是由政府在推动国家信息化中的主导地位和特殊角色,以及政府管理对信息的广泛依赖所决定的。这就要求政府要适应信息化带来的影响。为迎接信息社会的挑战,不少国家及地区,一方面积极发展信息基础设施,另一方面致力于利用信息技术改革政府,构建电子政府。①

(3) 政府管理的现实需要。政府财政、管理和信任危机的出现,是导致西方国家普遍重视绩效评估的直接原因。

首先,针对20世纪三四十年代的经济危机,甚至大萧条,西方各国普遍奉行凯恩斯国家干预主义,政府由资本主义时代的"守夜人"角色,逐渐转变为无所不包的庞然大物,政府的经济职能与社会职能普遍扩张:经济职能的扩张体现为政府对市场和社会经济生活的大规模干预,社会职能的扩张体现为政府提供社会保障功能和公共服务职能。伴随着职能扩张的是政府规模(包括政府机构数量、政府雇员人数和政府开支在国民收入中的比重)的急剧膨胀,这些都使政府的财政支出日益增加。进入20世纪70年代,西方发达国家的经济出现滞胀,经济发展不稳定,这导致政府的财政收入减少,但政府的职能扩张仍在继续,这些扩张既表现在新的管理领域上(如环境保护、有组织的科技开发、信息时代的特殊管理需求如知识产权保护等),又表现在新的服务职能上(如制订指导性经济计划、建立经济和市场高速信息通道、帮助企业提升国际竞争力),加上人口老龄化导致政府的社会保障开支大幅度上升,使得政府财力资源日益入不敷出,从而陷入财政危机。

其次,政府的职能扩张带来了规模的急剧膨胀,再加上现代管理活动的极端

---

① 参见徐晓林:《政府信息化与社会变革》,载《中国信息界》2003年第15期。

复杂性,管理技术专门化和分工,使得政务官失去了对公务员的有效控制,这带来了管理和协调的困难;而政府部门具有的垄断性特征,也使得公共部门失去了提高效率的压力,导致公共部门效率低下、官僚作风昌盛以及服务意识不足,这些都使政府的管理面临一系列的危机。

最后,政府的低效率与官僚主义也使得政府形象受损,由此产生了西方发达国家普遍存在的信任危机,公众普遍对政府从依赖到严重不信任,许多地方甚至出现抗税现象。比如,1979年英国公民对政府管理满意的仅为35%,不满意的达54%。公众的普遍不满反映出公共行政的信任危机,使公共行政的活动、使命及其运行方式的合法性受到怀疑与挑战。提高公民对政府的信任度,解决政府的财政与管理危机,重新确认公共行政在人们心中的"合法地位",成了西方国家行政改革的一个重要动力和目标。受此影响,西方发达国家出现了大规模的改革运动,大政府的模式被抛弃,讲效率的市场模式受到青睐,绩效评估的理念、方法与技术也由此应运而生。

8.1.2 公共部门绩效评估的实施

公共部门绩效评估是有计划、有步骤的活动,是一个动态的过程,需要相应的准备、实施和总结阶段。公共部门绩效评估的步骤主要包括明确绩效目标、实施绩效评估方案、评估结果的形成与撰写报告、评估结果的运用等四个主要环节。

1. 明确绩效目标

绩效目标是指公共部门在行使职能过程中投入应当获得的产出与社会效果;绩效标准指的是在各个指标上分别应该达到什么样的水平,解决的是在绩效计划过程中根据绩效目标在不同的绩效等级上要求被评估者做得怎样、完成多少的问题,也就是在各个指标上所应达到的具体的绩效要求,正是绩效标准将绩效区分为不同的绩效等级。

绩效目标除了有明确具体的绩效要求之外,还包括明确严格的产出和结果评估措施。不同的绩效要求(绩效标准)把政府部门行政管理活动的绩效结果划分为不同的等级。每一个绩效等级需要达到什么样的绩效要求是事先给定的,这个事先给定的与该绩效等级相应的绩效要求就是绩效标准。绩效评估过程就是按照绩效目标确定的绩效标准来对实际的管理和服务结果进行比照测量后区分为不同绩效等级的过程。

因此,政府绩效评估的程序开始于管理结果与绩效目标之间的比较。如果没有明确的绩效目标、绩效标准,政府绩效评估就失去了方向,政府绩效评估也难以开展;如果绩效目标明确,开展绩效评估就会比较容易。绩效目标反映和体现了公众的利益与意志。绩效评估正是通过国家立法等对绩效目标的规定来规范政府行为,把政府公共管理对法律负责、对行为结果负责、对公众负责统一起来。

2. 实施绩效评估方案

(1) 准备评估资料

评估资料的准备是指全面收集、整理涉及被评估对象——公共部门绩效的各方面信息和资料。一般来说,划分评估项目和选定所要评估的内容取决于两个关键因素:一是绩效评估需要使用的资料;二是绩效评估者根据其价值观选择和确定所评估的事项。这些信息与资料包括政府部门的服务承诺、工作计划与方案、工作报表、回复与解释公众提出问题或抱怨的信件和电话数量的统计与记录、解决实际问题的数量、实际取得的服务结果与社会效果、会议记录、物质投入与消耗、成果鉴定结果、管理方法的改进与调整等。

(2) 建立评估指标体系

评估指标是反映总体现象特征的概念与数值。把若干有联系的指标结合在一起就可以从多方面认识和说明一个比较复杂的现象。评估者通过一系列的指标准确反映出公共事务管理过程中的输入、输出、中期成果和最终成果的测定,来评定与划分不同的绩效等级,进而准确反映公共管理的效率、管理能力、服务质量、公共责任和公众的满意程度。

(3) 选定评估方法

在公共部门绩效评估中,我们通常采用以下几种方法来确保评估的全面性和准确性:① 文献法,即通过广泛收集和分析相关的文献资料,获取对评估主题的深入理解。这种方法有助于筛选出对评估目标具有实质意义的信息。② 问卷调查法,即精心设计问卷,通过定量的问题来测量评估对象的特征、行为和态度。这种方法可以提供大量标准化的数据,便于统计和比较。③ 深度访谈法,即通过与评估对象或利益相关者进行深入的对话,获得更深层次的见解和信息。这种方法有助于揭示问题的本质和背后的动机。④ 观察法,即通过直接观察评估对象的行为和环境,记录和评估与目的相关的具体数据和事件。这种方法能够提供第一手的、未经加工的信息。在实际操作中,为了提高评估的可靠性和有效性,往往会将上述方法结合起来使用。通过这种多元化的评估方法,公共部门能够更准确地衡量和提升自身的绩效,不断优化服务和管理,以满足公众的期望和需求。

（4）编制执行计划

首先确定评估对象，评估对象是评估实施的受体。在确定评估对象后，要制定一个可行的评估方案。调查的内容要紧密围绕评估的目的，合理引入专家智库的辅助。

3. 评估结果的形成与撰写报告

评估结果是通过对评估过程中的资料和信息的分析而形成的。在评估的过程中对数据和信息进行分析，涉及的数据主要有定量指标基础数据、评分标准、评估计分过程以及评估指标等。评估报告是指在完成评估后向委托方提交说明评估目的、评估程序、评估标准、评估依据、评估结论以及评估结果分析等基本情况的文本文件。

4. 评估结果的运用

评估结果的运用主要体现在：是评估对象上级部门奖惩的依据；是被评估部门改善自身的依据；是公众监督公共部门的依据。

8.1.3 智慧政府赋能公共部门绩效评估

1. 传统公共部门绩效评估的困境

（1）评估主体单一

公共部门的绩效评估往往只在部门内部展开，公共部门领导通过"上评下"的方式由上级领导对下级员工进行绩效评估，在评估过程中公共部门并没有引入第三方参与评估的意识。因此，在评估过程中很可能由于上级部门的不重视或者领导个人偏好的不同影响绩效评估的真实性和有效性。这样绩效评估结果就无法有效反映员工的工作情况，不利于员工的成长及部门发展。

（2）评估指标确定困难

评估指标作为公共部门绩效评估的基本理论参照和操作依据，对公共部门绩效评估的理论与实践有着至关重要的作用。然而，在绩效评估指标的建设与规划中存在诸多困难：第一，政府提供的服务大多不具有"实物性"，在对员工服务工作方面进行评估时很难用具体明确的指标来度量。第二，由于理论参照的缺乏，评估指标的设计往往具有较强的主观性。第三，指标的设计往往涉及多个学科，如社会学、经济学、政治学、行政学、管理学以及统计学等，导致专家往往只是在某一方面较为精通，即便将不同学科的专家汇集起来，在指标的讨论确定中也会由于专业偏好及知识背景的不同产生沟通困难,难以形成科学的指标体系。

(3)绩效评估技术落后

伴随电子政务的不断发展,政府数字化、智能化转型也逐渐进入公共部门的工作视线。2015年,国务院印发的《促进大数据发展行动纲要》指出,我国要推进政府的数据思维,营造数字文化,强调政府需要加强用数据思维解决社会管理问题。公共部门利用信息化技术手段,不仅能够存储绩效相关数据信息,构建绩效数据库,从而构建科学完整的绩效评估体系,提高"人岗"匹配度,还能够有效解决信息不对称导致的绩效评估结果误差,从而进一步提高公职人员对绩效评估结果的重视程度。[①]

在公共部门评估信息化发展过程中,不少公共服务平台及行政管理应用是由外包公司或第三方平台进行构建的。由于应用开发者本身并不具备相应的行政管理知识,对绩效管理及绩效评估等方面的知识储备不足,其设计的平台及系统不能够完美贴合评估者和被评估者的使用需求。不仅信息系统开发人员缺乏对绩效评估的知识储备,绩效评估人员也会因为信息技术知识的缺乏不能够完美发挥平台系统的效用及效益,这便造成了系统使用度不高。

2. 智慧政府背景下公共部门绩效评估的机遇

公共部门正在不断推动智慧政府的建设,在这一过程中人工智能重塑了公共部门的组织架构,促进了公共部门绩效评估的发展。[②]

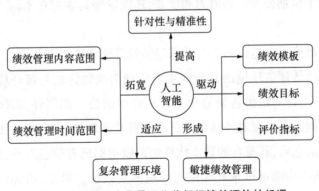

图 8-1 智慧政府背景下公共部门绩效评估的机遇

(1)丰富公共部门绩效评估的内容并拓宽其时间范围

智慧政府可以同时丰富公共部门绩效评估的内容并拓宽其时间范围。第一,智

---

① 资料来源:https://www.gov.cn/gongbao/content/2015/content_2929345.htm,2023年4月17日访问。
② 参见罗鹏:《人工智能背景下公共部门绩效管理的机遇与挑战》,载《中国人事科学》2022年第9期。

慧政府作为一种新技术可以把绩效评估拓展到更加广泛的公共部门活动中,即智慧政府可以完成传统方式难以完成或者完成质量较低的部分绩效评估工作。例如,对公共部门信息化、数字化改革进程中政务服务网站建设的绩效评估,纯粹由人工进行则客观性、准确程度及数据完整性等都存在问题,而借助专用智慧政府系统,自然语言识别及知识库等具体技术就可以辅助绩效管理人员对政务服务网站进行绩效评估等工作,完成人工难以完成的绩效评估工作,甚至可以给出决策意见。智慧政府也可以对公共部门决策的结果进行评估,通过基于人工智能技术的自然语言处理系统评估公共政策的实际绩效,从而实现对公共政策的绩效评价与绩效评估。

第二,在公共部门的传统绩效评估体系中,对公务员的绩效评估往往局限于较短的时间周期,通常聚焦于单一年度的绩效。然而,在智慧政府系统的框架下,绩效评估的时间维度得以显著扩展,超越了传统的年度评估限制。由于公务员的任职期限通常较长,智慧政府系统能够对公务员在不同职务或职级上的长期绩效数据进行深入分析和处理。通过将这些长期积累的数据与公务员近期的绩效数据进行对比,智慧政府系统能够实现对公务员绩效的跨周期管理,这有助于更准确地评估公务员能力的发展和变化。此外,智慧政府系统的长周期绩效评估优势还体现在其持续的数据收集和保存能力。长期累积的数据痕迹为绩效评估提供了坚实的数据支撑,使得评估结果更为全面和深入。这种基于大数据的绩效管理方法不仅有助于识别公务员的潜力和优势,还能发掘其能力在不同工作场景下的最佳应用方式。

(2) 智慧政府可以适应当下公共部门绩效管理环境的复杂性

公共部门绩效评估环境的复杂性主要体现为绩效评估外部环境与内部环境的复杂性。第一,针对由经济社会快速发展产生的公共部门外部环境复杂性,智慧政府可以协同人工实现对外部环境信息的自动采集与处理,当人工智能获得一定规模的环境信息后,其蕴含的智能化算法可以根据已有信息对外部环境变化进行预测,这种预测功能可以很好地应对环境的复杂性。第二,内部环境的复杂性具体体现在以下四个方面:其一,在各种新技术嵌入公共部门的活动背景下,传统绩效评估模式难以适应技术嵌入对公共部门的改变,但智慧政府对技术嵌入的适应性更强,如对数字技术生成的数据具有很强的处理能力。其二,随着智慧政府技术在公共部门活动的广泛应用,许多绩效数据和行政决策已经开始由智能系统自动生成。这些数据和决策结果能够直接整合到智慧政府的绩效评估体系中,从而使得绩效评估更加精准和高效。其三,在智慧政府嵌入公共部门的过程中呈现出一种对公务员的替代趋势,许多行政事务是由人工智能技术与公务员协同完成的,基于智慧政府的绩效评估机制对于这种模式更加适应,效率也更高。其四,对于地方政府来说,随着聘任制公务员的增加,公务员的编制体系趋于复杂,公共部门不同职能部门生成的数据规模不断扩大,复杂性也不断提高,智慧政府技术可快速准确地对巨量复杂数据进行处理。总之,在复杂性问题上,智慧政府技术可以直接提高公共部门绩效评估的效率,绩效评估人员可以充分利用智慧政府技术把人力资源从烦琐的数据处理分析工作中解放出来,只去解决智慧政府技术无法解决的合理性与道德问题。

(3) 智慧政府助力构建智能驱动的绩效模板、绩效目标与评价指标

在公共部门绩效评估专用智慧政府的驱动下,可以生成多种形式的绩效模板来优化绩效管理流程。在公共部门绩效评估过程中充分运用智慧政府聚类算法,根据不同的职务职级与部门设定不同的绩效模板,让智慧政府对已有的模板信息进行学习,从而生成有针对性的绩效模板。在绩效模板基础上智能算法的预测性可以帮助公共部门构建科学的绩效目标;在绩效目标的确定工作中,智慧政府可以降低主观影响,充分运用历史与同类部门的数据,并对以往组织目标与个人工作绩效以及组织内外部环境等进行分析与预测,应用自然语言处理等智慧政府技术进行分析,从而生成具有预测性的绩效目标,并为不同职位的公务员提供有针对性的绩效目标。最后,通过智慧政府把绩效目标分解成为绩效评估指标,并运用机器学习算法计算绩效指标的科学权重从而应用到公共部门绩效评估中,这种智能计算之后的指标权重由于蕴含多部门的历史经验,其科学性与有效性相对更强。

(4) 智慧政府推动形成公共部门的敏捷绩效评估模式

敏捷绩效评估模式已在私人部门中使用多年,其强调对敏捷性的需求,具体内容包括绩效数据实时收集与处理、员工行为的快速追踪反馈、员工持续学习、频繁检查、实时沟通与持续指导等,其可以应对非敏捷管理下的对比效应与近期效应等问题。公共部门绩效评估的传统模式是基于结果的绩效评估,缺乏敏捷性,这与公共部门整体数字化水平较低以及现代绩效评估技术缺失直接相关。而智慧政府的自动化技术特征则可以为公共部门实现敏捷绩效评估提供可能。当适用于绩效评估的专用智慧政府技术在公共部门得到应用时,首先可以实现绩效数据收集与处理的实时化。在公共部门传统的绩效评估模式中,绩效数据的收集已经存在一定数字化与电子化特征,但在日常工作中实际上大量的绩效数据收集工作仍旧以纸质材料为基础。这种缺乏数字化绩效数据的直接后果就是难以实现

对绩效数据自动化的、实时的收集,往往只有当纸质材料生成之后,可感知的绩效数据才会生成,这也会直接导致对绩效数据处理的延迟。

智慧政府可以推动并要求公共部门绩效数据实现数字化转型,在数字化绩效数据生成的基础上,智慧政府可以实现对绩效数据生产周期全过程的实时监控与数据实时收集,这种过程监控与数据收集过程都是自动化与非人工化的。同时,智慧政府凭借智能算法提供的强大实时处理能力可以实现对绩效数据的实时处理,即绩效数据收集过程的完成也是绩效数据处理的完成。在绩效数据收集与处理实时化基础上,智慧政府就可以在人工的协同之下实现对公务员及公共部门绩效行为的实时追踪,这种追踪建立在对绩效数据实时收集与处理的基础之上,即在此基础上对公务员与公共部门行为进行实时的绩效评估建模,并把建模结果与之前智慧政府生成的绩效计划进行比较,实现对公务员与公共部门的实时反馈绩效结果。在实时反馈的基础上,智慧政府可以对偏离绩效计划的模型进行实时修正,并根据对公务员的私人画像实时判断公务员的工作需求及绩效评估人员的数据需求,实现绩效评估可触化。当智慧政府驱动的敏捷绩效评估达到一定成熟度时,甚至可以实现对绩效计划的实时调整与对公务员工作绩效的实时激励。

(5) 智慧政府可以提高公共部门绩效评估的针对性与精准性

在复杂的公共部门活动环境下,公共部门的绩效评估不但需要敏捷性,也需要针对性与精准性,而智慧政府算法的技术特征恰好满足这一需求。针对性的提高体现在以下几个方面:第一,在智慧政府介入的绩效评估工作中,对不同公务员以及不同行政部门的绩效评估方式与绩效评估结果都存在显著差异,人工智能可以针对不同性质的差异在实时的基础上提供针对性的绩效指导,即对每一个公务员都提供由算法生成的针对性指导措施。第二,传统公务员的绩效评估结果会受到部门特殊性影响,而智慧政府可以在汇总不同部门绩效数据的基础上把部门差异作为智能算法的变量,从而得出算法加权之后的绩效评估结果,这一结果会更加公平合理,并具有更强的针对性。第三,公务员在绩效评估专用智慧政府的帮助下可以实时获得未经审核的初步绩效评估结果,智慧政府为公务员提供对绩效结果反馈的渠道,并可以针对实时获取的反馈意见动态调整针对不同情况的绩效评估标准。在此基础上,智慧政府甚至可以为处于不同职位以及分属不同种类的公务员提供针对性的绩效评估体系。

公共部门的绩效评估除了需要实现针对性外,还需要实现精准性,二者缺一不可。一般认为,公共部门绩效评估精准性的缺失是因为政府绩效评估与政府绩效生成系统不匹配,智慧政府可以通过改善这种不匹配来提高精准性。一是公共部门专用的智慧政府绩效评估过程可以摒弃传统绩效评估中存在的主观性,自动化的智慧政府可以相对客观地作出精准的判断,在这一过程中,如果存在机器错误则由人工进行调整。二是智慧政府可以利用更多的数据甚至是无效数据来提高精准性。例如,在对无效数据进行监督学习的基础上开展无效绩效信息过滤,从而提高精准性。总之,因为智慧政府对数据分析的深度与广度都是传统计算工具所不能比拟的,所以其精准性更高。精准性的提高可以直接助力公务员制度的改革。如当前基层公务员面临职业发展的问题,急需足够的激励措施,这也是职务与职级并行制度改革的直接原因之一。职务晋升的一个主要障碍是对公务员的绩效评估缺乏精准性,而基于智慧政府技术的绩效评估则可以在一定程度上改善这一状况。例如,智慧政府可以实现对公务员所完成工作全方位的绩效评估,依靠自动化的智慧政府技术实现对公务员工作数据在工作时间段的精确化收集。同时,可以根据所收集的每一名公务员的绩效信息来构建公务员的精准绩效画像,使其作为公务员职级晋升的评价标准。

8.2 公共部门绩效评估模拟实验

【本节演示的教学软件采用 B/S 架构,软件程序安装在服务器端,学生端打开浏览器访问即可使用软件,软件访问地址与免费试用账号申请可发送至 207455@nau.edu.cn】

本系统软件运用数理统计中功效系数法,采用权威的指标数据,全面模拟公共部门绩效评估的全过程,可以对政府公共部门的经济、效率和效益作出客观、公正和准确的综合评判。学生实验时首先从后台进入系统建立评估任务,接着以评估对象的身份进入系统填报数据,最后进入系统前台审核数据、对结果作排名和统计分析,并发布评估结果。通过实验学生能够明晰公共部门绩效评估的整个流程,掌握如何将功效系数法运用于政府绩效评估,体会绩效评估在政府公共管理中的重要意义。

8.2.1 公共部门绩效评估模拟实验准备

1. 实验流程图

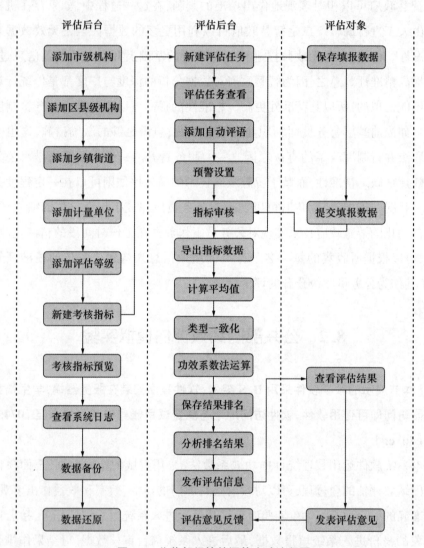

图 8-2 公共部门绩效评估实验流程图

2. 实验目的

（1）了解公共部门绩效考核涉及的角色，以及各个角色的功能。

（2）掌握公共部门绩效考核指标设计原则，以及各考核指标的意义。

（3）掌握公共部门绩效考核的流程。

(4) 大致了解各省行政区域划分情况。

3. 实验情景

为了进一步促进苏中城市发展,每年年末江苏省人民政府除了对全省13个地级城市进行考核之外,还单独对苏中三个城市(扬州、南通和泰州)进行考核。考核主要看重经济增长、结构效益、社会保障和公共服务四个方面,对应选择了经济良性发展指数、第三产业增加值占GDP比重、基本养老保险基金征缴率和公共教育支出占GDP比重四个指标。使用本系统考核主要分五个阶段:

第一阶段:江苏省人民政府建立评估任务。江苏省人民政府负责该考核任务的工作人员登录到系统管理员后台,建立名为"2009苏中考核"的评估任务,选择评估对象为扬州市、南通市和泰州市,使用的考核指标为经济良性发展指数、第三产业增加值占GDP比重、基本养老保险基金征缴率和公共教育支出占GDP比重四个指标,同时规定数据填报时间为2009年12月23日到2009年12月24日,审核时间为2009年12月25日到2009年12月26日。

第二阶段:扬州、南通和泰州三市填报数据。2009年12月23日到12月24日两天,扬州、南通和泰州三市相关负责人登录系统,按要求填报并提交相关数据。

第三阶段:江苏省人民政府审核数据。2009年12月25日江苏省政府负责该考核任务的工作人员登录到系统管理员前台,看到了三市提交的数据。通过仔细评审,三市相关数据、指标都通过了审核。

第四阶段:江苏省人民政府对评估结果进行排名。截至2009年12月26日,评估审核工作全部结束。28日相关工作人员重新登录到系统管理员前台,通过系统自动计算出三市在此次评估中的分值和排名,并通过系统将评估结果公布。随后工作人员还使用系统对评估结果作了统计分析。

第五阶段:查看评估结果。2009年12月28日以后,扬州、南通和泰州三市相关负责人员可以登录系统查看评估结果。

4. 实验数据

表 8-1 省级机构信息

机构等级	机构名称	机构编码	上级机构
省级机构	江苏省	32	无
市级机构	南京市	3201	江苏省
市级机构	徐州市	3202	江苏省
市级机构	连云港市	3203	江苏省
市级机构	淮安市	3204	江苏省
市级机构	盐城市	3205	江苏省
市级机构	扬州市	3206	江苏省
市级机构	南通市	3207	江苏省
市级机构	镇江市	3208	江苏省
市级机构	常州市	3209	江苏省
市级机构	无锡市	3210	江苏省
市级机构	苏州市	3211	江苏省
市级机构	泰州市	3212	江苏省
市级机构	宿迁市	3213	江苏省

表 8-2 新建任务信息

评估任务名称	09 苏中评估
评估主体	江苏省
评估对象	扬州市、南通市和泰州市
评估年度	2009
评估指标	经济良性发展指数、第三产业增加值占 GDP 比重、基本养老保险基金征缴率和公共教育支出占 GDP 比重
填报时间段	2009-12-23—2009-12-24
审核时间段	2009-12-25—2009-12-26

表 8-3 预警机制

启用预警机制	启用
指标预警线	20%

表 8-4 添加的自动评语

分数上限	分数下限	评语
100	90	优秀
89.999999	80	良好
79.999999	70	一般
69.999999	60	及格
59.999999	0.000001	不及格

表 8-5 反馈意见

意见主题	评估意见
反馈意见	评估过程透明,结果合理。
反馈材料	(上传以 doc、docx、xls、xlsx 或 rar 为扩展名的文件,文件大小不超过 2M)
意见答复	感谢配合

5. 实验任务

(1) 评估主体和对象管理;

(2) 评估指标管理;

(3) 评估任务管理;

(4) 系统管理;

(5) 数据管理;

(6) 意见管理;

(7) 数据审核;

(8) 评估结果排名;

(9) 统计分析;

(10) 评估信息管理。

8.2.2 公共部门绩效评估模拟实验实训

在系统首页点击"管理员"后面"进入",进入系统管理员操作界面,添加省级机构信息。

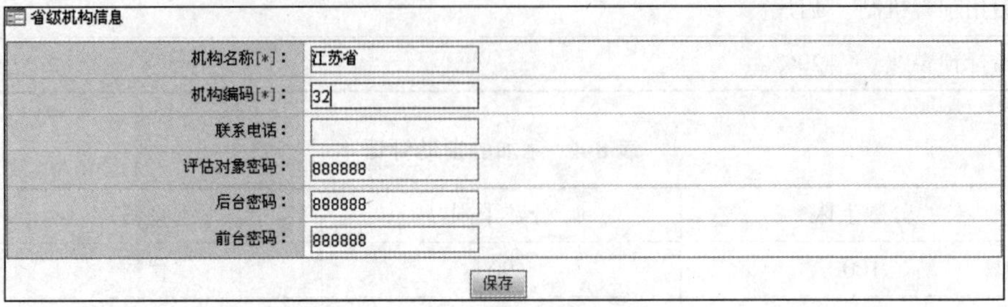

图 8-3

点击"保存",系统会提示保存成功。此时在系统首页"评估后台""评估前台"和"评估对象"下"省级机构"处都能看到"江苏省"。

1. 评估后台

在系统首页点击"江苏省"("评估后台"下的)后"进入",进入系统评估后台。

任务一:评估主体和对象管理

通过评估主体和对象管理可以添加省级机构下各级机构。

点击菜单栏中"评估主体和对象",在右边页面可以看到江苏省的详细信息。点击"新建市级目录",添加江苏省下辖市级机构。

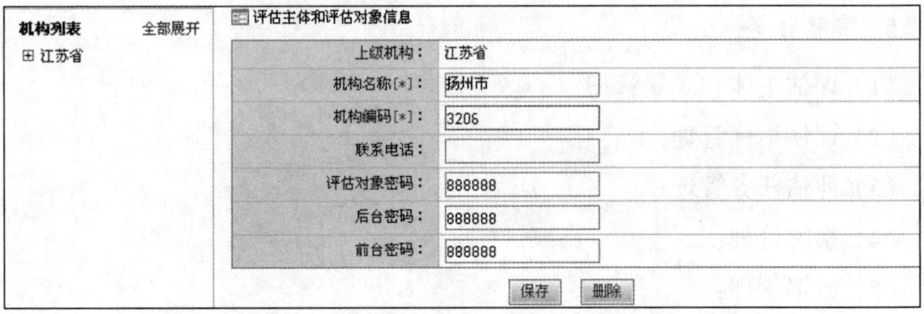

图 8-4

点击"保存",系统会提示操作成功。按照同样的方法添加江苏省下辖其他市级机构。

如果市级机构下需要添加县级城市,可在机构列表中点击要添加的县级城市,然后在右边页面点击"新建县级目录",输入县级城市相关信息后,点击"保存"。县级城市下还可以添加乡镇,添加方法类似,这里不再赘述。

对于没有子目录的机构可以作删除操作,在机构信息下点击"删除"即可。如果机构下存在子目录,则需要先删除子目录后才能删除该机构。

这里也可以对机构信息作一些修改。在机构列表中点击要修改信息的机构名,在右边页面相应文本框中修改相关信息,点击"保存"。

任务二:评估指标管理

(1) 评估指标

点击菜单栏中的"评估指标",在右边页面可以看到系统默认的评估指标列表。其中指标编码是指标的标识,与指标一一对应,系统中使用六位编码,前两位为一级指标编码(按 01—09 顺序排列)、中两位为二级指标编码(按 01—09 顺序排列)、后两位为三级指标编码(按 01—09 顺序排列)。

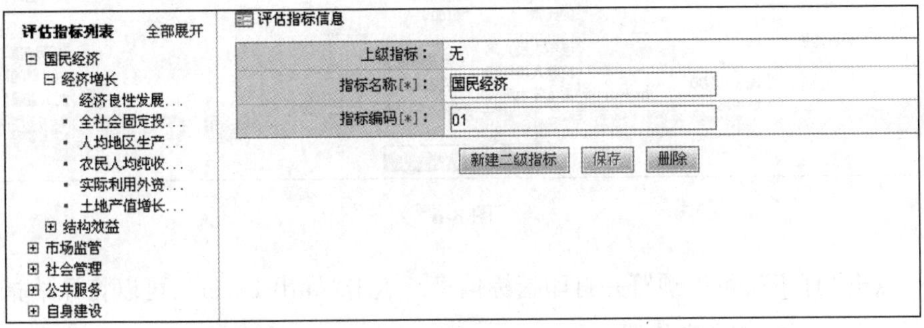

图 8-5

可以根据需要新建二级指标或三级指标。在指标列表中点击一级指标,然后点击"新建二级指标",增加该指标下二级指标信息。在指标列表中点击二级指标,然后点击"新建三级指标",增加该指标下三级指标信息。

对于不存在子级指标的指标可以作删除操作,在右边页面点击"删除"即可。如果存在子级指标,则需要先删除子级指标,然后才能删除该指标。

三级指标的信息是可以直接修改的。在指标列表中点击要修改信息的指标名,然后在右边页面相应文本框中修改相关信息,点击"保存"。如果需要修改一级或二级指标,则需要先删除子级指标,然后才能作修改。

(2) 指标预览

通过指标预览可以预览系统中所有指标的详细信息。点击菜单栏中"指标预览",在右边页面可以看到指标详细信息。

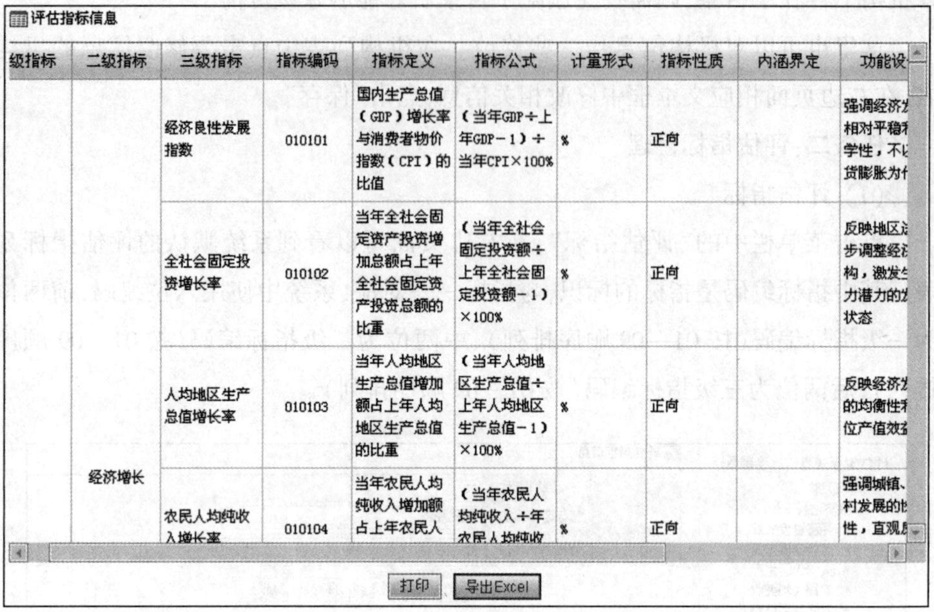
评估指标信息

级指标	二级指标	三级指标	指标编码	指标定义	指标公式	计量形式	指标性质	内涵界定	功能设
		经济良性发展指数	010101	国内生产总值（GDP）增长率与消费者物价指数（CPI）的比值	（当年GDP÷上年GDP－1）÷当年CPI×100%	%	正向		强调经济发相对平稳和学性，不以货膨胀为代
		全社会固定投资增长率	010102	当年全社会固定资产投资增加总额占上年全社会固定资产投资总额的比重	（当年全社会固定投资额÷上年全社会固定投资额－1）×100%	%	正向		反映地区进步调整经济构，激发生力潜力的发状态
		人均地区生产总值增长率	010103	当年人均地区生产总值增加额占上年人均地区生产总值的比重	（当年人均地区生产总值÷上年人均地区生产总值－1）×100%	%	正向		反映经济发的均衡性和位产值效益
	经济增长	农民人均纯收入增长率	010104	当年农民人均纯收入增加额占上年农民人	（当年农民人均纯收入÷年农民人均纯收	%	正向		强调城镇、村发展的协性，直观反

打印 导出Excel

图 8-6

点击“打印”，可以预览并打印指标信息。点击“导出 Excel”，可以将评估指标说明表保存到电脑指定位置。

(3) 评估等级

评估等级可以将一些非数值型的指标量化。

点击菜单栏中的“评估等级”，可以看到系统自带的评估等级列表。也可以根据需要添加其他等级，点击“添加”，添加评估等级信息。

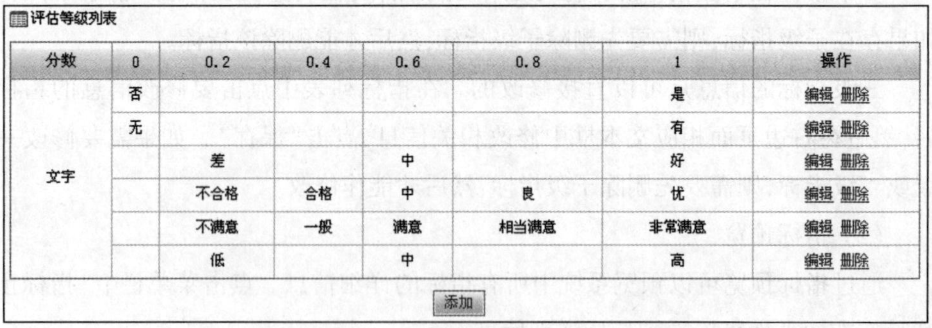
评估等级列表

分数	0	0.2	0.4	0.6	0.8	1	操作
文字	否					是	编辑 删除
	无					有	编辑 删除
		差		中		好	编辑 删除
		不合格	合格	中	良	优	编辑 删除
		不满意	一般	满意	相当满意	非常满意	编辑 删除
		低		中		高	编辑 删除

添加

图 8-7

(4)计量形式

计量形式是评估指标的计量方式。

点击菜单栏中的"计量形式",可以看到系统自带的计量形式列表。也可以根据需要添加其他计量形式,点击"添加",添加新的计量形式。注意:如果添加选择型的计量单位,需要在"评估等级"里添加等级,将相应的计量单位对应成数值。

全选	计量形式名称	计量形式类型	操作
□	%	数值型	编辑
□	件/万人	数值型	编辑
□	件/年	数值型	编辑
□	0-1	数值型	编辑
□	平方米	数值型	编辑
□	高/中/低	选择型	编辑

记录总数:6 总页数:1 当前页:1   首页 上一页 [1] 下一页 尾页

添加 删除

图 8-8

任务三:评估任务管理

(1)新建任务

在作绩效评估之前需要新建评估任务。

点击菜单栏中"新建任务",填写任务名称,选择评估对象,选择评估年度、评估指标和评估时间段。

选择评估对象时如果选择"结果开放",则评估对象在评估结果发布后不仅可以查看评估排名,还能下载评估结果发布时上传的文件;不选择"结果开放",则评估对象只能查看到评估排名。指标可以自定义选择,也可以套用其他评估任务的指标,点击"自定义指标"前单选按钮,用户自定义选择指标;点击"自动选择"前单选按钮,用户可以套用已有评估任务的指标。填报时间段内评估对象可以填报数据,审核时间段内评估主体可以审核评估对象填报的数据。

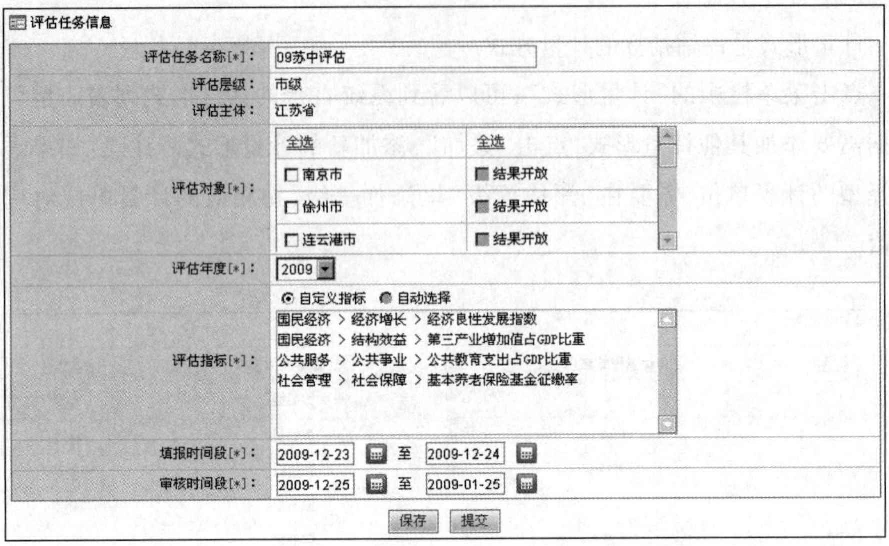

图 8-9

"保存"是将填写的评估任务保存到系统,"提交"则是将评估任务提交给任务相关人执行。如果点击"保存",系统会提示保存成功,保存后的任务在"任务管理"中可以查看到,在"任务管理"中还可以对保存的任务作修改和提交操作。如果点击"提交",则系统提示提交成功,提交后的任务在"任务管理"中也可以查看到,但是不能修改。

(2) 任务管理

点击菜单栏中"任务管理",可以看到评估任务列表。

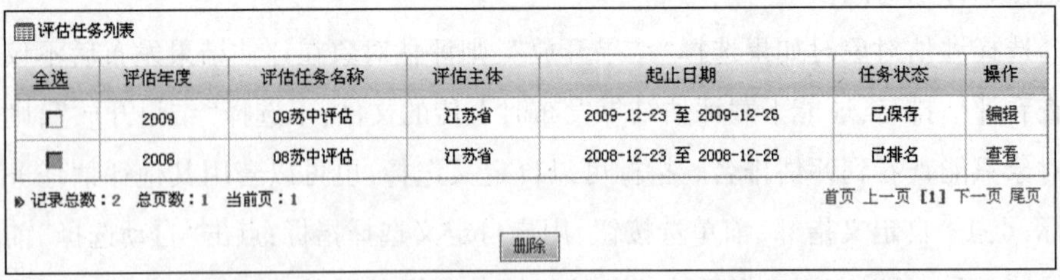

图 8-10

点击"编辑",可以看到评估任务的详细信息。

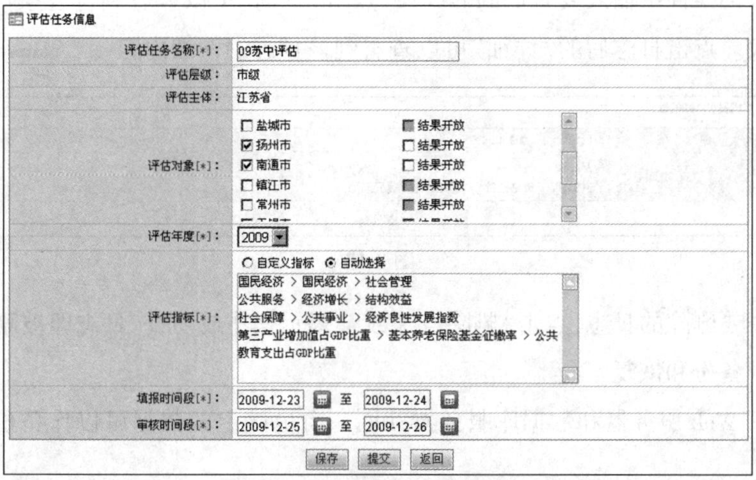

图 8-11

这里可以对评估信息作一些修改,修改好后点击"保存"。如果确定提交,点击"提交",系统会提示操作成功。

对于尚未填报数据的任务可以作删除操作,在评估任务列表里选中需要删除的评估任务,点击"删除"即可。

任务四:系统管理

(1) 系统日志

在系统管理员后台点击菜单栏中的"系统日志",可以查看到系统操作日志列表。

图 8-12

在查询条件中输入要查询的时间段,点击"查询"可以查看到符合条件的操作日志列表。点击日志后的"详细"可以查看到该日志的详细内容。

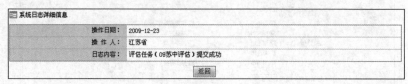

图 8-13

选中要删除的日志,点击"删除",系统会提示操作成功,该日志即被删除。

(2) 备份和恢复

对于 Web 服务器和数据库服务器在同一台电脑上的数据可以作备份和恢复操作。

点击菜单栏中的"备份和恢复",在右边页面点击"备份",系统会提示操作成功,即将当前数据库数据备份。

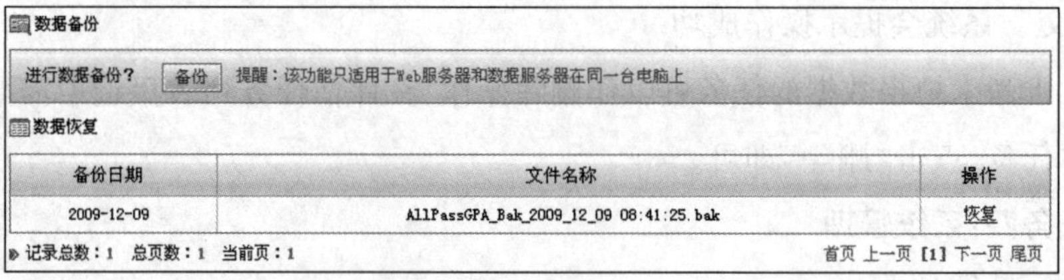

图 8-14

如果想恢复备份的数据,点击"恢复",系统会提示操作成功,系统数据恢复到备份时状态。

(3) 预警机制管理

启用预警机制后,评估审核时如果评估对象当年指标值与往年平均指标值相比增长率超过预警线,数值将以红色显示,正常以绿色显示。点击菜单栏中的"预警机制管理",设置指标预警线(推荐值为 20%),勾选"启用预警机制"后的复选框,启用预警机制。点击"保存",系统会提示操作成功。

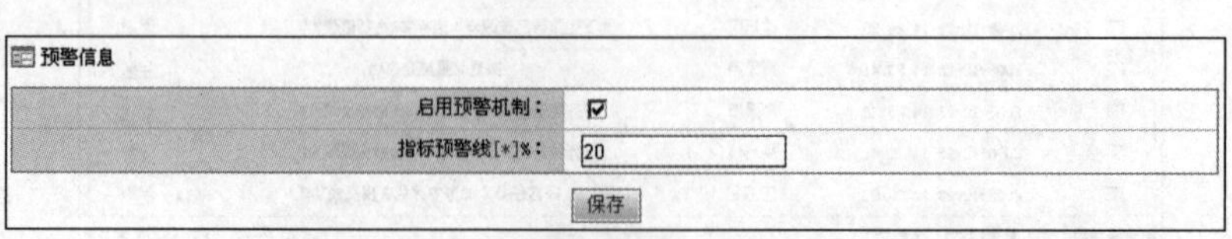

图 8-15

(4) 密码修改

点击菜单栏中的“密码修改”,在右边页面机构列表中选择要修改密码的机构,然后在需要修改密码的文本框中输入新密码(不需要修改密码的文本框不需要填写)。

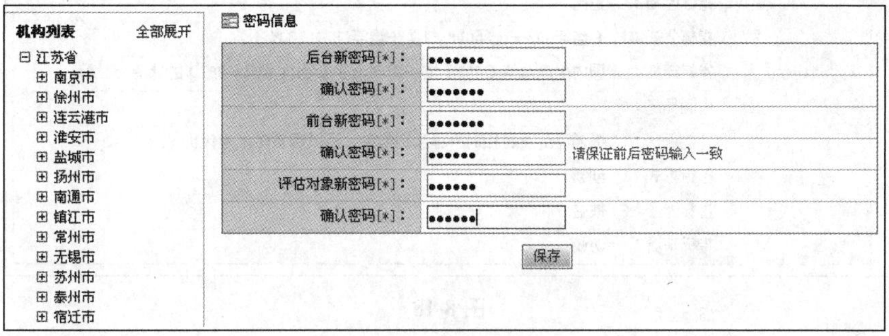

图 8-16

点击“保存”,系统会提示操作成功。

2. 评估对象

评估填报时间开始后评估对象进入系统填报数据。

在系统首页点击“扬州市”(“评估对象”下面)后“进入”,进入评估对象操作界面。

任务一:数据管理

(1) 数据填报

点击菜单栏中的“数据填报”,填写相关数据。

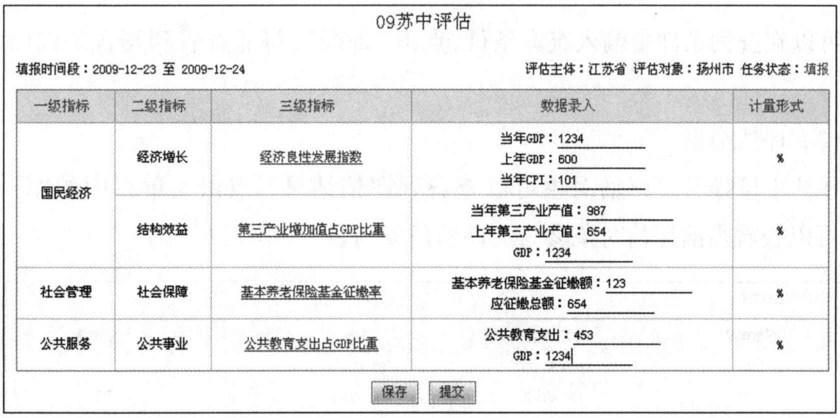

09苏中评估

填报时间段:2009-12-23 至 2009-12-24　　评估主体:江苏省 评估对象:扬州市 任务状态:填报

一级指标	二级指标	三级指标	数据录入	计量形式
国民经济	经济增长	经济良性发展指数	当年GDP:1234 上年GDP:600 当年CPI:101	%
	结构效益	第三产业增加值占GDP比重	当年第三产业产值:987 上年第三产业产值:654 GDP:1234	%
社会管理	社会保障	基本养老保险基金征缴率	基本养老保险基金征缴额:123 应征缴总额:654	%
公共服务	公共事业	公共教育支出占GDP比重	公共教育支出:453 GDP:1234	%

保存　提交

图 8-17

点击三级指标名称,可以看到评估指标详细信息。

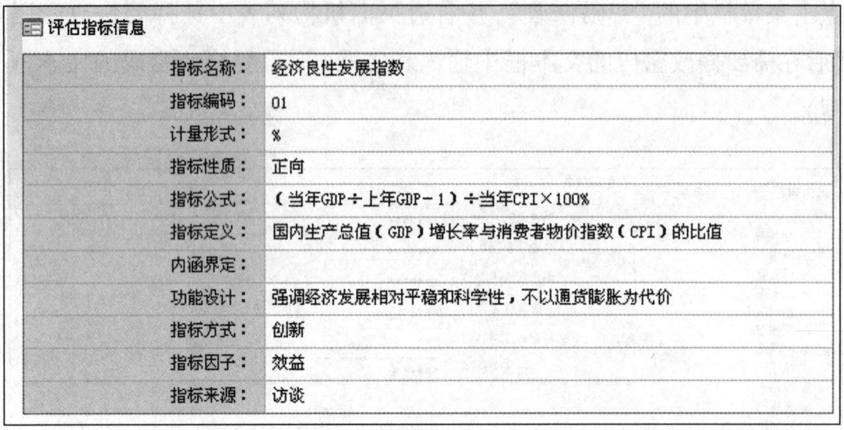

评估指标信息

指标名称:	经济良性发展指数
指标编码:	01
计量形式:	%
指标性质:	正向
指标公式:	(当年GDP÷上年GDP-1)÷当年CPI×100%
指标定义:	国内生产总值(GDP)增长率与消费者物价指数(CPI)的比值
内涵界定:	
功能设计:	强调经济发展相对平稳和科学性,不以通货膨胀为代价
指标方式:	创新
指标因子:	效益
指标来源:	访谈

图 8-18

点击“保存”,将填报的数据保存到系统,保存后的数据还可以修改。点击“提交”,将填报的数据提交给评审人,数据提交后不能再进行修改。

(2) 历史数据

点击菜单栏中的“历史数据”,可以看到系统保存的填报数据。

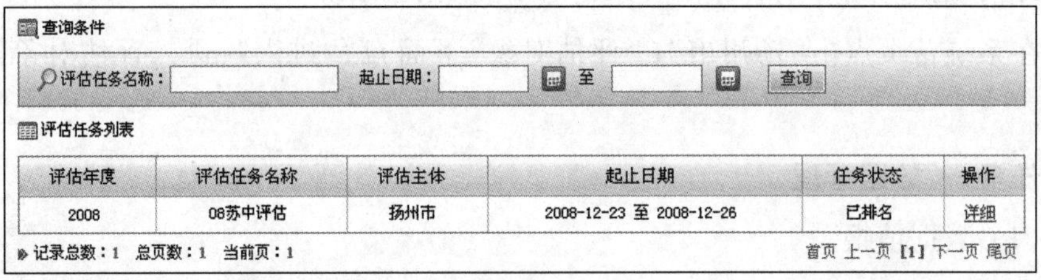

查询条件

评估任务名称: 起止日期: 至 查询

评估任务列表

评估年度	评估任务名称	评估主体	起止日期	任务状态	操作
2008	08苏中评估	扬州市	2008-12-23 至 2008-12-26	已排名	详细

记录总数:1 总页数:1 当前页:1 首页 上一页 [1] 下一页 尾页

图 8-19

可以在查询条件中输入查询条件,点击“查询”,将能查看到符合条件的评估任务。

(3) 评估结果

评估审核排名后评估对象可以查看到评估结果。点击菜单栏中的“评估结果”,可以查看当前评估对象参与的评估任务列表。

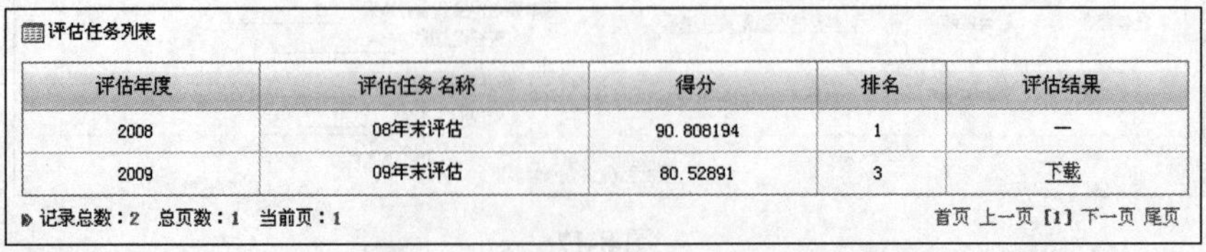

评估任务列表

评估年度	评估任务名称	得分	排名	评估结果
2008	08年末评估	90.808194	1	—
2009	09年末评估	80.52891	3	下载

记录总数:2 总页数:1 当前页:1 首页 上一页 [1] 下一页 尾页

图 8-20

因为2008年制定扬州市的评估任务时并未选择"结果开放",所以这里只能查看评估结果。而2009年制定评估任务时,选择扬州为"结果开放",所以这里可以下载查看评估结果。点击"下载",将评估结果保存到电脑指定位置。

任务二:意见管理

评估对象如果对评估有什么意见,可以通过意见管理将意见反馈给评估主体。点击菜单栏中的"反馈意见",在右边页面点击"添加",填写意见内容。

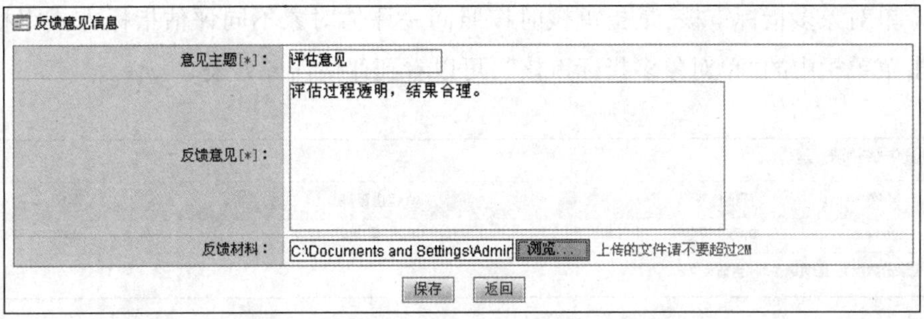

图 8-21

点击"保存",系统会提示保存成功。在系统管理员前台可以看到这里反馈的意见。评估主体答复反馈意见后,评估对象可以查看到。此时意见状态显示为"已答复"。

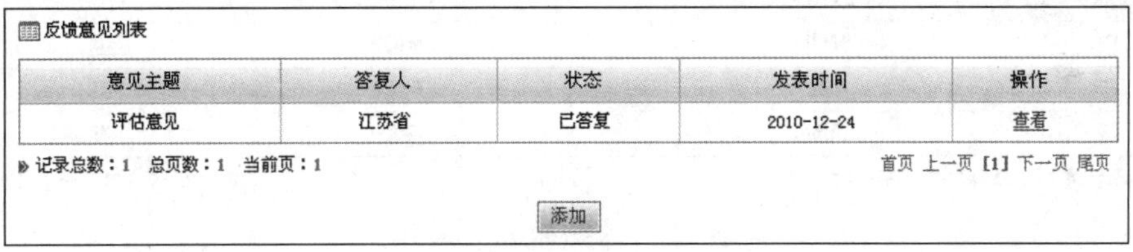

图 8-22

点击"查看",即可看到评估主体给出的意见答复。

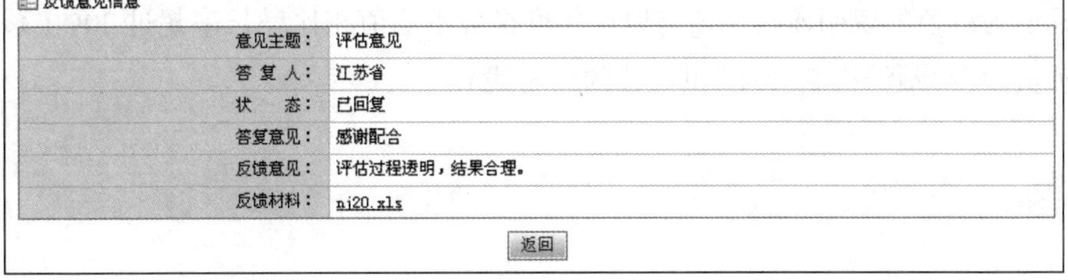

图 8-23

3. 评估前台

评估审核时间开始后,评估主体可以进入系统管理员前台审核评估对象填报的数据。(注:如果实验时审核时间还未到,可以修改系统时间。)

在系统首页点击“江苏省”(“评估前台”下面)后“进入”,进入系统评估前台。

任务一:数据审核

(1) 单对象多指标审核

单对象多指标审核,是指审核时按照同一评估对象不同评估指标方式审核。点击菜单栏中的“单对象多指标审核”,可以看到评估任务列表。

评估任务列表

年度	评估任务	起止日期	操作
2009	09苏中评估	2009-12-25 至 2009-12-26	审核

记录总数:1 总页数:1 当前页:1 首页 上一页 【1】 下一页 尾页

图 8-24

点击“审核”,可以看到评估对象列表。

评估对象列表

全选	评估对象名称	审核状态	操作
□	泰州市	审核中	审核
□	南通市	审核中	审核
□	扬州市	审核中	审核

记录总数:3 总页数:1 当前页:1 首页 上一页 【1】 下一页 尾页

审核通过 审核驳回 返回

图 8-25

点击评估对象后的“审核”,能看到该评估对象指标数值的详细信息。其中,指标值为红色的说明该指标值与以往年度指标平均值相比增长率超过 20%(系统管理员后台“预警机制管理”里设置的预警线)。

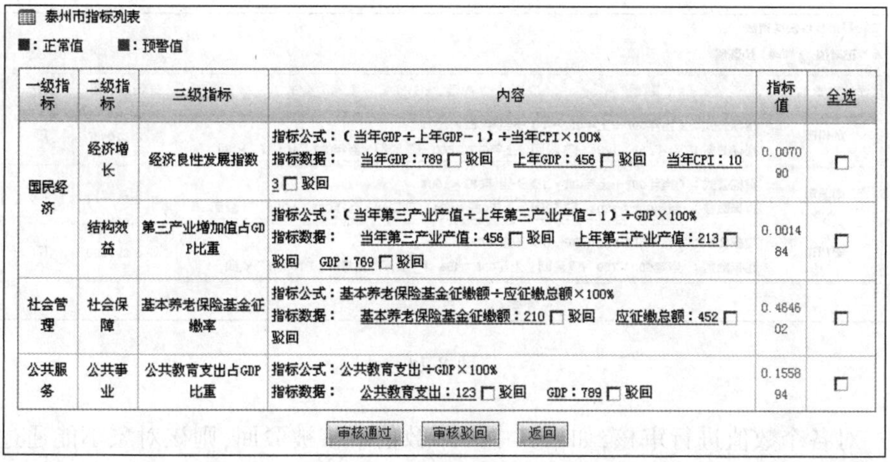

一级指标	二级指标	三级指标	内容	指标值	全选
国民经济	经济增长	经济良性发展指数	指标公式：（当年GDP÷上年GDP－1）÷当年CPI×100% 指标数据：当年GDP：789 □ 驳回　上年GDP：456 □ 驳回　当年CPI：103 □ 驳回	0.007090	□
	结构效益	第三产业增加值占GDP比重	指标公式：（当年第三产业产值÷上年第三产业产值－1）÷GDP×100% 指标数据：当年第三产业产值：456 □ 驳回　上年第三产业产值：213 □ 驳回　GDP：769 □ 驳回	0.001484	□
社会管理	社会保障	基本养老保险基金征缴率	指标公式：基本养老保险基金征缴额÷应征缴总额×100% 指标数据：基本养老保险基金征缴额：210 □ 驳回　应征缴总额：452 □ 驳回	0.484602	□
公共服务	公共事业	公共教育支出占GDP比重	指标公式：公共教育支出÷GDP×100% 指标数据：公共教育支出：123 □ 驳回　GDP：789 □ 驳回	0.155894	□

图 8-26

对各个数值进行审核，如果其中一个数值审核被驳回，则该对象不能通过审核，也就不能参加评估结束后的排名。如果所有指标都通过审核，点击“全选”，选中所有指标，然后点击“审核通过”。

(2) 单指标多对象审核

单指标多对象审核，是指审核时按照同一指标不同对象的方式审核。点击菜单栏中的“单指标多对象审核”，可以看到待审核评估任务列表，点击任务名后的“审核”，将看到评估指标列表。

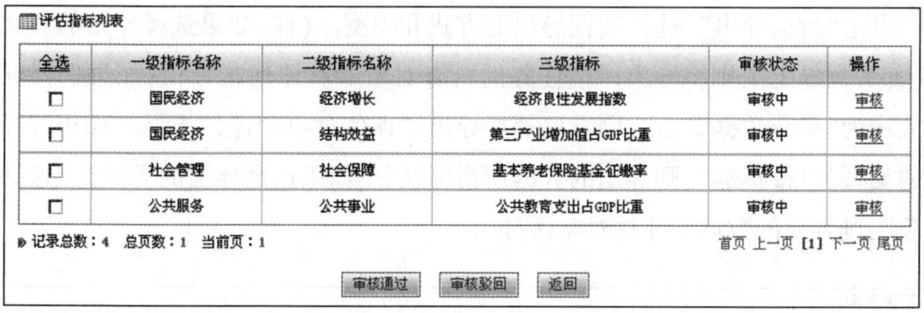

全选	一级指标名称	二级指标名称	三级指标	审核状态	操作
□	国民经济	经济增长	经济良性发展指数	审核中	审核
□	国民经济	结构效益	第三产业增加值占GDP比重	审核中	审核
□	社会管理	社会保障	基本养老保险基金征缴率	审核中	审核
□	公共服务	公共事业	公共教育支出占GDP比重	审核中	审核

图 8-27

点击指标名后的“审核”，可以看到该指标下各评估对象的填报数据和指标值。

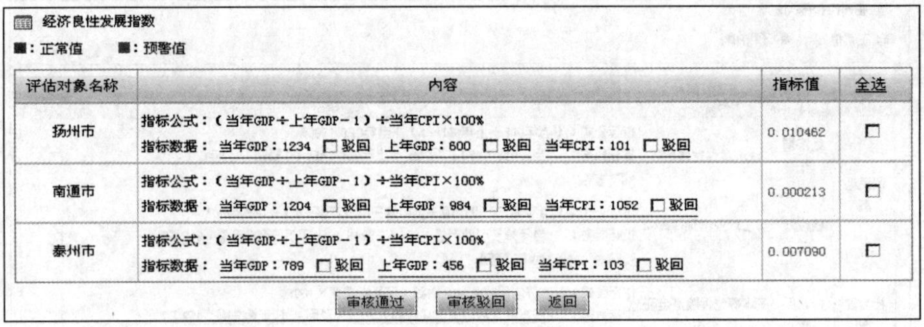
经济良性发展指数

■:正常值 ■:预警值

评估对象名称	内容	指标值	全选
扬州市	指标公式:(当年GDP÷上年GDP－1)÷当年CPI×100% 指标数据: 当年GDP:1234 □驳回 上年GDP:600 □驳回 当年CPI:101 □驳回	0.010462	□
南通市	指标公式:(当年GDP÷上年GDP－1)÷当年CPI×100% 指标数据: 当年GDP:1204 □驳回 上年GDP:984 □驳回 当年CPI:1052 □驳回	0.000213	□
泰州市	指标公式:(当年GDP÷上年GDP－1)÷当年CPI×100% 指标数据: 当年GDP:789 □驳回 上年GDP:456 □驳回 当年CPI:103 □驳回	0.007090	□

审核通过 审核驳回 返回

图 8-28

对各个数值进行审核,如果其中一个数值审核被驳回,则该对象不能通过审核,也就不能参加评估结束后的排名。如果所有对象都通过审核,可以点击“全选”,选中所有对象,然后点击“审核通过”。

(3) 数据导出

点击菜单栏中的“数据导出”,可以看到评估任务列表。

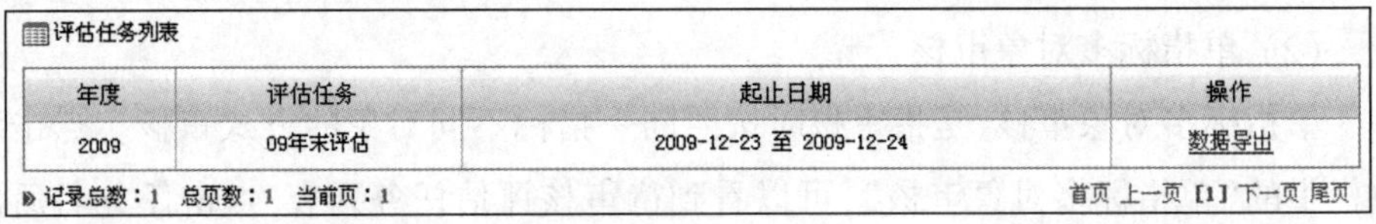
评估任务列表

年度	评估任务	起止日期	操作
2009	09年末评估	2009-12-23 至 2009-12-24	数据导出

记录总数:1 总页数:1 当前页:1 首页 上一页 [1] 下一页 尾页

图 8-29

点击“数据导出”,选择数据导出的方式和类型。(注:如果选择导出的方式为“全部数据导出”,则将导出评估任务的所有对象所有评估指标值;如果选择导出的方式为“部分数据导出”,则需要选择导出的评估对象和评估指标。如果选择导出的类型为“按指标”,则导出的数据按指标区分;如果选择导出的类型为“按评估对象”,则导出的数据按评估对象区分。)

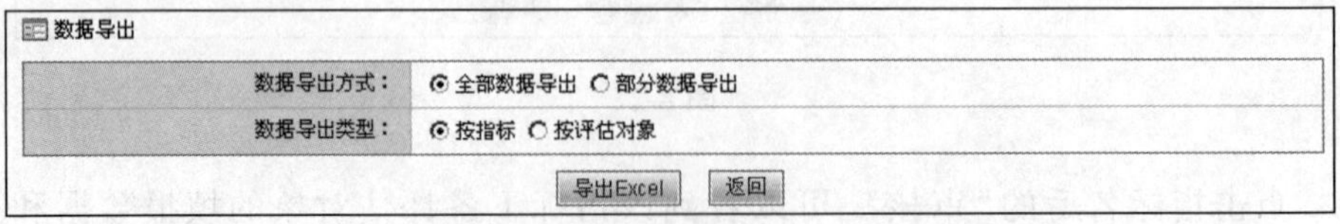

图 8-30

点击“导出 Excel”,可以将相应的数据表保存到电脑指定位置。

(4) 评估历史

点击菜单栏中的“评估历史”,可以看到系统中保存的评估任务列表。

评估任务列表

年度	评估任务	起止日期	操作
2009	09苏中评估	2009-12-25 至 2009-12-26	详细
2008	08苏中评估	2008-12-25 至 2008-12-26	详细

记录总数：2　总页数：1　当前页：1　　首页 上一页 [1] 下一页 尾页

图 8-31

点击任务名后的“详细”,可以查看到评估任务的详细信息。

任务二：评估结果排名

评估审核时间结束后评估任务状态显示为“已结束”,此时可以计算评估对象得分并排名。(注：如果实验时审核时间还未结束,可以修改系统时间,然后重新登录到评估后台。)

点击“评估结果排名”,在右边页面可以看到待排名的评估任务列表。

评估任务列表

评估年度	评估任务名称	评估主体	起止日期	任务状态	操作
2009	09苏中评估	江苏省	2009-12-23 至 2009-12-26	已结束	排名
2008	08苏中评估	江苏省	2008-12-23 至 2008-12-26	已排名	查看

记录总数：2　总页数：1　当前页：1　　首页 上一页 [1] 下一页 尾页

图 8-32

点击“09 苏中评估”后的“排名”,能看到该任务审核通过的评估对象列表。点击列表下方的“计算排名”,即能看到各评估对象得分和排名。

当前位置：评估结果排名 > 评估结果排名

评估对象编号	评估对象名称	评估对象得分	评估对象排名
3212	泰州市	89.497593	1
3206	扬州市	75.729118	2
3207	南通市	72.346576	3

保存　导出Excel　返回

图 8-33

点击“保存”,保存评估信息,保存后的评估信息可以发布。点击“导出Excel”,可以将评估结果表保存到电脑指定位置。如果需要打印,可以直接打印导出的 Excel 表格。

任务三：统计分析

（1）自动评语管理

自动评语将在对象评分横向和纵向分析的"分析报告"中显示。

点击菜单栏中的"自动评语管理"，在右边页面点击"添加"，添加不同分数段的评语。

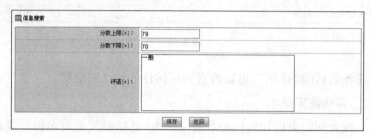

图 8-34

点击"保存"，系统会提示保存成功。

（2）评估指标横向

评估指标横向是指同一任务相同指标在不同对象之间的比较。

点击菜单栏中的"评估指标横向"，可以看到已排名过的评估任务列表，点击任务后的"统计分析"，选择评估指标、评估对象和图形类型，点击"分析"，即能看到相应的图表和分析报告。

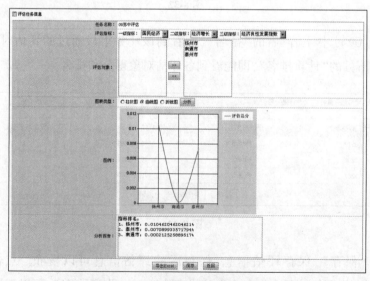

图 8-35

点击"导出 Excel",将评估报告保存到电脑指定位置。点击"保存",保存分析结果,保存的分析结果在统计分析记录中能查看到。

(3) 评估指标纵向分析

评估指标纵向分析,是指同一指标同一对象在不同年度间的比较。

点击菜单栏中的"评估指标纵向",可以看到已排名过的评估任务列表,点击任务后的"统计分析",选择评估指标、评估对象、对比任务和图形类型,点击"分析",即能看到相应的图表和分析报告。(注:对比任务需要点击"对比任务"后的"选择"进行选择。)

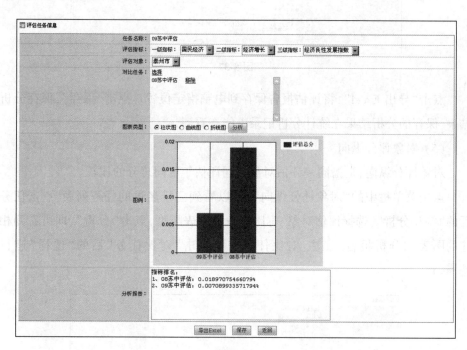

图 8-36

点击"导出 Excel",将评估报告保存到电脑指定位置。点击"保存",保存分析结果,保存的分析结果在统计分析记录中能查看到。

(4) 对象评分横向

对象评分横向,是指同一年度不同评估对象之间总分的比较。

点击菜单栏中的"对象评分横向",可以看到已排名过的任务列表,点击任务后的"统计分析",选择评估对象和图表类型,点击"分析",即可看到相应的图表和分析报告。

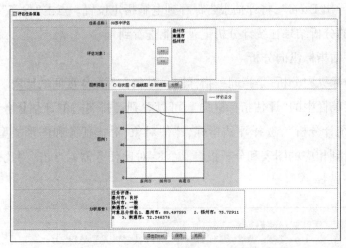

图 8-37

点击"导出 Excel",将评估报告保存到电脑指定位置。点击"保存",保存分析结果,保存的分析结果在统计分析记录中能查看到。

(5) 对象评分纵向

对象评分纵向,是指同一评估对象不同评估年度间总分的比较。

点击菜单栏中的"对象评分纵向",可以看到已排名过的任务列表,点击任务后的"统计分析",选择评估对象、对比任务和图表类型,点击"分析",即可看到相应的图表和分析报告。(注:对比任务需要点击"对比任务"后的"选择"进行选择。)

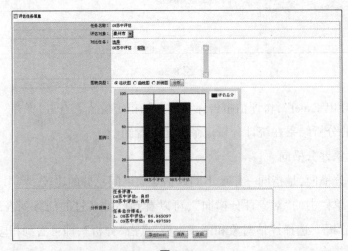

图 8-38

点击"导出 Excel",将评估报告保存到电脑指定位置。点击"保存",保存分析结果,保存的分析结果在统计分析记录中能查看到。

（6）统计分析记录

点击菜单栏中的"统计分析记录",可以看到评估任务列表,点击任务名后的"详细",可以看到该任务统计分析记录。

全选	分析类型	图形类型	分析日期	操作
□	对象纵向	柱状图	2009-12-20 14:35:04	详细
□	指标纵向	曲线图	2009-12-20 14:10:23	详细
□	指标横向	柱状图	2009-12-20 14:00:28	详细

▶ 记录总数：3　总页数：1　当前页：1　　　　　　　　　首页 上一页 [1] 下一页 尾页

删除

图 8-39

选择统计分析记录,点击"删除",可以删除记录。点击统计分析记录后的"详细",可以看到该统计分析记录的详细信息。

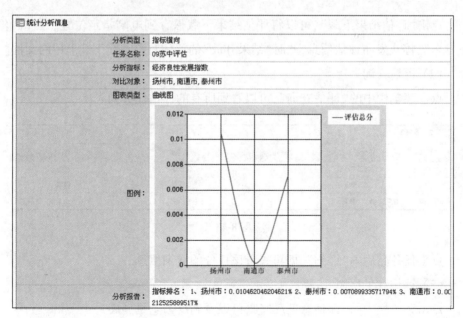

图 8-40

任务四：评估信息管理

（1）评估信息发布

在系统管理员前台点击菜单栏中的"评估信息发布",可以看到评估信息列表，点击任务后的“编辑”，上传文件并发布评估信息。此时“结果开放”的评估对象能下载这里上传的文件。

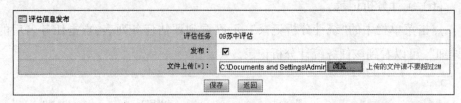

图 8-41

点击“保存”，系统提示操作成功，并返回评估信息发布列表。

评估信息发布列表

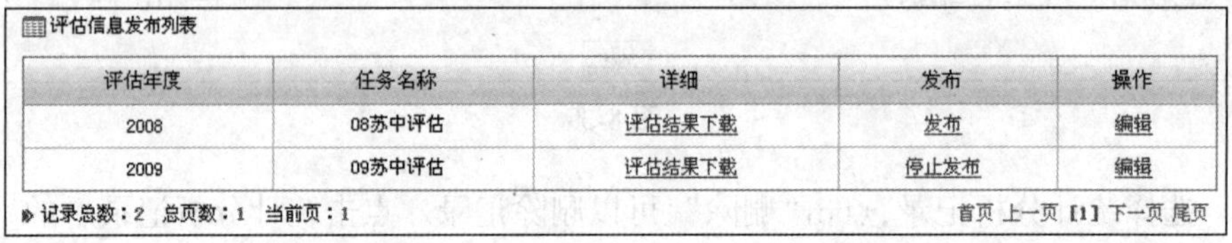

评估年度	任务名称	详细	发布	操作
2008	08苏中评估	评估结果下载	发布	编辑
2009	09苏中评估	评估结果下载	停止发布	编辑

记录总数：2 总页数：1 当前页：1 首页 上一页 [1] 下一页 尾页

图 8-42

点击“评估结果下载”，可以将评估结果下载保存到电脑指定位置。点击“停止发布”，停止发布评估信息，此时“结果开放”的评估对象不能下载上传的文件。

(2) 评估查询

点击菜单栏中的“评估查询”，可以看到所有的评估任务列表。

评估任务列表

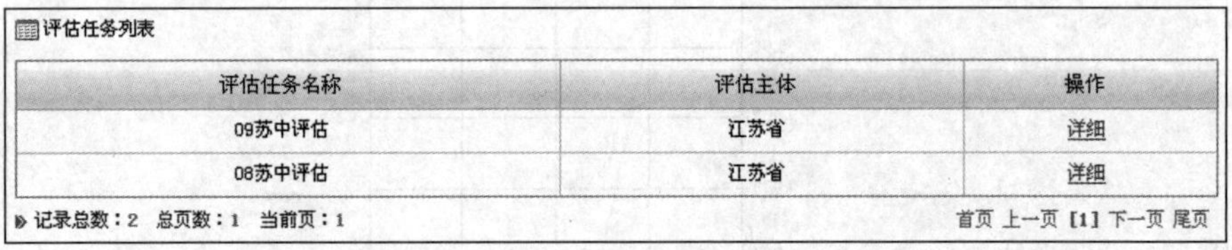

评估任务名称	评估主体	操作
09苏中评估	江苏省	详细
08苏中评估	江苏省	详细

记录总数：2 总页数：1 当前页：1 首页 上一页 [1] 下一页 尾页

图 8-43

点击任务名后的“详细”，即可查看该任务的详细信息。

(3) 评估意见反馈

点击菜单栏中的“评估意见反馈”，可以看到反馈意见列表。

反馈意见列表

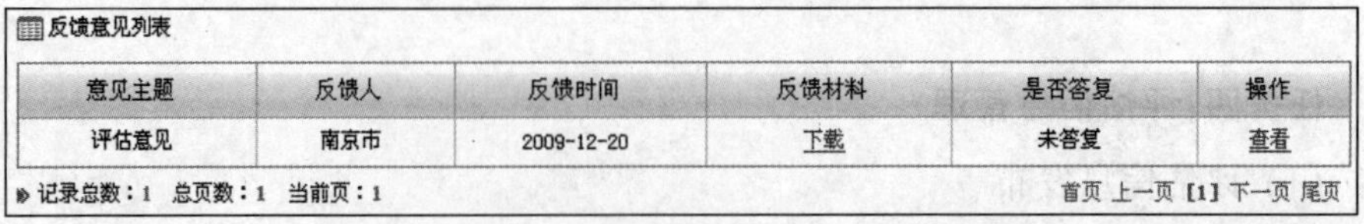

意见主题	反馈人	反馈时间	反馈材料	是否答复	操作
评估意见	南京市	2009-12-20	下载	未答复	查看

记录总数：1 总页数：1 当前页：1 首页 上一页 [1] 下一页 尾页

图 8-44

点击"下载",可以将反馈意见下载保存到电脑指定位置。点击"查看",可以查看并答复反馈意见。

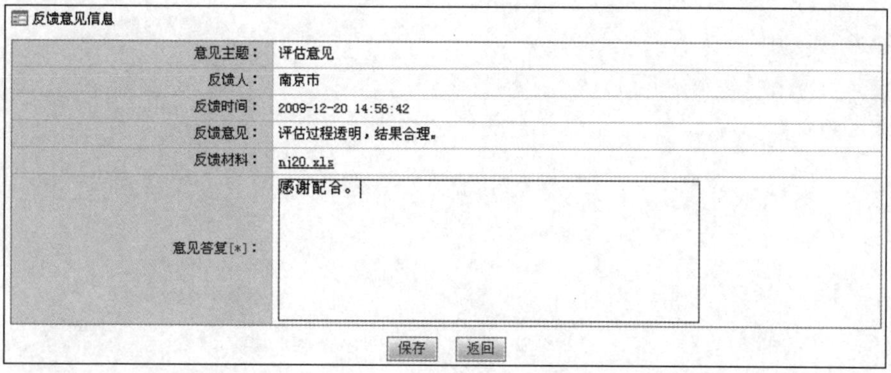

图 8-45

点击"保存",系统会提示操作成功。评估对象在反馈意见里可以看到这里的意见答复。

第 9 章

智慧政府与审计监督治理

> 要深化审计制度改革,解放思想、与时俱进,创新审计理念,及时揭示和反映经济社会各领域的新情况、新问题、新趋势。要坚持科技强审,加强审计信息化建设。
>
> ——习近平2018年5月23日在中央审计委员会第一次会议上的讲话

审计是党和国家监督体系的重要组成部分,是推动国家治理体系和治理能力现代化的重要力量。改革审计管理体制,组建中央审计委员会,目的就是加强党中央对审计工作的集中统一领导。党的十九大以来,中央审计委员会全面贯彻党中央决策部署,着力构建集中统一、全面覆盖、权威高效的审计监督体系,强化审计领域重大工作顶层设计、统筹协调、整体推进、督促落实,推动审计体制实现系统性、整体性重构,审计工作取得历史性成就、发生历史性变革。

——习近平 2023 年 5 月 23 日在二十届
中央审计委员会第一次会议上的讲话

中国一直很重视发挥审计在国家治理中的重要作用,经过多年探索,建立了中国特色社会主义审计制度,初步形成了集中统一、全面覆盖、权威高效的审计监督体系。希望你们与中国同行加强交流、互学互鉴,通过审计这个窗口了解中国、读懂中国,为深化国家间友谊与合作积极贡献力量。

——习近平 2023 年 7 月 4 日给南京审计大学
审计专业硕士国际班的留学生的回信

9.1 审计监督与国家治理现代化

审计是党和国家监督体系的重要组成部分,是推进国家治理体系和治理能力现代化的重要力量。① 围绕治理现代化开展审计的相关工作,是我国实际对审计提出的最高要求。国家审计是治理体系中的重要构成,发挥着类似人体天生具有的预防和防御的"免疫系统"功能,能够从体制机制的根本上查摆问题、透析原因,为完善国家治理体系提供极其重要的参考依据,从而有效推动国家社会的良治。党的十九大和十九届三中全会决定改革审计管理体制,组建中央审计委员会,习近平总书记担任中央审计委员会主任,亲自谋划、亲自部署、亲自推动审计领域重大工作,对审计工作作出一系列重要论述,深刻阐述了审计监督的一系列重大理论和实践问题,科学回答了为什么要加强审计监督、加强什么样的审计监督、怎样加强审计监督等重大课题,形成了新时代党在审计领域的重大理论和实践成果,指引新时代审计工作走出了一条契合中国国情的审计新路子。② 党的十九届四中全会确定了坚持和完善中国特色社会主义制度、推进国家治理体系和治理能力现代化的总体目标和战略举措,明确提出要坚持和完善党和国家监督体系,强化对权力运行的制约和监督。党和国家监督体系和监督能力现代化是国家治理体系和治理能力现代化的重要组成部分,对国家治理体系和治理能力现代化发挥重要的监察、督促作用。牢牢把握治理的核心要义,推进党和国家监督体系和监督能力现代化,是国家治理体系和治理能力现代化要解决的重大理论和现实问题。

2023年5月,习近平总书记在二十届中央审议委员会第一次会议上强调,审计整改"下半篇文章"与揭示问题"上半篇文章"同样重要,必须一体推进。审计署党组切实加强和改进审计整改工作,推动审计整改"动了真格"。③ 建立健全审计查出问题整改长效机制,压实被审计单位的整改主体责任、主管部门的监督管理责任和审计机关的督促检查责任,各地方、部门和单位把抓好审计整改作为重大政治任务,督促推动审计整改的力度不断加大。构建全面整改、专项整改、重点督

---

① 参见习近平:《在二十届中央审计委员会第一次会议上的讲话(2023年5月23日)》,载《求是》2023年第21期。
② 参见胡泽君:《充分发挥审计监督职能作用,服务国家治理体系和治理能力现代化》,载《旗帜》2020年第2期。
③ 参见中共审计署党组:《更好发挥审计在推进党的自我革命中的独特作用》,载《求是》2023年第21期。

办相结合的审计整改总体格局,既把握总体,努力做到全面覆盖,又突出重点,以重点问题深入整改引领带动全面整改。审计监督与纪检监察、巡视巡察、组织人事等各类监督贯通协同顺畅高效,中央纪委国家监委将查处审计移送的问题线索作为重要任务;中央巡视办将审计整改情况纳入巡视范围;中央组织部把审计发现重大问题作为重要参考,对有关责任人员作出组织调整或组织处理;全国人大财经委、常委会预算工委对审计查出的突出问题开展跟踪监督;中央审计办、审计署开展审计整改情况专项审计。党的十九大以来,有关地方、部门和单位针对历年中央预算执行和其他财政收支审计发现的问题,已累计整改问题金额3万多亿元,制定完善规章制度1万多项,追责问责2万多人,审计整改工作权威进一步树立、效率进一步提升、成效进一步彰显。①

9.1.1 审计监督是国家治理的重要组成部分

国家治理体系和治理能力现代化是在中国共产党的领导下,通过建构现代化的国家权力配置与运行的制度体系,提升治理效能,以经济建设为中心,以经济高质量为发展模式和道路,逐步实现全体人民共同富裕的国家现代化。②

权力监督是权力主体的外部力量对权力主体的监察、监控和督促。加强权力制约和监督、防治以权谋私等权力腐败,是党的建设的重要工作内容。党的十八大以来,对决策权、执行权和监督权既相互制约又相互协调的权力运行结构的认识,从包括政党权力在内的整个政治权力运行,扩展到国家权力运行层面,国家机关实行决策权、执行权、监督权既有合理分工又有相互协调。监督权是决策权、执行权有效运行的保障,是国家权力的重要组成部分。监督反馈与权力决策、执行共同组成了国家权力运行的闭环。通过监督,查处重大违法违规违纪问题,揭示存在问题和潜在风险,能够确保权力运行安全;通过监督,监测经济社会运行,把问题和风险反馈给决策和执行系统,加强问题整改和体制机制制度建设,完善政策,优化管理,防范风险,提高决策水平和执行能力,能够确保权力运行有效,从而推动建立更加成熟稳定的国家治理制度,达到国家治理体系和治理能力的自我完善、自我提高。因此,党和国家监督体系和监督能力的现代化,是国家治理现代化的应有之义和必然组成。

---

① 参见中共审计署党组:《更好发挥审计在推进党的自我革命中的独特作用》,载《求是》2023年第21期。

② 参见晏维龙:《把握治理的核心要义,推进党和国家监督体系和监督能力现代化》,载《审计与经济研究》2020年第1期。

在新时代的征程中,中国特色社会主义面临着转型升级的挑战和机遇。随着经济建设的深入发展,高质量的发展模式成为国家现代化进程的核心。在此过程中,智慧政府的建设成为提升治理效能的关键。智慧政府利用信息技术,优化产业结构,完善资源配置,重塑发展动力,推动质量变革和效率变革。审计监督在这一进程中发挥着至关重要的作用。它不仅是权力监督的有效手段,更是防治权力腐败、确保权力安全有效运行的重要保障。党的十八大以来,党和国家对决策权、执行权和监督权的制约与协调有了更深刻的认识,强调了监督权在国家权力运行中的重要作用。加强党和国家监督体系和监督能力的现代化,是实现国家治理现代化的应有之义和必然组成。智慧政府在这一过程中,需要不断完善审计监督机制,推动科技强审,提高监督的科学性、精准性和有效性,推动建立更加成熟稳定的国家治理制度,实现国家治理体系和治理能力的自我完善、自我提高。

1. 审计监督嵌入国家治理

在现代国家治理体系中,审计的功能作用越来越突出,审计治理成为建设责任政府、实现国家善治乃至实现国家治理现代化的必备手段,成为国家治理体系中必不可少的组成部分。国家治理的总目标就是要完善国家治理体系、提升国家治理能力和治理效果,促进经济社会健康与可持续发展。审计服务于国家治理,就是要找准在国家治理体系中审计的功能定位,明确审计职责,依法全方位参与国家治理活动,在经济社会发展中有效发挥监督和保障作用。[①]

审计在国家善治各核心要素中发挥的作用是通过保障机制来实现的,通过揭示机制、威慑机制、预警机制和抵御机制,抑制机会主义倾向和次优问题,从而保障制度的良好设计及执行,这是国家治理的重要保障。审计对国家治理能力和治理效果的提升主要表现在规范性、威慑性和前瞻性三个方面。具体来说,通过发挥审计的披露功能,依法查处和充分揭示各种违法乱纪行为,提升国家治理的规范性;通过发挥审计的抵御功能,有效处置审计中发现的问题,形成问责威慑,服务于国家治理效果的提升;通过发挥审计的预防功能,促进国家治理体制和机制的完善,提升国家治理的前瞻性。促进提高国家治理能力和治理效果,是审计服务国家治理的出发点和落脚点。

(1) 审计全覆盖提升审计服务国家治理能力

审计是党和国家监督体系的重要组成部分。党中央高度重视审计工作。习

---

① 参见刘国常:《有效提升审计服务国家治理能力的主要路径探析》,载《财会通讯》2020年第11期。

近平总书记主持召开中央审计委员会会议,多次作出重要指示批示,亲自谋划、亲自部署、亲自推动审计领域重大工作。2020年1月,习近平总书记对审计工作作出重要指示,指出审计机关认真贯彻落实党中央决策部署,依法履职尽责,扎实勤勉工作,在推动党中央政令畅通、助力打好三大攻坚战、维护财经秩序、保障和改善民生、推进党风廉政建设等方面发挥了重要作用。[1] 审计全覆盖是强化政府审计监督的需要。新时代经济社会发展的现实需求,对政府审计提出了新的更高要求。曾经的政府审计体制,在新形势、新情况的要求下已经渐渐不适应,实现审计全覆盖势在必行。党的十八大以来,国家治理进入新的历史时期,国家治理任务更加艰巨、环境更加复杂,治理风险进一步加大,政府审计面临着更加严峻的挑战。党的十八届四中全会提出了对公共资金、国有资产、国有资源和领导干部履行经济责任情况实行审计"全覆盖"的总体要求。政府审计除了监督职能,更应该强化问责职能,增强政府审计的威慑性作用,为维护国家经济秩序稳定、监督制约公共权力运行、惩治贪污腐败以及维护经济社会健康发展提供全方位的保障。

　　审计全覆盖的提出,从广度和深度两个方面显著提高了我国政府审计监督的层次及服务于国家治理的能力。在审计全覆盖广度方面,中共中央办公厅、国务院办公厅印发的《关于实行审计全覆盖的实施意见》明确提出:"凡是涉及管理、分配、使用公共资金、国有资产、国有资源的部门、单位和个人,都要自觉接受审计、配合审计"。新时代提高审计服务国家治理的能力,首先要求在审计范围上有突破,就是要消除监督盲区、实现审计全覆盖。在审计全覆盖的深度方面,审计署印发的《关于进一步加大审计力度促进稳增长等政策措施落实的意见》明确提出,要进一步加大责任追究力度,"凡是不作为、慢作为、假作为等重大履职不到位的,凡是重大失职渎职的,凡是造成重大损失浪费的,凡是造成重大风险隐患的,凡是重大违法违纪的,要坚决查处,大力推动整改问责"。我国的政府审计已经不再仅仅停留在对财政收支进行审计,更要通过审计,追究领导干部的经济责任、查治社会经济秩序紊乱、杜绝贪污腐败行为、改善国家治理效能、促进行政管理改善,发挥综合性审计监管职能,向既兼顾审计效率又追求审计效果的现代政府审计转型。

---

[1] 参见《习近平对审计工作作出重要指示强调,紧紧围绕党和国家工作大局,全面履行职责坚持依法审计完善体制机制》,载《人民日报》2020年1月3日第1版。

2. 新时代审计服务国家治理的主要路径①

第一,有效实施审计全覆盖。审计全覆盖是基于经济社会发展的新需求而提出的审计工作更好地服务国家治理的重要举措。审计全覆盖能从广度和深度两个方面显著提高我国政府审计监督的层次及服务国家治理的能力,是全面提升政府审计效能的重要方式方法,是全面提升审计服务国家治理能力的必由之路。

第二,全面开展绩效审计。绩效审计针对的是政府的绩效责任,是对政府责任的更高要求。通过实施绩效审计,充分发挥审计的监督与保障功能,有效提高公共资源的使用效率和效果,进而提升国家治理的效果,是当前提高审计服务国家治理能力的重要抓手。

第三,强化腐败治理审计。政府审计是腐败治理的重要制度安排,抑制腐败是审计服务国家治理的必然选择。强化审计监督是有效治理腐败的必备手段,对于推进国家治理体系的完善和治理能力的提升,对于保障经济社会安全运行、健康发展和国家长治久安具有十分重要的意义。

第四,搞好审计协同治理。审计协同治理最根本的要求就是审计利害相关方(审计者、被审计者、审计信息使用者等)共同参与,打造"共建共治共享"的审计治理新格局。加强审计协同治理,对于完善国家治理体系、提高国家治理能力意义重大。

第五,推进审计信息公开。从审计整改视角来看,审计信息公开对于促进审计工作更好地服务于国家治理、提高审计治理效果具有重要意义。实行审计信息公开,不仅能使审计机关提高审计质量,更能有效发挥审计威慑力,从而进一步提升审计治理能力和治理效果。

第六,强化审计问责和审计整改。建设责任政府的核心就是建立一套完善的政府责任追究机制,旨在保证政府责任的履行。良好的国家审计制度应当以问责政府为导向,审计问责可以发挥对国家治理的评价功能、防护功能和监督功能。强化审计问责,能够使审计监督落到实处,促进审计整改,有效提升审计服务国家治理的能力。

9.1.2 智慧政府赋能国家审计

2018年以来,习近平总书记在中央审计委员会上对科技强审工作作出重要指示,要求坚持科技强审,加强审计信息化建设。电子政务发展到智慧政府阶段,要

---

① 参见刘国常:《有效提升审计服务国家治理能力的主要路径探析》,载《财会通讯》2020年第11期。

实现审计全覆盖,更加及时高效地查病、治已病、防未病,完成审计任务,又要保证审计质量和控制审计风险,还需要不断提升审计效率,提高审计质量,审计工作正面临严峻的挑战。面对挑战,审计机关必须坚持走科技强审之路,推广大数据审计,向信息化要资源,向大数据要效率,通过智慧政府赋能国家审计,搭建"智慧审计"平台,进一步发挥数据的基础资源和创新引擎作用,紧跟数字经济时代的发展步伐,推动新时代审计工作创新发展。

1. 智慧政府对国家审计的影响

信息化环境下我国国家审计的审计方法经历了"计算机辅助审计→联网审计→大数据审计"三个阶段,计算机辅助审计是以被审计单位财政、财务收支的真实性、合法性、合规性等为审计目标,利用计算机工具(如 Excel、SQL)辅助实施审计工作。[1] 相比手工审计,计算机辅助审计扩大了审计面、提高了审计效率,但是人工采集与预处理数据耗时耗力、数据共享性差。以国家"金审工程"一期和二期为代表的联网审计可实现在线审计、持续审计、事中审计,进而可以对被审计单位财政、财务收支的真实、合法、效益进行实时、远程检查监督。通过自动化数据采集系统在线实时获取被审计单位的审计数据,可使得审计自动化程度、精准度和审计效率进一步提升。信息技术的快速发展,推动了大数据技术的广泛应用。在新时代,电子政务系统信息化建设不断完善,电子政务发展进入智慧政府阶段,国家审计工作的开展需要大量数据支撑,这对国家审计带来了新的挑战。数据的保密性、安全性问题突出,国家审计的职能、重点、方法、程序等发生改变,对于审计人员的专业素养提出了挑战。[2]

(1)职能转变

大数据技术促使政府审计职能发生转变,政府审计部门需对各个行业、部门等数据进行了解,以降低审计的风险。大数据时代,大数据技术在政府审计工作中得到应用,使得自身工作性质得到优化,通过对借助大数据技术获取的数据进行筛选、分析,及时监测与跟踪异常数据,找出潜在的风险问题,采取针对性措施,以控制风险,从而保证国家财政安全,政府审计职能变为风险防控。

(2)重点转移

大数据时代,政府审计工作的重点发生了改变,过去主要是针对国家财政收

---

[1] 参见黄佳佳、李鹏伟、徐超:《面向智慧审计的思维变革与审计平台构建研究》,载《审计研究》2023年第5期。
[2] 参见吴峰:《大数据技术对政府审计的影响研究》,载《理财(市场版)》2023年第5期。

支等行为进行审计,判断其是否合规合法,对于绩效等方面的内容涉及较少,在总结过程中无法评价财政支出效果。在大数据的广泛应用下,政府审计工作效率低、数据分析慢等问题得以解决,审计人员在数据处理上无须花费过多时间,可以积极投身于取证、审核等工作。

(3) 方式创新

政府审计工作的数据通常是在会议记录、工作报告等一些资料中获取的,信息的获取面不宽,而大数据技术在政府审计工作中的应用能够扩大审计信息的获取途径,提高审计的精准性。由于传统审计技术等各种因素的影响,无法第一时间收集、分析一些关键数据,这对于后续的审计工作进度影响较大。大数据技术在政府审计工作中的介入有效解决了以上问题,促使政府审计工作方式得到创新和拓展,通过搭建数据库、信息交流平台,将各个行业、部门的数据信息有效整合在一起,可以大大提升数据处理效率。互联网时代,数据信息的增长速度较快,信息复杂程度较高,增加了信息筛选的难度,对此,政府审计人员就需要借助相关性展开分析,以保证审计的效果。在审计工作中,除了采用科学的方法评估被审计对象的风险外,还会选择抽样审计方式,不过不能够保证被审计数据的完整性,以抽样方式进行审计,便无法将大范围业务活动情况反映出来,可能产生舞弊行为,增加审计的风险。通过应用大数据技术,不需要采取抽样方式,利用总体审计模式就能够完成对数据的收集和处理,有助于推动现代审计的创新,以最大限度发挥大数据技术的优势。

(4) 流程转变

常规的政府审计流程,大多是对被审计对象已完成工作展开审计,包括财务收支、工作进度等,由被审计对象提供审计所需的各种材料,可能存在数据不完整、不准确等各种问题。大数据技术的应用,使得政府审计流程发生改变,审计人员借助大数据技术,实现各项数据的整合,并对其进行分析,可以有效规避抽检产生的审计风险。同时,在大数据审计下,审计的效率大大提升,有助于充分发挥其价值作用。

2. 科技强审发展规划

新时代赋予审计工作新职责和新使命。2021年6月22日,中央审计委员会办公室、审计署发布了《"十四五"国家审计工作发展规划》,提出要改革创新审计理念、审计手段和审计管理,加强数据管理水平和数据资源分析利用能力。该规划对坚持科技强审提出了明确要求,指出要全面贯彻落实习近平总书记关于科技强审的要求,加强审计技术方法创新,充分运用现代信息技术开展审计,提高审计质量和效率。

(1) 提升信息化支撑业务能力。推动"金审工程"三期项目建设应用和持续优化,完成国产化技术改造和部署。完善审计业务网络,实现与副省级以上地方审计机关数据分析网联通。建设完善电子数据备份中心。完善网络安全管理制度,建立健全网络安全责任、统一的网络安全防护标准、协调联动的网络安全协作等体系,开展网络安全常态化检查,持续提升网络安全防御和应急处置能力。

(2) 提升数据管理水平。健全数据采集和定期报送机制,推动被审计单位统一数据接口,认真履行国内外标准化组织技术机构秘书处职责,持续推进数据标准化。健全数据集中管理制度规范,保障数据安全。推动提高省级审计数据分中心的数据存储、处理和分析能力,实现署、省两级审计机关集中管理审计业务数据。

(3) 加强数据资源分析利用。坚持以用为本,完善数据管理制度规范。充分利用地方政府数据平台,扎实开展业务数据与财务数据、单位数据与行业数据以及跨行业、跨领域数据的综合比对和关联分析,促进审计工作从现场审计为主向后台数据分析和现场审计并重转变。加强数据和分析模型共享共用。

3. 智慧审计的实践探索

加强审计信息化建设,综合运用现场审计和非现场审计方式,提升国家审计监督效能。这对国家审计工作来说,既是国家审计实践探索的成功经验,更是适应时代发展的必然选择。既要坚定不移推进审计信息化和数字化变革,又要努力打破思维局限性,统一信息共享思想,规范信息共享流程,制定信息共享标准,完善激励评价机制,充分认识信息共享带来的价值。各级审计机关应积极主动参与到信息共享中,并建立长效可持续发展模式,积极探索和实践智慧审计。

(1) 加强基础设施建设

打造审计信息化综合作业平台。突出安全、系统、高效、实用导向,高标准规划建设数据存储和数据分析中心,加强 Oracle、SQL Server、ArcGIS 和神通数据库等分析软件的配备和应用,依托审计署"金审工程"三期系统、"一体化"数据平台、地理信息 GIS 系统等,打造审计信息化综合作业平台,为实现财政财务数据、地理信息数据和固定资产投资数据及其他业务数据集中采集和集中分析,提供良好基础设施保障。例如,在某湿地自然资源资产保护利用情况专项审计项目中,审计组联合行业部门,借助专业力量对全市湿地地理信息数据进行采集和集中分析,特别是发挥无人机倾斜摄影测量和感知技术,通过生成倾斜三维模型,将湿地区域的地形、地貌及地物等信息进行三维细节还原,结合 ArcGIS、地理信息"一张图"等技术直观判读违规区域,查出湿地划定界限不合理、围垦湿地等问题。

(2) 加强数据资源建设

成立信息化建设和大数据审计工作领导小组,提升数据支撑保障能力。细化适应智慧政府背景的大数据审计工作流程,对审计人员报送、恢复、查询、分析、输出审计数据进行了规范,形成与审计项目融合的数据采集和分析大数据审计工作流程。出台审计业务电子数据管理办法,加强对数据采集、存储、整理和使用的全过程管理,采取定期与不定期相结合、集中与分散相统一、向上申请与自行采集相协调的方式,加强对审计对象信息系统调查研究和审计组数据需求统计。例如,民生领域政策范围广、资金投入大、信息数据多,某特困人员救助补贴审计项目组通过数据关联和分析比对,共核实少数人员死亡后继续发放失地保险、死亡后继续领取困难群众救助补助资金,督促相关部门将人员身份核查时间从半年缩短到 1 个月。按照"不重复享受"原则,将不同部门管理的补助发放情况进行比对分析,发现了向少数人重复发放救助补助资金的情况,督促相关部门建立信息协同机制。

(3) 加强大数据审计人才队伍建设

发挥审计干部整体合力,培养一批精通技术和业务的复合型人才,如通过参与大型审计项目以审代训、选送年轻干部参加计算机审计培训。大力提倡"以干促审",引导审计干部由"被动模仿"向"主动思考"转变,在审计工作中,打破科室界限,由经验丰富的审计骨干和信息化办公室人员共同商讨大数据审计方法思路,提出数据分析需求,加强沟通与协作,提高数据分析的针对性和可行性,提升审计项目工作质效。构建多领域功能模块和行业操作审计数据分析操作指引数据库"云联动"学习模式,在线共享审计模型和脚本,常态化打造和应用现场作业云、ArcGIS、"决策查"等功能模块。例如,在某项目迁建工程审计中,数据分析团队借助 BIM+投资审计平台,搭建建筑三维信息模型,把图书馆、报告厅设计等数据加载到模型中,对模型数据资源进行分析,生成疑点,逐一落实取证,该项目揭示了多计工程结算价款 2642.99 万元、多计设计费 52.05 万元、建设方案论证不充分、设计单位成果文件存在质量问题等 6 大类问题,在审计效率和成果上较传统审计方式有了显著提升。

(4) 深化"双主审"审计模式

对审计内容覆盖面广、数据量大、资金决策分配权大的重点项目,采取"业务+数据"双主审模式,规范数据分析、疑点落实、成果开发等工作流程,让专业的人做专业的事,实现优势互补,发挥"1+1>2"的效果。按照纵横交错的扁平化矩阵式工作模式,通过点面结合、"靶向"重点发力,精确锁定疑点,大幅提升审计效能。例如,在某单位经济责任审计中,数据主审开发关键词"智能提取"——机器替代人力"阅读"海量资料功能,对该单位连续三年的会议纪要及收发文进行分析,从提取出的"上访差旅费""市场建设费"等主题中抽丝剥茧,发现除差旅费外还有其他大额资金转入截访人个人银行账户的情况,遂对转入资金的银行账户进行追踪核查,发现该单位长期将办公杂费、报刊费、车辆维修费、宣传费等公务支出费用直接转入单位职工名下,存在单位资金与个人资金混存混用的情况,问题线索最后移送至纪委监委。①

9.2 新时代精准扶贫政策审计虚拟仿真实验

审计工作应该坚持依法审计、科技强审,提高审计监督效能。审计署原审计长胡泽君指出要坚持全国审计工作"一盘棋",不断创新审计管理模式。一是加强审计资源的统筹整合。印发审计全覆盖指导意见,大力推进审计项目和审计组织方式"两统筹",以政策跟踪、预算执行、经济责任等审计为平台,强化审计机关内部各业务部门间的横向协同、各级审计机关间的上下联动和各个审计项目的统筹整合,减轻基层负担。注重指导党政机关、企事业单位充分发挥内部审计作用,强化内部风险防控。二是加强审计法治化规范化建设。配合立法机关做好审计法修订相关工作,启动审计法实施条例、国家审计准则修订研究。进一步严格审计业务管理,加强对电子数据采集、审计资料收集等流程进行规范。三是坚持科技强审。向信息化要资源,向大数据要效率,加强大数据审计,精准定位、靶向发力,有效缩短现场审计时间。②

9.2.1 新时代精准扶贫政策审计虚拟仿真实验准备

1. 实验总目标

从知识、能力、素质三个层面,激发学生发现问题—解决问题的能力、数据分析

---

① 参见《市审计局"筑基、强链、赋能"推动传统审计向智慧审计转型升级》,http://www.laixi.gov.cn/xwzx_16/bmdt_16/202308/t20230809_7397907.shtml,2023 年 11 月 17 日访问。
② 参见胡泽君:《充分发挥审计监督职能作用,服务国家治理体系和治理能力现代化》,载《旗帜》2020 年第 2 期。

的能力和自主学习探究的能力,培养"懂政治""通审计""精管理"的专业人才。

(1) 知识传授:对新时代精准扶贫政策审计热点问题的响应与探知

① 掌握精准扶贫政策审计的时代价值和重要意义。精准扶贫政策审计是公共政策审计的重要内容之一。2018年习近平总书记在打好精准脱贫攻坚战座谈会上指出:要坚持问题导向,集中力量解决脱贫领域"四个意识"不强、责任落实不到位、工作措施不精准、资金管理使用不规范、工作作风不扎实、考核评估不严格等突出问题。① 对此,审计署积极响应,要求审计机关必须切实做好精准扶贫审计工作。专业人才培养要对接行业发展需求,为新时代审计人才培养提供基础保障。

② 掌握精准扶贫政策审计的相关流程和工作要点。在实验过程中,推进课程核心基础知识的学习深度,基于对精准扶贫的审计流程、内容、数据的虚拟仿真,使学生熟悉公共政策审计开展所需要的策划方案,掌握审计主审与助理人员之间的沟通要点,包括对审计现场的重要观察点、精准扶贫政策审计的重点、审前—审中—审后的注意事项等。

(2) 能力培养:创新性破解审计实践教学中的挑战性难题

精准扶贫政策审计过程的学习与掌握,是专业核心课程中的重要实践内容,重点关注学生分析问题、设计解决方案和大数据分析的能力。

① 分析问题的能力:学生(审计人员)进入审计现场前,必须了解公共政策目标设定的知识。审计部门要紧紧围绕脱贫目标开展审计:一是审查政府在精准扶贫政策上是否做到有的放矢,瞄准贫困,精准施策;二是审查政府在资金安排上是否做到精准发力、精准滴灌、靶向治疗。

② 设计解决方案的能力:能够以扶贫资金安排、拨付、使用和管理为主线,对扶贫资金管理中的流程进行分步模拟操作;可以针对扶贫资金管理过程中的各种可能情况(材料是否齐全、资金安排拨付是否合法合规等)给出相应的处置结果。

③ 大数据分析的能力:通过系统的自动分析比对功能开展大数据审计,对补贴对象申报信息、资格审查信息、补贴资金发放信息、发放农户身份信息、二轮延包面积情况、农户土地流转情况等资料进行筛选对比分析,从资金分配层面检查国家扶贫政策的贯彻落实情况,让学生从数据层面了解扶贫资金使用可能产生的审计疑点。

---

① 参见习近平:《在打好精准脱贫攻坚战座谈会上的讲话(2018年2月12日)》,载《求是》2020年第9期。

(3) 素质提升：提高综合素养，发挥课堂育人的主渠道作用

实验引导学生了解国家精准扶贫政策的历史发展脉络和政策演绎进程，从而充分理解中国脱贫攻坚的理论体系和实践道路，在实验中促进学生职业规范的养成、团队合作意识的培养、自主学习意识的提升。

① 职业规范的养成：培养学生人文社会科学的素养以及社会责任感，能够在精准扶贫政策审计中理解并遵守职业道德和规范，履行社会责任和职业责任，并在审计现场沟通时，就复杂审计问题进行有效沟通和交流。

② 团队合作意识的培养：能够承担个体、团队成员以及负责人的角色，通过预置模拟案例 VR 场景，深入村组实地调查实施项目、查看项目进展、开展实景对话，并能够通过根据对话内容、对话方式、审计过程而实现的系统自动考核。

③ 自主学习意识的提升：审计职能不仅仅是查出问题，更要就问题提出完善的政策建议。这就要求学生具有自主学习和终身学习的意识，研习精准扶贫政策审计涉及的知识，围绕扶贫工作重点揭露资金管理问题，并有针对性地提出提高扶贫资金使用效益的审计建议。

2. 实验主要知识点

(1) 审计计划

在审计计划阶段，掌握审计主审与助理人员之间的沟通要点，熟悉政策审计开展所需要的策划方案，包括对审计现场的重要观察点、精准扶贫政策审计的重点、审前—审中—审后的注意事项等。

(2) 公共政策目标的设定

学生(审计人员)进入审计现场前，必须了解公共政策目标设定的知识。审计部门要紧紧围绕脱贫目标对政府在以下方面的情况开展审计：一是在精准扶贫政策上是否做到有的放矢，瞄准贫困，精准施策；二是在资金安排上是否做到精准发力、精准滴灌、靶向治疗。

(3) 精准扶贫政策审计数据库管理

用于输入和存储与精准扶贫及审计相关的政策文件及仿真数据文件(由相关部门提供)，能够对系统流程模拟模块中的每个流程、节点提供政策依据及数据支撑；在对审计流程虚拟仿真运行时，可以查询和输入相关的各类精准扶贫数据信息。

(4) 扶贫资金管理仿真审计

能够以扶贫资金安排、拨付、使用和管理为主线，关注扶贫资金流向。对扶贫资金管理中的流程进行分步模拟操作，能够输入为完成审批流程所提交的各类文

本、单证信息,可以针对扶贫资金管理过程中的各种可能情况(材料是否齐全、资金安排拨付是否合法合规等)给出相应的处置结果。让使用者通过模拟扶贫资金的安排、拨付、发放等流程,先期了解扶贫资金使用的各个环节和过程,从而为后面针对扶贫资金使用的审计打下坚实的基础。

(5) 扶贫资金使用大数据分析审计

鉴于审计时间和资源的限制,实现对所有扶贫对象的全面入户审计是不现实的。因此,利用计算机辅助技术进行数据筛选,以识别潜在问题,已成为当前审计工作的关键方向。通过系统的自动分析和比对功能,首先执行初步的自动数据审计。这一过程涉及从资金分配的角度,审查国家扶贫政策的执行情况。为了深化审计分析,我们将整合多个数据源,包括补贴对象的申报信息、资格审查信息、补贴资金的发放记录、农户的身份信息、二轮土地承包面积以及土地流转情况等。通过这些数据的交叉对比,我们可以识别异常情况,如是否有财政供养人员、村干部及其家属不当领取扶贫资金补助。此外,审计工作还可以从补助对象的角度进行,如对教育贫困、低保贫困、卫生医疗贫困、困难残疾人以及重度残疾人等不同类别的贫困户进行筛选和数据分析。这有助于从数据层面揭示扶贫资金使用的现状,并识别可能的审计风险点。通过这种方法,学生不仅能够了解扶贫资金的具体使用情况,还能够学习如何从数据中发现潜在的审计问题,为未来的审计工作打下坚实的基础。

(6) 扶贫项目审计实施

让使用者虚拟仿真模拟扶贫资金审计的实施过程。如果有需要,考虑让使用者根据案例情况提交相关审计实施方案。实施方案可以通过审计主审主持下的小组讨论的方式开展。然后,在大数据分析模块的数据分析结果的基础上,根据预置模拟案例背景,通过 VR 场景搭建,模拟审计组成员深入村组实地调查实施项目是否达到预期效果,是否有扶贫项目投资失败导致扶贫资金流失等问题。对大数据分析中出现的审计疑点或者个人领取数额较大的类似情况,做到见人见物,并模拟进行实景对话,需要使用者能根据案例要求模拟进行与扶贫对象的对话、对扶贫项目具体实施场景的查看等。最后,对使用者的对话内容、对话方式、审计过程、人员安排进行系统自动考核。

(7) 文本可视化与扶贫项目效果审计分析

以扶贫项目运行情况为主线,关注扶贫资金效果,通过对相关扶贫工作报告与审计数据进行文本可视化的云图展示。使用者一方面要看项目的安排是否精准。对项目决策过程进行评估,确保项目经过轮选。另一方面,要看项目是否调动贫困户的积极性。查看项目是否"落地生根",能否发挥应有的效益,对资产收益是否回馈贫困户等情况进行效果分析。同时,需要围绕扶贫工作的重点,揭露扶贫资金管理使用中是否存在因管理不善、决策失误、挤占挪用等原因造成的投资失败、无经济效益等损失浪费问题。此外,对审计发现的弄虚作假、虚列套取资金、项目选择失败等造成扶贫资金损失的问题进行分析,从改进体制、完善机制、健全制度入手,有针对性地提出提高扶贫资金使用效益的审计建议。

(8) 政策审计工作底稿与审计报告撰写

通过精准扶贫政策审计虚拟仿真实验教学,让学生懂得政策审计的基本原则、审计重点,掌握审计工作底稿与审计报告撰写的操作要点。

通过对以上8个知识点的学习和实践运用,使学生通过本实验项目教学,真正熟悉政策审计所需要的一般技能,掌握精准扶贫政策审计的技巧与重点,提升对国家重大政策的理解深度,掌握政策跟踪落实审计普适性的实操知识和方法。

3. 本虚拟仿真实验的实践原型

精准扶贫政策审计之订单粮食收购直补审计[①]

(此案例由审计署驻长沙特派员办事处齐晓龙撰写)

粮食安全是关系我国社会稳定、经济发展和国家自立的重要战略性问题。党的十九大报告提出,"确保国家粮食安全,把中国人的饭碗牢牢端在自己手中"。为此,地方政府出台相关政策,对种粮农户实行直接补贴,鼓励农户种粮卖粮,提高农户的种粮积极性。为调查了解该政策的执行情况,确保种粮农户的真正收益,审计机关有必要对订单粮食收购直补开展专项审计工作。本文阐述了此项审计的数据分析方法,以期对同类审计有所助益。

• 订单粮食收购直补的主要内容及审计重点

(1) 主要内容

根据审前调查了解,订单粮食直补的主要业务流程为:首先,应由负责粮食收购的当地粮食部门根据上级下达的订单粮食收购直补资金量,并结合当地各乡镇的种粮实际,在各村委会的协助下,将粮食收购计划指标分解到各种粮农户,并与种粮农户签订粮食收购协议;其次,种粮农户将当年收获的粮食销售给粮食部门

[①] 参见齐晓龙:《订单粮食收购直补审计的数据分析方法》,载《中国审计》2019年第15期。

指定的粮食收购企业,企业在核实完粮食品种、粮食质量等内容后,按照政府规定的收购价格(该价格可根据市场价格变化适当浮动)向售粮农户支付价款,并登记记录各农户售粮情况;最后,当地财政部门根据各农户售粮情况,将订单粮食收购补贴通过"一折通"直接兑付给农户。

(2) 审计重点

在了解订单粮食收购直补相关的政策依据和业务流程之后,笔者认为应主要关注以下几方面的内容:

一是订单粮食收购计划指标分配的合理性。重点关注当地粮食部门是否根据各乡镇、各农户的种粮实际进行指标分配,分配是否坚持公平、公正、公开的原则,是否存在不切实际地向某乡镇、某村庄、某农户进行倾斜,甚至出现优亲厚友的现象。

二是订单粮食收购的真实性、合理性。重点关注粮食收购的品种、质量等是否符合相关标准,是否优先向签订粮食收购协议的农户收购粮食,是否存在虚构粮食收购业务的情况,是否存在短斤少两、以次充好以及压低价格等违规行为。

三是订单粮食收购直补的兑现情况。重点关注直补资金是否按时足额发放,是否存在挤占、挪用、滞拨、截留直补资金的情况,是否存在虚报套取等弄虚作假骗取直补资金等违法违规行为。

- **数据准备及分析思路**

(1) 数据准备

根据需要关注的审计重点,审计需收集整理以下几类数据:一是当地订单粮食收购直补发放数据,此数据包含乡镇、村庄、种粮农户姓名、身份证号码、补贴资金银行卡号、补贴资金银行卡号开户行、补贴金额、粮食收购数量等字段。二是涉及订单粮食直补农户的"一折通"银行流水数据,此数据包含银行卡号、开户行、交易日期、交易机构、柜员号、交易金额、账户余额、借/贷、现/转、对方账号、对方户名、摘要等字段。三是当地土地确权数据,此数据包含乡镇、村庄、承包方编号、承包方姓名、承包方身份证号码、土地类型、土地面积、地力等级、发证时间等字段。四是近两年当地粮食产量统计数据,此数据包含全年的播种面积、总产量、单位面积产量,上述数据还应按季节、品种进行细分。

(2) 数据分析思路

由于粮食按品种分为水稻、小麦、玉米等,按季节又可分为夏粮、早稻、秋粮等,审计组应选取粮食收购量较大的粮食品种开展数据分析,本文则以早籼稻为例。根据审计经验,可以初步判断当地各村庄的土地确权数据中的水田面积应与订单粮食收购直补发放数据中的补贴面积存在规律性的关联关系。审计组需重点关注关联异常村庄,如图9-1某乡镇有A、B、C、D、E、F、G村庄的水田面积和补贴面积数据,根据该图即可初步判断C、D两个村庄的水田面积和补贴面积之间的关联关系是与其他村庄相异的。

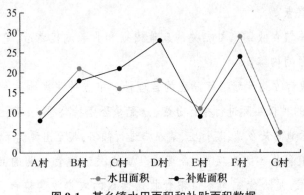

图9-1 某乡镇水田面积和补贴面积数据

依据上述判断,利用采集到的数据,具体开展数据分析工作,思路如下:

① 粮食收购计划指标分配合理性的数据分析

第一步:计算订单粮食收购补贴面积。由于订单粮食收购直补发放数据不含补贴面积字段,因此,审计组可以结合当地早籼稻单位面积产量的统计数据,计算出农户的补贴面积,并按村庄将补贴面积进行分组汇总。

第二步:将水田确权面积与补贴面积进行比对分析。一般情况下,粮食部门会依据各村庄的早籼稻产量初步将订单粮食收购计划指标进行分配,然后根据各村庄实际的粮食收购协议签订情况再作调剂。据此,审计组将各村庄补贴面积占全县补贴面积的占比值与各村庄水田确权面积占全县水田确权面积的占比值进行比对分析,判断粮食收购计划分配的合理性。

根据上述两步分析,可以初步判断粮食收购计划指标的分配是否与各村庄种粮的实际情况相符,并着重审计分析差异较大的原因,发现其中存在的具体问题。

② 粮食收购的真实性及补贴兑现情况分析

根据前文的数据分析,对水田确权面积和补贴面积之间的关联关系差异较大的村庄进一步作数据分析,具体思路如下:

第一步:选取可疑性较大的村庄,并将订单粮食收购直补发放数据与土地确权数据进行关联分析,重点关注该村庄补贴面积较大但水田确权面积较小,甚至领取补贴但没有水田的农户。另外,审计组可以在调查了解当地人均水田种植面积的基础上,在排除承包他人田地的种粮大户之后,将补贴面积较大的农户作为重点分析对象。

第二步:选取可疑性较大的农户,查看他们的"一折通"银行流水数据,如图9-2某农户的"一折通"银行流水在2017年11月28日以转账方式汇入订单粮食收购直补2056.80元(根据该直补金额推算该农户需要售卖8.57吨粮食,水田约应有15亩左右)。在2017年12月4日,即补贴发放半个月之内,该农户以取现方式将2056元取出。一般情况下多数人的取钱方式为整取,但12月4日取现金额与直补金额仅差0.8元。

交易日期	交易金额	借贷	现转	余额	对方账号	对方户名	摘要
2017-11-27	1790.30	C	2	6958.61		NULL	社保局养老金代发户l34
2017-11-28	2056.80	C	2	3430.91		NULL	粮食直补l278
2017-12-04	2056.00	D	1	1374.91	NULL	NULL	NULL
2017-12-11	2.00	D	2	587.52		代收短信通业务手续费收入	短信通
2017-12-12	11000.00	C	1	11587.52	NULL	NULL	NULL
2017-12-13	3000.00	D	2	14141.13	0000000000000000	NULL	NULL
2017-12-21	13.74	C	2	14154.87	NULL	NULL	结息自动入帐
2017-12-21	6000.00	C	1	20154.87	NULL	NULL	NULL
2017-12-21	6000.00	D	1	5589.90	NULL	NULL	NULL
2017-12-21	2.38	C	2	11589.90	NULL	NULL	结息自动入帐
2017-12-21	1.20	C	2	1376.11	NULL	NULL	结息自动入帐
2017-12-21	8.54	C	2	6967.15	NULL	NULL	结息自动入帐
2017-12-22	1790.30	C	2	8757.45		NULL	社保局养老金代发户l36
2017-12-22	50.72	D	2	1325.39		NULL	代扣电费l110

图 9-2 某农户"一折通"银行流水示意图

第三步:综合上述分析,并结合银行流水的存取特点,分析当地获得订单粮食收购直补农户的"一折通"银行流水,查看是否普遍存在上述现象。SQL语句如下:

```
select * from dbo.[银行流水数据] a join
dbo.[银行流水数据] b
on a.银行卡号=b.银行卡号 and (a.交易金额—b.交易金额) be-
tween 0 and 1) and (datediff(day,a.交易日期,b.交易日期) be-
tween 0 and 31)
    where b.借贷 like D´and b.现/转 like 1´and a.摘要 like ﹪
粮食直补﹪´
```

通过此语句,审计发现当地大量存在订单粮食收购直补转入农户银行卡后即在较短时间内被取现,根据补贴金额推算的售粮数量较大,且大量农户的取现日期集中在某几天内的现象。

- 审计成效

在上述数据分析的基础上,审计组对相关疑点展开审计调查,发现如下问题:一是订单粮食收购计划分配存在很大的随意性,未依据各乡镇、各村庄、各农户的种粮实际来分配计划指标,造成部分种粮大户因没有指标而无法售粮;二是粮食经纪人与粮食收购企业等部门工作人员内外串通,代替签订粮食收购协议的农户售粮,并利用农户的"一折通"套取订单粮食收购直补资金。

9.2.2 新时代精准扶贫政策审计虚拟仿真实验实训

【本节演示的教学软件是依托江苏省 2021 年省级虚拟仿真一流课程自行开发的教学实验软件,采用 B/S 架构,软件程序安装在服务器端,学生端打开浏览器访问自行免费注册即可使用软件,教师后台成绩管理账号申请可发送至 207455@nau.edu.cn】

1. 登录实验

(1) 打开浏览器,在浏览器地址中输入实验登录地址:

http://jzfp.lab.nau.edu.cn/#/NSPF/login/Home

(2) 点击"教学入口"进入登录页。

图 9-3

(3) 输入用户名与密码,点击"登录"按钮进入实验(教师使用教师账号登录软件;学生使用学号登录软件即可)。

图 9-4

2. 习题测试

实验开始前,需要学生对实验可能会用到的理论知识进行测试。单击"习题测试"按钮进入测试,系统会给出10道题对实验者进行测试,如分数不满意则点击"刷题"重新测验。

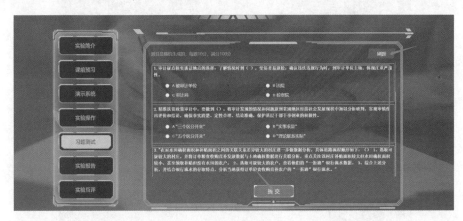

图 9-5

3. 实验步骤

实验共分12个步骤。

(1) 第一大环节:审前准备

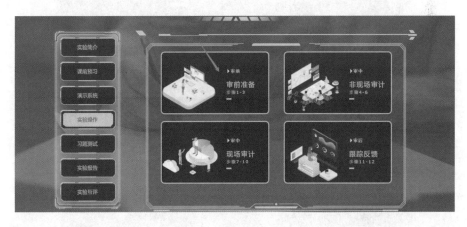

图 9-6

步骤1,政策解读。

• 实验目的:让学生掌握精准扶贫的相关政策,通过交互问答的方式,让学生针对背景政策中的知识点进行学习理解。

- 操作过程:

① 学生通过人机互演脚本的引导开始实验,点击"下一段"按钮进行实验。

图 9-7

② 阅读相关政策文件。

图 9-8

③ 回答实验交互题,如填写错误,系统则给出正确答案。

图 9-9

- 考核方式:该步骤自动考核,系统内置交互题答案,学生提交后,系统自动进行精准考核。

步骤 2,审计思路与方法。

• 实验目的:让学生了解精准扶贫审计的思路和方法,围绕精准、安全和绩效三个方面来展开分析。

• 操作过程:

① 学生通过人机互演脚本的引导开始实验,点击"下一段"按钮进行实验。

图 9-10

② 回答实验交互题,如填写错误,系统则给出正确答案。

图 9-11

• 考核方式:该步骤自动考核,系统内置交互题答案,学生提交后,系统自动进行精准考核。

步骤3,审计资料需求。

- 实验目的:交代此行审计目的,让学生了解资料是哪些部门提供的。
- 操作过程:

① 学生通过人机互演脚本的引导开始实验,点击"下一段"按钮进行实验。

图 9-12

② 选中左边栏目的资料,拉动鼠标,连接右边的提供部门,通过连线的方式进行匹配。

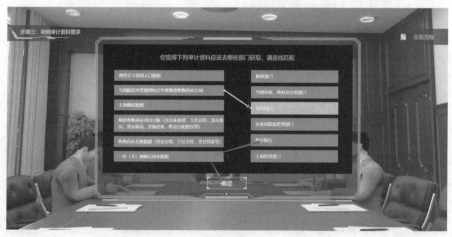

图 9-13

- 考核方式:该步骤自动考核,系统内置交互题答案,学生提交后,系统自动进行精准考核。

(2) 第二大环节：审中——非现场审计

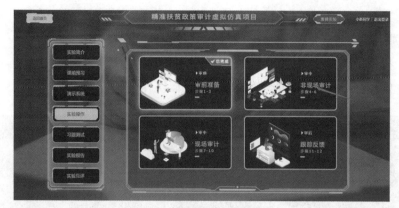

图 9-14

系统内置多套审计数据库，可选择需要查看的数据库，选中之后点击"导入数据"。

图 9-15

查看数据库详细内容后点击"下一步"按钮。

图 9-16

步骤 4,参数设置。

· 实验目的:掌握订单粮食直补收购的审计重点,掌握订单粮食直补收购的审计规则。

· 操作过程:

① 阅读订单粮食直补收购的审计规则。

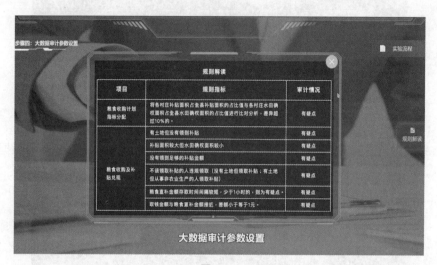

图 9-17

② 点击"规则解读"按钮,继续查看规则,完成模型参数设置。

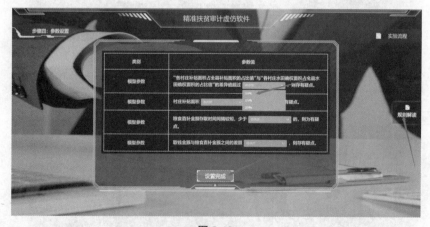

图 9-18

步骤 5,数据运行。

· 实验目的:此步骤含两个部分:其一,精准扶贫对象的精准识别;其二,粮食直补额度分配和资金领取环节的问题识别。

- 操作过程:

① 首先运行"建档立卡对象精准识别数据模型分析"。

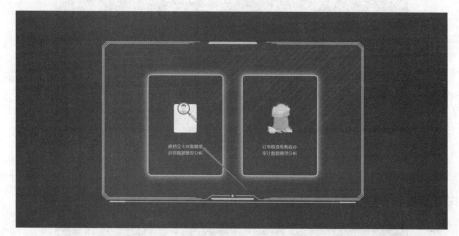

图 9-19

② 然后再运行"订单粮食收购直补审计数据模型分析",查看完数据之后点击"完成"。

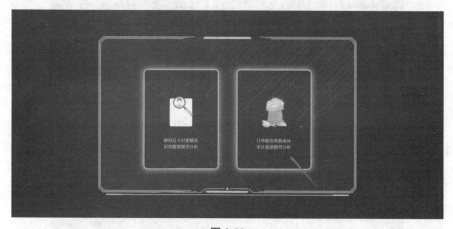

图 9-20

步骤 6,数据分析。

- 实验目的:学生通过数据分析、发现疑点,进而提出需要进一步现场核查的范围。
- 操作过程:

① 将参与种植贫困户的电子数据与建档立卡、车辆、财政供养、村干部、房产、专业合作社、企业登记注册等电子数据进行比对,发现疑点。

图 9-21

② 该数据结果是通过前步骤参数设置所运行的结果,识别粮食直补额度分配和资金领取环节的问题,发现疑点,进而提出需要进一步现场核查的范围。

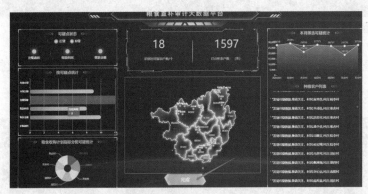

图 9-22

• 考核方式:该步骤自动考核,系统内置交互题答案,学生提交后,系统自动进行精准考核。

(3) 第三大环节:审中——现场审计

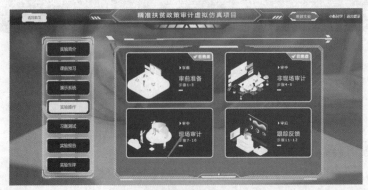

图 9-23

步骤 7,疑点核实的技巧。

- 实验目的:掌握现场审计前需准备哪些工作,并掌握现场疑点核实的技巧。

- 操作过程:

① 进入场景。

图 9-24

② 在实验操作过程中,学生(实验操作者)应与审计小组中经验丰富的成员李处长进行深入的交流。通过互动,学生可以更好地理解现场延伸审计中疑点核实的关键点和注意事项。在完成交互选项后,学生应点击界面上的"确定"按钮,以确认操作步骤的正确性并进行下一步实验流程。

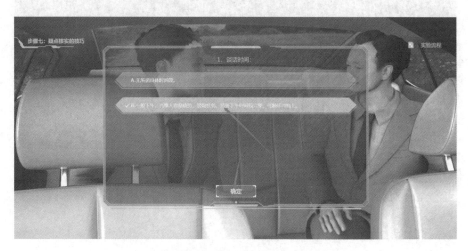

图 9-25

图 9-26

• 考核方式:该步骤自动考核,系统内置交互题答案,学生提交后,系统自动进行精准考核。

步骤 8,审计现场核实——村民吴伯家。

• 实验目的:让学生了解审计组面对不同的核实对象时应核实哪些情况。

• 操作过程:

① 进入场景。

图 9-27

② 结合对话内容选择你作为审计员应该询问被访问对象的正确话语。

图 9-28

③ 如选项错误,则进入修改环节,需要点击"重新选择"。

图 9-29

④ 对审查结果进行升华,并点击"切换场景"进入下一个场景。

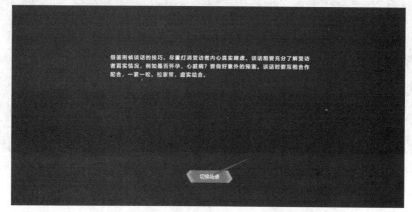

图 9-30

- 考核方式:该步骤自动考核,系统内置交互题答案,学生提交后,系统自动进行精准考核。

步骤9,审计现场核实——粮站。
- 实验目的:让学生了解审计组面对不同的核实对象时应核实哪些情况。
- 操作过程:

① 进入场景。

图 9-31

② 结合对话内容选择你作为审计员应该询问被访问对象的正确话语。

图 9-32

③ 对审查结果进行升华,并点击"切换场景"进入下一个场景。

图 9-33

• 考核方式:该步骤自动考核,系统内置交互题答案,学生提交后,系统自动进行精准考核。

步骤 10,审计现场核实——村委办。

• 实验目的:让学生了解审计组面对不同的核实对象时应核实哪些情况。

• 操作过程:

① 进入场景。

图 9-34

② 结合对话内容选择你作为审计员应该询问被访问对象的正确话语。

图 9-35

③ 对审查结果进行升华,并点击"切换场景"进入下一个场景。

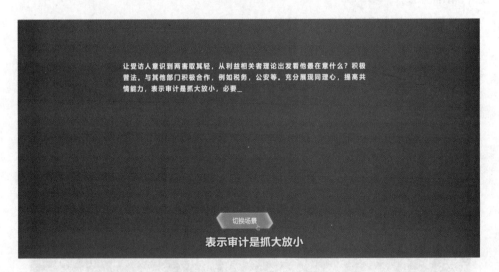

图 9-36

- 考核方式:该步骤自动考核,系统内置交互题答案,学生提交后,系统自动进行精准考核。

（4）第四大环节：审后——跟踪反馈

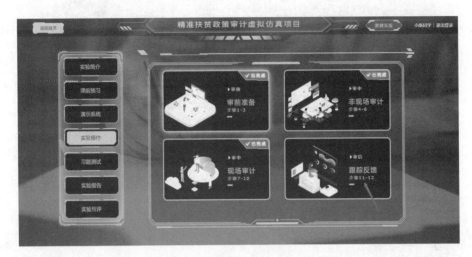

图 9-37

步骤 11，审计底稿。

- 实验目的：让学生掌握工作底稿的主要构成和写作。
- 操作过程：

① 学生通过人机互演脚本的引导开始实验，点击"下一段"按钮进行实验。

图 9-38

② 将右边列置的内容拖入对应的框中，完成审计工作底稿。

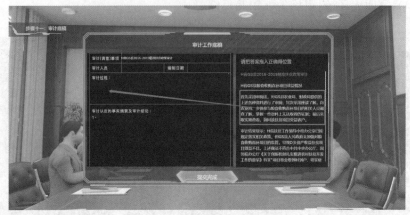

图 9-39

• 考核方式：该步骤自动考核，系统内置交互题答案，学生提交后，系统自动进行精准考核。

步骤 12，跟踪反馈。

• 实验目的：召开反馈会，核实审计疑点。让学生充分理解习近平总书记对国家审计工作的指示：把审计整改"下半篇文章"与揭示问题"上半篇文章"一体谋划、一体推进、一体落实，处理好查问题和促整改、治已病和防未病、治当下和管长远的关系。

• 操作过程：

① 进入场景。

图 9-40

② 学生通过人机互演脚本的引导开始实验，点击"下一段"按钮进行实验。

图 9-41

③ 学生结合对话内容,选择自己作为审计人员在此阶段的真实想法与体会。

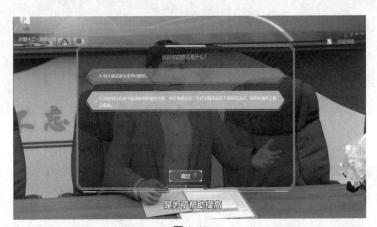

图 9-42

④ 对审查结果进行升华,完成该场景。

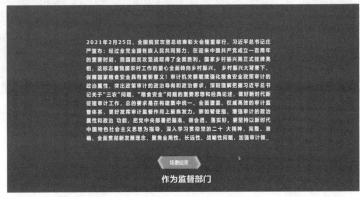

图 9-43

• 考核方式：该步骤自动考核，系统内置交互题答案，学生提交后，系统自动进行精准考核。

4. 实验报告

学生完成实验报告内容后，点击"保存实验报告"按钮，可查看本次实验的操作记录与实验成绩。学生可点击"下载实验报告"存档保留。

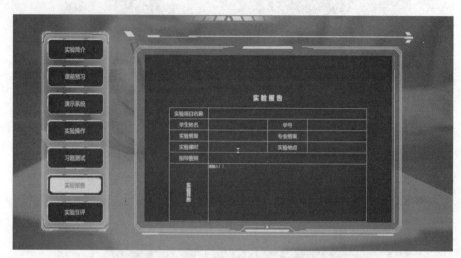

图 9-44

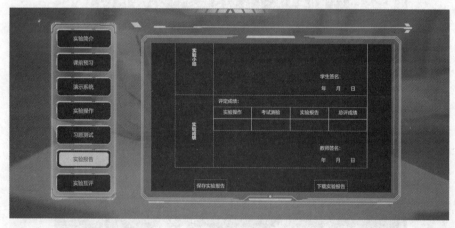

图 9-45

第 10 章

智慧政府与数字城市治理

> 要以推行电子政务、建设智慧城市等为抓手,以数据集中和共享为途径,推动技术融合、业务融合、数据融合,打通信息壁垒,形成覆盖全国、统筹利用、统一接入的数据共享大平台,构建全国信息资源共享体系,实现跨层级、跨地域、跨系统、跨部门、跨业务的协同管理和服务。要充分利用大数据平台,综合分析风险因素,提高对风险因素的感知、预测、防范能力。要加强政企合作、多方参与,加快公共服务领域数据集中和共享,推进同企业积累的社会数据进行平台对接,形成社会治理强大合力。
>
> ——习近平 2017 年 12 月 8 日在十九届中共中央政治局第二次集体学习时的讲话

推进国家治理体系和治理能力现代化,必须抓好城市治理体系和治理能力现代化。运用大数据、云计算、区块链、人工智能等前沿技术推动城市管理手段、管理模式、管理理念创新,从数字化到智能化再到智慧化,让城市更聪明一些、更智慧一些,是推动城市治理体系和治理能力现代化的必由之路,前景广阔。希望杭州在建设城市大脑方面继续探索创新,进一步挖掘城市发展潜力,加快建设智慧城市,为全国创造更多可推广的经验。

——习近平2020年3月29日至4月1日在浙江考察时的讲话

第 10 章　智慧政府与数字城市治理

城市是现代产业和人口聚集的地区,也是人类文明和社会进步的标志。随着信息技术、计算机技术、空间技术的发展,城市的概念正在悄悄地发生变化,充满数字化特征的城市快速崛起,信息化、网络化、智能化逐步融入并渗透到城市规划、建设、管理与服务中,并发挥着越来越大的作用。数字城市治理已经成为智慧政府建设中的重要内容和方向。

10.1　数字城市治理

10.1.1　数字城市与数字城市治理

1. 数字城市

"数字城市"是人类对物质城市认识的又一次飞跃,它与"园林城市""生态城市"一样,是对城市发展方向的一种描述,其本质是对物质城市及其相关现象的数字化重现和认识,是用数字化手段来处理、分析和管理整个城市,促进城市的人流、物流、资金流、信息流、交通流的通畅和协调。

"数字城市"可以分为广义数字城市和狭义数字城市。广义数字城市即城市信息化,是指通过建设宽带多媒体信息网络、地理信息系统等基础设施平台和综合应用管理系统,整合城市信息资源,实现城市经济信息化,建立城市电子政府、电子企业,并通过发展信息家电远程教育、网上医疗建立信息化社区。狭义数字城市,是指利用数字城市理论,以计算机技术、多媒体技术和大规模存储技术为基础,以宽带网络为纽带,运用 3S 技术、遥测、仿真——虚拟技术等对城市进行多分辨率、多尺度、多时空和多种类的三维描述,深入开发和应用空间信息资源,建设服务于城市规划、城市建设和管理,服务于政府、企业、公众,服务于人口、资源环境、经济社会可持续发展的信息基础设施和信息系统。[1]

从城市治理的角度来看,数字城市是指充分利用和整合数字化信息处理技术和网络通信技术,对各种数字化信息资源进行处理,并应用于城市规划建设与运

---

[1] 参见董宝青、王新:《数字北京及空间信息资源建设》,载《测绘科学》2003 年第 1 期。

营管理,以及城市生产和生活中。通俗来说,也就是用数字化的方法将城市、城市中的活动及整个城市环境的时空变化装入电脑,实现在网络上的流通,并使之最大限度地为人类的生存、可持续发展和日常的工作、生活、娱乐服务。[①]

2. 数字城市治理

数字城市治理是一个多维度、跨学科的领域,它要求政府、企业和市民共同参与,通过技术创新和制度创新,实现城市治理的现代化和智能化。数字城市治理的特征主要体现在五个方面:

(1) 数据驱动的智能决策。数字城市治理的核心在于数据驱动的决策制定。通过集成城市运行的各类数据,如交通流量、能源消耗、环境监测等,利用大数据分析、人工智能算法进行深入分析,揭示城市运行的内在规律和潜在问题。这种基于数据的决策模式提高了政策制定的科学性、精确性和响应速度,为城市治理提供了强有力的决策支持。

(2) 全面集成的信息基础设施。数字城市治理依赖于全面集成的信息基础设施,包括高速宽带网络、无线通信技术、物联网设备等。这些基础设施不仅为数据的实时收集和传输提供了技术保障,也为城市服务的智能化和自动化奠定了基础。此外,云计算平台的应用使得城市治理能够灵活地处理大规模数据,优化资源配置。

(3) 开放共享的数据平台。开放数据是数字城市治理的关键组成部分。通过建立开放的数据平台,政府可以共享公共数据资源,鼓励市民、企业和研究机构参与到城市治理中来。这种开放共享不仅促进了数据的再利用和创新应用,也增强了政府决策的透明度和公众参与度。

(4) 智能化的公共服务与城市治理。数字城市治理通过智能化技术提升了公共服务的质量和效率。例如,智能交通系统可以实时监控交通状况,优化交通流量;智能电网可以提高能源使用效率,减少浪费。同时,城市治理的智能化也体现在对城市环境、公共安全、应急响应等方面的实时监控和管理,提高了城市治理的精细化和动态响应能力。

(5) 安全与隐私保护。在数字城市治理中,网络安全和个人隐私保护是不可忽视的重要方面。随着城市数据的日益增多,如何确保数据的安全存储和传输,防止数据泄露和滥用,成为亟待解决的问题。此外,个人隐私保护也是数字城市

[①] 参见段学军、顾朝林、甄峰、于涛方:《"数字城市"的概念、框架与应用》,载《现代城市研究》2001年第3期。

治理的重要组成部分,需要通过法律法规和技术手段,确保市民的个人信息不被非法收集和使用。

这五大特征共同构成了数字城市治理的基础框架,它们相互关联、相互支持,共同推动城市治理向更加智能化、高效化和人性化的方向发展。

10.1.2 数字城市治理的意义与实践

1. 数字城市治理的意义

数字城市治理的重要意义主要体现在以下几个方面①:

(1) 数字城市治理推动了政府职能的转变

数字城市治理重铸了城市政府的权能,推动了政府在城市治理中功能的转变,使政府职能向新的城市治理领域扩展,并基于信息技术优化了城市治理流程,提升了政府各职能部门的城市治理绩效。

第一,数字城市使城市政府具有更强的信息获取与控制能力。数字城市治理的重要特征是信息资源的共享,一体化模式使得城市治理运行效率和潜在功能倍增。数字城市使得城市政府能有效地将国家或国家级组织提供的信息和自身的需求结合起来,寻求有效的解决方案,使资源得到更有效的利用,政府的整体行政效能得到提升。数字城市治理体现了政企与政事分开、权责利相统一、建设与养护相分离、统一领导与分级负责相衔接、综合管理与专业管理相补充的理念,使得城市政府具有更强的信息获得与控制能力,能够有效地运用信息寻求最佳解决方案,从而使政府职能向新的领域扩展,更有效地实现对社会的治理。

第二,数字城市的发展导致城市政府的部分功能疏解。在工业技术时代,城市政府的社会职能具有不对称性。这主要是由于信息传递工具的欠缺和信息传递渠道中的人为因素造成的。数字城市使市民、家庭和社区组织具有较强的自主性,在更广泛的意义上实现信息资源的共享,通过网络和信息传播媒介市民更加了解政府的运作过程,对于一些原本由政府提供的服务,市民可通过其他渠道获得。数字城市为城市政府职能输出准备了条件,政府可以将社会性、公益性、自我服务性的事务从政府职能中剥离出来,交给第三部门(民间社团或社会中介组织等)承担,将本属市场的生产、分配、交换的经济职能归还市场。数字城市使城市政府部门职能收缩或流失,必然会打破旧的权力平衡,从而导致城市政府管理方

---

① 参见徐晓林:《"数字城市":城市政府管理的革命》,载《中国行政管理》2001年第1期。

式发生革命性变化。

（2）数字城市治理促使政府民主化趋势取得突破性进展

数字城市在更广泛意义上实现了信息资源的共享,通过网络和信息传播媒介,市民更了解政府的运作过程。当网络技术渗透到城市社区组织、市民的日常生活与工作中时,政府就会自行收缩行政决策范围,进而实现"小政府、大社会"的价值追求。

第一,数字城市弱化了政府集权管理的社会控制能力。美国著名未来学家阿尔文·托夫勒认为,权力质量层次逐渐增高的三种形式是暴力、财富和知识。现代信息技术的发展打破了知识和信息被传统集权管理垄断的局面,带来了知识和信息的社会化,作为财富和知识主体的社会、市场、公众的权力得到不断强化。[1]在信息化时代,由于各种形式的权力,包括公众的生计更加依赖于信息,对信息的了解与掌握就成了民主参政的生命线。数字化技术的兴起和网络的发展使亿万台计算机与光纤通信和卫星技术一起交互作用,形成具有广泛渗透性的庞大蛛网,对打破城市政府信息垄断及由此衍生的集权控制潜在地具有重要作用,增加了市民参与城市治理的机会。

第二,数字城市所独具的媒介作用,使城市政府传统的管理方式面临挑战。首先,数字城市治理推动了城市社群的分化,其所具有的网络异步传输与交互式沟通,使得个人和城市社区组织能从容地选择和吸纳信息,弱化了市民对政府和社团的依附,迫使城市政府放弃固有的权力运作方式,从而强化个人和群体的自主权。其次,数字城市治理促进了城市政府与市民交流的平等。顺畅通达的电子访问大大削弱了严格的科层制等级观念,市民通过网络访问市长网页变得十分容易,数字城市无中心散布式的网络结构使平等自由的思想交流成为可能。最后,数字城市治理提高了市民参与政府管理的能力。比特(bit)能以光速无障碍传播这一特质,开创了信息多元传递和言论自由的全新格局;由于传播成本低,城市社区组织和市民通过网络表达意愿的能力大大增强。

（3）数字城市治理深刻影响政府的决策品质与程序

数字城市作为高新技术手段,改变了原有的单一的行政管理方法,拓展了决策信息源,规避了决策者的有限理性,提高了城市政府决策过程的透明度,也强化了行政决策执行的监督,降低了决策执行变形的发生率。

---

[1] 参见〔美〕阿尔文·托夫勒:《权力的转移》,吴迎春、傅凌译,中信出版社2006年版。

第一,数字城市能提升城市政府决策信息的效果。数字化网络技术大大提高了信息保真率,从而改变了城市政府现行信息传递模式与组织结构。社区或市民借助网络多渠道,将信息直接传至决策层,消除了信息与决策层之间的人为阻滞,使信息传递准确、及时,避免了信息传递失真。数字城市的发展通过互联网将各终端用户发展为潜在的决策信息源,他们的意愿、要求可随时在网络上发送,并会引发网上信息聚集,从而把恰当的信息提供给政府的领导者,避免信息不完全产生的有限理性。

第二,数字城市能提高城市政府决策过程的透明度。数字城市使得政府决策时更加注重将市民意见作为决策依据。网络开辟了市民参与政府决策的渠道,也为政府集中收集市民意见创造了条件,避免了政府决策因民主扩大而失去效率。市民可以借助数字城市的高智能和高效率,更好地关注政府权力的运作,并积极参与政府的决策过程,推动政府决策由孤立、封闭的决策,变为市民积极参与的开放、民主的决策,使政府能够充分利用"外脑"优势,确保决策科学、合理。

(4) 数字城市治理驱动城市政府治理模式的重塑

具有高智能、高创新性特征的数字城市不仅推动城市社会经济面貌的大改变,而且作为城市社会范式转变的催化剂,始终与城市政府再造相联系,成为城市政府再造的工具和动力。

第一,数字城市强化行政决策的执行力度。数字城市简化了监督信息反馈的传输渠道,计算机网络替代了决策监督反馈的中间环节,可避免反馈信息的失真,从而形成强大的监督网络,以规范政府行为。数字城市使网络技术确保监督者敢于监督,能更有效地保障监督者的合法权益,强化行政决策的执行力度。

第二,数字城市提高了政府治理的知识含量和技术水平。在现代社会,数字化信息技术已成为高新技术最活跃的前沿领域,且一直以最快的速度往深处、广处发展。较之农业技术和工业技术而言,数字化信息技术具有更广泛的适应性和更强的渗透性。它对城市政府管理的革命意义更为深远。作为信息技术的结晶,数字城市是现代城市综合运用地球信息系统遥感、遥控、网络、多媒体、虚拟仿真等高新技术手段对城市治理所需的各种信息,以数字化形式自动采集、整合、存储、管理、交流和再现,对城市治理的运行机制进行动态监测。政府治理的技术手段将实现信息属性取代机械属性的历史性跨越,不仅在客观上改变了政府的工作环境,而且提高了政府治理的知识含量和技术水平。

2. 数字城市治理的实践

"数字城市"这一概念的起源可以追溯到20世纪80年代初,当时信息技术和通信技术开始迅速发展,为城市管理和城市规划带来了新的视角和工具。这一时期,城市化进程的加速和城市问题的日益复杂化,促使城市管理者和规划者寻求更高效、更智能的管理方法。1998年1月,时任美国副总统阿尔·戈尔(Al Gore)在加利福尼亚州的科学中心开幕典礼上发表了题为《数字地球——21世纪认识地球的方式》的报告,首次提出"数字地球"的概念,并提出了"数字化舒适社区建设"的倡议。① 之后,美国斯基德莫尔(Skidmore)和梅里尔(Merrill)两个城市开始进行三维城市模拟,后约有50个城市确立了"数字化社区"的建设目标。1995年起,其他一些发达国家和地区也开始了"数字城市"的综合建设实验。例如,新加坡提出"智能城市"的设想,涉及城市生产和生活的方方面面;日本建成了一批智能化数字化社区示范工程,拟在未来用电子化手段开展城市行政办公;我国香港地区提出建设"数码港"的构想,目的为香港营造一个更加便捷的电子商务和数字旅游环境。②

我国的"数字城市"已出现强劲的发展势头。1999年,北京首次提出建设"数字城市"的目标。2000年,在上海举办的"亚太地区城市信息化高层论坛"会议上,"数字城市"成为中心议题。2002年,国家正式批准将"城市规划、建设、管理与服务的数字化工程"列入国家"十五"重点科技攻关项目。之后,上海市率先上马,实施城市骨干ATM网建设,并同时组建IP电话系统、电子商务ICP、电子社区等增值系统,我国数字城市建设进入高速推进期。2005年10月,建设部召开专题会议,确定了首批实行数字城市治理的城市,由此拉开了全国推行数字城市治理的帷幕。2006年11月,全国"城市数字管理"经验交流会在扬州召开,确定了天津市河西区、天津市大港区、重庆市高新区、河北省石家庄市等17个城市(城区)为建设部数字城市管理第二批试点城市(城区)。2007年1月,建设部办公厅印发了《关于加快推进数字化城市管理试点工作的通知》,组织开展第三批试点城市申报,确定2005—2007年为试点工作阶段,2008—2010年为全面推广阶段,全国试点城市(城区)达到51个。2009年7月7日,住房和城乡建设部印发了《数字化城市管理模式建设导则(试行)》,并以此为依据对试点城市进行跟踪把关,各省建设厅负责对采用标准模式建设数字城管的城市进行方案评审和项目完成验收工作。

---

① 参见侯光明、王俊鹏、刘建昌:《GPS在"数字地球"中的应用》,载《全球定位系统》2004年第1期。
② 参见江绵康:《"数字城市"的理论与实践》,华东师范大学2006年博士论文。

全国数字城管建设走上一条标准化、健康化建设道路。2015年12月,《中共中央国务院关于深入推进城市执法体制改革改进城市管理工作的指导意见》发布,文件明确指出:"积极推进城市管理数字化、精细化、智慧化,到2017年年底,所有市、县都要整合形成数字化城市管理平台。"近些年,数字城市管理已由大中城市扩展至中小城市。截至2012年年底,我国已有311个地级市开展了数字城市建设,其中158个数字城市已经建成并在60多个领域广泛应用。① 随着数字城市的发展,人们将尽享智能家居、路网监控、智能医院、数字化生活等一系列便捷服务。

阅读资料 基于数字城市治理的奥运城市运行监测②

依托市级信息化城市治理平台开展的奥运城市运行监测工作是数字城市治理向城市运行管理拓展的一个重要的标志性事件。城市运行监测平台在建设过程中充分利用了数字城市治理的软硬件资源,对系统功能进行了重新整合,实现了资源投入最小、建设周期最短、系统运行效率倍增的良好效果。城市运行监测数字城市治理是重点不同、目标一致的两种城市运行管理服务模式,是对于城市宏观运行的把握与微观事件精确化管理的相互结合、相互补充,使在城市运行的过程中出现的不同层面的问题均能得到妥善解决。

奥运城市运行监测平台是北京市奥运城市运行与管理的重要组成部分,市奥运城市运行总监测中心与各相关专业指挥系统和区县指挥系统一起构成了奥运城市运行监测体系。监测平台实现了与奥运城市运行调度平台的信息通报与共享,采集、汇总12个方面涉及38个委办局的城市日常运行的各项体征数据和信息。

一是地理信息与视频监测。与北京市公安局的2000多个视频探头对接,同时与779辆城管执法车上的GPS对接,采用地理信息和视频探头动态图像相结合,监测火炬接力路线、马拉松比赛路线(42.195千米)、公路自行车比赛路线(102.6千米)、95个场馆、19个签约饭店、24个定点医疗机构、32个奥组委指定宗教场所、奥运之家,以及重点赛事及活动的周边环境情况。

二是数字城市运行数据监测。采集涉及38个委办局的198项城市运行体征指标及相关信息,21个属地政府及派出机构的城市运行和保障方面的相关信息,

---

① 参见《全国已有311个地级市建数字城市》,http://www.xinhuanet.com/politics/2012-12/25/c_124143726.htm,2023年11月27日访问。

② 参见叶裕民:《数字化城市与政府治理创新》,中国人事出版社2012年版。

全面反映城市的运行状态。采集数据后,主要汇总形成以下三个检测结果:城市运行体征指标日报,为领导综合决策服务,主要涉及能源及水电气热供应、地下管网和市容环境秩序的运行情况;城市运行监测平台公共信息,为相关委办局提供参考信息,主要涉及气象、赛事及重大活动安排,交通管制和防灾减灾等方面的公共信息情况;城市运行监测平台综合信息,为城市运行调度指挥中心提供决策依据,主要涉及12个方面的城市日常运行详细信息,根据每天采集的各类信息,对城市运行的各个方面开展综合分析,并在此基础上预测未来1—3天的城市运行情况。

奥运期间北京依托数字城市治理平台展开的奥运城市运行监测,有效地整合了各个层面的信息数据、人事安排和管理权限,有力地促进了部门协作,实现了部门之间的"无缝"衔接,大大提高了北京市的城市管理效率。根据城市运行监测平台的数据统计,2008年7月20日至9月20日,发现并解决49起管线故障和1244个井盖、雨水箅子丢失及损坏问题,日发现井盖、雨水箅子丢失及损坏问题最多为57起,最少为3起。管线故障和井盖、雨水箅子丢丢及损坏问题呈明显下降趋势。2008年7月20日至9月20日,执法人员日均出动4271人,执法车辆1066辆。执法人员共纠正违法行为45091次,其中一类地区共查处1541个问题,占3%;二类地区共查处7853个问题,占17%;三类地区共查处23360个问题,占53%;群众通过96310城管热线共举报12337个问题,占27%。与赛前相比,一、二、三类地区环境问题分别下降了90.3%、76.8%、48.3%,城管热线受理量同比下降68%。此外,在奥运期间突发事件处理、交通疏导、能源与基础生活物资保障等方面,奥运城市运行监测平台都高效地完成了任务。

奥运城市运行监测平台的成功运行,既为奥运会的成功举办提供了有力的保障,同时也为数字城市治理的完善和推广积累了宝贵的经验。奥运城市运行监测实践的成功,表明了数字城市治理模式不仅可以大大提高市政管理的效率,还可以完全在城市治理和城市经济社会发展的各个层面发挥作用。

10.2 智慧政府赋能数字城市治理

数字城市治理信息系统的运行,依托市域网络和城市地理信息工程,遵循政策法规和技术标准,协调各种数据处理、存储、共享、交换、集成、使用、融合与互操作,协调各系统之间的数据交换,支持城市信息资源管理中心,为全市提供可靠的、稳定的多种服务与决策。数字城市治理信息系统不仅包括城市经济、社会、小区的信息化,而且包含电子商务、电子政务、智能交通、智能社区、安全保障和文化娱乐的数字化,形成各种各具特色的业务平台。

10.2.1 数字城市治理信息系统

数字城市治理信息系统通过宽带多媒体网络、地理信息系统等基础平台,整合城市信息资源,建设多种信息系统工程,实现城市经济与社会的信息化、政务与商务的电子化、生产与服务的智能化(框架结构见图10-1)。

中国"数字城市治理信息系统"起源于2004年的北京市东城区,它是将现代系统科学和系统工程的思想、方法和技术,特别是计算机、互联网、有线与无线通信、3S等现代信息技术,融入现代城市治理的组织体系和运行系统,而创建的一套支撑现代城市治理的体制机制、技术体系和运行模式;它实现了城市治理的体制机制创新、业务流程的重组和无缝衔接、科学合理的政府绩效评价,以及精细、精准、高效、全方位和全时段的城市治理。

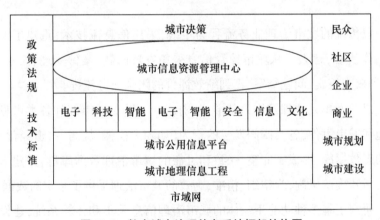

图10-1 数字城市治理信息系统框架结构图

1. 数字城市治理信息系统的特点

数字城市治理信息系统的基本特点包括以下几点①:

(1) 由城市责任主体构建了虚拟的跨部门的"大部门制"城市治理体制、机制。由城市治理责任主体统一组织、协调、监督、指挥城市治理相关的各责任部门,引入市场运行机制,利用符合相关法律、法规的特许经营企业,即从事规划、勘

---

① 参见冯俊伟:《大数据背景下泰州市数字化城管问题与对策研究》,南京理工大学2019年博士论文。

测、设计、施工的企事业单位和专业性的监控、运营、维修、服务公司,共同实施城市治理工作;建立了监督和指挥处置既独立又协同的双轴管理中心——数字城市治理监督中心和数字城市治理处置指挥中心,代表政府实施高位监督,高位指挥处置,必要时实施高位协调。

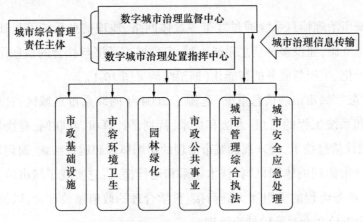

图 10-2　数字城市治理信息系统责任主体关系图

（2）以传统的城市治理业务流程为主线,采用信息流技术,重建了无缝衔接的业务工作流程,建立了从城市监管信息采集发现问题、案件受理、任务派遣、业务处置,到核查核实、问题结案,直到绩效评价的闭合业务流程。

（3）以万米单元地理网格为基准,分别建立了针对城市部件各类可见的城市基础设施和城市事件,各类瞬间发生的行为（如随意摆摊、烧烤、占道经营）事件的静态和动态数据库,形成了完整、一致和可靠的城市治理数据库群,并建立了长效的数据更新和确认机制,为精细、精准、高效的城市治理提供了坚实的数据支撑。

（4）研制了集多种功能于一体的城市治理信息采集和传输系统,建设了支持全方位和全时段实现城市治理的、运行稳定可靠的综合信息平台,内含十余个专业性城市治理应用系统,它们与移动互联网相结合,可以实时地实现城市治理,平台的技术架构如图 10-3 所示。该平台具有很强的可拓展性,已经与"12319""12345"等市民热线相连接,促进了市民参与城市治理。

（5）基于城市治理数据库群和综合信息平台,建立了涵盖城市治理所有部门和企业的科学、精准、合理的绩效评价体系,在若干城市已经实际应用于城市治理部门的绩效考核。

（6）为了保证数字化城市管理模式得到有效推广,编制并发布了数字城市治

图 10-3 数字城市治理信息系统综合信息平台图

理模建设和运行的 9 项部颁标准和系列国家标准。

数字城市治理的建设和运行,改变了城市治理中的职能交叉、管理粗放和效率低下的状况;实现了城市治理由粗放向集约、精确、实时的转变,实现了对市政工程、水、暖、电、气等城市公共基础设施,园林、环卫、卫生、保健等社会服务,以及摆摊、烧烤、乞讨、乱倒垃圾、非法小广告等不良城市病的全时段、全方位的高效监督和治理,并具有防范和处理突发事件之功能;构建了长效的城市治理绩效考核体系,保证了城市治理的持久效能。

2. 数字城市治理信息系统的运用领域

数字城市治理信息系统有广阔的应用前景,主要包括:

(1) 在城市规划与设计方面,数字城市方便规划人员从整体上掌握信息,改变了过去在信息上的局限性,使城市规划的精度大大提高,丰富了表现手法,提升了分析能力和准确性，从而使城市规划管理与设计更加具有前瞻性、科学性和及时性。

（2）在城市信息管理与服务方面，"数字城市"可促进城市信息管理与服务在方式、内容、手段、速度、效果等方面进入新时代。就政府而言，数字城市将有助于城市政府日常办公效率的提高。就企业而言，数字城市可以帮助企业更好地开拓市场，如企业选址、区域市场战略等都可以利用数字城市进行辅助决策。就个人而言，工作、居住、交通、休闲均可通过数字城市便捷实现。

（3）在城市公共设施管理方面，数字城市能够提高管理公共工程设施的综合能力，实现不同管线的共同管理，提高信息的共享程度，在相当程度上杜绝由于地质、地下设施等基础数据不清、不准而造成的事故发生。同时，也可以使不同管线间的相互影响、相互干扰达到最小，效益达到最优。

（4）在城市交通管理方面，数字城市不但可以提供有用的交通信息，还可以帮助城市交通管理。例如，在数字城市内，只要输入起点和终点，系统就能自动找出两点之间的最佳运输线路，并提供沿线几天内的天气变化情况和日常车流量，直接帮助运输部门作出最佳线路决策。基于数字化的交通管理，提高了城市交通管理效率。

（5）在突发事件处理方面，突发事件通常有交通事故、刑事案件、意外灾害等。在这些事故突然发生时，现有的常规手段很难实现迅速、准确、动态的监测与预报，以至于有关部门难以快速而又准确地作出减灾决策。"数字城市"不仅容易制定出影响小、损失小的处理方案、减灾策略，而且还可以实现网上部门协调、决策、调度与实施，将消耗降低到最小，满足时效性需求。

（6）在城市综合管理方面，数字城市的主要优势包括：动态、快速、高精度、规范地得到和存储城市规划、建设与管理的成果信息；快速、高精度地进行城市治理信息的查询检索和统计，方便用户获取各类精确信息；有效进行城市信息的空间分析，支持城市治理工作的深化；快速、高精度地更新城市定位信息，保证城市治理工作中信息的现势性。

3. 数字城市治理信息系统建设

数字城市治理信息系统是支撑现代城市管理体制机制和运行模式的综合性信息系统平台。数字城市治理信息系统建设要结合当地数字城市治理的需求，建设"好用、管用、实用、节约"的信息系统。数字城市治理信息系统的建设，重点要做好系统建设方案的编制、评审的组织领导。数字城市治理信息系统建设，要通过专业的设计单位进行深入的需求调研,调研内容包括城市治理组织机构、治理模式、监管范围、监管类别、工作流程、绩效评价、考核体系、工作目标等,以及当地城市信息化基础现状、基础地理信息数据状况等。要在充分进行需求调研的基础上,组织编制建设方案。建设方案应报上级行政主管部门组织专家进行评审。经评审和主管部门审查通过的建设方案需经当地政府批准后,方可组织实施。方案设计中,要特别注意明确建设模式和建设方式的选择。

(1) 系统平台建设模式

数字城市治理信息系统平台有两种建设模式:一种是以市带县(区)的建设模式,即集中式建设模式;另一种是市、县(区)各自独立建设模式,即分布式建设模式。

① "市、区(市)县集中式一体化"建设模式

数字城管系统建设最理想的建设模式是采用以市带县的集中式建设模式,即市、区(市)县一体化建设模式。采用集中式建设模式,区(市)县级系统通过共享市级信息系统平台的资源(网络、硬件、系统软件和应用软件等),可实现系统的快速搭建、标准统一,节约建设和运行维护资金。采用集中式建设模式能够保证全市数字城管在管理体制、标准执行、考核制度等体制机制上的统一。

② "市、区(市)县分布式"建设模式

市一级在管理体制机制、经费保障机制和信息系统平台建设方面不足以支撑区(市)县应用和发展的,区(市)县可以采用分布式模式独立建设。采用分布式建设模式的城市,区(市)县系统应通过数据交换的方式与市级系统平台实现互联互通,形成两级监督、两级指挥的组织架构。

(2) 系统平台建设方式

系统平台建设方式,要因地施策,方式多样。建设方式主要有政府全投资、政府部分投资部分租赁、政府全租赁建设方式。选择哪一种方式建设系统平台更好,需要根据当地的实际情况,通过认真调研和分析,作出正确的选择。在确保系统安全、保密的前提下,可以通过设备租用、委托建设等形式开展系统建设,减少数字城管一次性投资;要积极采用先进实用和性价比合理的技术模式和硬件配置,以降低数字城管建设的技术成本。要合理配置数字城管系统运行的维护资源,建立稳定可信的运行维护模式,可选择外包服务、租用托管等形式降低运行维护成本,保证运行安全、稳定。

① 基础软硬件平台建设

按照《城市市政综合监管信息系统技术规范》(CJJ/T 106—2010)标准的规

定,结合现代先进技术建设数字城管中心机房、网络基础设施、信息安全体系、数据库系统和地理信息系统等基础软硬件平台。

在建设基础软硬件平台时,应充分整合利用当地的电子政务云和电子政务网等信息化资源。统一利用电子政务云平台,不仅可以节约建设成本,实现资源共享,还可以为未来智慧城管业务的平滑扩展奠定基础,无须对系统、环境和数据作任何改变即可快速实现云服务器配置的按需扩容或减配。同时,可以促进跨地区、跨部门、跨层级数据资源共享,避免"数据孤岛"的产生。具备条件的城市,基础电子地图和地理信息数据宜通过所在城市的公共地理信息平台实现共享。

要建设全市统一的"12319"城管服务热线呼叫中心。具备条件的城市应围绕市长公开电话统一的呼叫中心平台进行建设。采用独自建设的城市,应以建设市级统一的"12319"热线受理工作机制为前提,按照市级受理、分类分级派遣处置的模式进行建设,不宜在区(市)县单独建设呼叫中心。城管服务热线要与数字城管系统平台实现互联互通,无缝对接,要与"110"报警电话对接共享,并能够实现与各类网站、客户端互联互通。

监督指挥中心大厅建设,要以节约和适当留有余地为原则,以满足工作需要和功能需求为前提进行建设,避免不必要的形象工程。

② 应用系统建设

按照《城市市政综合监管信息系统技术规范》标准的规定,建设监管数据无线采集子系统、监督受理子系统、协同工作子系统、地理编码子系统、监督指挥子系统、综合评价子系统、应用维护子系统、基础数据资源管理子系统及数据交换子系统等核心基础子系统。数字城管经过十余年的全国推广与有效运行,许多城市为有效提升数字城管的运行效能,围绕问题上报、案件登记、受理立案案件派遣、案件处置、核查结案、考核评价等环节,深化了许多实用性的功能应用。

(a) 监管数据无线采集子系统提供给信息采集监督员使用,主要用于实现信息采集监督员在自己的管理范围内巡查过程中向监督指挥中心上报城市管理问题信息,接受中心的网络任务指令并反馈。该系统依托移动设备,采用无线网络传输技术,通过城市部件和事件可以分为类编码体系、地理编码体系,完成城市管理问题文本、图像、声音和位置信息实时传递。

新拓展的实用性功能:近景远景、相似案件、扩展属性、上报区域、上报时段、补采上报、多媒体、补全上报等实用性的功能。

(b) 监督受理子系统是为监督指挥中心受理员、值班长定制的城市管理问题受理工作平台。通过监督受理子系统,受理员、值班长可对城市管理问题进行登记、受理、立案、下发核实核查指令以及结案等操作。

新拓展的实用性功能:在案件受理环节,拓展了相似案件研判、重复案件研判、紧急案件登记、案件是否公开、案件是否回访等功能;在案件立案环节,拓展了立案条件分类、案件批注等功能;在案件核查结案环节,拓展了同时段核查、核查计时、告知书结案等功能。

(c) 协同工作子系统是供派遣员、处置部门等对城市管理问题立案后进行处置的应用子系统。通过该系统派遣员可对受理员或值班长立案交办过来的案件进行派遣、回退,还可对处置中的所有案件进行督办;处置部门可对处置后的问题进行处置反馈。同时,系统提供案件回退、延期、挂账、授权等必要的业务功能。

新拓展的实用性功能:在案件派遣环节,拓展了自动派遣、推荐派遣、返工派遣、强制派遣等功能;在案件处置环节,拓展了处置交办、定时回复、维护转修复延期、微信处置等功能。

(d) 地理编码子系统通过地理编码,将城市现有的地址进行空间化、数字化和规范化,在地址名称与地址实际空间位置之间建立起对应关系,实现地址空间的相对定位,可以使城市中的各种数据资源通过地址信息反映到空间位置上来,提高空间信息的可读性,在各种空间范围行政区内达到信息的整合。

(e) 监督指挥子系统供监督指挥中心使用,是用来监督和展现数字城管系统运行情况的综合信息展示系统。该系统包括体现数字城管系统总体运行体征的各项数据指标,还包括案件、人员、视频、基础数据、综合评价等专题展示。系统采用以地图为主的方式进行展现,同时将各类数据在地图上直观显示。

(f) 综合评价子系统是运用综合考评模型,按照考核指标,实时或定期按区域部门、岗位进行统计评价,形成评价结果,以图形化或表格化的方式显示出来。通过系统建设,推进城市管理监督达到主动、精确、快速、直观和统一的目标,从而实现完善的城市管理考评体系,能形成良好的城市管理监督机制。

(g) 应用维护子系统是给系统管理员使用的管理平台,也是数字城管业务的配置管理工具和维护平台,用于维护城市管理业务的基本信息,维护数字城管业务体系内的组织机构,完成岗位、人员权限管理,可以方便快捷地调整系统使之适应用户需要,并在系统运行过程中不断地完善系统配置以适应业务变化的需求。

(h) 基础数据资源管理子系统是给系统管理员使用的管理平台,用于维护数字城管系统所使用的空间地理信息数据,实现空间地理信息数据的发布,并对不同地图的来源进行整合。

(i) 数据交换子系统用于实现不同层级城市管理系统间以及数字城管系统与其他业务系统间的信息传递与交换,通过建立统一的政务信息交换标准规范及数据交换系统,实现城市电子政务信息的整合与共享。

此外,在建设数字城管核心基础子系统的同时,各地又结合实际需求,拓展了视频监控子系统、专项普查子系统、业务短信子系统等。

(3) 信息系统的基础数据建设

基础数据建设包括基础地理信息数据库、单元网格数据库、管理部件和事件数据库、地理编码数据库、专题数据库、三维数据库以及数据中心建设。数字城管基础数据建设是实现数字城管精细精准、高效运行的基础工作。基础数据库要采用"集中采集、专项采集、动态更新"和共享交换的方式进行建设。

(4) 信息系统的专职队伍建设

① 管理队伍建设

数字城管要以组建稳定并掌握业务和技术的综合管理队伍作保障。管理队伍应熟悉城市管理业务、信息化技术。要加强管理队伍的培养建设,打造出业务熟、懂管理和具有创新意识的数字城管管理队伍。管理队伍的建设应考虑数字城管的系统性、专业性、综合性和延伸性特点,以此组建和培养年龄结构、级别层级、专业分工、轮岗交流融合一体,满足系统长效应用和发展的管理队伍,这是数字城管建设运行的关键。

② 信息采集监督员队伍建设

各地应根据数字城管监管区域大小、城市管理问题发生密度等实际情况,采用自管或市场化外包服务管理等方式,组建原则上每平方千米每班次不少于1人的比例,符合标准要求的专职信息采集监督员队伍,负责日常城市管理问题的信息采集上报、核实核查和各类专项普查等工作。

数字城管工作流程的通畅和系统运行管理效率的提高一定程度上有赖于信息采集监督员的执行力,因此高水平的培训和严格的管理必不可少。各地应通过建立科学、合理、完善的专业培训机制,定期对数字城管信息采集监督员队伍进行专业性的业务和技术操作培训,主要涉及法律法规,对城市管理的部件、事件的认知能力,手持移动终端的操作能力等,从而不断提升数字城管从业人员的综合素质和专业水平。

实施网格融合的城市,监督员可按照当地要求上报网格化管理的案件信息,收集掌握基础信息,反映百姓诉求,动员社会参与等。

③ 监督平台受理员队伍建设

要建立专职的平台受理员、值班长队伍。平台受理员数量应根据信息总量、工作机制合理配备。

平台受理员主要职责是负责受理信息采集员上报、公众举报和领导批示的城市管理问题,并进行预立案、发送核实核查任务等工作。平台值班长主要负责对案件的审核立案和结案工作。

④ 指挥中心派遣员队伍建设

应结合当地需求配备指挥中心派遣员。派遣员的主要职责是负责将监督中心立案后批转的案卷派遣到相应的专业部门,对专业部门的案件办理情况进行协调督办。

在派遣员的人员安排上,可以采取派驻管理的模式,即从城区政府和重点协同部门选派挂职干部进驻指挥中心,从而发挥城区政府对本城区城市管理工作的牵头抓总作用,同时利用相关部门的专业优势,强化对"市与市""市与区""区与区"之间边界不清及相关疑难问题的协调力度。

⑤ 处置终端管理员队伍建设

要建立专业部门的处置终端管理员队伍,保证系统案件能够及时按标准受理、处置。涉及部件、事件的专业部门终端管理员要按照数字城管运行机制登录系统、接收案件、向本部门一线处置人员转派案件、督办本部门处置案件、向指挥中心反馈处置结果。对因特殊原因不能按标准处置需要延时的案件,管理员要通过系统向指挥中心申请延时处置不属于本部门的案件,管理员要按照规定时限和要求进行回退。要加强专业部门终端管理员队伍的业务培训,增强对处置标准和处置流程的掌握,提高对内对外的协调能力。

⑥ 专项业务管理队伍建设

在建设信息采集监督员、平台受理员、平台值班长、指挥中心派遣员队伍的基础上,各地可以增加相应的专项业务管理队伍,包括系统运行分析员、数据监控分析员、信息系统运行维护管理员等。系统运行分析员主要针对数字城管各环节人员在运行过程中的绩效进行评价分析,如针对信息采集监督员,可以结合其行走里程、上报案卷数量、特定案卷类型等数据,对信息采集监督员的个人绩效进行分析。数据监控分析员可以针对城市管理积累的运行数据,结合空间、时间、地域等因素,进行与城市管理发生、发展、变化规律相关的数据分析。信息系统运行维护管理员可以对系统日常运行存在的故障收集、解决等方面进行管理。

10.2.2 数字城市向智慧城市的转变

2019 年 11 月,习近平总书记在上海考察时强调,要着力提升城市能级和核心竞争力,不断提高社会主义现代化国际大都市治理能力和治理水平。① 2020 年 3 月,习近平总书记在杭州提出,运用大数据、云计算、区块链、人工智能等前沿技术推动城市管理手段、管理模式、管理理念创新,从数字化到智能化再到智慧化,让城市更聪明一些、更智慧一些,是推动城市治理体系和治理能力现代化的必由之路,前景广阔。② 这些论述为新时代中国城市治理特别是大城市治理指出了变革方向。

1. 数字城市向智慧城市转变的必然性

从社会的演进脉络来看,改革开放以来的高速城镇化进程恰逢工业化、信息化社会的接续转型期。由此,我国的城镇化既呈现出与发达国家的共性规律,也呈现出鲜明的制度特征与时代特色。2004 年,以北京东城区、朝阳区为代表,通过将信息化技术引入城市管理,实现了技术创新与制度创新的融合,推动了城市管理领域的流程再造,探索出了以网格化为基础的数字化城市管理新模式,并且迅速在全国推广。近年来,随着新一轮科技产业革命的发展,特别是 5G、人工智能、物联网、云计算、大数据等技术的应用,又兴起了以上海的"两张网"(一网通办、一网统管)、雄安新区的数字孪生城市、杭州等地的"城市大脑"等为代表的新一轮城市治理模式变革,这些探索显现出强大的治理效能,可以初步总结为"智慧化城市治理"的新模式。

如果说数字化城市管理阶段是借鉴国外经验,依托信息化技术,与我国城市管理体制进行初步的融合创新,那么目前正在探索完善的面向智能社会的城市治理新模式就具有更突出的"中国原创"属性。

2. 智慧城市的改革实践③

基于数字化城市管理、数字政务等的发展,叠加近年来趋于成熟的 5G、人工

---

① 参见《习近平在上海考察时强调 深入学习贯彻党的十九届四中全会精神 提高社会主义现代化国际大都市治理能力和水平》,https://www.gov.cn/xinwen/2019-11/03/content_5448158.htm,2023 年 12 月 17 日访问。
② 参见黄其松:《充分发挥数字政府作用 着力提升治理现代化水平》,载《光明日报》2020 年 4 月 13 日第 6 版。
③ 以下内容摘编自焦永利、史晨:《从数字化城市管理到智慧化城市治理:城市治理范式变革的中国路径研究》,载《福建论坛(人文社会科学版)》2020 年第 11 期。

智能、物联网、大数据、云计算、区块链等技术,全社会的数字化程度进一步加深,城市治理正迎来新一轮变革。未来趋势是由"新经济、新基建、新治理"合力推动城市出现"物种进化",其对应的治理格局可以称为"全周期、智慧化城市治理"。在这一方向上,我国的一些代表性地区以及前沿科技企业正在开展多样化探索,与国际上类似的实践如多伦多智慧城市(Sidewalk Toronto)、丰田编织之城(Toyota Woven City)等案例相比,治理的内涵更为突出,这里选取代表性案例进行分析,针对两种模式变革进行理论观察与比较。

(1) 上海:以"一网通办、一网统管"提高城市治理水平

上海市委、市政府提出政务服务"一网通办"、城市运行"一网统管"是城市治理的"牛鼻子"工作,于2020年4月举办了"一网通办""一网统管"工作推进大会,明确了"两张网"主要的建设思路。[①]

第一,"一网通办"目标是"高效办成一件事",让市民和企业两大主体办事"像网购一样方便",要让办事更高效、更便捷、更精准;"一网统管"目标是"高效处置一件事",实现"一屏观天下、一网管全城"。

第二,"一网通办"要实现"三个转变":从"能办"向"好办"转变;从部门管理导向向用户体验导向转变,提升在线办理率和全程网办率;从被动服务向主动服务转变,提供定制化、个性化的政务服务。

第三,"一网统管"树立"应用为要、管用为王"的思路。在一个平台上对城市治理各类事项进行集成化、闭环化处置,在一个端口上实现城市治理要素、对象、过程、结果等各类信息的全息全景呈现。层级上构建"三级平台、五级应用"架构,市级平台抓总体、抓大事;区级平台发挥枢纽、支撑功能;街镇平台抓处置、强实战。市、区、街镇、网格、社区(楼宇)五级互相衔接,有序运行。

上述愿景的实现不仅有赖于上海近年来积累的数据资源与管理经验,而且需要深度整合运用各类数据,为更加智能的管理场景设计技术路线,推动相应的治理变革。在平台和数据基础方面,上海城运系统利用智慧公安建设成果和大数据、云计算、物联网、人工智能等技术,推出了一套城市运行体征指标体系。这个系统汇聚了住建、交通、水、电、气等22家单位33个专题应用,包括100多个数据项、1495万个城市部件、2.68万千米地下管线、1.4万多个住宅小区、3000多处历史保护建筑和实时的城管执法车辆、网格巡逻人员数据。通过地图汇聚的方式,

---

① 参见谈燕:《"两张网"是城市治理"牛鼻子"工作》,载《解放日报》2020年4月14日第1版。

在三级平台上实现共享交互。① 在技术上,如何实现数据的有序归集以及灵活、安全调用是重点和难点。在数据归集方面,上海市大数据中心自 2019 年开始推动了多领域主题数据库建设,由牵头部门的业务专家与数据责任部门沟通确认数据归集范围,形成"数据仓库"和服务接口资源,截至 2020 年 5 月,城市运行体征指标类接口调用超过 160 万次。在数据调用方面,依托大数据资源平台自动化流程,数据从委办局的前置库自动抽取到全市公共数据湖中,经过自动化清洗和融合,进入主题库,为调用提供标准化、便捷化的服务。②

(2) 雄安新区:建设数字孪生城市

雄安新区建设"未来之城",表明中国正在面向未来科技和产业革命,积极探索系统集成的城市发展"中国方案",③其中重要的未来属性就是建设"数字孪生城市",将数字城市和现实城市同步规划、同步建设,物理世界和云端的数字世界相互映射,形成交互促进的两大平行体系,做到一根钢梁都能有映照,一个控制阀门都有一个 IP 地址。④ 交互映射的原理可以总结为"万物生数、数生万物"⑤,即通过方方面面的传感体系(通信网、互联网、物联网),形成数据中台和智能引擎,再拓展到各领域的智能应用,对物理世界的运行形成干预,改善生活、生产和城市的管理运营。具体的技术路径是将 GIS、BIM 技术打通,汇总形成 CIM 平台,同时未来的各类城市基础设施将大量嵌入芯片,形成智能感知的神经网络,有了 5G 技术及云技术的支撑,能够将城市的数字化映射密度提升至少两个数量级。

(3) 杭州:联合阿里巴巴等公司建设"城市大脑"

2016 年 3 月,杭州市政府主导并联合阿里巴巴等 13 家企业,在全国率先启动了"城市大脑"建设,旨在运用大数据、云计算等新兴技术赋能城市的高效运行。2016 年 10 月,杭州"城市大脑"1.0 版正式发布,包括四个组成部分:市级中枢系统、部门系统和区县平台、各级数字驾驶舱、各类便民服务场景。⑥ 在 1.0 阶段,杭州"城市大脑"选定了城市交通作为主要应用场景,"城市大脑"接管调控若干街区

---

① 参见任鹏:《上海探索超大城市精细化管理新途径》,载《光明日报》2020 年 4 月 16 日第 11 版。
② 参见邹臻杰:《从一网通办到一网统管,上海灵活调用大数据实现精准决策》,https://www.yicai.com/news/100648293.html,2023 年 10 月 25 日访问。
③ 参见焦永利、魏伟:《"未来之城"的中国方案:新区政策、理论、展望》,载《城市发展研究》2018 年第 3 期。
④ 参见郭慧岩:《这里是雄安,这里是未来之城》,http://xiongan.gov.cn/2018-05/30/c_129883085.htm,2023 年 10 月 25 日访问。
⑤ 《段进 VS 杨保军:雄安规划建设中的经验与感悟》,http://www.planning.org.cn/video/view?id=620,2023 年 10 月 25 日访问。
⑥ 参见王坚:《"城市大脑":大数据让城市聪明起来》,载《政工学刊》2020 年第 1 期。

的红绿灯控制,提升通行效率。具体实现方法是通过人工智能处理视频,识别交通事故、拥堵状况,融合互联网及警务数据,实时高效感知交通运行情况,结合智能调度算法模型,对各类车辆联合指挥调度,保障特种车辆优先通行,城市交通更加高效运转。

2018年5月,杭州市政府发布《杭州城市数据大脑规划(2018—2022)》,提出2019—2021年在杭州主城区全面推进城市数据大脑交通系统建设,建设平安系统,推进亚运和城管、医疗、旅游、环保等领域系统建设。2018年9月,杭州发布了"城市大脑"2.0版,管辖范围拓展到覆盖420平方千米。同时"城市大脑"开始向全国其他城市推广。2018年12月,杭州"城市大脑"3.0版即综合版发布,初步实现了多行业数据融合的城市智能。

当前"城市大脑"正在从单点智能向城市智能与生态智能突破,以阿里云弹性计算与大数据处理平台为基础,结合机器视觉、大规模拓扑网络计算、认知反演、交通流分析等跨学科领域能力,在互联网级开放平台上实现城市海量多源数据收集、实时处理与智能计算。"城市大脑"的创新技术优势体现在以下方面:性能成本双领先的大数据计算能力、海量多源数据规模化处理与实时分析、实时视频识别及自动巡检、类脑神经元网络物理架构。①

2019年,杭州云栖大会公布了"城市大脑"建设三年来的一些进展:全球23个城市已引入"城市大脑",覆盖了交通、城管、文旅、卫健等11个领域,48个场景。杭州主城区视频巡检替代人工巡检,日报警量500次,识别准确率92%以上。杭州市59个政府部门已经有368.3亿条信息汇聚在基于阿里云打造的政务服务平台,市民可一证通办296项事务。②

10.3 数字城市治理模拟实验

数字城市治理模拟实验将任务派遣、任务处理、处理反馈、核查结案、任务存档等环节关联起来,实现监督中心、指挥中心、专业部门之间的信息同步、协同工作和协同督办,推动市政管理各类信息资源共享共用。

系统业务流程主要包括:信息收集、案件立案、任务派遣、任务处理、处理反馈

---

① 参见《城市大脑白皮书发布:智慧城市不是城市的未来,"城市大脑"要去伪存真》,https://developer.aliyun.com/article/603875,2023年10月25日访问;《ET城市大脑》,https://promotion.aliyun.com/ntms/act/citybrainzjws.html,2023年10月25日访问。

② 参见陈静:《"万物互联"渐行渐近 数字技术加速落地》,https://www.sohu.com/a/258678384_115239,2023年10月25日访问。

和核查结案 6 个阶段,涉及监督员和公众、监督中心、指挥中心和专业部门 4 个环节,如图 10-4 所示。业务流程为闭环管理流程,而且每个环节都有回路,能够监督每个问题是否已经解决。

图 10-4 数字化城市治理信息系统业务主要流程图

10.3.1 数字城市治理模拟实验准备

选择"数据管理",系统提供了包括数字化城市管理协同办公的案例管理、实验报告、系统数据、课程管理和学习指导等基础数据。其他数据教师也可另行添加。

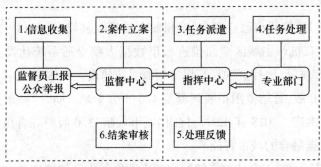

图 10-5

1. 案例管理

点击 创建案例。编辑案例名称、案例背景，上传案例主题图片，点击"确定"。

图 10-6

教师添加的案例在尚未使用前，可进行编辑或删除（教师添加的案例仅供个人使用）。

2. 系统数据

查看系统提供的基础数据，包括案件类型管理、地理信息管理以及案件管理。其中案件管理，教师可自行添加。

图 10-7

3. 课程管理

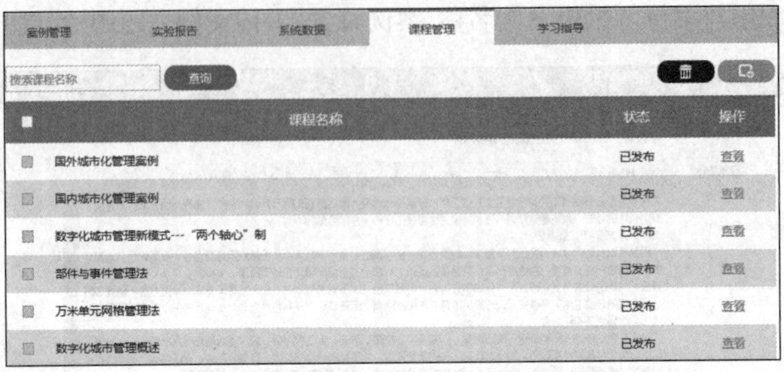

图 10-8

查看课程 PPT。

图 10-9

4. 学习指导

学生通过模拟以下各角色的操作,掌握数字城管实验的关键任务和技能,从而更好地理解如何提升整个城市管理的智能化和效率。

(1) 任务模块学习指导(指挥长)。指挥长在数字城管系统中扮演决策和协调的核心角色。学习重点应包括:掌握数字城管平台的整体架构和功能;学习如何高效地分配和调度资源以响应城市事件;理解数据分析在决策过程中的重要性。

(2) 任务模块学习指导(专业部门)。专业部门负责具体执行城市管理任务。学习重点应聚焦于:熟悉本部门职责范围内的城市管理标准和流程;学习如何利用数字平台优化任务执行和信息反馈;掌握与其他部门协同工作的流程。

(3) 任务模块学习指导(派遣员)。派遣员负责将任务指派给相应的执行人员。学习重点应包括:了解任务派遣的规则和方法;学习如何根据事件的性质和紧急程度快速准确地派遣任务。

(4) 任务模块学习指导(值班长)。值班长负责监督日常值班工作。学习重点应包括:掌握值班期间的城市管理流程和应急响应机制;学习如何监督和指导值班人员的工作。

(5) 任务模块学习指导(受理员)。受理员是市民与数字城管系统接触的第一窗口。学习重点应关注:学习如何高效地接收和记录市民报告的问题;掌握将市民报告转化为任务指派的标准操作流程。

(6) 任务模块学习指导(监督员)。监督员负责确保任务执行的质量和效率。学习重点应包括:了解监督工作的重要性和方法;学习如何使用数字城管系统进行实时监控和评估。

图 10-10

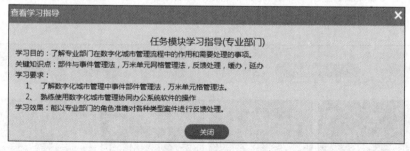

图 10-11

10.3.2 数字城市治理模拟实验实训

10.3.2.1 单人练习

学生进入系统,可先进行练习。在"任务广场"选择任务模块,点击进入。

学生进入每个模块下的任务,完成任务步骤将会获得相应积分,页面右侧显示积分排行。积分不同,学生的等级也不同。

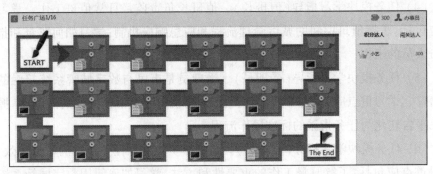

图 10-12

点击任务图标,显示该任务名称、操作要求以及可获积分。学生按操作要求完成任务即可获得相应积分。

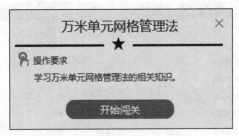

图 10-13

在学习课程的过程中,可以发布笔记以及问答。在"课程问答"中,点击相应课程,可查看该课程下的问答情况。

图 10-14

在"课程笔记"中,进入具体模块,可查看该模块下所做的笔记。

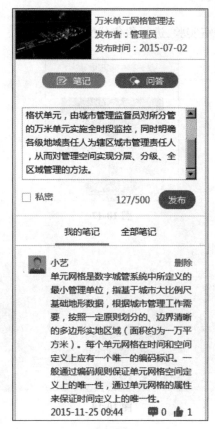

图 10-15

点击课程下的"学过了",完成任务。

图 10-16

10.3.2.2 交互实验

进入政府移动办公室实验,进行角色分配。

图 10-17

点击"创建实验小组"。

图 10-18

创建实验小组,选择岗位角色(创建实验小组的即为组长)。

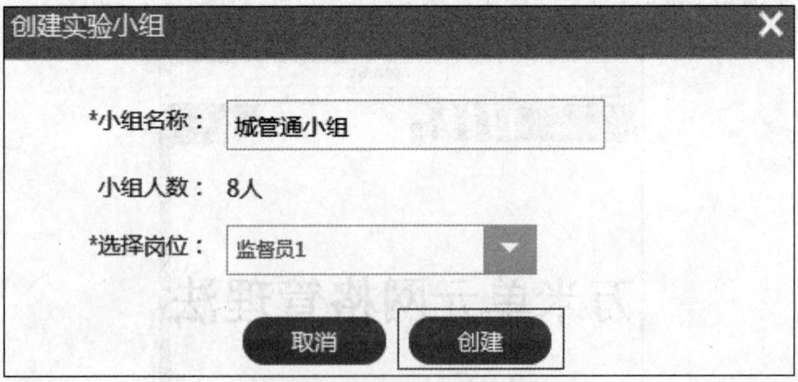

图 10-19

其余组员进入实验后,选择相应的角色,并点击岗位名称上的"进入"。

图 10-20

如果小组成员少于岗位数量,则组长可点击"自动配置剩余岗位",分配其余岗位。

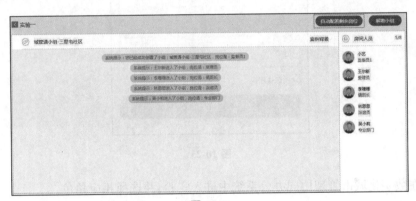

图 10-21

配置后岗位分布如下:

图 10-22

岗位分配完成后,小组成员可查看案例背景。在对话框中各成员可以即时交流。点击"开始实验",正式进入实验。查看实验案例,点击下方的"进入实验"。

1. 监督员——信息采集

监督员登录手机端。

图 10-23

在数字化城市管理协同办公系统中进入实验,并选择相应角色。

图 10-24

选择"问题上报",点击 🔊 上报案件。

第 10 章 智慧政府与数字城市治理 | 505

图 10-25

2. 受理员——案件登记

受理员登入系统,点击已上报案件后的"处理"。

图 10-26

查看案件信息,选择办理操作与办理人员,输入处理意见,点击"登记"。(注:若受理员将案件作废,则不再处理。)

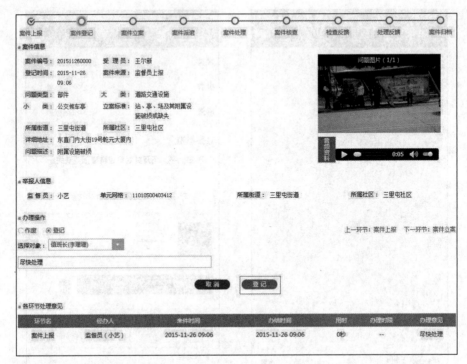

图 10-27

3. 值班长——案件立案

值班长登入系统,点击已登记案件后的"处理"。

图 10-28

查看案件信息,选择办理操作及办理人员,输入处理意见,点击"立案"。(注:若值班长将案件作废,则不再处理;若打回案件,则返回上一级进行处理。)

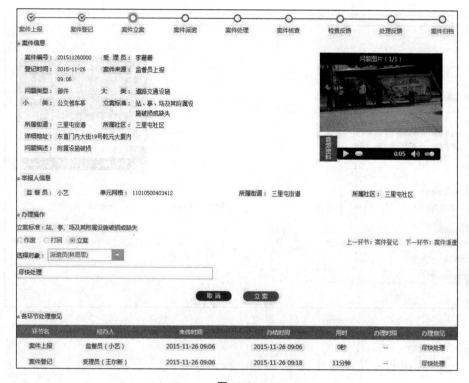

图 10-29

4. 派遣员—案件派遣

派遣员登入系统,点击已登记案件后的"处理"。

图 10-30

查看案件信息,选择办理操作及处理单位,输入处理意见,点击"派遣"。(注:若派遣员将案件作废,则不再处理;若打回案件,则返回上一级进行处理。)

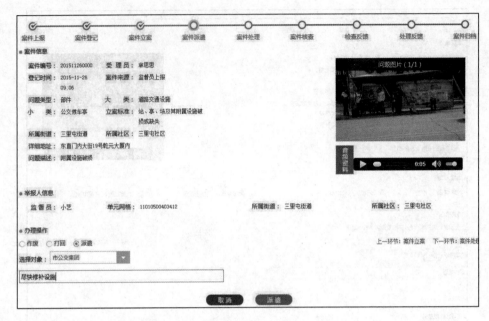

图 10-31

5. 指挥长—督办案件

专业部门尚未处理前,指挥长都可对案件进行督办。在"指挥长—督办案件"中,点击案件后的"处理"。

图 10-32

指挥长选择督办类型与对象,设置答复时间,进行督办。

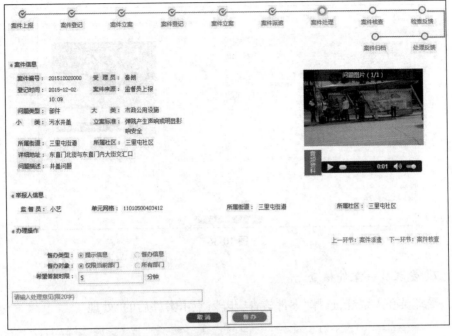

图 10-33

督办后,案件编号前显示闹钟标记。

图 10-34

6. 专业部门——反馈处理

案件处理部门进入系统,点击案件后的"处理"。

图 10-35

选择办理操作,输入处理意见,点击"已处理"。(注:若专业部门将案件作废,则不再处理;若打回案件,则返回上一级进行处理;案件被催办后,当前部门可选择缓办,缓办后该案件暂停办理;选择延办,可以延长办理时间。)

图 10-36

7. 受理员—案件核查

受理员登入系统,选择"案件核查"步骤,点击案件后的"处理"。

图 10-37

受理员查看案件详情,并指派监督员完成案件核查。(注:若受理员打回案件,则返回上一级进行处理。)

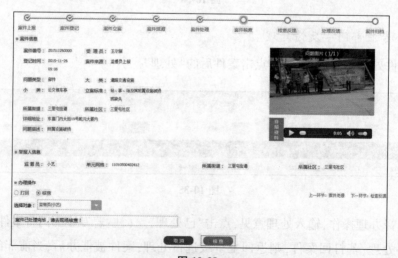

图 10-38

8. 监督员—核查

监督员登入手机端,在"任务—问题核查"中,进入案件。上传处理后照片,录制现场音频,输入处理意见,选择处理结果。

图 10-39

9. 受理员—核查反馈

受理员登入系统,选择"核查反馈"步骤,点击案件后的"处理"。

图 10-40

受理员完成核查反馈工作。(注:若受理员将案件打回,则返回上一级进行处理。)

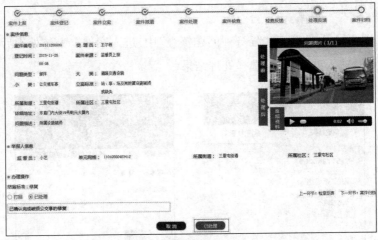

图 10-41

10. 值班长——结案归档

值班长登入系统,选择"结案归档"步骤,点击案件后的"处理"。

图 10-42

值班长进行结案操作。

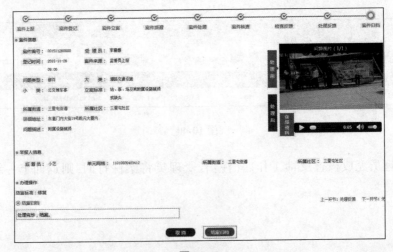

图 10-43

参 考 文 献

一、中文文献

1. 《〈2013年中国政务微博客评估报告〉发布》,载《电子政务》2014年第4期。
2. 鲍静主编:《数据开放共享与政府管理创新》,社会科学文献出版社2020年版。
3. 蔡立辉、于刚强编著:《电子政务(第2版)》,清华大学出版社2014年版。
4. 曹惠民、邓婷婷:《政府数据治理风险及其消解机制研究》,载《电子政务》2021年第1期。
5. 陈德权编著:《电子政务:基础、框架与趋向(第2版)》,清华大学出版社2023年版。
6. 陈潭等:《大数据时代的国家治理》,中国社会科学出版社2015年版。
7. 樊博、于元婷:《基于适应性结构化理论的政务数据质量影响因素研究——以政务12345热线数据为例》,载《图书情报知识》2021年第2期。
8. 郝文强:《政府数据开放隐私风险识别机制研究》,载《电子政务》2021年第3期。
9. 胡吉明:《服务政府转型的智慧政务建设研究》,中国社会科学出版社2019年版。
10. 胡宁生主编:《公共部门绩效评估》,复旦大学出版社2008年版。
11. 黄璜:《互联网+、国家治理与公共政策》,载《电子政务》2015年第7期。
12. 黄璜编著:《理解电子政务——从理论到实践》,北京大学出版社2011年版。
13. 李传军:《电子政府与服务型政府》,中国书籍出版社2013年版。
14. 梅宏主编:《数据治理之论》,中国人民大学出版社2020年版。
15. 莫宏波编著:《新时代数字政府建设:使命、发展与未来》,人民邮电出版社2023年版。
16. 〔英〕斯蒂芬·贝利:《地方政府经济学:理论与实践》,左昌盛、周雪莲、常志霄译,北京大学出版社2006年版。
17. 孙新波、李金柱:《数据治理:酷特智能管理演化新物种的实践》,机械工业出版社2020年版。
18. 孙宇主编:《电子政务(第2版)》,北京师范大学出版社2018年版。
19. 谭九生、杨建武:《人工智能嵌入政府治理的伦理风险及其防控》,载《探索》2021年第2期。

20. 涂子沛:《大数据:正在到来的数据革命,以及它如何改变政府、商业与我们的生活(3.0升级)》,广西师范大学出版社2015年版。

21. 王克照主编:《智慧政府之路:大数据、云计算、物联网架构应用》,清华大学出版社2014年版。

22. 王淼:《"大数据+网格化"模式中的公共数据治理问题研究——以突发公共卫生事件防控为视角》,载《电子政务》2021年第1期。

23. 王伟玲:《数字政府:开辟国家治理现代化新境界》,人民邮电出版社2022年版。

24. 徐继华、冯启娜、陈贞汝:《智慧政府:大数据治国时代的来临》,中信出版社2014年版。

25. 杨学成、许紫媛:《从数据治理到数据共治——以英国开放数据研究所为案例的质性研究》,载《管理评论》2020年第12期。

26. 于冠一、陈卫东、王倩:《电子政务演化模式与智慧政务结构分析》,载《中国行政管理》2016年第2期。

27. 于跃:《智慧政府的生成与演进逻辑》,载《电子政务》2019年第7期。

28. 张建锋编著:《数字政府2.0:数据智能助力治理现代化》,中信出版社2019年版。

29. 张志安、曹艳辉主编:《政务微博微信实用手册》,南方日报出版社2014年版。

30. 赵光:《全球数据治理视角下的个人信息保护立法》,载《探索与争鸣》2020年第11期。

31. 郑磊:《开放政府数据研究:概念辨析、关键因素及其互动关系》,载《中国行政管理》2015年第11期。

32. 郑磊:《政府在数据治理中的两种角色:政策的制定者和数据的使用者》,载《探索与争鸣》2020年第11期。

33. 郑磊、刘新萍主编:《中国公共数据开放利用报告(2023)》,社会科学文献出版社2023年版。

34. 郑跃平、黄博涵:《"互联网+政务"报告(2016)——移动政务的现状与未来》,载《电子政务》2016年第9期。

二、外文文献

1. Alan Brown, Jerry Fishenden, Mark Thompson, *Digitizing Government: Understanding and Implementing New Digital Business Models*, Palgrave MacMillan, 2014.

2. Anthony G. Wilhelm, *Digital Nation: Toward an Inclusive Information Society*, MIT Press, 2006.

3. Bernd W. Wirtz, *Digital Government: Strategy, Government Models and Technology*, Springer, 2022.

4. Christopher G. Reddick(ed.), *Comparative E-Government*, Springer, 2012.

5. Leonidas G. Anthopoulos, *Understanding Smart Cities: A Tool for Smart Government or an*

Industrial Trick? Springer, 2018.

6. Manuel Pedro Rodríguez Bolívar and María Elicia Cortés Cediel(eds.), *Digital Government and Achieving E-Public Participation: Emerging Research and Opportunities*, IGI Global, 2020.

7. Martin O'Malley, *Smarter Government: How to Govern for Results in the Information Age*, Esri Press, 2019.

8. Miriam Lips, *Digital Government: Managing Public Sector Reform in the Digital Era*, Routledge, 2019.

9. Yuan Li and Yuan Rong, Management Competency Framework of Adopting Information System and Data Governance Based on COBIT 2019, *Scientific Journal of Economics and Management Research*, Vol. 3, No. 3, 2021.

后　记

2005年,教育部出台了《教育部关于开展高等学校实验教学示范中心建设和评审工作的通知》。随后,各省区市也出台了相应的文件和政策,支持高校实验教学示范中心建设。近20年来,公共管理学科在我国得到了迅速发展,教学体系日渐完善。我国高校公共管理实验室建设在经历过最初的探索和尝试阶段之后,经由清华大学、复旦大学、中山大学、吉林大学、武汉大学、暨南大学等高校和南京奥派信息产业股份公司等公共管理类教学软件公司的推动取得了长足发展,公共管理学科实验教学改革与创新有了质的突破。

一、智慧政府与治理创新实验实训教学建设的必要性

党的十八届三中全会提出,要完善和发展中国特色社会主义制度,推进国家治理体系和治理能力现代化。推行电子政务,是政务管理方式的一场深刻变革,是推进国家治理体系和治理能力现代化的重要举措。信息技术正以空前的影响力和渗透力,不可阻挡地改变着社会的经济结构、生产方式和生活方式,治国理政面临新的历史环境,电子政务就成为治理体系和治理能力现代化的重要工具,政府须积极顺势而为,把电子政务与政府治理有机地结合起来。中国电子政务的实践已经从原来的内容导向阶段向服务导向阶段发展、从服务导向阶段向"智慧政府"阶段发展。"智慧政府"作为电子政务发展的高级阶段,对推进国家治理体系和治理能力现代化有着更强的推动力。加强智慧政府建设是党中央、国务院深刻把握时代发展趋势,立足新发展阶段,从全局和战略高度作出的重大部署,是习近平总书记关于网络强国的重要思想在政府数字化改革领域的具体实践。

党的十八大以来,以习近平同志为核心的党中央高度重视信息化、数字化。习近平总书记指出,从社会发展史看,人类先后经历了农业革命和工业革命,现在

正在经历信息革命,并提出要以信息化推进国家治理体系和治理能力现代化。①党的十九大提出建设网络强国、数字中国、智慧社会,党的十九届四中、五中全会分别提出推进和加强数字政府建设,《中华人民共和国国民经济和社会发展第十四个五年规划和2035年远景目标纲要》将数字政府建设单列为一章,擘画了数字政府蓝图。②

"十四五"时期是我国全面开启社会主义现代化国家新征程、向第二个百年奋斗目标进军的第一个五年,也是抢抓信息革命历史机遇,加快全面数字化发展和政府治理数字化、智能化转型的攻坚期和关键期。面对新的形势要求,我国智慧政府建设在过去重点突破的基础上,进一步实现"全国一盘棋"的高质量发展。2022年4月19日,中央全面深化改革委员会第二十五次会议审议通过了《关于加强数字政府建设的指导意见》,该意见以习近平新时代中国特色社会主义思想为指导,贯彻落实党中央、国务院决策部署,吸纳全国各地系列探索实践成果,对政府治理数字化、智能化转型建设作出全面安排,为全国各地加强数字政府建设指明路径,必将开启我国数字政府建设新篇章。

实验实训教学是公共管理类专业教学过程中实践性教学的一个重要环节,对于培养公共管理类学生的创新能力、实践能力和创业创新精神有着不可替代的作用。积极改进公共管理实验教学内容,及时把我国政府治理数字化、智能化转型实践反映在实验教学环节,培养具有公共管理类综合素质的创新人才,已成为公共管理实验实训教学改革的当务之急。

二、智慧政府与治理创新实验实训教学体系的建设思路

深刻学习领会习近平总书记在党的二十大上的重要讲话精神,践行2023年中共中央、国务院印发的《数字中国建设整体布局规划》以及2023年政府工作报告中关于"产教融合"的最新论述,对标江苏省产教融合型一流课程建设指标体系,把握校企协同育人内涵,构建新文科产教融合培养新格局,这不仅是响应国家战略、推动教育改革的重要举措,也是适应数字经济发展、培养高素质创新人才的迫切需求。在这一过程中,我们需要深化校企合作,搭建产学研用一体化平台,实现教育资源与产业需求的精准对接。通过课程体系的创新设计,将数字技术、数

---

① 参见庄荣文:《以信息化驱动现代化 助力实现中华民族伟大复兴中国梦》,载《人民日报》2016年7月28日第18版。
② 参见孙志洋:《开启新时代数字政府建设新篇章》,https://www.gov.cn/xinwen/2022-08/26/content_5706935.htm,2023年10月25日访问。

据分析、人工智能等前沿知识融入文科教育,培养学生的跨学科思维和创新能力。同时,加强实践教学,鼓励学生参与企业实际项目,提升其解决复杂问题的能力。此外,我们还应充分利用数字政府、智慧政府的资源优势,推动教育信息化、智能化,提高教育教学的质量和效率。通过大数据分析、智能教学辅助系统等手段,实现个性化教学和精准化管理,为学生提供更加丰富、灵活的学习体验。

南京审计大学面向国家战略,结合学科特色优势,引导师生瞄准"数字中国"建设中的"真问题",开展"真研究",建立了"基地—项目—实验室"相结合的产教融合培养模式。依据产业发展、技术进步和专业人才培养规格设定,坚持以"立德树人"为根本、以"产教融合"为载体、以"科技赋能"为路径,以服务于"国家治理与国家审计"为宗旨,引导学生掌握智慧政府与治理创新的理论知识和专业技能,培养具有家国情怀和社会责任、"晓民生、通技术、精管理"的复合型应用人才,助力江苏"强富美高"经济社会发展和审计系统治理能力现代化建设。

(1) 从专业人才培养视角。全面贯彻习近平总书记提出的"数字中国"战略思想,注重通过核心价值引领学生专业素养的内生演化。嵌入校企联建思政案例,培养学生准确认知信息素养与信息技能,构建课程思政、学术思政、实践思政多渠道相融合的产教协同育人体系,培养具有社会责任感与使命感的高素质数字化应用人才。

(2) 从行业发展需求视角。根据 2022 年印发的《国务院关于加强数字政府建设的指导意见》,构建"协同高效的政府数字化履职能力体系"。引导学生掌握智慧政府发展的历史背景、基本概念、理论模型和前沿动态,助益学生适应"数字中国"的时代要求。

(3) 从办学定位及学情分析视角。服务国家治理与国家审计现代化建设,提供"沉浸式"智慧政府模拟体验,解决学生知识串联应用能力和创新分析能力薄弱问题。运用线上线下课堂相结合,解读课程内涵、特征和理论难点;运用虚拟仿真教学项目加强公共政策决策模拟、舆情民意调查等新知识更新迭代,使学生对创新行政管理方式、优化工作流程、严格绩效管理、突出责任落实的现代智慧政府治理体系有更加深刻的认识,在技术赋能的应用场景中创造性解决实际问题。

智慧政府与治理创新实验实训教学体系的建设思路总结为"12345",即一个优秀教学科研团队——打造一个"智慧政府与公共治理"省级优秀教学团队。两个基地——2018 年公共管理学院与南京奥派信息产业股份公司合作建立"智慧政府与公共治理实验教学中心"、2022年公共管理学院与上海逸景网络科技有限公司合作建立"政务融媒体协同育人基地",积极参与专业人才培养方案修订和课程产教融合改革,合作开发建设慕课、微课、案例库、虚拟仿真实验教学项目等优质数字教学资源;提供教材实践指导和在线资源技术支持;进入课堂为学生开展知识迭代快的高尖端项目实验实训指导。将实验教学中心建设成为公共管理类专业实验教学和专业实训的重要实践基地,成为培养创新素质和能力,教学模式多样化、教学手段现代化和科研能力个性化的重要基地。三个主轴——逐步形成以"实验内容""实验平台"和"培养能力"为轴的"三轴"实验教学体系。四个子实验室——主要依据智慧政府在公共治理体系中的核心作用以及服务对象的差异分为:公共管理实务实验室、社保实务实验室、公共政策决策实验室、舆情民意调查实验室。五个仿真场景再现——仿真室依据教学模拟实践中经常出现的实际场景进行建设,主要包括五个功能模块中心:公务员考录中心、社保缴费中心、政务办公中心、公共危机应急中心、舆情民意调查中心。

(一)公共管理实务实验室

主要面向行政管理专业和有志于毕业后投身公共部门岗位工作的其他各专业学生。实验室主要功能模块包括智能化公共管理模拟、移动政务平台模拟、政务微博与微信管理模拟等。通过政府内部的协同,带动政府之间的协同,为人民群众、为企业提供服务,最终带动企业与企业之间以及整个社会的协同。以部门内部业务协同为基础,跨部门整合网络资源和信息资源,建立跨部门业务控制和流程控制,实现跨部门业务协同、业务监察和绩效评估,为人民政府服务人民、服务全社会奠定基础。

(二)社保实务实验室

主要面向劳动与社会保障专业的学生和其他相关实验课程的学生(如社保基金审计等)。实验室主要功能模块包括智能社保、五险一金联网管理系统、数字社区网格化管理平台等。参照国家社保核心平台的设计要求,提供大量真实的社保数据,在知识理论上又根据教材内容对学生进行重点指导,突出教学软件特点。通过模拟社保部门办公内容和业务处理流程,使学生掌握社保的基本概念、缴费、支付的计算方式方法,以及五险的待遇组成和方法、形式等。了解不同地区和不同性质的人员社保处理方式的差异,能灵活地运用于日常生活工作中。

(三)公共政策决策实验室

主要面向行政管理、劳动与社会保障、财政、税收、统计、审计、会计、金融等各专业的学生和公共部门相关在职培训的人员。实验室主要功能模块包括计算机辅助电话调查、可视化政务数据挖掘、公共危机应急处理演练等。大数据时代的来临，给我国政府治理体系的创新和治理能力的提升带来重大转变：一是从凭经验决策到靠数据决策的转变；二是从被动响应向主动应变、双向互动的转变；三是从粗放式管理向精细化管理、个性化服务的转变。同时，大数据将释放数据活力，激发市场的创新能力，也会推动政府的数据向社会开放，社会的数据可以供政府使用。公共政策决策支持过程是一个从非结构化数据中抽取结构化信息，再提供非结构化决策分析结果的过程。在这个过程中，最为重要的是数据分析环节。虽然量化的数据分析结果不能代替决策本身，决策支持并不等于数据分析自动化，但量化的数据分析结果是科学决策的重要依据。通过该实验室的模拟操作，可以使学生体会到大数据时代公共政策决策的科学内涵，真实感受到政务数据挖掘是政务数据利用价值的再发现，它突破了传统意义上的政务数据查询，在更大的尺度上、更深的层次中提高了政务数据的利用价值。

（四）舆情民意调查实验室

主要面向行政管理、劳动与社会保障、财政、税收、统计、审计、会计、金融等各专业的学生和公共部门相关在职培训的人员。实验室主要功能模块包括计算机辅助电话调查系统（CATI）、公共关系与关键意见领袖管理、地理空间统计等。互联网推动中国社会进入"大众麦克风"时代，网络舆论引导是宣传思想工作的重中之重，做好网络舆情工作，可以助力智慧政府的建设。新时期的网络舆情工作应该在依法治理互联网乱象和保障网民依法表达、依法监督之间找到平衡点，加强政府的回应性，积极把握与引导舆情。社情民意，即一定时期一定范围内社会公众对社会现实的主观反映，是群体性的思想、心理、情绪、意志和要求的综合性反映。

运用计算机辅助电话调查系统开展民意调查是新时期政府立党为公、执政为民，推进政府统计为社会公众服务的一项重要举措。计算机辅助调查应用主要有四种形式：计算机辅助电话调查、计算机辅助面访、网络调查和基于网络的专家访谈。舆情民意调查实验室对于公共管理科学研究方法的普及具有重要意义：有利于学生在实践中真正掌握公共关系学、社会调查等方法和理论，学以致用，满足学生进行量性和质性研究的实践需求；有利于教师进行教学和科研，承接大型政府和社会课题等，促进产、学、研一体化。

三、智慧政府与治理创新实验实训课堂教学改革与实践

课程建设过程中注重构建课程思政引领性、创新创业教育先导性、劳动教育融入性、专业教育与时俱进性、实践教学创新性的"五位一体"建设体系。

(一) 课程思政的引领性

课程秉持产教融合"大思政课"建设理念,以"社会主义核心价值观"引领产教融合课程建设,构建课程思政、学术思政、实践思政多渠道相融合的育人体系。

(1) 显化产教融合课程思政元素,以协同育人机制提升人才培养成效。产教融合是促进思政课与时代同频共振的最佳路径,通过智慧政务嵌入"国家治理能力与治理体系现代化"教育,培养具有社会责任感与使命感的高素质数字化人才。

(2) 植入思政元素于课程实践中,凝聚家国情怀和社会责任。引导学生树立正确的社会主义核心价值观,激发学生的家国情怀和社会责任,通过实践教学深化学生对数字经济的认识。

(3) 开辟校企联合思政教育第二课堂,引领学生参与科研项目和学科竞赛。培养学生的学术兴趣,拓宽学生的专业视野,提高学生的团队合作能力和科研学术素养,培养新时代智慧政务管理者。

(二) 创新创业教育的先导性

课程遵循"学、育、悟、行"教育理念,以"互联网+"背景下政府服务创新发展为方向,积极推进"互联网+政务服务"创新教育。

(1) 联合组建产教融合创新实践教育导师队伍,促进学界和产业界创新教育结合。充分利用业界创新实践资源,组建专业与实务、创新与创业相结合的师资队伍,形成"互访—助教—共研"的交流机制,推进协同培养"互联网+政务服务"创新人才。

(2) 协同构建有针对性和实效性的产教融合创新创业课程教育体系。促进教学资源数字化和教学方式数字化,共同开展数字课程开发、教材建设及人才培养方案修订,联合培养适应数字经济时代的创新人才。

(3) 积极拓宽产教融合创新平台建设,搭建有效的产学互动桥梁。充分利用智慧政务龙头企业的先进技术和数字资源优势,搭建数字化产教融合创新平台,有效发挥科技进步在产教融合创新平台建设中的支撑作用。

（三）劳动教育的融入性

课程采用操作型、分析型、设计型三种实训模式，开展"基础理论学习—典型案例分析—业务流程操作—政府流程再造"的"互联网+政务服务"优化设计，拓展产教融合中的劳动教育。

（1）劳动教育融入产教融合课程学习过程，引导学生的劳动意识从"被动"转为"主动"。课程采用线上+线下相结合的教学方式，学生通过慕课平台和网络资料检索学习知识，进入反客为主的劳动教育融入过程，增强自主学习的效果。

（2）劳动教育融入产教融合案例分享过程，引导学生的劳动能力从"弱化"转为"强化"。通过充分调动学生参与智慧政务案例收集、分类和整理，培养学生共同参与校企共建智慧政务案例分享，让劳动实践充分融入智慧政务的教学过程。

（3）劳动教育融入产教融合社会实践，引导学生的劳动实践从"掌握"转为"创新"。建立校外智慧政务劳动教育实践基地，创新产教融合劳动教育的内容、途径和方式，大力支持学生开展研究式学习和创造性劳动，引导学生增强解决实际问题的能力。

（四）专业教育的与时俱进性

课程根据专业发展需要和行业发展需求，探索专业人才培养方案、教学内容和教学资源的完善与更新，与时俱进地推进产教融合发展路径。

（1）完善数字化人才合作培养机制，实现产教融合人才培养方案的与时俱进性。支持产学研创新联合体建设，将产教融合课程的总体方案和实践方案落实到人才培养的各个环节，确保课程内容更新符合时代发展要求。

（2）加强新知识体系的更新迭代，促进产教融合课程内容的与时俱进性。适时更新包括公共政策决策模拟、舆情民意调查、政务融媒体中心等模块知识，使学生更加了解创新行政管理方式、优化工作流程和严格绩效管理的现代智慧政府治理体系。

（3）推进数字化赋能产教融合课程，激发产教融合课程资源的与时俱进性。结合智慧政务课程教学要求及实际发展情况，合作开发建设慕课、微课、案例库、虚拟仿真实验教学项目等优质数字教学资源。

（五）实践教学的创新性

课程践行"认知—体验—思考—创新"的实践教学理念，积极促进产教融合课程实践教学模式创新,形成循序渐进、潜移默化的产教融合协同育人实践路径。

(1) 确保实践课时占比的科学性,实现产教融合实践教学理念更新。课程高度重视实践教学课时占比,实践实验类课程在人才培养方案中享有同等学分双倍课时,课程在 2 学分下实现 64 学时,其中实践课时占比 50%,达 32 学时。

(2) 提升实践教学内容的高阶性,实现教学内容由"验证型"向"设计型"转变。邀请企业产品总监亲自参与教学和研发政府业务流程的创新与设计,联合企业合作破解长期掣肘课程的难点问题,培养学生的创新精神和创新能力。

(3) 提供"沉浸式"智慧政府模拟实践体验,实现产教融合实践教学方法创新。充分运用企业行业资源优势,开发虚拟仿真、VR 等真实智慧政务应用场景,生动再现政府业务流程规范,营造出生动活泼的课堂互动氛围,提升课程目标达成度。

课程不仅关注教学过程与实验实训本身,还注重构建完整的教学评价考核体系。教学过程既体现探究知识、解决问题和能力转化的目的,也突出对核心知识和能力要素的实践考核。课程采用过程性考核与综合性考核相结合的方式,产业教授和校外实践导师参与课程全过程考核和评价,以便客观、科学评价学生的达成度,实现对学生能力结构的综合性分析和测试,并达到不断改进与完善教学目标的要求。

过程性考核强化"三大知识板块、八项实践技能、七项履职能力评价"。围绕智慧政务社会需求和行业导向,突破时间与空间的限制,弱化教与学的固有边界,将理论教学与实践训练相结合,提出以"信息素养与信息技能、信息理论与信息技术、信息管理思想与信息组织方法"等三大知识板块八项实践技能为主要内容的考核体系。过程性考核包括两个方面:一是个人学习任务占 20%,包括线上学习、线上自测、线上线下讨论;二是小组学习任务占 30%,主要是团队协作实验实训。着力培养学生提升经济调节、市场监管、社会管理、公共服务等七项数字化履职能力,助益学生适应"互联网+政务服务"的时代要求。

四、课程特色与亮点

(一) 课程特色

(1) 以"社会主义核心价值观"为引领,推进产教融合课程思政建设。结合虚拟仿真、大数据、区块链、互联网+、人工智能等新技术,助力教学内容和课程体系改革,凸显课程思政元素的融入和深化,推进产教融合课程思政建设。

(2) 以"大审计平台"为基础,凸显服务国家治理与国家审计特色。建设高质量、可共享的课程教案和教学改革方案,为在校学生提供智能化、数字化实验实训软件平台,重构相关课程实验教学内容,服务于国家治理与国家审计行业发展与建设。

(3) 以"科技创新实践"为先导,筑牢产教融合协同育人体系。联合企业共创实验教学中心,通过专业课程人机互演、互动竞赛、实景演练、虚拟仿真、人工智能、区块链、大数据分析等课程体验模式,优化实践体系,丰富协同育人培养模式。

(二) 教学改革亮点

(1) 协同育人教学理念创新。坚持"协同与融合"发展路径,通过技术融合、产教融合和区域融合,培养具有家国情怀和社会责任,"晓民生、通技术、精管理"的复合型应用人才。

(2) 产教融合课程改革举措创新。通过课程技能实训,资源平台搭建,移动化、泛在化教学,以及仿真模拟实验教学,建设高质量、可共享的课程教案和教学改革方案,促成课堂教学改革的理念、方法、技术、评价的全新设计与实践。

(3) 校企共建协作体制机制创新。与相关企业共同创建实验教学中心,为在校学生提供智能化、数字化实验实训软件平台,让学生能够在课程体验的基础上进一步提升相关技能,引领学生深入思考,提升育人质量,推动高校培养出知识更复合、学科更融合、创新更持续、实践能力更强的新型人才。

五、结束语

公共管理类课程实验实训建设是一项复杂且长远的系统工程,要将公共管理实验教学中心打造成为培养高素质创新人才的重要基地,并使其具有独特特色,这需要持续的努力和时间的积累。为此,我们必须深入探索实验教学的内在规律,引进或合作开发合适的优秀教学软件,不断完善公共管理实验教学体系。我们的目标是,以全面提升公共治理能力为导向,建立多层次的公共管理类专业实验教学平台。

我们致力于构建一个集应用创新型人才培养基地、科学研究基地、社会服务基地为一体的综合平台,不断强化我们的特色与优势。最终,我们期望形成一个以人才培养为核心的教育模式。这一模式将教学、科研、信息建设和社会服务有机结合,具备以下特点:其一,虚拟仿真性强,利用先进的信息技术,提供接近真实情境的模拟环境;其二,实践性强,强调理论与实践的结合,增强学生的实际操作能力;其三,开放性强,鼓励创新思维,接纳多元化的教学方法和研究途径;其四,辐射性强,影响和带动周边地区乃至更广范围内的教育改革和发展;其五,服务性强,积极响应社会需求,提供优质的教育资源和服务。

  本书的出版是高校与软件公司践行产教融合、实现产学研紧密结合的成果。书中所展示的教学软件均提供试用机会,以支持教育实践。我们期望本书的出版,能为公共管理类课程实验实训教学的探索和发展贡献坚实的力量。

教材编写组

2024 年 1 月 1 日

于南京审计大学敏达楼